AF239127

Karl Heim

Das Weltbild der Zukunft

Eine Auseinandersetzung zwischen Philosophie,

Naturwissenschaft und Theologie

bremen
university
press

Karl Heim

Das Weltbild der Zukunft

Eine Auseinandersetzung zwischen Philosophie, Naturwissenschaft und Theologie

ISBN/EAN: 9783955623333

Auflage: 1

Erscheinungsjahr: 2013

Erscheinungsort: Bremen, Deutschland

@ Bremen-university-press in Access Verlag GmbH, Fahrenheitstr. 1, 28359 Bremen. Alle Rechte beim Verlag und bei den jeweiligen Lizenzgebern.

bremen
university
press

Das
Weltbild der Zukunft

Eine Auseinandersetzung zwischen Philosophie, Naturwissenschaft und Theologie

von

Dr. Karl Heim.

Motto:
„Seele nur ist dieses Weltall."
Chândogya Upanishad 7, 25, 2.

Berlin.
C. A. Schwetschke und Sohn.
1904.

Vorwort.

Der Titel „Das Weltbild der Zukunft" ist nicht zum Zwecke der Reklame als Überschrift über die vorliegende Behandlung einiger zentraler Weltanschauungsfragen gesetzt worden. Vielmehr liegt dieser Arbeit die ernsthafte, wissenschaftliche Überzeugung zugrunde, daß sich das Ziel, dem unser modernes Denken zustrebt, aus der gegenwärtigen wissenschaftlichen Lage mit einiger Wahrscheinlichkeit erschließen läßt. Bekanntlich läßt sich die Lage eines Zielpunktes, dem man sich nähert, mit ziemlicher Sicherheit bestimmen, wenn nicht bloß eine, sondern mehrere Linien gegeben sind, die als konvergierende Strahlen geradlinig auf ihn zulaufen. Nun wird in diesem Buch die Anschauung vertreten, daß die Haupttendenzen innerhalb des heutigen Denkens, die anscheinend so stark voneinander abweichen, sobald man sie in ihre Konsequenzen verfolgt, in der Tat einem Ziele zu streben, nach welchem sie gleichsam von allen Seiten her unterwegs sind. Es wird eine möglichst einfache Formulierung des Weltgeheimnisses versucht, in der sich die vier Tendenzen innerhalb des modernen Denkens vereinigen, die wohl am meisten für unsere Zeit charakteristisch sind. 1. Die Tendenz, die bleibenden Grundgedanken des Kantischen Systems immer völliger von allen scholastischen Elementen zu reinigen, wie sie durch die umfassende Kantforschung der letzten Jahrzehnte hindurchgeht und vielleicht am reinsten von A. Riehl (z. B. in seinen Vorträgen „Zur Einführung in die Philosophie der Gegenwart") und P. Natorp (z. B. in seinem Buche über Platos Ideenlehre) vertreten worden ist; 2. die von R. Avenarius („Kritik der reinen Erfahrung" und „Der menschliche Weltbegriff") und E. Mach („Analyse der Empfindungen") begonnene Zersetzung

des Ich-Mythus, die die Problemstellung der bisherigen Erkenntnistheorie beseitigt und die volle Anwendung der naturwissenschaftlichen
Forschungsmethode auf das psychologische Gebiet in seinem ganzen
Umfang möglich macht; 3. die Auflösung der atomistischen Grundlage
der bisherigen Physik, wie sie wohl am radikalsten von J. B.
Stallo („Die Begriffe und Theorien der modernen Physik") durchgeführt wurde und die Ausdehnung der rein energetischen Betrachtung
auf das ganze Naturgebiet, wie sie W. Ostwald („Vorlesungen
über Naturphilosophie") versucht hat; 4. das durch die ganze
theologische Apologetik des neunzehnten Jahrhunderts hindurch-
gehende Suchen nach einer von aller Metaphysik und von allen
philosophischen Beweisgründen unabhängigen, nur in sich selbst
ruhenden Glaubensposition, wie sie von der Frankschen Schule,
von der Ritschlschen Schule und von Dogmatikern, wie M. Kähler,
bei aller sonstigen Meinungsverschiedenheit übereinstimmend er-
strebt wird.

Damit sind die vier Haupttendenzen innerhalb des heutigen
Denkens genannt, die in dieser Schrift zum Entwurf einer einheitlichen Weltanschauung verarbeitet sind. Es liegt in der Natur
der Sache, daß jede derartige Besprechung der Zentralfragen, die
alle Erkenntnisgebiete zugleich berühren, in mancher Beziehung
unreif und dilettantisch sein muß. Denn ein Menschenleben genügt
nicht, um sich auch nur auf dem kleinsten Teil der Gebiete, die
hier in Frage kommen, fachmännische Kenntnis zu erwerben.
Eine Arbeit die in alle Gebiete zugleich hineingreift, muß also
notwendig in manchen Punkten dilettantische Behauptungen wagen,
die der fachmännischen Kritik unterliegen, die aber dennoch unentbehrlich sind, um wenigstens die allgemeine Richtung anzugeben,
in der der Grundgedanke des ganzen auf dem betreffenden Gebiete
durchzuführen wäre.

Um jedem akademisch Gebildeten verständlich zu sein, ist das
Buch nicht im strengen Stil der wissenschaftlichen Abhandlung ab-
gefaßt worden, sondern, soweit nicht die Schwierigkeit des Stoffes
und die Klarheit der Darstellung eine Annäherung an die wissenschaftliche Terminologie erheischten, in einer möglichst leicht anschaulichen Sprache. Auch da, wo eine fachwissenschaftliche Detail-

IV

ausführung der vertretenen Anschauungen längere mathematische, logische und dogmatische Erörterungen notwendig gemacht hätte, sind dieselben absichtlich vermieden worden, um für die Lektüre weder die Kenntnis der höheren Mathematik noch besondere philosophische oder theologische Vorbildung voraussetzen zu müssen.

Halle a. S., im August 1904.

Der Verfasser.

Inhaltsverzeichnis.

Seite

Einleitung 1

Das Problem 3
Das gemeinsame Fundament des seitherigen europäischen Denkens
S. 1. — Was uns nötigt, dasselbe in Frage zu stellen S. 6.

Das Wirkliche 9
Die Selbstauflösung des Subjekt-Objekt-Schemas S. 9. — Das
Gesetz, nach dem dieser Selbstauflösungsprozeß verläuft S. 17.

Die Weltformel 23
Der Verhältnischarakter alles Wirklichen S. 28. — Die drei
Verhältnisarten, durch deren Komplikation alles Wirkliche zustande
kommt, „Proportionsverhältnis", „Grundverhältnis" und „Umtauschverhältnis" S. 28.

Die Zeit 38
Die Zeit das zweifache Umtauschverhältnis, bei dem Verhältnis
und Verhältnisglied im Grundverhältnis stehen; Begründung
dieser Zeittheorie durch Betrachtung der Zeitform S. 88. — Begründung derselben durch Analyse des Zeitinhalts S. 46.

Der Raum 50
Die Entstehung des Raumes aus einer Kombination des rein
zeitlichen Erlebens und der Farbenfläche S. 50. — Der Verhältnischarakter der Farbenfläche S. 58. — Das Grundverhältnis
zwischen Linien und Farben S. 58. — Die Farbenfläche ein
Umtauschverhältnis zweiten Grades; Begründung dieser Theorie
durch Betrachtung der formalen, geometrischen Seite der Farbenfläche S. 62. — Begründung derselben durch Analyse des
farbigen Inhalts dieser Fläche S. 64. — Das Verhältnis zwischen
der Farbenfläche und dem rein zeitlichen Erleben oder die Tiefendimension S. 68. — Kritischer Überblick über die seitherige Geschichte des Problems (Locke, Riemann, Helmholtz) S. 74.

Das Du 82
Das Ich- und Du-Verhältnis oder die Relation zwischen einem
in der Verwirklichung begriffenen Glied eines Umtauschverhältnisses

und einem anderen Glied, das noch im Bereich der Möglichkeit liegt S. 82. — Das Verhältnis des Ich zu einem Organismus S. 89.

Der Wille 97

Der Wirklichkeitsverlauf eine Kette von Entscheidungen der in Grundverhältnissen und Umtauschverhältnissen enthaltenen Alternativen S. 97. — Der Wille diejenige Entscheidung dieser Alternativen, die innerhalb des jeweiligen Bewußtseinsumkreises als solche erlebt und vollzogen wird S. 109.

Das Naturgesetz 113

Die Begriffsbildung, die aus der einen Seite der Urrelation resultierende Tendenz, Erlebniseinheiten zu identifizieren, die verschiedenen Zusammenhängen gemeinsam sind S. 118. — Die Ordnung der Ereignisse nach Gesetzen, die analoge Tendenz, übereinstimmende Erlebniszweiheiten zu identifizieren S. 128. — Die Folgen der naturgesetzlichen Weltauffassung für das sog. Vorstellungsgebiet: Der Überlegungsvorgang S. 182, das Bewußtsein, frei zu entscheiden und unter Zwang zu stehen (Determinismus und Indeterminismus) S. 185, der „Kampf ums Dasein" innerhalb des Vorstellungsgebiets S. 140. — Konsequenzen hieraus für den Kampf zwischen Darwinismus und teleologischer Welterklärung S. 148.

Das energetische Weltbild 144

Der mythologische Charakter des dynamischen Atomismus S. 144. — Die Befreiung der modernen Energetik (Ostwald) von dem letzten mythologischen Überrest, der noch in ihr enthalten ist, durch Erkenntnis des Verhältnischarakters aller energetischen Prozesse S. 149. — Beleuchtung der wichtigsten energetischen Erscheinungen von diesem Gesichtspunkt aus: Aggregatzustände S. 168, Gravitation S. 165, periodische Erscheinungen wie Druckfortpflanzung und Lichtfortpflanzung S. 168, stationäre Energiegebilde, Organismen S. 171, energetische Verhältnisse zwischen verschiedenen Ichumkreisen S. 181, zwischen Wirklichkeit und „Vorstellungsgebiet" S. 184.

Die Geschichte des Denkens 188

Die Wurzeln aller philosophischen und religiösen Gedankenbildung S. 188. — Die wichtigsten religiösen Werte, die die seitherige geistige Entwickelung bestimmt haben S. 198. — Die Bedeutung der Sprache für die Entwickelung des Denkens S. 196. — Überblick über die seitherige Geschichte des Denkens von den damit gewonnenen Gesichtspunkten aus: Von der Bedantaphilosophie bis Aristoteles S. 201, von Aristoteles bis Kant S. 219.

VIII

Das Problem der religiösen Gewißheit 235
Die Unmöglichkeit, den Inhalt der religiösen Überzeugung nach irgend einer der profanen Beweismethoden zu begründen S. 285. — Die Unmöglichkeit, die Ausnahmestellung der Religion nachzuweisen, die uns ein Recht gäbe, ihre Glaubensaussagen von einer derartigen Begründung zu dispensieren S. 288. — Das Problem, das sich aus der Tatsache ergibt, daß trotzdem religiöse Gewißheit mit gutem Gewissen in Anspruch genommen wird, obwohl dieselbe nach den Voraussetzungen der bisherigen Erkenntnistheorie und Naturphilosophie unhaltbar ist S. 252. — Lösung des Problems: Der religiöse Gewißheitsanspruch ein Überrest der ursprünglichen Gesundheit des Denkens inmitten einer erkenntnistheoretisch erkrankten Weltanschauung; negativer Beweis dieser These S. 258. — Positive Ausführung derselben S. 258. — Die wichtigsten theologischen Konsequenzen aus der damit gegebenen Analogie zwischen der religiösen Gewißheit und den übrigen Willensakten S. 267. — Das Problem der Absolutheit des Christentums S. 287.

Berichtigungen.

S. 24 Z. 10 v. u.: ausgedehnt statt ausgegehnt.
S. 33 Z. 2 der Anm.: Figur statt Figar.
S. 42 Z. 18 v. o.: eintritt statt eintrit.
S. 62 Z. 13 v. o.: umtauschbar statt umtauschar.
S. 63 Z. 5 v. u.: keiner statt keine.
S. 76 Z. 12. v. u.: sozusagen statt sozusogen.
S. 179 Z. 4 v. u.: Blinddarm statt Blenddarm.
S. 187 Z. 3 v. u.: Lloyd statt Loyd.
S. 267 Z. 4 v. u.: Entscheidung statt Enscheidung.

Einleitung.

Die Menschen, für die ich schreibe, sind einsame Menschen, Menschen, die viel unter der Last ihrer eigenen Gedanken gelitten haben. Entweder sanken sie im Frondienst einer modernen Bildungsanstalt allzufrüh in Tiefsinn und Siechtum des Geistes, oder zerriß ihnen der Todeskampf zwischen Gott und Verstand das Herz, oder es war ein anderes verschwiegenes Weh, das sie wie ein weiches Sirenenlied auf die einsame Insel des Gedankens verlockte. Denn der Mensch denkt nicht, es treibe ihn denn die Not. Erst wenn das Haus seines Väterglaubens in Brand steht und die Flammen alle Ausgänge versperren, wagt er jenen äußersten Sprung, jenen Sprung über alles Überkommene hinaus, über alles Heiligste und Gewisseste hinaus und stürzt schaudernd ins Leere, taucht in die letzten Gründe und Abgründe hinab, um das Unergründliche nach einem Ruheort und Meeresgrund zu durchsuchen. Wen so der Sturm ins Uferlose verschlug, der schweift heimatlos. Die alten Worte, die die andern in Träume wiegen, wie Glocken der Heimat, in ihm schrecken sie nur schlummernde Fragen auf. Was ist Sein und Ich und Geist und Kraft und Raum und Zeit und Gedanke? So fragt er, wie einer, der im Nebel die alten Dorfwege nicht mehr kennt. Ist's eine klirrende Kette von Worten, um meinen Drang nach Wissen zu fesseln? Ist's Flötengetön, um Fragen einzuschläfern? Und wie kam er über mich, dieser Gedankenwirbel, der mich ins Ungewisse riß? Wo entsprang der unaufhaltsame Gedankenstrom, der durch die Jahrtausende rauschte? Um uns liegen wie Trümmer von Riesenburgen die Systeme, die er abgelagert, und die alten schweren Rätsel, die er vor sich hergewälzt, bemooste Blöcke, zernagt vom tausendjährigen Wühlen der Gedankenwelle, und die Büchermassen, all dieser Schwemmschutt und dies Kieselgeröll.

Woher kam der Strom, der die Menschheit so tief aufwühlte? Strömte er wohl von jeher so oder quoll er irgendeinmal plötzlich aus verborgenen Tiefen? Brach er vielleicht in grauer Zeit aus Hochasien hervor bei jenem großen Sonnenaufgang und Erwachen der Menschheit, fiel er dann aus dieser Gletscherwelt und einsamen Höhe des Geistes dampfend in die heißen Täler Indiens, überwallend von der Wonne am Niederreißen alles Tiefgewurzelten und Felsenfesten? Kam er aus jenen Sonnenländern zu uns? Und wohin geht er? Gibt es irgendwo weit fort ein Meer, wo er zur Ruhe kommt, irgend eine ferne Meerstille und Abendfeier der Menschheit, wo dies Rauschen verklingt und dies Fragen stille wird? Oder wird es nie stille?

Nur wer dies Heimweh kennt und den Schmerz des Fragens, dem will dies Buch ein Freund sein und Begleiter auf einsamen Gedankenwegen. Nur wer tief am Geist gelitten hat, der wird froh nach diesem starken bittern Trank greifen.

Das Problem.

Um von vornherein einen Überblick über die Fragen zu gewinnen, die uns hier beschäftigen, gehen wir von den Grundlinien des traditionellen Weltbildes aus, über die allgemeine Übereinstimmung herrscht. Solche Grundanschauungen, die allgemein geteilt werden, scheinen nun auf den ersten Blick garnicht vorhanden zu sein. Zwischen Häckel und der katholischen Kirchenlehre, zwischen Immanentisten und Metaphysikern scheinen solche unüberbrückbaren Abgründe zu gähnen, daß man sich gegenseitig in keinem Punkte versteht. Wer aber einmal auch nur kurze Zeit außerhalb unserer ganzen westlichen Gedankenwelt seine geistige Nahrung suchte, sich etwa in die Vedânta-Philosophie versenkte oder sonst aus den Bechern altindischer Weisheit trank, der weiß, daß es jenseits unserer westlichen Weisheit noch ganz andere, weit größere Länder des Gedankens gibt, dem erscheint die ganze Geisterreihe von Thales bis auf Wundt wie eine einzige zusammengehörige Denkerfamilie, in der es zwar nie an Familienzwist gefehlt hat, wie dies beim engen Zusammenwohnen auf einem beschränkten Raum nicht anders zu erwarten war, die aber fast zwei Jahrtausende im selben urväterlichen Hause zusammenwohnte, ohne einen radikalen Umbau notwendig zu finden. Was unser westliches Denken am meisten von der indischen Gedankenwelt unterscheidet, das ist das zähe Festhalten an einigen grundlegenden Unterscheidungen, die wie unerschütterliche Steinwände die innere Einteilung unseres Weltgebäudes ein für allemal bestimmt haben. Wir haben uns gewöhnt, uns mit unsern Siebensachen, so gut es eben geht, zwischen einem System von Scheidemauern einzurichten, deren Notwendigkeit durch tausenjährige Tradition feststeht.

Diese Scheidewände bilden die Kammern, in die man uns gelehrt hat, alles Gegebene unterzubringen. Man lehrte uns, es gebe eine doppelte Region des Seins, die Welt der sinnlichen Empfindungen mit ihren verschiedenartigen Gefühlsfärbungen und ihren unwiderstehlich sich aufdrängenden Eindrücken und dahinter, durch eine unüberschreitbare Schranke von ihr geschieden, die Region der blasseren Gebilde, die sich nicht mit solcher Gewalt aufdrängen, sondern lenksamer zu sein scheinen, die Welt des bloßen Vorstellens, in der alle Eindrücke, die in der lebhafteren Region auftraten, in blasserer Färbung wieder auftauchen können, um Kombinationen mit einander einzugehen und als Verarbeitungsmaterial für eine höhere unterscheidende und verbindende Funktion, das Denken, zu dienen. Man lehrte uns, diese in zwei Regionen geteilte Welt, von der uns zunächst nur ein Exemplar gegenwärtig sei, sei in unzähligen Exemplaren vorhanden. Jede dieser zahllosen Doppelwelten sei durch ein unsichtbares Zentrum zusammengehalten und vor dem Auseinanderfallen bewahrt, ein sogenanntes Ich, dessen Wesen zwar sehr problematisch sei, das aber doch, wenn nicht alle Vernunft aufhören solle, als Subjekt des Empfindens, Vorstellens und Denkens festgehalten werden müsse. Jedes dieser Zentren, soweit dieselben im Bereich unserer Erfahrung liegen, stehe in einem undefinierbaren Verhältnis zu einem Menschenleib, „wohne in ihm", „habe seinen Sitz in ihm" oder sei irgendwie „an ihn gebunden", wenn auch niemand wisse, wie. Die lebhafteren Eindrücke kämen durch Vermittelung äußerer organischer Werkzeuge des animalischen Leibes in jenem Zentrum zustande, die bloßen Vorstellungen seien an Vorgänge in inneren Organen gebunden, sei es, daß sie einfach von diesen produziert würden oder daß diese „physischen" Vorgänge nur eine unentbehrliche Begleiterscheinung jener „psychischen" seien.

Man lehrte uns, jenes psychische Ich sei nicht nur Subjekt des Fühlens, Empfindens, Vorstellens und Denkens, sondern noch einer anderen Tätigkeit, des sogen. Willens oder derjenigen Funktion, durch welche die wichtigsten Bewegungen des von ihm bewohnten Menschenleibes gelenkt werden und die auch auf die Vorstellungs- und Denkvorgänge einen Einfluß ausübe, sei es, daß diese Funktion willkürlich arbeite oder unter zwingenden Gesetzen stehe. Man lehrte uns endlich, alle diese zahllosen Welten voll Empfindungen, Vorstellungen und Gedanken, diese Reiche und Tummelplätze der Ich, seien nur subjektive Welten. Ihnen stehe, durch eine unüber-

4

brückbare Kluft von ihnen geschieden, die eine objektive Welt gegenüber. Ihr Verhältnis zu den subjektiven Welten sei in undurchdringliches Dunkel gehüllt. An ein einfaches Übereinstimmungsverhältnis zu glauben, sei naiv. Vielleicht bestehe eine teilweise Übereinstimmung, vielleicht auch gar keine, so daß überhaupt nichts über die objektive Welt gesagt werden könne und alles Gegebene subjektiv sei.

Es sind also vier Hauptunterscheidungen, die man uns von Kind auf gelehrt hat, vier Scheidewände, die niemand verrücken darf, will er nicht für verrückt gehalten werden:

1. Die Scheidewand zwischen den subjektiven Welten und der einen unbekannten objektiven Wirklichkeit. Da zu der objektiven Wirklichkeit auch die menschlichen Organismen gerechnet werden, zu denen die subjektiven Welten in einem rätselhaften Verhältnis stehen, so bildet einen Teil der Scheidemauer zwischen Subjektivität und Objektivität die Schranke, die zwischen „psychischen" oder „inneren" Vorgängen und „physischen" oder „äußeren" Vorgängen aufgerichtet ist.

2. Die Scheidewände, die die vielen einzelnen Ich und ihre subjektiven Welten von einander trennen, so daß jedes derselben in seine Subjektivität eingekapselt ist.

3. Innerhalb jedes derart auf sich selbst beschränkten Mikrokosmus die Scheidewand zwischen Empfindung oder „äußerer Wahrnehmung" einerseits und Vorstellen und Denken andererseits.

4. Die Scheidewand zwischen Empfinden, Vorstellen und Denken einerseits und Wollen andererseits.

Diese vier Scheidewände bilden ein System von Schubfächern, in das wir seit Jahrhunderten alles hineingeordnet haben, was wir besaßen und was wir erwarben.

Der Inhalt, den man in die einzelnen Fächer schob, hat stetig gewechselt. Wie anders denkt sich z. B. Helmholtz das „Physische" als Empedokles! Aber an dem Behältersystem, in das man den wechselnden Inhalt hineingoß, hat man mit konservativer Zähigkeit festgehalten.

Dieses System war es, das die Fragen stellte, über die man sich die Köpfe zerbrach, über deren verschiedene Beantwortung man

5

sich in Parteien spaltete. Welchen Haber hat z. B. die Scheidewand zwischen Subjektivem und Objektivem, Psychischem und
Physischem hervorgerufen! Wieviel Kopfzerbrechen und Parteizwist
haben uns die Fragen gebracht, die sich aus jenen Unterscheidungen
ergeben, die Fragen nach dem Verhältnis zwischen Ich und
Wirklichkeit, nach der Beziehung zwischen psychischen und physischen
Vorgängen! Und doch gibt es keinen besseren Beweis für die
rührende Eintracht und Geistesverwandtschaft zwischen allen Parteien,
als diese „prinzipiellen" Gegensätze und mörderischen Geister-
schlachten. Denn sie zeigen nur, wie innig die Streitenden an
das Dasein des Problems glauben, über das sie streiten, wie
einig sie über das Recht der Fragestellung sind, über der sie sich
entzweit haben. Wenn Menschen dieselben Fragen haben, wenn
also einer die Not des andern versteht und die Sprache des andern,
so sind sie Brüder. Und gegenüber dieser Gemeinschaft der Fragen
fällt der Gegensatz der Antworten kaum ins Gewicht. Die Gemeinschaft der Fragestellung aber beruht auf gemeinsamen Unterscheidungen. Denn Fragen betreffen immer irgendwie das Verhältnis von Unterschiedenem.

Wir würden es nicht wagen, dieses uralte System von Unterscheidungen anzutasten, das den Mutterschoß unserer gemeinsamen
Fragen und entgegengesetzten Antworten bildet, zwänge uns dazu
nicht die Not. Es wäre ein Frevel, den alten Bau zu zertrümmern,
an dem Jahrtausende gemauert haben, geschähe es nur aus
moderner Freude am Zerschmettern. Wohl schlägt die Neuzeit
längst freiheitsdurstig an die alten Kerkerwände und bäumt sich
auf gegen das alte Denkschema. Sie will es nicht mehr ertragen,
daß die Welt ein Haufen von Vorstellungs- und Empfindungsknäueln
sein soll, die in Menschenschädel eingeschlossen sind, eine traurige
Versammlung von Gehirnkapseln und Geistergehäusen, die wie
Leuchtbojen im finstern Meer der Wirklichkeit schwimmen, das
spärliche Licht „des Bewußtseins" um sich verbreitend, Wellen
schlagend im Finstern, Unbekannten und umhergeworfen vom
Wellenschlag des Finstern, Unbekannten. Aber solche ästhetische
Verstimmungen gäben uns kein Recht, das Fundament unseres
ganzen Denkens in Frage zu stellen, zwänge uns dazu nicht eine

6

Notlage, die allgemein empfunden wird. Drei Jahrtausende hat man jetzt in Europa über die Fragen nachgedacht, die sich aus dem alten Denkschema ergeben, über das Verhältnis von Bewußtsein und Wirklichkeit, über Materialismus und Spiritualismus, Empirismus und Rationalismus, über mechanische und teleologische Naturerklärung, über Theismus, Deismus und Atheismus. Alle Geleise sind ausgefahren. Alle Antworten sind erschöpft. Und das Resultat ist eine Denkmüdigkeit, wie sie in keinem Zeitalter größer gewesen ist als in dem unsrigen, eine Skepsis in bezug auf alle und jede Theorie, ein Drang, sich ins volle Menschenleben zu stürzen, sich an der Wirklichkeit zu berauschen, nur um alle Fragen zu vergessen. Und doch können wir sie nicht vergessen. Denn hinter allem, was uns erschüttert und entzückt, lauern sie wie Gespenster, die alten Fragen nach dem Sinn des Seins und dem Urgrund der Wirklichkeit, verfolgen uns wie Furien, lähmen unsern Mut zur Tat. Wie sollen wir uns von ihnen befreien? Sollen wir die alten Probleme noch einmal in Angriff nehmen und bei jedem derselben noch einmal die sieben verschiedenen Lösungen durchsprechen, die man schon versucht hat, und bei jedem Lösungsversuch noch einmal die drei Gründe anführen, die dafür sprechen, und die drei Gründe, die dagegen sprechen, um uns zuletzt für eine wohlerwogene Gesamtanschauung zu entscheiden, die womöglich allem gerecht wird? Wir haben keinen Mut, diesen Weg noch einmal zu gehen, der schon so oft gegangen worden ist. Er führt uns nur tiefer hinein in die allgemeine Ratlosigkeit. Nur Ein Ausweg ist noch übrig.

Wenn alle Antworten, die man auf eine Frage geben kann, in gleich unlösbare Schwierigkeiten verwickeln, so gibt es nur noch einen Weg, den man einschlagen kann, um aus dem Labyrinth herauszukommen. Man kann die Frage selbst, die zu so unbefriedigenden Antworten geführt hat, einer Prüfung unterziehen. Vielleicht stellt sich heraus, daß sie falsch gestellt ist, daß sie auf falschen Voraussetzungen beruht. Dann ist es kein Wunder, wenn alle Antworten sinnlos ausfielen, die man auf diese Frage zu geben versuchte.

Wir wollen es mit diesem letzten verzweifelten Ausweg aus

7

bem Labyrinth ber Weltanschauungsfragen versuchen, nachbem sich alle anberen als ungangbar erwiesen haben.

Wir gehen nicht mehr von ben trabitionellen Problemen aus, um uns für irgenb eine ihrer möglichen Lösungen zu entscheiben, sonbern wir stellen biese Probleme selber in Frage. Wir stellen bas ganze System festliegenber Unterscheibungen in Frage, aus bem bie Probleme ber lezten Jahrtausenbe entstanben sinb. Zwar schlagen wir nur mit schwachen Hoffnungen biesen lezten unb gefährlichsten Ausweg ein, nachbem so viele anbere Versuche fehlgeschlagen haben. Erscheint es boch wie ein Selbstmorb bes Geistes, bie Funbamente alles seitherigen Denkens in Frage zu stellen. Dennoch gehen wir biesen Weg. Denn bie Not zwingt uns zum Äußersten.

Das Wirkliche.

Woher weiß ich von der Welt? Wie drang es auf mich ein, all dies Sonnengeflimmer und Tannengrün, Bienengesumm und Meerrauschen? Feine Stäubchen, sagt man, schwirren durcheinander, umkreisen einander wie Planeten und Sonnen, stauen sich zu Wellen, die sich fortpflanzen, Luftwellen und Ätherwellen, schlagen wie eine Brandung ans Auge, daß die Stäbchen der Netzhaut erzittern, erschüttern das Ohr, daß die ausgespannten Saiten des Hörlabyrinths vibrieren; dies weckt in grauen Nervensträngen einen geheimnisvollen Prozeß, der setzt sich wie in einer Leitung fort bis zur Großhirnrinde. Und dort — zuckt die Wunderflamme auf, das „Erwachen des Bewußtseins", die plötzliche Dämmerung und Taghelle, aus der das Ich wie ein Sonnenball aufsteigt, aus der alle Dinge wie erwachende Kinder emporsteigen. Sonnengeflimmer und Tannengrün, Bienengesumm und Meerrauschen. Aber wie, wenn mein ganzes Bewußtsein nur aus Telegrammen besteht, die auf diesem Weg über die Großhirnrinde eingetroffen sein sollen, woher kann ich dann überhaupt etwas über den Weg wissen, den diese Telegramme zurückgelegt haben, ehe sie in meinem Bewußtsein anlangen? Alles, was mir bekannt ist, ist ein Teil meines Bewußtseins. Also ist auch alles, was ich über den Weg zu wissen glaube, der zu meinem Bewußtsein führt, ein Teil meines Bewußtseins. Wenn ich nun den Nervenweg zur Großhirnrinde, der wie alles andere einen Teil meines Bewußtseins bildet, als den Weg zu diesem Bewußtsein bezeichnen wollte, so wäre das gerade so, wie wenn ich den Corso Vittorio Emanuele, der einen Teil Roms bildet, als den Weg nach Rom bezeichnen würde. Eine Straße, die innerhalb der Mauern Roms liegt, kann wohl aus einem Teil Roms in den andern führen, aber sie kann nie nach Rom führen. Ebenso kann ein Verkehrsweg, der innerhalb der Mauern meines Bewußtseins liegt, wohl Beziehungen zwischen einem Teil des Bewußtseins und

9

einem anderen herstellen, niemals aber die Welt jenseits der Mauern meines Bewußtseins mit der Welt diesseits dieser Mauern verbinden. Daß aber jener vermeintliche Kommunikationsweg zwischen „Außenwelt" und Bewußtsein seiner ganzen Länge nach innerhalb des Bewußtseins liegt, wird kaum zu bezweifeln sein. Wenn ich die grauflüssige Nervensubstanz eines Menschen bloßlege, oder wenn ich den Schädel aufsäge, daß die weiße vielgewundene Gehirnmasse hervorquillt, wenn ich unter dem Mikroskop die feinen Faserungen und Verästelungen sehe, so ist doch das alles nichts anderes als ein Haufen Farben und Linien, die in meinem Bewußtsein auftauchen. Oder wenn ich auf Grund physikalischer und physiologischer Beobachtungen und Berechnungen auf schwingende Atome schließe und auf Ätherwellen und Luftwellen, die meine Sinnesorgane erschüttern, so ist alles, was ich mir darunter denke, was nicht bloß Wortklang für mich ist, die Erinnerung an Körper, die irgendwo in meinem Bewußtsein auftauchten und die ich mir nun so klein und blaß wie möglich denke, um sie dem mathematischen Begriff des Atoms anzunähern, die Erinnerung an Flußwellen und Meereswogen, deren wohligen Druck ich beim Bade empfunden und die ich mich nun bemühe, in schnellster Aufeinanderfolge vorzustellen. Ja diese Augen selbst, die mir aus dem Spiegel entgegenleuchten, und die mikroskopischen Bilder, die sich bei der Untersuchung ihrer Netzhaut gewinnen lassen, sie alle sind nur Komplexe von Empfindungstönen und Farbenklecksen, die ein unsichtbarer Pinsel immer aufs neue auf die Riesenleinwand des Bewußtseins wirft. Alles, was die Physiologen über das Zustandekommen der Empfindung festgestellt haben, vermag also die Empfindung immer nur aus Empfindungen zu erklären. Damit ist also die Empfindung nicht erklärt, sondern nur die Empfindungsmasse, die erklärt werden sollte, vermehrt. Wenn man jemand den Augennerv durchschneidet, so sieht er nichts mehr. Das Durchschneiden eines Nervs ist ein Empfindungskomplex. Das Hereinbrechen jenes traurigen Dunkels ist ein anderer Empfindungskomplex. So oft an einer Stelle des Bewußtseins die eine Empfindung auftritt, so oft tritt an einer anderen Stelle die andere auf. Woher aber dies ganze Bewußtsein kommt, in dem

10

diese bittere Notwendigkeit herrscht, weiß ich damit so wenig wie zuvor. Ich betrachte ein Dutzend Bilder von Rembrandt, und es fällt mir auf, daß, so oft ein gewisses goldbraunes Licht um blonde Locken und Halsketten spielt, ein tiefes, warmes Dunkel den Hintergrund ausfüllt. Daraus folgt nichts für die Frage, wer Rembrandts Leinwand gesponnen hat.

Mit aller Physik und Physiologie drehen wir uns also immer innerhalb der Grenzen unseres Bewußtseins herum. Kein Weg führt auf ein darüber hinausliegendes Gebiet, aus dem wir das Bewußtsein erklären könnten. Wir sind hoffnungslos und für ewig in einen Zauberkerker eingeschlossen, über dessen Wände immer neue buntbewegte Schatten huschen. Manchmal glauben wir ein Fenster zu sehen, zu dem der Tag der Wirklichkeit hereinschaut; in heißer Gier stürmen wir hin, um uns weit hinauszubeugen und endlich zu sehen, wie es draußen aussieht. Aber wir schlagen an die harte Wand auf, es war nur das Schattenbild eines Fensters, das vorbeihuscht wie alle anderen Schatten. Wir können und können sie nie erreichen, die Welt jenseits von uns, die ewig jenseitige. Alles wird diesseits, was unser Fuß betritt. Wir können unseren Durst nicht stillen an dem starken Trank Wirklichkeit, denn alles erstarrt zum Gold der Empfindung, was die Lippen unseres Geistes berühren.

So klingt es durch die Jahrtausende, das alte Klagelied aller Grübler und Tiefsinnigen.

Gibt es hier keinen Ausweg? Sind wir hier rettungslos eingeschlossen in uns selber, müssen wir ewig im Urwald und Labyrinth unserer eigenen Empfindungen und Gedanken herumirren? Wer auf der Suche nach Wahrheit bis hierher gelangt ist, bis in diese schauerliche Einsamkeit und Totenstille des Solipsismus, der pflegt in müder Skepsis zusammenzusinken und an seiner Vernunft zu verzweifeln. Wozu soll er auch diesen öden Gedankenweg weiterpilgern! Man sieht ja, in was für wahnsinnige Konsequenzen er hineinführt.

Aber raffen wir uns noch einmal auf und wagen wir es trotz der dicken Nebel weiterzusteigen und diesen tollen Gedankengang bis in alle seine Konsequenzen zu verfolgen. Wir haben

11

ihn noch nicht zu Ende gedacht. Alles Gegebene, soweit waren wir gekommen, ist mein Bewußtseinsinhalt. Ist das wahr, ist es dann nicht sonderbar, wenn ich überhaupt von etwas spreche, was außerhalb meines Bewußtseins liegt? Wenn ich davon spreche, so behaupte ich damit doch, ich könne es denken. Kann ich es aber denken, so liegt es ja eben damit innerhalb meines Bewußtseins, also nicht außerhalb. Ich widerspreche mir dabei also fortwährend selber.

Ich könnte ebensogut von einem Luftzug im luftleeren Raum sprechen oder von einem Mondkrater außerhalb des Mondes. Schon der bloße Begriff des Bewußtseinstranszendenten ist ein hölzernes Schüreisen, ein Widerspruch in sich selbst. Wenn wir also klagen, daß uns leider das bewußtseinstranszendente Gebiet unzugänglich sei und wir auf unser Bewußtsein beschränkt seien, so ist das ebenso tiefsinnig wie wenn wir jammerten, daß wir keinen einzigen weißen Rappen in unserem Stall haben, sondern nur schwarze, und daß leider unsere Mittel zu beschränkt seien, um weiße Rappen anzuschaffen. Wir würden damit allerdings Mitleid erregen. Es war schon eine Gedankenlosigkeit, wenn wir bisher die Verhältnisbegriffe Diesseits und Jenseits, Innerhalb und Außerhalb auf das Bewußtsein anwandten und vom Gebiet diesseits und jenseits, innerhalb und außerhalb des Bewußtseins sprachen und von Grenzen des Bewußtseins, die wir nicht überschreiten könnten. Wir haben diese Verhältnisbestimmungen und Grenzbegriffe den Verhältnissen entnommen, die zwischen konkreten Bewußtseinsinhalten bestehen, z. B. zwischen einer Stadt und ihrer Umgegend oder einer Tonleiter und ihren benachbarten Oktaven, und haben diese Relationsbegriffe in unglaublicher Gedankenlosigkeit auf das Bewußtseinsganze übertragen. Wir vergaßen ganz, daß unsere eigene Definition des Bewußtseinsganzen diese Übertragung völlig ausschließt. Hatten wir doch das Bewußtsein als den Inbegriff oder Gesamtinhalt alles Denkbaren bezeichnet, so daß es ein Widerspruch ist, etwas darüber Hinausliegendes als denkbar zu bezeichnen. Wenn aber neben dem Bewußtsein kein anderes denkbar ist, so kann man doch keine Verhältnisbestimmung

12

darauf anwenden. Denn ein Verhältnis setzt zwei Beziehungs-glieder voraus, wie eine Brücke zwei Ufer.

Sehen wir damit nicht eine Lichtung des Urwalds, in dem wir irrten? Wir haben den Subjektivismus ins Extrem verfolgt, da fängt er an, sich selbst zu überwinden, über sich selbst hinaus-zuführen. Die Skepsis hat uns zum Äußersten getrieben, plötzlich verwandelt sie sich, schlägt um in naive Einfalt und kindlichen Glauben an alles.

Wenn es sinnlos ist, Verhältnisbestimmungen auf das Be-wußtsein anzuwenden, dann darf man in bezug auf das Bewußt-sein nicht mehr von einem Diesseits oder Jenseits sprechen. Dann gibt es für das Bewußtsein kein Innerhalb und kein Außerhalb. Also kann von keinen Grenzen des Bewußtseins mehr die Rede sein. Es kann keine Schranken desselben geben. Hat es dann überhaupt noch einen Sinn, diesen unendlichen Gesamtinhalt und Inbegriff von allem, wovon überhaupt die Rede sein kann, mit dem Wort „Bewußtsein" zu bezeichnen? Dieses Wort stellt ja doch den undefinierbaren Gesamtinhalt alles Gegebenen als einen Vorgang dar, in dem sich jemand eines Gegenstandes bewußt wird, also als eine Tätigkeit, die ein Subjekt in bezug auf ein Objekt ausübt. Soll die Anwendung des Schemas Subjekt—Tätigkeit—Objekt auf irgend einen Inhalt einen Sinn haben, so muß sich dieser Inhalt in die drei Elemente Subjekt, Tätigkeit, Objekt zerlegen lassen. Diese drei Elemente müssen innerhalb desselben reinlich auseinandergehalten werden können, wie z. B. der Vorgang einer Hirschjagd in jagendes Subjekt, Jagdtätigkeit und Jagdobjekt zerlegt werden kann. Wie läßt sich nun bei dem fraglichen Gesamtinhalt alles Gegebenen eine solche Dreiteilung bewerkstelligen? Auf doppelte Weise. Entweder man sieht den Gesamtinhalt seinem ganzen Umfang nach als das zweite von den drei Elementen an, als das Mittelstück des dreigliedrigen Schemas, also als Tätigkeit. Dann fällt sowohl das Vorderglied wie das Hinterglied, das Subjekt sowohl wie das Objekt über den Ge-samtinhalt alles Gegebenen hinaus. Wir bekommen also ein bewußtseinstranszendentes Subjekt des Bewußtseins und ein be-wußtseinstranszendentes Objekt des Bewußtseins. Wir haben also

18

wieder den Widersinn, daß Verhältnisbestimmungen auf jenen Gesamtinhalt angewandt werden. In dem durch sinnlose Anwendung derselben entstandenen Diesseits und Jenseits wimmelt es wieder von weißen Rappen und hölzernen Schüreisen, von unbewußten Dingen, deren man sich bewußt ist, von undenkbaren Gegenständen, die man sich denken kann. Oder aber man sucht das dreigliedrige Schema: Subjekt—Tätigkeit—Objekt auf eine andere Art auf den fraglichen Inhalt anzuwenden. Man zerlegt diesen Inhalt selbst in die drei Glieder, die zur Anwendung des Schemas erforderlich sind. Jeder überhaupt denkbare Inhalt, sagt man, zerfällt in einen Vorgang, in dem ein Ich erlebt wird, in einen von diesem Ich-Erlebnis unterscheidbaren Bewußtseinsakt und in ein von beiden unterscheidbares Bewußtwerden eines Gegenstandes.

Wenn aber jeder Inhalt sich in Ich-Erlebnis, Bewußtseins-Erlebnis und Objekt-Erlebnis spaltet, so muß jedes dieser drei Sondererlebnisse wiederum derselben Dreispaltung unterliegen. Im Ich-Erlebnis z. B. wird wieder Ich-Subjekt, auf das Ich gerichtete Bewußtseinstätigkeit, und Ich-Objekt auseinandertreten. Ähnlich wäre es bei den beiden anderen. Wir bekommen also neun Erlebnisse. Bei jedem derselben tritt wieder die unerbittliche Dreispaltung ein und so fort ins Endlose. Alles, was wir haben, fällt uns bei dieser ewigen Selbstspaltung in 1000 Stücke auseinander. Und dennoch gelingt uns die gewünschte Unterscheidung zwischen Ich, Bewußtseinstätigkeit und Gegenstand niemals, wir mögen spalten, solange wir wollen. Wir können nie ein reines Ich-Erlebnis herausdestillieren, und ein reines Tätigkeitserlebnis und ein reines Gegenstandserlebnis. Denn in jedem Erlebnis, das wir bei der Spaltung erreichen, sind ja immer wieder alle drei Erlebnisse enthalten. Gelänge es uns aber einmal, ein gesondertes Ich-Erlebnis oder Tätigkeitserlebnis oder Gegenstandserlebnis irgendwo in uns zu entdecken, so wäre damit jener Satz vom allgemeinen Vorhandensein jenes dreigliedrigen Schemas damit nicht etwa bestätigt, sondern widerlegt. Denn wir hätten dann drei Sondererlebnisse gefunden, deren jedes in sich einfach wäre und der dreifachen Gliederung entbehrte.

14

Die beiden Wege, die man einschlagen kann, um das Schema: Subjekt—Tätigkeit—Objekt auf den Gesamtinhalt alles Gegebenen anzuwenden, haben sich somit beide als gleich ungangbar erwiesen. Der Ausdruck „Bewußtsein", der dieses Schema in sich enthält, kann also nicht als Bezeichnung dieses Gesamtinhalts dienen. Wie sollen wir dann das Unnennbare benennen? „Als Vâshkali den Bâhva bat, ihn das Brahman zu lehren, da schwieg der Weise. Jener wiederholte seine Bitte zum zweiten und dritten Mal. Endlich sprach Bâhva: Ich lehre Dich es ja, Du aber verstehst es nicht. Dieses Âtman ist stille" (Çañkara 3, 2, 16). Jedes Wort ist irreführend, das wir für das Undefinierbare einsetzen. Denn es ist nicht nur falsch, jenem Gesamtinhalt Dreigliedrigkeit zuzuschreiben. Es ist überhaupt falsch, irgend etwas über ihn auszusagen. Denn wenn wir über irgend ein Ding eine Aussage machen, so schreiben wir ihm damit eine Eigenschaft zu oder legen ihm ein Merkmal bei. Dies setzt voraus, daß Dinge, wenn auch nicht vorhanden, so doch denkbar sind, denen diese Eigenschaft oder dieses Merkmal fehlt, von denen das betreffende Ding also durch die Aussage unterschieden wird. Wenn z. B. unser ganzes Bewußtsein aus Tönen bestände und als raumlose ununterbrochene Musik dahinrauschte, so würde der Begriff eines Tons niemals entstehen können, wir könnten uns ja nichts vorstellen, was nicht Ton wäre, das wir auch nur in Gedanken neben einen Ton halten könnten, um zu sehen, wodurch sich ein Ton von irgend etwas Nichttönendem unterscheidet, und so den Begriff des Tones zu gewinnen. Erst wenn neben den Tönen noch etwas anderes, wie Farben und Gerüche, in den Bereich des Bewußtseins eintritt, kann irgend eine Aussage über die Töne entstehen.

Beim Gesamtinhalt alles Denkbaren kann aber ein derartiger Fall nie eintreten. Zur Gesamtheit alles Denkbaren kann nie etwas neues Denkbares hinzutreten, was neben dieselbe gehalten werden könnte, so daß man sehen könnte, wodurch sie sich von irgend etwas unterschiede, das nicht zu ihr gehörte. Es kann also niemals irgend etwas über sie ausgesagt werden. Jede Aussage über sie ist falsch. Schon der blasse Ausdruck „Gesamt-

15

inhalt", ben wir aus Not und Sprachunbeholfenheit dafür einsetzen wollen, ist irreführend, wenn man sich nicht fortwährend
seiner Unzulänglichkeit bewußt bleibt. Denn schon in seiner substantivischen Form und seinem affirmativem Charakter ist eine
geheime Aussage verborgen. Wir müßten ein Wort dafür haben,
das neutral wäre gegenüber dem substantivischen und verbalen
Charakter, ein Wort jenseits aller unserer Sprachformen, jenseits
von Subjektiv und Objektiv, jenseits von Position und Negation,
jenseits von Etwas und Nichts. Denn das Unnennbare, von dem
wir hier sprechen, greift über alle diese Unterschiede über, macht
sie alle erst möglich, ist der Mutterschoß, der sie alle gebiert.

Blicken wir noch einmal zurück auf den Gedankenweg, den
wir zurückgelegt haben. Es war der Selbstzersetzungsprozeß der
ersten großen Scheidewand, die unser europäisches Denken beherrscht, der Scheidewand zwischen den subjektiven Welten und
der einen objektiven Wirklichkeit. Wir setzten dieselbe zunächst
ganz unbefangen als gültig voraus und fanden uns dementsprechend
in die subjektive Kammer der durch jene Scheidewand entstandenen
Doppelwelt eingeschlossen. Je mehr wir uns aber in unserem
selbstgezimmerten Gefängnis umsahen, desto größer wurde es,
desto weiter traten seine Wände zurück. Die Dinge außerhalb
stiegen eins ums andere zu uns herein ins Gefängnis. Sie
wurden Dinge innerhalb unseres Bewußtseins und verloren ihre
Wirklichkeit. Aber noch war etwas übrig, dessen Wirklichkeit noch
nicht aufgelöst war, das dem Zersetzungsprozeß den zähesten Widerstand entgegensetzte, es war das Innerhalb und Außerhalb selber,
die Unterscheidung, die den ganzen Prozeß in Gang gebracht hatte.
Vor ihr konnte der Auflösungsprozeß unmöglich Halt machen.
Damit kehrte er sich aber gegen seine Wurzel. Und so geschah
es, daß der Subjektivismus an seinen eigenen Konsequenzen starb.
Es ging ihm wie dem Kerkermeister, der alle Wesen um ihre
Freiheit bringen wollte. Je größer aber die Zahl seiner Ge-
fangenen wurde, desto weiter mußte er seine Gefängnismauern
hinausrücken. Und schließlich, als er alle Wesen und alle Dinge
in sein Gefängnis eingeschlossen hatte, da war seine Gefängnis-
mauer die Unendlichkeit geworden. Ein Gefängnis aber, dessen

16

Mauer die Unendlichkeit ist, ist kein Gefängnis mehr. Dies Gefängnis ist die Freiheit.

In 1000 Jahren, wenn die Menschheit der Philosophie entwachsen sein wird, da wird man sich vielleicht diese merkwürdige Geschichte von der Selbsteinkerkerung und Wiederbefreiung des Menschengeistes, die wir jetzt als die Geschichte des menschlichen Tiefsinns bewundern, wie ein unglaubliches Märchen erzählen.

Es war einmal im fernen goldenen Kindesalter der Menschheit, so wird man erzählen, da saß der Mensch in seiner kristallhellen Zauberhalle Wirklichkeit. Über ihm wölbte sich die Unendlichkeit wie eine azurne Glocke. Um ihn dehnte sich in ewigem Sonnenglanz die Unermeßlichkeit, und alle Dinge träumten um ihn und jauchzten um ihn in wonniger Werdelust. Und er war ganz Auge, ganz Ohr, ganz Gedanke. Und der Mensch wußte nicht, daß er gefangen war. Denn es hatte es ihm noch niemand gesagt. Da kam der Teufel zu ihm und sprach: „Möchtest du nicht hinter alle Dinge kommen? Möchtest du nicht dahinter kommen?" Der Mensch aber verstand ihn nicht und sprach: „Was meinst du mit diesem „Dahinter"?" Da führte ihn der Teufel in eine Malerwerkstatt, wo ein Mann mit vollen Pinseln ein Weib auf eine Leinwand malte, ein glutäugiges, mit vollen Haaren. Sie selbst aber saß dahinter und war noch viel voller und glutäugiger als ihr Bild. Der Teufel aber sprach zu ihm: „Dies Weib ist die Welt. Deine Augen und Ohren sind die Pinsel, die sie auf die Leinwand zaubern. Sie selber aber siehst du nicht. Denn sie ist dahinter. Möchtest du nicht dahinter kommen?" Also lehrte ihn der Teufel die Hinterwelt und die uralten Zauberreime: Diesseits und Jenseits, Innenwelt und Außenwelt, Subjekt und Objekt. Als er diese Zaubersprüche gelernt hatte, da war ihm, als sänke die blaue Unendlichkeit wie eine Bleidecke auf ihn herab und als schrumpfte die unermeßliche Weite in ein enges Gehäuse zusammen. Und er schloß die Augen und sehnte sich maßlos hinaus, ins Jenseits hinaus. Und er konnte dies Heimweh nie mehr loswerden. Als er die Augen wieder aufschlug, sah er zwar, daß alles beim Alten geblieben war, Mattengrün und Schneefirnen, Vogelflug und jagende Wolken. Und er tröstete sich auch für eine Weile und sprach: „Ich habe zwar nur ein Konterfey der Welt, aber es ist doch ein gutes Konterfey, der Außenwelt so ähnlich, daß ich glauben würde, ich sei draußen, hätte mir der Teufel nicht gesagt, daß ich drinnen sei". Aber bald kam ihm ein böser Gedanke: „Wer weiß, ob das Konterfey richtig ist? Wie naiv ist es, seinen Augen so ohne weiteres zu trauen! Vielleicht sieht die Welt dahinter ganz anders aus." Und er versank tiefer in sich selbst und sann angstvoll: „Form und Gestalt muß die Welt dahinter doch jedenfalls haben. Sonst wäre sie ja gar keine Welt. Und der Teufel hat doch von einer Welt gesprochen. Die Hinterwelt muß grade und krumm sein, hart und zackig, eckig und rund. Sie muß Form und Gestalt haben. Aber vielleicht nicht mehr als das. Vielleicht sind Lichter und Farben, Düfte und Töne nur die warme Sprache meiner Seele, in der sie auf den rauhen Druck der Außenwelt antwortet. Qualitäten sind subjektiv, Quantitäten sind objektiv." Das klang gut und beruhigte ihn auf lange Zeit. Als er aber den Traum des Lebens weiterträumte, da sah er einen Mann sitzen, an dessen Händen brauner Lehm hing, einen Töpfer und Tonbildner, der weichen Ton in Formen knetete. Da kam ihm eine Ahnung, die ihn erbeben machte: „Kann Form und Gestalt das Allerwirklichste und Jenseitigste sein? Kann man nicht auch Formen in sich tragen? Wie, wenn ich selber aller Dinge Former und Tonbildner wäre? Vielleicht liegen in mir selber wie leere Gehäuse alle Linien und Längen, Maße und Umfänge, Raumform und Zeitform. Draußen aber jenseits von mir ist nur Drang nach Form, und Sehnsucht nach Ordnung, Chaos ohne Maß und ohne Farbe, ohne Raum und Zeit, formlos, unsagbar." Das war der Augenblick, auf den der Teufel gewartet hatte. Denn er hatte alles lächelnd mit angehört. „Wankelmütiger," sagte er, „erst sagtest du: Was dahinter ist, ist gleich wie das, was vor mir ist. Dann sprachst du: Nein, es ist ihm in manchem gleich, in manchem ungleich. Endlich sagst du: Nein, es ist ihm nicht einmal in manchem gleich, es ist ganz anders. Es muß eine windige Sache sein mit diesem Dahinter. Woher weißt du denn überhaupt, daß etwas dahinter ist. Vielleicht ist gar nichts dahinter. Und du bist mit deinen

18

Träumen allein." Als dies der Mensch gehört hatte, da kam es über ihn wie Umnachtung. Die Welt floß ihm in ein dünnes graues Spinnengewebe auseinander, das in tausend Fäden aus ihm selber quoll. Alle Dinge rasten wie fahle Schatten um ihn selber, schlangen sich in immer engerem Wirbelkreis um ihn selber, wanden und wickelten sich immer dichter um ihn selber, wurden hineingesogen, hinabgeschlungen in ihn selber, erdrückten und erstickten ihn und verbissen sich wie Schlangen in ihn selber. Der Teufel aber ging davon und lachte.

Bis hierher ist diese Geschichte eine vergangene Geschichte. Es ist die traurige Geschichte der bisherigen Philosophie. Wann kommt die Zeit, die den erlösenden Abschluß bringt, den erlösenden letzten Akt dieser Tragödie des Geistes, seine Befreiung von der qualvollen Einkerkerung in sich selber? Wenn ihn der Teufel bis zu diesem Äußersten verführt hat, so sinkt der Mensch müde zusammen. Er kann nicht weiter. Grausen vor sich selber überrieselt ihn. Schwindelkrank tastet er mühsam rückwärts wie ein Blinder am Stock, geht den Weg, den er hergekommen, ein Stück weit zurück, und siedelt sich irgendwo auf halbem Wege an, bei irgend einem Halbglauben an ein fernes mögliches Jenseits und schwankendes Vielleicht hinter allen Dingen. O dies Rückwärtswanken! Ach, daß dir jemand Jugend in die Seele gösse, o Mensch, und Drang nach vorwärts und Mut zum Äußersten! Vorwärts geht der Heimweg. Merkst du nicht, daß man dich mit verbundenen Augen im Kreise herumgeführt hat, genau im Kreise herum. Du wähnst dich weit fort, glaubst dich rettungslos verstiegen zu haben, und bist nur wenige Schritte von dem Kinderland und Heimatglück, aus dem man dich vertrieben. Es ist wirklich so, wie du fürchtest, es gibt kein Hinterland. Gibt es aber keinen Hintergrund, so gibt es auch keinen Vordergrund. Gibt es kein Jenseits, so gibt es auch kein Diesseits. Also keine Grenzen mehr. Keine Schranken mehr für den Wolkenflug des Gedankens. Ringsum Vollicht und Kristallhelle bis hinaus ins Grenzenlose. Hier ist Sonne genug für dein Auge, um sich gesund zu baden von dem bösen Blick nach hinten, von allem mondsüchtigen scheuen Schielen nach Hinterwelten. Hier bekommst du die Unschuld der Augen wieder. Hier kommt dir deine Kindheit wieder. Über dir wölbt sich wie einst die Unendlichkeit wie eine azurne Glocke. Um dich dehnt sich in ewigem Glanz die Unermeßlichkeit. Und alle Dinge träumen um dich und jauchzen um dich in wonniger Werdelust. Du selbst aber bist ganz Auge, ganz Ohr, ganz Gedanke.

Sollen wir diese Geschichte in dürrer Schulsprache wiederholen, so können wir sagen: Für das naive Denken ist der unendliche Gesamtinhalt alles Gegebenen eine Einheit, auf die die Spaltung in Subjektivität und Objektivität noch keine Anwendung findet. Sobald aber diese Unterscheidung auftritt, beginnt ein Gedankenprozeß, der in folgenden vier Stadien zu verlaufen pflegt:

1. Die Erkenntnis stimmt mit ihrem Gegenstand überein, wie das Bild mit dem Original.

2. Die Erkenntnis stimmt mit ihrem Gegenstand in einigen Hinsichten überein, in anderen nicht. Die stereometrischen Raumformen der Dinge und der Zeitablauf ihrer Veränderung ist objektiv. Die Sinnesqualitäten aber sind rein subjektive Reaktionen auf die ersteren (Theorie von den primären und sekundären Qualitäten).

3. Die Erkenntnis stimmt mit ihrem Gegenstand in keinem Punkt überein. Das Verhältnis zwischen beiden ist überhaupt kein Übereinstimmungsverhältnis, sondern ein Verhältnis zwischen Form und zu formendem Material. Das Erkennen enthält Anschauungs- und Denkformen in sich, durch deren Anwendung auf ein an sich betrachtet undefinierbares x erst die Erfahrung entsteht (populäre Kantauffassung).

4. Die Erkenntnis hat überhaupt kein außer ihr liegendes Objekt. Alles Gegebene ist subjektive Erkenntnis (Berceley).

Vom letzten Stadium dieses Prozesses, von dem aus man meist aus Angst vor seinen Konsequenzen wieder zum vorletzten oder drittletzten zurückkehrt, führt der nächste Schritt notwendig zum naiven Bewußtsein zurück, dessen Aufhebung den Ausgangspunkt des ganzen Prozesses bildete. Denn wenn kein Objekt denkbar ist, so kann auch nicht mehr vom Subjekt geredet

20

werden. Die Subjekt-Objekt-Unterscheidung, die der Anlaß zu dieser ganzen Wellenbewegung des Denkens war, ist wieder zur Ruhe gekommen.

Unwillkürlich erweckt dieser in sich zurückkehrende Prozeß unser Nachdenken, da er nach bestimmten Gesetzen zu verlaufen scheint. Erst das Auftauchen der Subjekt-Objekt-Unterscheidung, die den geistigen Energieumsatz auslöst. Dann erst das Überwiegen des Objektiven, das zunächst als alleinige Wirklichkeit das Subjektive zu seiner bloßen Kopie degradiert. Dann die allmähliche Umdrehung des Verhältnisses. Erst die inhaltliche Entleerung des Objektiven zugunsten des Subjektiven. Dann sein völliges Verblassen und seine Unterwerfung unter die formende Gewalt des Subjektiven. Und zuletzt sein völliges Verschwinden und die Alleinherrschaft des Subjektiven. Wie Naturkinder beim Anblick des Mondwechsels staunen, so schauen wir, die wir in der Welt des Gedankens noch Kinder sind, staunend diesen Mondphasen des Geistes nach. Was soll dieser Gang des Geistes von Vollmond zu Vollmond, dieser periodische Gang, den der Menschengedanke schon im alten Indien einmal ging, den er bei den Griechen abermals ging, den er zwischen Descartes und Kant zum drittenmal ging, den er über den Nachthimmel jedes Jahrtausends einmal geht? Erst liegt blaues Silberlicht über allem, blendender Vollmond. Da zieht ein Schatten herauf und teilt ihn in eine Tagseite, auf die die Sonne des Bewußtseins fällt und ein Nachtgefilde, das von jener Helle ausgeschlossen bleibt. Und die Nacht scheint bald die ganze Fläche zu überschatten, daß das Licht in einen schmalen Silberrand zusammenschrumpft und fast verschwindet. Aber je finsterer der Schatten wird, desto schmaler wird er wieder, desto schattenhafter und zweifelhafter, und desto breiter die Helle. Und zuletzt ist die Nachtseite überwunden vom Tag. Und wieder liegt blaues Silberlicht über allem und blendender Vollmond. Was soll dieses Zwischenspiel des Geistes zwischen Vollmond und Vollmond? Liegt der Drang dazu in ihm selber oder jagt ihn eine fremde Gewalt auf?

Wir wissen ja, daß alles Weltgeschehen auf einer Störung und Wiederherstellung von Gleichgewicht beruht, auf „Kompen-

21

sationserscheinungen". Der Waldsee liegt schweigend. Kein Lüftchen bewegt ihn. Nur die Mücken tanzen über ihm in der Sonne. Da schießt ein Vogel wie ein Pfeil über das Wassergrün, um seine Brust zu kühlen. Dies stört die Gleichgewichtslage des Wassers. Die Wellen ziehen ihre Kreise immer weiter und immer langsamer, bis alles wieder stille wird. Und der Waldsee schläft wieder. Und die Mücken tanzen über ihm in der Sonne.

Hinter den verschlossenen Jalousien ist dämmerige Kühle. Die Zimmertemperatur ist im Gleichgewicht. Da stürmt ein Sonnenfreund ans Fenster und reißt ungestüm auf. Da bricht die Sonnenflut herein wie ein Eroberer, beginnt einen ungleichen Kampf mit der Zimmerkühle. Das Gleichgewicht der Temperatur ist aufgehoben. Ein unsichtbares Ringen und Schwingen beginnt. Zuletzt aber endet der Krieg zwischen Glut und Kühle mit einem Friedensvertrag, in dem sie sich auf eine mittlere Temperatur einigen.

So ist alles Geschehen ein Herausgerissenwerden aus Schlaf und Gleichgewicht und ein zitterndes Suchen nach dem Heimweg zu Schlaf und Gleichgewicht. Irgend ein Gegensatz bricht wie ein Einbrecher in den Frieden der Dinge, bringt sie in Aufruhr, reißt sie aus dem Gleichgewicht. Und sie finden keine Ruhe, bis sie wieder ruhen in ihm.

Sollte jener Wellenschlag des Gedankens, den der Gegensatz zwischen Subjektivität und Objektivität hervorrief, eine ähnliche Erscheinung sein, wie alle diese Gleichgewichtsstörungen? Das Aufplätschern einer Welle im klaren Seespiegel des Geistes, und dann Wellenkreise, immer weitere und immer langsamere, und zuletzt wieder der stille See, in dem sich alle Dinge wie Sterne spiegeln?

Aber, wenn dem vielleicht so ist, wer warf dann den Stein hinein, der diese jahrhundertelangen zitternden Wellenbewegungen hervorrief? Wer warf jene Unterscheidung zwischen Ich und Objekt hinein, diesen Streitapfel, der die Welt des Geistes in Zwiespalt mit sich selber brachte? Wie konnte jene Unterscheidung entstehen?

Die Weltformel.

Die am Schluß des vorigen Abschnitts aufgeworfene Frage können wir nur beantworten im Zusammenhang mit der viel tiefergehenden und allgemeineren Frage: Was hat es denn überhaupt für eine Bewandtnis mit dem Unterscheiden im allgemeinen, mit dem schöpferischen Setzen von Mauern und Ziehen von Grenzlinien, auf dem, wie wir schon am Anfang sahen, unser ganzes Denken beruht?

Wenn wir uns in irgend einen von den tausend tönenden und farbenglühenden Eindrücken versenken, die uns jeden Augenblick in verschwenderischer Fülle umfluten, wenn wir in irgend ein Alpenglühen oder Donnergeroll hinabtauchen, um aus diesem Eindruck zu schöpfen, was wir fassen können, so entdecken wir, daß jeder Tropfen von diesem Farben- und Tonmeer unerschöpflich ist. Der kleinste Teil, den wir herausgreifen, läßt sich wieder zerlegen in noch kleinere Teile, jeder derselben in noch kleinere und so fort ohne Ende. Jeder Tropfen, den wir mit der Hand herausschöpfen, verwandelt sich in unserer Hand wieder in ein Meer, das wieder eine neue Unendlichkeit vor uns aufschließt. Wir kommen also nie auf ein letztes, auf dem wir ausruhen könnten, nie auf einen Boden, der sich nicht unter uns spaltet, sobald wir uns auf ihn stellen wollen, nie auf eine Einheit, die sich nicht sofort wieder in eine Vielheit also in ein Verhältnis von Einheiten auseinanderfaltete, sobald wir sie ins Auge fassen wollen. Wir haben es also überall in der Welt, soweit wir sehen können, immer nur mit Verhältnissen zu tun, und niemals mit letzten Gegebenheiten, die sich nicht wieder in Verhältnisse auseinanderfalten ließen. Alle Einheiten, von denen wir sprechen, sind nur latente, mögliche Verhältnisse, wie Knospen mögliche Blumen sind und der Sonne harren, die ihre bunte Mannigfaltigkeit erschließt.

Aus dieser Sachlage ergeben sich ganz unglaubliche Konsequenzen. Wir glauben auf etwas Sicherem und Absolutem aus-

zuruhen, wenn wir uns hier auf diesem roten Plüschsofa aus-
strecken in dem Bewußtsein, es sei 2 m lang und wir stark $1^1/_2$.
Aber wie, wenn nun etwas Märchenhaftes passierte, wenn plötzlich das Sofa anfinge zu wachsen, anzuschwellen wie ein Gebirge,
sich ins Ungeheuerliche zu dehnen und wir selber wüchsen mit,
und das Zimmer dehnte sich wie der Himmelsraum, daß die Gas-
lampe dort oben so hoch wie der Mond schwebte, und alle Bäume
und Häuser draußen dehnten sich mit und streckten sich mit, würden
wir von diesem ganzen Wachstumsvorgang etwas merken? Ich
fürchte, nicht das mindeste. Das alles könnte sich soeben mit uns
zugetragen haben, während unseres Mittagsschläfchens. Und wenn
wir nachher als gigantische Bewohner einer Riesenwelt erwachten,
so würde es kein Mensch fertig bringen uns zu überzeugen, daß
wir auch nur 1 mm gewachsen wären. Wir würden im Zweifels-
fall uns und alles um uns mit unseren exaktesten Meterstäben
messen, alles wäre wie zuvor, denn die Meterstäbe wären natürlich
mitgewachsen. Wir würden unsere Meterstäbe mit dem berühmten
Normalmeterstab in Paris vergleichen, um ihre Richtigkeit zu
kontrollieren. Alles würde stimmen. Denn der Pariser Meterstab
wäre ja auch mitgewachsen. Wir würden uns auf die Wage
stellen und alle Gegenstände im Zimmer. Nicht ein Gramm Gewichtsunterschied gegen früher. Natürlich. Die Gewichte hätten
ja entsprechend mit zugenommen an Masse und Schwere. Wir
würden mit Hilfe unserer besten Uhr die Zeit feststellen, die wir
zu bestimmten Wegstrecken brauchen. Alles wäre auf die Minute
gleichgeblieben. Natürlich. Die Uhr hat sich bei der allgemeinen
Welterweiterung mit ausgedehnt. 1000 Stunden sind wie wenige
Minuten geworden und 1000 Jahre wie ein Tag.

Man könnte uns also auf keine Weise von unserem Glauben
abbringen, es sei alles beim alten geblieben.

Und wir wären mit diesem Glauben auch ganz im Recht.
Denn wenn die gegenseitigen Verhältnisse aller Dinge beim alten
geblieben sind, so ist alles beim alten geblieben. Denn es gibt
nichts anderes als gegenseitige Verhältnisse. Wir leben in einem
großen System von Verhältnissen und sind selbst ein Teil davon.
Sobald man die Glieder sämtlicher Verhältnisse gleichmäßig ver-

24

größert oder verringert, so ändert man in Wahrheit gar nichts. Denn sowohl die quantitative Zunahmefähigkeit als die quantitative Abnahmefähigkeit ist unendlich. Zwischen unendlichen Grenzen gibt es aber weder einen Fortschritt noch einen Rückschritt. Denn von den Grenzen des Unendlichen ist man immer gleich nah und gleich fern. Wenn wir also die Glieder aller Verhältnisse im gleichen Tempo zunehmen oder abnehmen lassen, so steigen wir auf einer unendlichen Leiter herauf und herab. Auf einer solchen Leiter ist aber keinen Schritt vorwärts zu kommen; denn mit allem Treten kann man weder der höchsten noch der untersten Sprosse näher kommen. Es gibt ja keine oberste und keine unterste Sprosse. Es ist, wie wenn man ein Tretrad in Bewegung setzt. Man glaubt zu steigen. Aber man bleibt immer auf derselben Höhe. Nur das Rad macht seine Drehungen, in denen es ewig in sich selbst zurückkehrt, wie die Unendlichkeit.

Haben aber hiernach alle unsere räumlichen und zeitlichen Maße den Charakter von Verhältnissen oder Proportionen, die sich gleichbleiben, wenn man ihre Glieder mit denselben Zahlen multipliziert oder dividiert, so wird damit unsere ganze Naturwissenschaft zu einer Wissenschaft von Verhältnissen.

In der Physiologie sind wir längst an diese Betrachtungsweise gewöhnt. Eine genaue Vergleichung zwischen der Stärke der ein Empfindungsorgan affizierenden Reize und der diesen Reizen korrespondierenden Empfindungen hat zu dem sog. Weberschen Gesetz geführt, wonach der Zuwachs des Reizes, welcher eine eben merkliche Änderung der Empfindung herbeiführen soll, zu der Reizgröße, zu welcher er hinzukommt, immer im selben Verhältnis stehen muß. Wenn also der Übergang einer Reizstärke von 1 auf 2 einen eben merklichen Empfindungsunterschied = 1 herbeigeführt hat, so genügt es nun nicht etwa die Reizstärke von 2 auf 3 zunehmen zu lassen, um einen zweiten eben merklichen Empfindungsunterschied herbeizuführen, sondern dazu ist ein Übergang der Reizstärke von 2 auf 4 nötig. Was zur Empfindung kommt, ist demnach nicht die Addition einer neuen Reizgröße = 1 zu einer bisherigen Reizgröße, sondern das Verhältnis der neuen Reizgröße zur bisherigen. War dieses im ersten Fall = 1:2, so

25

muß es auch im zweiten Fall = 1 : 2, also, wenn das erste Verhältnisglied = 2 ist, = 2 : 4 sein, wenn der Empfindungserfolg derselbe
bleiben soll.*) Wenn also z. B. in der Musik bei der Oktave
das Verhältnis der Tonschwingungszahlen = 1 : 2, bei der
Quinte = 2 : 3, bei der Quarte = 3 : 4 usw. ist, so empfinden wir
dabei nicht absolute Tonhöhen, sondern nur die Tondistanzen oder
Verhältnisse von Schwingungszahlen, die in diesen arithmetischen
Proportionen zum Ausdruck kommen.

In dieser physiologischen Form wird der Satz vom Verhältnischarakter aller Gegebenheiten allgemein zugegeben und als
das Gesetz von der „Relativität unserer inneren Zustände" formuliert.
Aber man vergißt dabei meist, daß die sog. „Reize", die die
„Empfindungen" auslösen, uns genau in derselben Weise zum
Bewußtsein kommen und genau denselben Charakter tragen wie
jene Empfindungen, daß wir es also nicht mit einem Korrespondenzverhältnis zwischen einer Innenwelt und einer dahinterliegenden
Außenwelt zu tun haben, sondern mit einem Korrespondenzverhältnis zwischen nebeneinanderliegenden Teilen einer und derselben
großen Empfindungswirklichkeit. Was also von den „Empfindungen"
gilt, das gilt genau ebenso von den „Reizen". Die Sekunde,
deren Verfluß das Chronometer anzeigt, während ich mit Hilfe
der „Sirene" beim tiefsten wahrnehmbaren Ton etwa 16, beim
höchsten etwa 38000 Schwingungen zähle, ist genau so ein bloßes
Verhältnisglied, wie die Schwingungszahl 1 bei der Oktave, die
nur durch ihr Verhältnis zur Schwingungszahl 2 das eigentümliche Oktavintervall zustande bringt. Die Sekunde macht uns
nur deshalb den Eindruck einer absoluten Größe, weil wir ihr
Verhältnis zu bestimmten mechanischen Arbeiten genau kennen.
Wir können sie etwa bestimmen als die Zeit, die ein bestimmtes

---

*) Setzt man die Empfindungsänderung = K, die Reizgrößen = a und
b, so läßt sich durch eine einfache Ableitung das Gesetz auf die mathematische
Formel bringen: $E = K \dfrac{\log nat \ R}{\log nat \ b}$, in Anwendung auf unendlich kleine Em-
pfindungsgrade und Reizunterschiede $dE = \dfrac{R \cdot dR}{\log nat \cdot b \cdot R}$. Dies ist nach
Fechner die psychophysische Fundamentalformel, die Helmholtz nur in unwesent-
lichen Punkten ergänzt hat.

Uhrgewicht braucht, um den Zeiger auf dem Zifferblatt eine bestimmte Strecke weit fortzubewegen. Wollen wir aber jenes Gewicht oder diese Wegstrecke bestimmen, so können wir sie nur wieder in anderen Gewichten und Wegstrecken ausdrücken; wir haben also nur Gewichtsverhältnisse und Streckenverhältnisse. Genügen uns diese nicht, so bleibt uns nichts anderes übrig, als wieder auf die Zeitmaße zurückzugreifen, deren Absolutheit wir durch die Längen und Gewichte stützen wollten, und etwa eine Wegstrecke nach der Zeit zu bemessen, die ein Körper von bestimmter Masse und Geschwindigkeit braucht um sie zu durchlaufen, oder ein Gewicht nach der Geschwindigkeit, die es im Fall von einer bestimmten Höhe nach dem Newton'schen Gesetz erreicht. Wo wir uns also auch hinwenden mögen, um absolute Maßstäbe zu finden, immer greifen wir in die bodenlose Unendlichkeit hinaus und finden uns rettungslos in ein wundervoll ineinandergreifendes System von Verhältnissen eingeschlossen, dessen Teile sich immer nur gegenseitig stützen, ohne daß das Ganze von irgend etwas gestützt wird.

Was von der Tonhöhe gilt, läßt sich natürlich ebensogut auf die Wärmeverhältnisse und Lichtunterschiede anwenden. Denn unsere ganze Wärme- und Lichtmessung beruht ja auf den relativen Maßstäben der Sekunde und des Zentimeters. Setzen wir für diese relativen Maße größere Werte ein, so würde beim bisherigen Schwingungstempo eine solche Zahl von Wärmewellen auf die Sekunde entfallen, daß wir alle in Weißglühhitze umkämen, wenn sich die übrigen Verhältnisse gleichblieben. Umgekehrt würde uns eine Verringerung der Sekunde und des Zentimeters sofort zu Eis erstarren lassen. Wenn aber alle übrigen Verhältnisse mit dem Temperaturwechsel gleichen Schritt hielten, so würde er uns weder Schweiß noch Erkältung verursachen. Ebenso ist es beim Licht. Dem roten Licht am unteren Ende des Spektrums entsprechen, um es in der Sprache der veralteten aber noch immer populären Undulationstheorie auszudrücken, 430 Billionen 0,000693 mm lange Schwingungen in der Sekunde, dem oberen violetten Ende 800 Billionen 0,000393 mm lange Schwingungen in der Sekunde. Da Sekunde und mm relative Maßstäbe sind, so ist das einzige mathematisch Fixierbare und Eindeutige an diesem Forschungsresultate das Verhältnis der Schwingungszahlen und das Verhältnis der Schwingungslängen zwischen dem oberen und unteren Ende des Spektrums. Nähmen wir die Sekunde etwa doppelt so lang, so würde unsere Nacht leuchten wie der Tag, Finsternis wäre wie das Licht. Verkürzten wir sie entsprechend, so würde umgekehrt für ein solches höheres Lebenstempo unser höchstes Licht nur ein Schatten sein und darüber würde sich ein Tag erheben von einer für uns unfaßbaren Helle. So sind also auch die äußersten Gegensätze zwischen Licht und Finsternis nur Sprossen auf einer unendlichen Leiter, auf der wir hinauf- und hinabsteigen können, ohne daß sich irgend etwas änderte.

Die bisher erwähnten Verhältnisse hatten trotz ihres relativen Charakters doch das Gute, daß sie sich in einfachen arithmetischen Proportionen wie 1:2, 430 Billionen : 800 Billionen darstellen ließen, die sich gleich bleiben, wenn ihre beiden Glieder mit derselben Zahl multipliziert oder dividiert wurden. Nun gibt es aber noch andere Verhältnisse, die der mathematischen Darstellung viel größere Schwierigkeiten entgegensetzen. Z. B. die Verhältnisse: Oben und Unten, Rechts und Links, Vorwärts und Rückwärts. Daß diese Richtungen voneinander verschieden sind, fassen wir mit derselben Klarheit auf wie, daß drei Tonschwingungen von vier Tonschwingungen verschieden sind. Aber während wir bei dem Verhältnis 3:4 ein Plus = 1 angeben können, durch das ein Verhältnisglied vom andern sich unterscheidet, das also eine Vertauschung beider ausschließt, so läßt sich bei jenen Richtungsunterschieden ein derartiges unterscheidendes Merkmal nicht angeben, das dem einen Verhältnisgliede zukäme, während es dem andern fehlte. Wenn ich meinen Koffer aus der linken Hand in die rechte Hand nehme, so kommt durch diese Richtungsänderung zu seinem Gewicht und Inhalt weder etwas hinzu noch etwas davon hinweg. Die Verhältnisglieder eines Richtungsunterschieds lassen sich darum ohne weiteres vertauschen, ohne daß damit das Verhältnis selbst geändert würde. Ich kann ebensogut sagen, der Kölner Dom sei rechts und die neue Bahnhofshalle links, wie der Bahnhof sei rechts und der Dom links. Was uns oben ist, ist für unsere Antipoden unten. Die Richtung, die für mich vorwärts ist und Sieg bedeutet, ist für meinen Gegner rückwärts und bedeutet Flucht. Die drei Richtungsverhältnisse selbst aber bleiben durch diese Vertauschbarkeit ihres jeweiligen Inhalts unberührt. Denn es gelten für diese Verhältnisse zwei unerbittliche Gesetze:

1. Es ist unmöglich, gleichzeitig dieselbe Richtung rechts und links, oben und unten, vorwärts und rückwärts zu nennen.

2. Es ist unmöglich, gleichzeitig von zwei entgegengesetzten Richtungen beide rechts zu nennen oder beide links, beide oben oder beide unten, beide vorwärts oder beide rückwärts.

Daraus ergibt sich die eigentümliche Lage, in der wir uns diesen Verhältnissen gegenüber befinden. Einerseits ist nicht der geringste Grund vorhanden, warum wir irgend eine vorliegende Richtung gerade als rechts betrachten sollen und nicht als links, als oben und nicht als unten, als vorwärts und nicht als rückwärts, es ist kein Grund einzusehen, warum wir überhaupt einen räumlichen Standpunkt einnehmen sollen, an dem wir die drei Richtungsunterschiede orientieren. Da ja alle Richtungsunterschiede vertauschbar sind, so würde theoretisch betrachtet genau ebensoviel und ebensowenig für eine Orientierung sprechen, wie für jede andere mögliche Orientierung. Wenn wir uns also von theoretischen Gründen bestimmen ließen, so wäre es das einzig Vernünftige, diesen Richtungsunterschieden gegenüber eine völlig neutrale Haltung einzunehmen und alle Richtungen gleichzeitig als rechts und links, als oben und unten, als vorwärts und rückwärts zu betrachten. Nun verbietet aber, wie wir gesehen haben, das Wesen jener Unterschiede selbst, sie gleichzeitig auf dieselbe Richtung anzuwenden.

Wir müssen also Partei nehmen. Wir mögen uns dagegen sträuben wie wir wollen, und uns bemühen, in vornehmer Neutralität auf diese theoretisch so irrelevanten Gegensätze der Raumorientierung herabzusehen, mit dem ersten räumlichen Bild das im verworrenen Halbtraum durch unser Bewußtsein zieht, haben wir bereits Partei genommen, finden wir uns bereits auf

29

einem einseitigen Raumstandpunkt vor, von dem aus sich das dreidimensionale Richtungsschema mit einem ganz bestimmten Inhalt ausfüllt. Wir können uns, um dieser Einseitigkeit zu entgehen, „in Gedanken“ in einer Sekunde zehnmal auf einen andern Raumstandpunkt „versetzen“, zwischen mehreren Standpunkten mit rapider Schnelligkeit abwechseln, dennoch findet uns jeder Zeitpunkt immer nur auf einem Standpunkt vor und nie auf zweien zugleich. Wir können die Partei wechseln, aber nie über den Parteien stehen.

Vielleicht geben uns diese Binsenwahrheiten von rechts und links und oben und unten einen tieferen Einblick in das Geheimnis unseres Daseins, als wir ahnen. Jedenfalls tun wir gut, uns das eigentümliche Verhältnis, auf das wir hier gestoßen sind, an der Hand weiterer Beispiele zu verdeutlichen. Das bekannteste Beispiel dafür ist das Verhältnis zwischen Bewegung und Ruhe, auf dessen Relativität besonders Leibniz hinwies und Kant in der Schrift von 1758 über den neuen Lehrbegriff der Bewegung und Ruhe.

Wenn man im Bahnzug durch die Nacht saust, so kommt einem unwillkürlich diese eigentümliche Relativität aller Bewegungsverhältnisse zum Bewußtsein. Der D-Zug donnert in 15 Minuten durch den Gotthardtunnel 14 km weit. Diese Geschwindigkeit hat aber der Zug nur vom Standpunkt der ruhenden Erde aus. Nur wenn die Gotthardgletscher im ewigen Stillstand ins Unendliche ragen, fliegt die Bahn in Wahrheit 14 km weit unter ihnen hinweg. Nun schwingen sie aber in 24 Stunden um die Erdachse. Und der sausende D-Zug schwingt mit, beschreibt also in der Fahrt vom Nordende nach dem Südende des langen Felsentors eine ungeheure, seitwärts ausbiegende Linie, wie wenn er dem Orient zueilte. Seine Geschwindigkeit ist rapid gestiegen.

Je nach der Lage der Bahnlinie im Verhältnis zur Erdachse und den Polen könnte die Orientierung an der Erdachse auch eine Verlangsamung bedeuten. Ja man könnte durch das Polareis dicht um den Drehpunkt der Erdachse eine Ringbahn bauen und darauf einen Zug der Erddrehung entgegengesetzt fahren lassen mit einer der Erddrehungsgeschwindigkeit gleichkommenden Ge-

schwindigkeit. Ein solcher Zug würde relativ zur Erdachse stillstehen und die Erde unter sich weggehen lassen.

Aber auch diese Auffassung stimmt nur, wenn die Erdachse
wie eine unbewegliche Linie im Weltall steht. Nun fliegt sie aber
um die Sonne, und die Gletscher die um sie selber schwingen,
fliegen mit, und der kleine unter ihnen dahinkriechende Zug macht
den tollen Wirbel mit wie eine Salatschnecke, die unter grünen
Blättern über den Teller kriecht, den der Kellner im Speisewagen
des dahineilenden D-Zuges schwingt.

Damit wird die Kurve, die der Zug von Göschenen bis Airolo
beschreibt, wieder anders und noch komplizierter in bezug auf
Länge, Richtung und Geschwindigkeit.

Aber auch diese neue Auffassung gilt nur, wenn die Sonne
stillsteht. Schwingt diese mit ihrem ganzen Planetensystem um
fernere Sonnen, so kann dieser Sonnenflug in einer Richtung geschehen, die dem Erdenflug um die Sonne ein Stück weit entgegengesetzt geht, so daß relativ zu irgend einer fernen Sonnen-
sonne die Erde auf einem Teil ihrer Bahn still steht oder der
winzige Menschenzug auf ihr still steht und das ganze Weltall
und alle Sonnensysteme unter seinen Rädern wegzuwälzen scheint.

Und können wir uns nicht manchmal, wenn wir im matt er-
hellten Coupee träumend durch die Nacht fliegen, der Vorstellung
kaum erwehren, wir lägen hier stille in den Armen der Unendlichkeit, und um uns tanzte die Welt und donnerte das dumpfe Räder-
gerdll aller Dinge?

Solche Nachtgedanken im Bahnzug können uns für das Verständnis jener Wahrheit vorbereiten, die für unser Weltverständnis
entscheidend ist, und die wir doch nicht durchdenken können, ohne
daß uns ein eigentümliches Schwindelgefühl überkommt, der Wahrheit von der Relativität der Bewegung. Der Raum ist unendlich,
und wäre in dieser Unendlichkeit ein Körper allein, so würde
man ihm weder Ruhe noch Bewegung zuschreiben können. Denn
es wäre ja nirgends eine Grenze, von der er eine bestimmte
Entfernung hätte, die er verringern oder vermehren oder beibehalten könnte. Ruhe und Bewegung eines Körpers gibt es also
nur relativ zu einem andern Körper. Ruhe und Bewegung sind

also Modifikationen des gegenseitigen Verhältnisses von mindestens zwei Körpern zueinander.

Schweben nun aber zwei Körper a und b im Unendlichen, die im Ruhe-Bewegungs-Verhältnis zueinander stehen, so ist theoretisch betrachtet nicht der geringste Anhaltspunkt vorhanden, um zu entscheiden, ob a ruht und b sich bewegt oder b ruht und a sich bewegt oder ob beide sich aneinander vorbeibewegen, und wenn letzteres der Fall ist, ob sie sich mit gleicher Geschwindigkeit aneinander vorbeibewegen oder mit verschiedener Geschwindigkeit und wenn mit verschiedener, wie sich die Unterschiede des Tempos auf beide verteilen.

Es ist theoretisch betrachtet eine Sache der absoluten Willkür, wohin man bei der Betrachtung dieses Bewegungsvorganges den archimedischen Ruhepunkt verlegt, von dem aus der Vorgang betrachtet wird, ob in a oder in b, oder an eine beliebige dritte Stelle im unendlichen Raum. Jede Verlegung des archimedischen Punktes gibt aber wieder ein anderes Bild des ganzen Vorganges. Trotz der unendlich vielen verschiedenen Standpunkte, von denen aus derselbe Vorgang aufgefaßt werden kann, ist aber die Auffassung desselben keineswegs der Willkür preisgegeben. Vielmehr stellt jeder konkrete Bewegungsvorgang, der als Modifikation des Verhältnisses zwischen zwei Körpern auftritt, ein mathematisch exaktes Gesetz dar, nach welchem aus jeder Geschwindigkeit, die man dem einen Körper zuschreibt, die Geschwindigkeit abgeleitet werden kann, die von der betreffenden Auffassung aus dem andern zugeschrieben werden muß. Die Geschwindigkeit des einen Körpers ist eine Funktion der Geschwindigkeit des andern, wobei wir die Ruhe als Geschwindigkeit = 0 ansehen.*)

---

*) Um ohne viele mathematische Formeln, die manchen die Sachlage eher verdunkeln als aufhellen könnten, ein anschauliches Bild von der gesetzmäßigen Abhängigkeit zu bekommen, in der jede Auffassung der Ruhe oder Bewegung des einen Körpers von der entsprechenden Auffassung der Ruhe oder Bewegung des andern Körpers steht, betrachten wir die gegenseitige Lageänderung zweier Körper, die sich im Lauf einer unendlich kurzen Zeit vollzieht, während deren wir die Geschwindigkeit als eine gleichmäßige ansehen können, so daß die Beschleunigung außer Betracht bleibt. Die verschiedenen Auffassungen, die eine

Wir haben nach alledem in der Relativität der Bewegung nur einen komplizierteren Fall desselben Verhältnisses vor uns, das

---

und dieselbe gegenseitige Lageänderung beider Körper erfahren kann, lassen sich dann durch folgende Figur veranschaulichen.

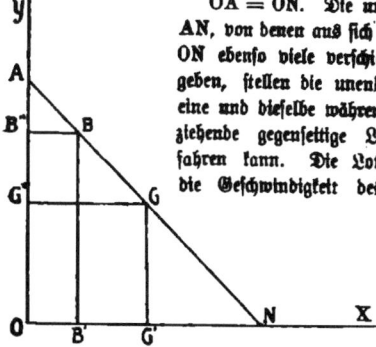

OA = ON. Die unendlich vielen Punkte der Geraden AN, von denen aus sich durch Fällen der Lote auf OA und ON ebenso viele verschiedene Ordinaten und Abszissen ergeben, stellen die unendlich vielen Auffassungen dar, die eine und dieselbe während eines Zeitdifferentials sich vollziehende gegenseitige Lageänderung zweier Körper erfahren kann. Die Lote in der Richtung OX bedeuten die Geschwindigkeit des einen Körpers, die Lote in der Richtung OY die entsprechenden Geschwindigkeiten des anderen. Ist also die Geschwindigkeit des Körpers a = OA, so ist diejenige von b = O. D. h. b ruht, oder in b liegt der archimedische Punkt, von dem aus der Vorgang betrachtet wird. Ist die Geschwindigkeit von a = BB', so ruht b nicht mehr, sondern geht mit einer Geschwindigkeit = BB'' an a in entgegengesetzter Richtung vorüber. Der archimedische Punkt liegt also weder in a noch in b, er liegt vielmehr so, daß b von ihm aus betrachtet sich langsamer bewegt als a. Ist die Geschwindigkeit von a = GG', so ist die von b = GG''. GG' ist aber = GG''. In diesem Fall gehen also beide Körper mit gleicher Geschwindigkeit aneinander vorüber usw. Die Linie A bis N stellt also eine stetige Zunahme der Geschwindigkeit von b von O bis ON und eine entsprechende Abnahme der Geschwindigkeit von a von OA = ON bis O dar. Die Geschwindigkeitszunahmen von a sind den entsprechenden Geschwindigkeitsabnahmen von b gleich.

Also ist die ganze Summe der Geschwindigkeiten konstant. Geht also z. B. vom Standpunkt B aus a mit einer Geschwindigkeit von BB' an b, b mit einer Geschwindigkeit von BB'' an a vorüber, so kenne ich die Geschwindigkeitssumme

$$BB' + BB'' = a.$$

Dann geht z. B. vom Standpunkt A aus, wenn b die Geschwindigkeit = O hat, also ruhend gesetzt wird, a mit einer Geschwindigkeit von a — O = a an b vorüber. Physikalisch ausgedrückt: Die bei der Lageänderung ausgelöste Bewegungsenergie bleibt bei jeder möglichen Auffassung konstant, wie verschieden sie sich auch auf die beiden Körper verteilen mag.

Heim, Weltbild der Zukunft.

wir uns vorher an dem Verhältnis der entgegengesetzten Richtungen klar zu machen suchten. Waren es dort nur zwei einfache Gegensätze (rechts und links usw.), die vertauscht werden konnten, so sind es hier zwei vom Nullpunkt bis zu einer bestimmten Höhe aufsteigende Reihen von Geschwindigkeitsgraden, die in einem solchen Verhältnis der Vertauschbarkeit zueinander stehen. So klar wir aber auch die gegenseitige Vertauschbarkeit der korrespondierenden Glieder der aufsteigenden und absteigenden Reihe durchschauen, so unerbittlich sind wir auch hier wieder genötigt, beim Anblick irgend einer konkreten Bewegung uns für eine von den verschiedenen Auffassungsmöglichkeiten zu entscheiden. Wenn wir auf der Station durchs Coupeefenster einen anderen Zug in langsamer Bewegung an dem unseren vorbeifahren sehen, so können wir wohl während weniger Sekunden zwischen der Meinung, unser Zug bewege sich und der Meinung, der andere bewege sich oder beide bewegten sich, hin- und herschwanken, aber in jedem Zeitpunkt müssen wir die Sache von einem Standpunkt aus ansehen. Vielleicht ahnen wir von hier aus, warum jener Märtyrer des Sonnenstandpunktes mit dem „e pur si muove" auf den Lippen unter der Folter des Mittelalters litt. Er litt nicht für die Wissenschaft. Wissenschaftlich ist es genau so richtig zu sagen, die Erde stehe still, wie die Sonne stehe still, wie jenes schwingende Uhrpendel dort stehe still, und das ganze Weltall schwinge darunter hin und her. Was sich wissenschaftlich konstatieren läßt, ist nur das exakte gegenseitige Lageänderungsverhältnis, das zwischen der Sonne und den Planeten besteht, und aus dem sich für jede mögliche Auffassung der Sonnenbewegung die daraus hervorgehende Auffassung der Erdbewegung als ihre mathematische Funktion ergibt. Daß wir auch in der wissenschaftlichen Darstellung unseres Planetensystems vom Sonnenstandpunkt ausgehen, also immer den schwersten von mehreren Körpern als ruhend voraussetzen, kommt nur daher, daß sich die Sache so mathematisch am einfachsten darstellen läßt. Es war nicht Haß gegen die Wissenschaft, was den Märtyrer des Sonnenglaubens auf die Folter brachte. Hier rangen zwei theoretisch gleichberechtigte Werte miteinander, der alte stolze Erdenglaube, dem

34

der Erdball „das Reich der Mitte" war, in dem der „Sohn des Himmels" thronte, und die neue, erdentrückte, schwärmerische Sonnenverehrung.

Fassen wir in dürren Worten die Resultate zusammen, zu denen wir in diesem Kapitel gekommen find:

1. Es gibt keine letzten Einheiten, die sich nicht wieder als Verhältnisse auffassen ließen. Jedes Verhältnis kann, indem es selbst Verhältnisglied eines höheren Verhältnisses wird, als Einheit betrachtet werden. Jede Einheit aber läßt sich als Relation zwischen niederen Einheiten ansehen, die in ihr selbst enthalten find.

2. Die Verhältnisse, die uns zunächst entgegentreten, find solche, die sich als arithmetische Proportionen wie 1 : 2, 3 : 4 darstellen lassen, die sich also mit denselben Werten multiplizieren und dividieren lassen, ohne sich zu ändern, deren Glieder aber nicht vertauschbar find, wenn das Verhältnis gleich bleiben soll.

3. Daneben gibt es andere Verhältnisse, deren Glieder vertauscht werden können, ohne daß sich das Verhältnis selbst ändert. Wenn aber auch die verschiedenen Möglichkeiten, die sie zur Wahl stellen, theoretisch gleichwertig find, so machen sie es doch notwendig, sich in jedem Zeitpunkt für eine der dargebotenen Möglichkeiten zu entscheiden.

Wir haben damit also drei Verhältnisse gefunden, die reinlich voneinander zu unterscheiden find. Der Unterschied zwischen den beiden letztgenannten ist wohl hinlänglich klar geworden. Wir können sie als „Proportionsverhältnis" und „Umtauschverhältnis" oder als „starres Verhältnis" und „lebendiges Verhältnis" voneinander unterscheiden. Betrachten wir im Licht dieser beiden Verhältnisarten das zuerst genannte Grundverhältnis, das ihnen beiden zugrunde liegt, weil es jedes Verhältnis als solches konstituiert, nämlich das Verhältnis zwischen Relation und Relationsglied, oder was dasselbe ist, zwischen Unterscheidung und Unterschiedenem, zwischen Verhältnis und Einheit, so erscheint es als eine eigenartige Vereinigung von starrem und lebendigem Verhältnis. Eins hat es mit dem lebendigen Verhältnis gemein. Die Glieder können ihre Eigenschaften vertauschen. Was Einheit ist, kann Verhältnis werden. Und was Verhältnis ist, kann Einheit werden. Aber nun kommt der Unterschied. Beim reinen Umtauschverhältnis wie rechts und links, oben und unten, ist die Vertauschung eine gegenseitige. War die Richtung x vorher relativ zur Richtung y oben und y relativ zu x unten, so wird nachher vom Antipodenstandpunkt aus x relativ zu y unten, und y relativ zu x oben. Allgemein gesagt: Die beiden Unbekannten vertauschen ihre Rollen relativ zueinander. Es ist, wie wenn Vater und Sohn ihre Rollen derart vertauschten, daß der Sohn der Vater seines Vaters und der Vater der Sohn seines Sohnes würde. Anders ist es bei dem fraglichen Grundverhältnis. Hier kann allerdings der Vater auch wieder Sohn sein, aber Sohn des Großvaters, und der Sohn kann allerdings auch Vater werden, aber Vater des Enkels. Ohne Bild: Die Einheit kann allerdings Verhältnis werden, aber nicht relativ zu dem Verhältnis, in dem sie selbst als Glied enthalten ist, sondern nur relativ zu den niedereren Einheiten, die in ihr selbst der Möglichkeit nach enthalten sind. Und das Verhältnis kann allerdings Einheit werden, aber nicht relativ zu den in ihm selbst unterschiedenen Einheiten, sondern nur relativ zu einer höheren Relation, die das betreffende Verhältnis selbst mit einem andern Inhalt in unterscheidende Beziehung bringt. Der Unterschied zwischen den höheren und niederen Einheiten und Verhältnissen aber, die hiernach beim Grundverhältnis den Wechsel der Rollen vermitteln, ist nichts anderes als das Verhältnis der arithmetischen Proportion. Im Grundverhältnis greifen also Umtauschverhältnis und Proportion ineinander. Man kann es sich am Bild eines Menschen veranschaulichen, der mit Händen und Füßen an einer Leiter hinauf= und herabsteigt. Das Verhältnis zwischen Händen und Füßen ist das Umtauschverhältnis. Die Leiter entspricht den festliegenden Proportionen. Die Füße können auf die Sprosse treten, an der sich vorher die Hände festklammerten. Und die Hände können die Sprosse ergreifen, auf der vorher die Füße standen. Hände und Füße können also ihre Plätze vertauschen. Aber nicht dadurch, daß der Mensch an derselben Stelle bleibt und sich mit dem Kopf nach unten dreht, sondern nur durch Hinaufsteigen und Herabsteigen an der fest-

stehenden Leiter. Das Grundverhältnis ist somit ein Umtauschverhältnis auf Grund von Proportionsverhältnissen. Da aber
die Proportionen nur durch das Hinauf- und Herabsteigen des
Umtauschverhältnisses sich konstituieren, die Leitersprossen gewissermaßen nur entstehen, indem nach ihnen gegriffen oder auf sie
getreten wird, so kann man ebensogut umgekehrt sagen: Das
Grundverhältnis besteht in Proportionsverhältnissen auf Grund
des Umtauschverhältnisses. Das Grundverhältnis stellt sich somit
als die Wurzel der beiden Verhältnisarten dar, in der sie beide
im Keim enthalten sind, aus der sie aber nachher als zwei weit
auseinandergehende Zweige hervorwachsen.

Es ist eine langweilige Sache, sich mit diesen leeren Grund-
begriffen alles Denkens herumzuschlagen, in dem grauen Ur-
schlamm zu wühlen, aus dem alle Dinge geworden sind. Aber
wir müssen diese langen düsteren Höhlengänge wandern. Denn
wir haben uns in ein Labyrinth verirrt seit Jahrtausenden. Und
wir sind auf der Suche nach seinen Ausgängen. Wir sind nach
seinen leuchtenden Toren unterwegs.

Noch wandern unsere Gedanken ruhelos zwischen Steinmauern,
wie Schatten in Totenkammern. Aber vielleicht geben uns jene
Grundbegriffe einen Ariadnefaden in die Hand, der uns weiter
leitet, durch finstere Gänge weiter, bis hinaus zu den leuchtenden
Toren. Vielleicht sind jene Scheidewände, zwischen denen wir
ruhelos irren, Erstarrungen lebendiger Verhältnisse, Wogen eines
hochgehenden Stromes, die in einer eisigen Nacht zu Gletscher-
falten erstarrt sind, und bedarf es nur des Sonnenaufganges,
um die Eismauern in schäumende Wellen aufzulösen.

Die Zeit.

Wir dürfen nur einen Blick auf das eigenartige Wesen der Umtauschverhältnisse werfen und wir ahnen sofort, wieviel dazu verführen kann, sie mit Proportionsverhältnissen zu verwechseln, ihr lebendiges Wechselverhältnis erstarren zu lassen. Wir sahen, ein Umtauschverhältnis gibt gar kein theoretisches Motiv an die Hand, sich für die eine oder die andere Seite desselben zu entscheiden. Und doch zwingt es zur Entscheidung. Es wird uns schwindlig bei dieser Erkenntnis. Diese Umtauschverhältnisse sind wie Wegzeiger ohne Aufschrift, die mit vier gleichen weißen Armen nach allen Himmelsgegenden weisen. Und wir stehen am Kreuzweg im Nebel. „Weiter", ruft man von allen Seiten. „Wohin", fragen wir bebend. „Du hast die Wahl", tönt es wie ein Echo durch die Unendlichkeiten. Wie schrecklich ist es, frei zu sein! Wie erleichtert atmen wir auf, wenn nun eine gute Stimme aus der Wolke spricht: Der linke Weg ist der längere und der rechte Weg ist der kürzere. Es klingt uns wie Musik in den Ohren. Es weicht die Qual der freien Wahl. Statt des schwindligen Umtauschverhältnisses haben wir nun doch feste Verhältnisse. Und wir vergessen gern, daß wir uns dabei nur selber belogen haben. Wir haben ja einfach statt der Entscheidung der Tat eine Entscheidung des Glaubens an die Stimme aus der Wolke eingetauscht. Und doch ist die Frage, ob die Stimme recht hat oder nicht, genau so schwer zu entscheiden wie die andere, ob ich rechts oder links gehen soll. Die Unbekannte x in der Gleichung: $x + y = a$ wird um kein Haar bekannter, wenn ich sie an eine andere Stelle der Gleichung schiebe und sage: $y = a - x$.

Aber diese harmlose Selbstüberlistung ist so menschlich, allzumenschlich, und so tief religiös, daß es noch immer wie ein Frevel empfunden wurde, wenn sie jemand erbarmungslos aufdeckte.

Wir wollen auf einem möglichst gleichgültigen Gebiet damit

beginnen, diese naheliegende Verwechselung des Grundverhältnisses und Umtauschverhältnisses mit dem Proportionsverhältnis aufzudecken, auf dem Gebiet der Raum- und Zeitanschauung. Alles Zeitliche und Räumliche beruht auf Umtauschverhältnissen.

Wir sagen, die Theateraufführung, die wir heute abend besuchen wollen, liege vor uns in der Zukunft, das Konzert von gestern hinter uns in der Vergangenheit. Woher wissen wir das? Etwa daher, weil Szenerie und Toiletten und Beifallsrauschen von heute abend noch nicht so deutlich vor uns stehen, wie das Violinsolo von gestern abend, das noch immer weich und schmelzend und schluchzend durch unsere Seele zieht? Aber es kommt ja oft vor, daß auch ein vergangenes Erlebnis sich verschleiert und umdüstert und schließlich in Nacht versinkt, so daß wir genau so wenig davon wissen, wie von der Zukunft. Es fällt uns aber nicht ein, es etwa darum für zukünftig zu halten. Und es kommt andererseits vor — und zwar öfter, als die Schulweisheit sich träumen läßt —, daß jemand wie Kassandra mit derselben traurigen Klarheit in die Zukunft schaut, wie andere nur in die Vergangenheit. Und es fällt ihm darum nicht ein, die Zukunft für die Vergangenheit zu halten. Damit fällt aber das einzige inhaltliche Merkmal dahin, das man der Vergangenheit im Unterschied von der Zukunft zuschreiben könnte, um einen proportionalen Unterschied zwischen beiden machen zu können. Wir können schlechterdings keinen Grund anführen, warum wir die Aufführung heute abend als zukünftig bezeichnen und nicht als vergangen. Wir können uns nicht verteidigen, wenn jemand behauptet, wir seien vielmehr auf dem besten Wege, in die Vergangenheit zurückzusinken, die Zukunft liege in der entgegengesetzten Richtung. Wir können nur hartnäckig darauf bestehen: Wir gehen nun einmal dorthin. Und wohin wir gehen, dorthin liegt unser Vorwärts, dorthin liegt das Land unserer Zukunft. Und gehen wir eigentlich immer dorthin? Wandern wir nicht manchmal in der anderen Richtung? Wenn die alte Dorflinde wieder grünt, um die wir als Kinder spielten, und sich die bemoosten Holzkreuze um die graue Dorfkirche im Winde neigen und alle Schläfer in Silberhaaren, die unter dem Rasen liegen, auferstehen. Da liegt der Rauch des Großstadtmorgens, der uns eben noch drückte, hinter uns. Und wir schweben auf Flügeln der Sehnsucht in ferne Sonnenländer heimwärts in der anderen Richtung.

„Aber das geschieht doch nicht wirklich, das geschieht ja bloß in Gedanken, in der Vorstellung und Erinnerung." So hat man uns freilich gelehrt und damit jene Welt der „Erinnerung" zu einem grauen Schein- und Schattenreich verdunkelt, jenes Paradies aller Lebenden, jene grünen Ufer, nach denen alle Schiffbrüchigen mit zerbrochenen Rudern steuern, die ihnen tausendmal wirklicher sind, als die dunklen Wogen der Gegenwart.

Aber am Ende ist dieses ganze Schattendasein, zu dem man unsere heiligsten Güter verdammt hat, nur eine Verlegenheitskonstruktion, zu der man sich infolge der Erstarrung des lebendigen Umtauschverhältnisses zwischen Vergangenheit und Zukunft genötigt sah. Man verwechselte das lebendige Verhältnis zwischen zukünftigen und vergangenen Ereignissen mit dem starren Verhältnis, wie es etwa zwischen den zwei Teilen einer frisch geschorenen Schafherde besteht, wenn der eine Teil vom Hirten bereits den blauen Stempel aufs Fell bekommen hat, der andere Teil der Abstempelung erst entgegensieht. Den einen Ereignissen schien der Stempel der Vergangenheit bereits ein für allemal aufgedrückt zu sein, den andern fehlte dieser Stempel noch. Sie waren noch zukünftig. Und eins, nämlich das jetzige, passierte eben am Hirten vorbei, um den Stempel zu empfangen. Der Weg aus dem Pferch der Ungestempelten in den Pferch der Gestempelten war ein festliegender. Es führte eine gebahnte Straße aus dem Land der Vergangenheit ins Land der Zukunft. Das Ich ging diese Straße unentwegt vorwärts; die Ereignisse kamen ihm in umgekehrter Richtung entgegen. Und so oft das Ich einem Ereignis begegnete, drückte es diesem den Stempel der Vergangenheit auf. Unter diesen Umständen war es einfach ungehörig, wenn ein vergangenes Ereignis plötzlich in der Gegenwart wieder auftauchte. Die ganze Abstempelung kam durcheinander, wenn plötzlich schon gestempelte Schafe in den Pferch der ungestempelten einbrachen. Diese eingesprengten Stücke der Vergangenheit mitten im Reich der Gegenwart und Zukunft waren ordnungswidrig.

40

Man mußte diese Rückfälle in die Vergangenheit mit aller Gewalt in den Kurs nach vorwärts hineinzwängen. Man verfuhr mit diesen revolutionären Elementen, wie man in einem neugegründeten Staat mit den Anhängern der alten Ordnung verfährt, die gegen den Strom schwimmen wollen. Man baute ein Gefängnis für sie, um sie dort im Kerkerdunkel zu blassen, schwindsüchtigen Gestalten verkümmern zu lassen.

Man erfand das schattenhafte Gebiet der „Vorstellung und Erinnerung", ein Mittelgebiet zwischen Sein und Nichtsein. Hier konnten die Widerspenstigen ihr Leben fristen, ohne der herrschenden Zeitströmung allzusehr im Wege zu sein. Natürlich war es schwer, im Reich der Wirklichkeit ein Gefängnislokal für diese Halbschatten ausfindig zu machen. Sie litten beständig an Wohnungsnot. Man wollte sie eine Zeitlang im Kopf des Menschen unterbringen. Aber da war alles von der grauweißen Gehirnmasse ausgefüllt. Außerhalb war auch kein Platz. Alles war von der sonnigen Wirklichkeit besetzt. Schließlich verbrachte man sie in das sogenannte „geistige Gebiet", dieses wolkenumschleierte „Nifelheim", jenseits von allem Greifbaren und Farbenfreudigen, das von jeher als Notasyl und Nachtaufenthalt gedient hat für alle hypostasierten Denkfehler und obdachlosen Scheinexistenzen, die der Sumpfatmosphäre des stagnierenden Gedankenstroms entstiegen.

Und trotz dieser Gewaltsamkeit, mit der wir die rückständigen Elemente wie einen Gefangenentransport von besiegten Feinden auf unserem Heereszug nach den Höhen der Zukunft mitschleppten, gelang es uns doch immer nur solange, an unser Vorwärts zu glauben, als wir uns auf dem Marsch nach dieser Richtung befanden und das Nebelland der Erinnerung vom Standpunkt der Gegenwart aus nur von Ferne sahen. Befanden wir uns aber einmal selbst dort, hingen wir einmal wirklich einer Erinnerung nach, einer träumerischen, übermächtigen, da war mit einemmal das luftige Gefängnis vergessen, das wir vorher für solche Rückfälle in die verbotene Richtung gebaut hatten. Wir tranken Lethe und erwachten in einer anderen Welt wieder als Wanderer in der anderen Richtung. Das Heute sank hinter uns ins Nebelmeer. Und wir schritten über Matten und Heideblumen wie trunkene Traumwandler, bis uns eine rauhe Stimme aus unserer „Geistesabwesenheit" wieder in die Stickluft irgendeines Fabrikbureaus oder Schullokals zurückrief.

Wozu also jene Verlegenheitskonstruktionen, denen wir doch nicht treu bleiben können? Nehmen wir die Sache, wie sie sich der unbefangenen Betrachtung aufdrängt. Die Zeit ist ein Umtauschverhältnis zwischen zwei Gliedern und hat alle Eigenschaften eines Umtauschverhältnisses. Sie bietet zwei umtauschbare Möglichkeiten dar, die theoretisch gleichberechtigt sind, von denen aber in Praxis jederzeit immer nur eine gewählt werden kann. Unsere ganze Zeitrechnung ist ein solcher Wahlakt, durch den eine bestimmte Ordnung der Ereignisse als die vorherrschende Zeitrichtung gesetzt wird. Ja wir können wohl noch weiter gehen und sagen: Die Zeit ist nicht bloß ein zweifaches Umtauschverhältnis. Sie ist das zweifache Umtauschverhältnis. Denn die Unterscheidung zwischen zwei Inhalten, etwa zwei Glockenschlägen oder Harfenklängen c und d läßt sich überhaupt nicht vollziehen, ohne daß dabei entweder c vorher eintrit und d nachher, oder d vorher und c nachher, oder beide zeitlich miteinander abwechseln. Das Jetzt ist nichts anderes als die Unterscheidung selbst, in der die beiden Verhältnisglieder als Gegenwart und Zukunft auseinandertreten, der ewig stillstehende Punkt, in dem sich das zweifache Verhältnis immer aufs neue konstituiert. Nur weil wir dieses lebendige Verhältnis als starres Proportionsverhältnis behandeln, schütteln wir den Kopf, wenn bei den sogenannten „Geistererscheinungen" plötzlich ein Stück vergangenes Menschenleben seinen Reflex in die Gegenwart hereinwirft, ohne den Weg der geschichtlichen Überlieferung zu gehen, den unser starres Zeitdogma für solche Einflüsse der Vergangenheit auf die Gegenwart vorschreibt. Statt daß uns diese Dinge veranlaßten, über das Geheimnis der Zeit umzudenken, erfinden wir lieber dem Dogma zuliebe wieder einmal eine neue Sphäre des Daseins, in der diese Partien menschlicher Vergangenheit ihre luftige Existenz durch alle Zeiten hindurchreiten können, ohne der hergebrachten Zeitvorstellung zu nahe zu treten. Und wir lauschen andächtig, wenn sie uns von ihren ätherischen Dreifüßen aus mit Orakeln betören. Dasselbe Kopfschütteln

42

erregt es, wenn jemand einen Seherblick in die Zukunft tut. Wenn es nicht möglich ist, die Sache wegzuleugnen oder auf Vorausberechnung zurückzuführen, also „natürlich" d. h. höchst unnatürlich zu erklären, so sprechen wir mit einem mystischen Blick ins Weite: „Ignoramus et ignorabimus; es handelt sich hier um ein hellseherisches Vermögen, das mit den Mitteln der heutigen Wissenschaft noch nicht erklärt werden kann." Und damit haben wir nicht so ganz unrecht.

Ist die Zeit eine zweifache Umtauschrelation, also eine bestimmte Art von Verhältnis, so muß sie natürlich dem Gesetz unterliegen, dem jedes Verhältnis unterliegt. Verhältnis und Verhältnisglied muß im Grundverhältnis stehen. Was Verhältnisglied ist, also Zukunft oder Vergangenheit, kann selbst Verhältnis, also Jetztpunkt werden, indem es sich selbst aus einer Einheit in ein Verhältnis entfaltet. Und umgekehrt, was Jetztpunkt ist, kann Zukunft oder Vergangenheit werden, indem es als Glied in ein höheres Jetztverhältnis eintritt und so aus dem Verhältnischarakter in die Einheitlichkeit zurückkehrt. Denkt man sich diese Verwandlung von Verhältnisgliedern in Verhältnisse oder von Verhältnissen in Verhältnisglieder fortlaufend, so entsteht das, was man eine Zeitstrecke nennt. Eine Zeitstrecke ist ein Verwandlungsprozeß, in dem Jetztverhältnisse zu Gliedern innerhalb neuer Jetztverhältnisse werden und umgekehrt. Die Kinder werden immer wieder zu Vätern und die Väter werden immer wieder zu Kindern. Daraus ergibt sich, daß man eine Zeitstrecke messen kann. Man kann zählen, durch wieviel Generationen der Stammbaum hindurchgeht. Man kann die Stufen zählen, in denen der Verwandlungsprozeß verläuft. Da jede der abgezählten Stufen sich immer wieder in infinitum spalten läßt, so haben die Zahlen, die man auf diese Weise erhält, allerdings immer nur den Wert von Proportionsgliedern, die mit beliebigen Zahlen multipliziert oder dividiert werden können. Aber dies ändert nichts an der Tatsache, daß wir in der Tat keinen andern Anhaltspunkt für die Abmessung einer Zeitstrecke haben als die Zahl der während derselben vollziehbaren inhaltlichen Unterscheidungen bezw. das Verhältnis, in dem diese Zahl zu der in einer andern Zeitstrecke enthaltenen Unter-

48

scheidungszahl steht. Dies läßt sich durch sehr einfache Experimente veranschaulichen. Man drehe z. B. eine kreisförmige Scheibe, die in verschiedenfarbige Sektoren geteilt ist. Je schneller die Scheibe gedreht wird, desto mehr verschwimmen die Farben ineinander. Je kürzer also die Drehungszeit ist, desto kleiner wird die Zahl der Farbenunterscheidungen, die während derselben vollziehbar sind. Oder man durchfahre dieselbe Gegend erst im Lokalzug, dann im Schnellzug, schließlich mit der neuen elektrischen Schnellbahn. In der Lokalbahn kann man alle Kühe und Strohdächer und Windmühlen voneinander unterscheiden, im Schnellzuge verschwimmen schon die Rosenhecken an der Böschung, in der elektrischen Schnellbahn zerfließt überhaupt alles in ein flimmerndes Grau. Also je kürzer die Zeit, desto weniger Unterscheidungen. Auf dieselbe Zeit kommt also dieselbe Unterscheidungszahl. Auf dieser Reduzierbarkeit aller Zeitlängen auf Summen inhaltlicher Unterscheidungen beruhen alle unsere Zeitmaße. Wir messen ja die Zeit an Planetenumläufen, Pendelschwingungen und maschinellen Vorgängen, also immer an Erscheinungen, die inhaltlich annähernd gleichförmig verlaufen. Wir setzen dabei voraus, daß, was inhaltlich annähernd gleich verläuft, auch annähernd dieselbe Zeit ausfüllt. Diese Voraussetzung ist bei der herkömmlichen Zeitauffassung völlig aus der Luft gegriffen. Nach dieser ist die Zeit ein langes, dünnes Seil, das lang vor dem Aufdämmern irgend eines Ereignisses, von einer Ewigkeit zur andern ausgespannt wurde, und an dem wir nun hinterher unsere Erlebnisse wie bunte Wäsche aufhängen. Natürlich kann dann dieses Seil streckenweise ganz leer sein. Aus der Zahl der daran aufgehängten Stücke läßt sich also kein Schluß auf seine Länge ziehen. Der Schluß aus dem Zeitinhalt auf die Zeitlänge, auf dem unsere ganze Zeitmessung beruht, ist unter diesen Voraussetzungen die reine Willkür. Der Schluß aus dem Zeitinhalt auf die Zeitlänge hat nur Sinn, wenn inhaltliche Mannigfaltigkeit und Zeitlänge im Grunde ein und dasselbe sind.

Von hier aus wird auch das merkwürdige Verhältnis verständlich, in dem das Zeitmaß des Traums zum Zeitmaß des Wachens zu stehen scheint. Ein Böllerschuß vor den Fenstern des Schlafenden reißt diesen im Traume ins Schlacht-

gewühl. Er steht im Pulverqualm, hat Kanonenfieber, sucht angstvoll nach den befreundeten Gesichtern, die überall aus dem Rauch
auftauchen und überallhin zu entweichen scheinen, irrt über Leichen,
vermißt seinen Tornister, rennt rückwärts durch Blutlachen, sinkt
in aufgerissene Wege — endlich erwacht er wie erlöst im
dämmerigen Frieden seines Schlafzimmers und merkt, daß der
Knall eines Schusses noch in seinem Ohr nachzittert. An dem
Knall ist er aufgewacht. Aber der Augenblick zwischen Knall und
Erwachen ist ihm teuer zu stehen gekommen. Er ward ihm zum
Schlachttag und dehnte sich zu bangen, endlosen Stunden. Wie
können aber in einer halben Sekunde jene langen, schicksals-
schweren Stunden durchlebt werden, die vielleicht im Traum selber
noch viel ereignisreicher waren, als sie sich in der Erinnerung des
Erwachten wiederspiegeln? Darauf ist mit der Gegenfrage zu
antworten: Woher wissen wir denn überhaupt, daß jene Fülle von
Ereignissen mit der halben Sekunde gleichzeitig gesetzt werden
darf, die vor dem Augenaufschlagen des Körpers liegt, indem wir
uns nachher vorfanden? Wir konnten ja unmöglich gleichzeitig
auf beides achten, auf die halbe Sekunde, die jener Körper vor
dem Erwachen mit seinen organischen Funktionen ausfüllte, und
auf die Stunden, die wir im Traum zu erleben glaubten. Wir
befanden uns vielmehr immer entweder im sogenannten wachen
Zustand und beurteilten von da aus den Traum als Traum und
drängten seine Zeitdauer mit Gewalt in das enge Zeitmaß des
wachen Lebens zusammen. Oder wir befanden uns im Traum
und glaubten an den Traum und kosteten alle seine Ängste als
heiße Wirklichkeiten durch, während uns die Wirklichkeit mitsamt
ihrem Zeitmaß wie ein ferner Traum entschwand. Es gibt keinen
neutralen Gerichtshof, der über Wirklichkeit oder Unwirklichkeit von
Träumen und Wachen und über Richtigkeit oder Unrichtigkeit der
beiderseitigen Zeitmaße entscheiden könnte. Es gibt nur zwei
Parteimeinungen, die theoretisch gleichberechtigt sind, von denen
wir uns aber jederzeit notwendig einer anschließen müssen.

Sobald wir aber beide Erlebnisreihen gleichzeitig setzen
wollen, so müssen wir eine dem Zeitmaß der andern unterwerfen;
wir bewegen uns also innerhalb einer einseitigen Parteiauffassung.

45

Vom rein theoretischen Standpunkt aus betrachtet lassen sich also die beiden Erlebnisreihen überhaupt nicht gleichzeitig setzen. Und man kann auch in der Tat die beiden divergierenden Ereignisreihen unmöglich dazu bringen, sich auf eine gemeinsame Zeitstrecke zu einigen. Denn innerhalb jeder derselben beruht das Zeitmaß auf dem Grad der inhaltlichen Mannigfaltigkeit. Dieser ist aber bei beiden völlig verschieden.

Daß sich infolge dieser inhaltlichen Orientierung des Zeitmaßes die verschiedenen Welten, in denen wir uns bewegen, unmöglich in einen einheitlichen Zeitstrom vereinigen lassen, das veranschaulicht eine alte tiefsinnige Sage. Ein Weiser gebot einst einem Könige, sein Haupt für einen Augenblick in eine vor ihnen stehende volle Wasserkufe zu tauchen. Der König tat es. Als aber sein Haupt das Wasser berührte, da verwandelte sich ihm die Welt. Er war in einem finstern Bergwerk. Sklavengewand hing ihm um die Schultern. Die Frohngeißel schlug seinen Rücken. Er brach unter Steinlasten zusammen. So ging es Tage lang und Jahre lang. Da entfloh er nachts übers Gebirge, wanderte hungernd und unstät, kam in ein Kriegslager, ward Söldner, blutete von Wunden und Schlägen, zog durch Wüsten und über Meere, ward nach langen, harten Jahren Hordenführer, dann Heerfürst und zuletzt König, — da merkte er, daß er sein Haupt eben aus einer Wasserkufe gezogen hatte, und der Weise stand neben ihm. Es war alles in dem Augenblick geschehen, da er untergetaucht und wieder aufgetaucht war. Da ward der König zornig und ließ den Weisen hinrichten.

Wir haben im bisherigen das Gesetz des Grundverhältnisses zwischen Unterscheidung und Unterscheidungsglied auf die zeitliche Umtauschrelation angewandt und auf diese Weise ein gewisses Verständnis für das Zustandekommen der Zeitstrecke und des Zeitmaßes gewonnen. Vielleicht läßt sich vom Grundverhältnis aus auch die weitere Frage beantworten, warum man bei zeitlichen Erscheinungen immer Form und Inhalt auseinanderzuhalten sucht, warum diese Unterscheidung aber immer nicht recht gelingen will. Der Unterschied zwischen Form und Inhalt, oder zwischen Form und Stoff, oder zwischen dem mathematisch Fixierbaren und dem Qualitativen oder

46

mathematisch Unfixierbaren ist nichts anderes als der Unterschied zwischen Unterscheidung und Unterschiedenem oder zwischen Verhältnis und Verhältnisglied. Dieser Unterschied ist aber ein lebendiges Wechselverhältnis, dessen Pulsschlag wir als Grundverhältnis bezeichnet haben. Wenn man es also bisher den Philosophen anheimgab, über die reinen Formen und leeren Schalen aller Dinge ihre Systeme zu spinnen, die Fülle des Inhalts oder der Empfindungsqualitäten dagegen den Psychologen zur Durchforschung überließ, so hat man schon mit dieser bloßen Gebietstrennung jenem Verhältnis die Lebensader durchgeschnitten. Man hat das lebendige Grundverhältnis zwischen Form und Inhalt mit einer toten Proportion verwechselt. Versuchen wir wieder Leben in das erstarrte Verhältnis zu bringen. Dazu müssen wir einen Blick werfen auf die Fülle von sogenannten Tasteindrücken, Tönen, Temperaturempfindungen, Gerüchen, Geschmäcken, Bewegungsempfindungen, kurz auf den ganzen Reichtum der Erlebnisse, die eine Zeitstrecke mit ihrem bunten Inhalt ausfüllen können. Trotz der verwirrenden Mannigfaltigkeit dieser Erlebnisse läßt sich doch über alle zusammen eins mit Sicherheit sagen: Sie enthalten zweierlei Unterschiede, Qualitätsunterschiede wie z. B. zwischen süß und bitter, und Intensitätsunterschiede, wie z. B. zwischen warm und kalt, starkem und schwachem Druck. Die Intensitätsverhältnisse lassen sich immer irgendwie in arithmetischen Proportionen ausdrücken. Das Thermometer drückt z. B. die Temperaturunterschiede in Zahlenverhältnissen aus. Darin stimmen die Intensitätsverhältnisse also vollständig mit den Extensitätsverhältnissen also den Verhältnissen von Linienlängen und Zeitstrecken überein; diese lassen sich ja auch immer in arithmetischen Proportionen darstellen. Und diese Übereinstimmung ist nicht zufällig. Die Physik zeigt, daß Extensitätsverhältnisse und Intensitätsverhältnisse ineinander umgewandelt werden können. Eine bestimmte Wärmeintensität läßt sich in eine Arbeitsleistung umsetzen, die eine ihr genau äquivalente zeitliche Extensität ausfüllt und umgekehrt. Intensität und Extensität sind also offenbar umtauschbare Größen. Eine extensive Zeitstrecke oder Unterscheidungsreihe wird zur Intensität, wenn sie zu einer in sich ununterschiedenen

47

Einheit kondensiert wird, um als Ganzes in ein neues Verhältnis zu treten. Ein Intensitätsverhältnis ist also ebenso wie ein Extensitätsverhältnis nicht ein einfaches Verhältnis, sondern ein Verhältnis von Summen einfacher Verhältnisse. Die einfachen Verhältnisse aber, durch deren Summierung diese komplexeren Erscheinungen entstanden sind, können möglicherweise wieder die Form von Summierungsverhältnissen haben; dann müßten wir auch sie wieder auf noch einfachere Verhältnisse zurückführen, durch deren Komposition sie selbst entstanden sind. Schließlich müssen wir also doch auf Verhältnisse stoßen, die nicht mehr selber als Verhältnissummen auftreten, deren Summierung vielmehr das Dasein von Verhältnissummen erst möglich macht. Was sind nun aber das für Verhältnisse, die nicht mehr als Quantitätsverhältnisse darstellbar sind, deren Glieder auf keine Weise mehr durch arithmetische Proportionen ausgedrückt werden können? Sobald die arithmetische Darstellbarkeit eines Unterschieds aufhört, so hört damit jede Möglichkeit auf, die Unterscheidung theoretisch zu begründen, ein unterscheidendes Merkmal namhaft zu machen, das dem einen Glied zukommt, während es dem andern fehli. Wir können nur noch sagen: das eine ist anders als das andere. Fragt man: Inwiefern anders? so antworten wir ärgerlich: Ja das sieht man doch, es ist einfach anders. Wer es nicht sieht, dem ist nicht zu helfen. Eine solche Unterscheidung, über deren Grund und Recht wir keinerlei Rechenschaft geben können, nennen wir eine rein qualitative Unterscheidung. Ein solcher reiner Qualitätsunterschied aber, der keine Spur mehr von einer Proportion enthält, kann nichts anderes sein als ein Umtauschverhältnis. Das Wesen eines solchen Qualitätsunterschieds ändert sich ja nicht, wenn man seine Glieder umstellt. Und doch muß man sich für eine bestimmte Stellung der beiden Glieder entscheiden. Eine Auflösung der bunten Fülle zeitlicher Empfindungsinhalte in ihre letzten Elemente führt also schließlich auf dasselbe geheimnisvoll lebendige Urverhältnis zurück, auf das wir vorher bei der Betrachtung der Zeitform hinauskamen, nämlich auf das zweifache Umtauschverhältnis. Und wir müßten ja auch vom Zeitinhalt aus auf dasselbe Grundelement hinauskommen, wie von der Zeit-

48

form aus. Denn Form und Inhalt stehen ja im Grundverhältnis zueinander, lassen sich ineinander verwandeln, sind also nur verschiedene Betrachtungsweisen einer und derselben Sache. Was also von der Form galt, mußte auch vom Inhalt gelten. Das Umtauschverhältnis zwischen Vergangenheit und Zukunft ist dasselbe Verhältnis formal betrachtet, das material betrachtet als der reine Qualitätsunterschied erscheint. Solange wir uns noch nicht an diese Betrachtung der Dinge gewöhnt haben, mag es uns unglaublich erscheinen, daß der ganze überschwellende Reichtum des zeiterfüllenden Empfindungsstroms nur die ewige Wiederholung einer so einfachen Grundmelodie in tausend wild durcheinanderwogenden Variationen sein soll. Aber unsere Physiologie ist ja längst auf dem Wege, Töne und Gerüche und Geschmacksempfindungen auf Summationen und Kombinationen feiner Tastempfindungen zurückzuführen. Sie sucht von allen Seiten nach jenen letzten Doppelempfindungen, durch deren Zusammensetzung in verschiedener Ordnung und verschiedenem Tempo sich die ganze zeitliche Empfindungswelt aufbaut. Und vielleicht quillt auch hier aus dem Allereinfachsten das Allergrößte, und belauschen wir hier ahnungsvoll den Herzschlag der Welt. Genügen ein paar Violinsaiten, um eine ganze Menschenseele zu sagen, vom Jauchzen bis zur Verzweiflung, warum sollten nicht jener ewig schwingenden Grundsaite der Unendlichkeit alle Melodien des Daseins entströmen?

Der Raum.

Beim Wort „Raum" taucht zunächst ein Gewirre von Linien und Farben vor uns auf. Mit diesen sind aber andere Erlebnisse innig verwachsen, die mit Farben und Linien völlig unvergleichbar sind, die Empfindungen von Druck und Gegendruck, in denen sich uns das Körperliche aufdrängt, und andererseits jene Erlösung von allem Druck und Gegendruck, in der die grenzenlose Weite des Raumes wie eine Befreiung über uns kommt. Um den Raum zu verstehen, müssen wir daher zunächst jede von den beiden Welten, aus deren Vermählung er entstanden ist, gesondert ins Auge fassen. Wir müssen uns in die Welt der Tasteindrücke versetzen, so wie sie sich abgesehen von ihrer Kombination mit Linien und Farben ausnehmen würde. Und wir müssen dann in die Welt der Farbe und Linie eintauchen, so wie sie, abgesehen von ihrer Beseelung durch Druck und Klang und Wärme, in stiller kalter Pracht erstrahlen würde. Vielleicht verstehen wir dann, wie aus der Verschmelzung dieser beiden verschiedenen Welten unser Raum entstehen konnte.

Erinnern wir uns jenes Augenblicks vom letzten Liederabend, da der Solist das italienische Volkslied sang, über dem wir alles vergaßen. Die Herrenfräcke und Damenfächer vor uns waren weg. Der Kronleuchter schien erloschen. Podium und Flügel und Kerzen und Sänger, alles war verschlungen von Klang. Der Ton sagte unsere ganze Seele aus. Er füllte die ganze Unendlichkeit aus. Denken wir uns nun, wir könnten zu diesem Augenblicke sagen: Verweile doch, du bist so schön. Er dehnte sich zu einem ganzen Leben aus. Denken wir uns, wir erwachten an diesem Ton aus der Nacht der Bewußtlosigkeit und stürben an seinem Verklingen. Dann hätten wir ein raumloses Leben gelebt. Unser Dasein wäre nur Zeit gewesen. Vom Standpunkt eines Raum- und Farbensehers aus betrachtet, wären wir während dieses ganzen Daseins mit Stockblindheit geschlagen gewesen und in äußerster Finsternis gesessen. Wir hätten aber nichts davon gemerkt. Unser Zeitstrom wäre ja übergeschwollen von wunderreichem Inhalt. Nirgends wäre eine Lücke, in die etwas Fehlendes eintreten könnte. Wir könnten uns nicht die geringste Vorstellung davon machen, daß uns etwas mangeln könnte. Die einbringlichsten Versicherungen anderer, daß uns ein ganzer Sinn fehle, würden auf uns wirken, wie auf die Raumseher die Behauptung eines Phantasten wirkt, der vorgibt, eine vierte oder fünfte Dimension gesehen zu haben.

Der raumlose Charakter dieses Daseins würde sich auch nicht ändern, wenn zu den Tönen noch Druckempfindungen, Temperaturempfindungen, Gerüche, Geschmackseindrücke, kurz alle die reichen Erlebnisse hinzutreten würden, die übrig bleiben, wenn man Farben und Linien aus unserer Empfindungswelt ausschaltet. Denn denken wir uns z. B. beim Streichen der Hand über ein rotes Sammetkissen alles Farbige und Linienhafte hinweg, also das Bild unseres Körpers, unserer Hand und ihrer Bewegung, ferner das Kissen und seine Lage, denken wir uns, wir müßten schlechterdings nichts von unserer Körpergestalt und von anderer Körper Gestalt, dann bliebe nur eine gewisse wohlig weiche Empfindung übrig, die raumlos eine gewisse Zeit lang im Unendlichen schwebte. Bei öfterer Wiederholung des Vorgangs würden wir diese Empfindung mit einem leisen Rauschen in Verbindung bringen, das regelmäßig dabei ertönt, und mit den unqualifizierbaren Empfindungen, die der Raumseher auf die mit der Handbewegung verbundenen Muskelkontraktionen und Hautspannungen im menschlichen Körper zurückführt. Aber alle diese aus der Raumwelt entnommenen Interpretationen des zeitlich Erlebten blieben gänzlich außer Betracht. Und diese Empfindungen würden raumlos wie Glockenklänge im Unendlichen nacheinander auftauchen. Die Erfahrungen eines solchen Lebens würden sich in rein temporalen Gesetzen über Gleichzeitigkeit und Nacheinander zeitlicher Erlebnisse zusammenfassen. Keine räumlichen Interpretationen würden die innigen Beobachtungen eines solchen wie Musik dahinrauschenden Lebens stören. Und der intime Umgang mit einem Blinden zeigt, wie fein diese ungestörten Zeitbeobachtungen sein würden.

Denken wir uns nun umgekehrt ein Leben, aus dem alles verbannt wäre, was nicht Farbe und Linie ist, ein Leben ohne Klang und Wärme, ohne Weichheit und Härte. Denken wir uns die Farbenstimmung, zu der sich uns irgendeinmal an der Riviera bei irgendeiner schwermütigen sturmschwangeren Meerbeleuchtung der graue Glanz der Zypressen mit dem Meerblau verwob, hätte uns für immer in ihren Bann geschlagen und unser Leben in ein weltvergessenes, farbentrunkenes Schauen verwandelt.

In einem solchen Leben reinen Farbenschauens könnten die buntbewegten Licht- und Farbenkomplexe genau in derselben Ordnung aufeinanderfolgen und genau in derselben Weise ihre Formen und Schattierungen und Farbentöne wechseln, wie in einem normalen Leben. Nur eins wäre ganz anders. Wir hätten keinen Anhaltspunkt, um bei irgendeinem Farbenkomplex zu unterscheiden, in welcher Entfernung er von dem Punkte liegt, von dem aus wir ihn betrachten. Denn die Distanz eines Gegenstandes vom Auge wird zunächst dadurch festgestellt, daß wir nach demselben tasten. Die Tastempfindung würde ja aber ausgeschaltet sein. Wir würden nichts davon merken, ob wir ihn berührt haben oder nicht. Ein zweites Mittel, Entfernungen abzuschätzen, sind die Bewegungsempfindungen, die mit dem Einstellen der Augenlinse auf Nahsicht und Fernsicht verbunden sind, und die den Blick in die Nähe mit einem Gefühl der Beengung, den Blick in die Weite mit einem Gefühl der Befreiung von allem Druck begleiten. Aber auch das sind Empfindungen, die außerhalb des Gebietes der Farbe und Linie liegen. Sie würden also gleichfalls ausgeschaltet sein. Wir glauben nun allerdings noch ein drittes Mittel zur Distanzabschätzung zu besitzen, das weit sicherer ist als die beiden genannten, und das ganz auf dem Gebiet der Linie und Farbenschattierung liegt. Das ist die Beleuchtung und Beschattung der Gegenstände, durch die das Nahe an ihnen plastisch hervortritt, und das Fernere zurücktritt. Damit gehen die Gesetze der Perspektive Hand in Hand, nach denen sich die Formen je nach ihrer Nähe oder Ferne vergrößern oder verkleinern, verkürzen oder verlängern. So glauben wir, müßten wir schon durch das bloße Sehen mit zwei Augen, durch das wir abwechslungsweise

52

zwei perspektivisch verschiedene Bilder desselben Gegenstandes bekommen, auf die Tiefendimension geführt werden. Aber alle diese Dinge würden uns, wenn wir nichts von Tast- und Bewegungsempfindungen wüßten, nicht einmal auf den Gedanken bringen, zwischen Nähe und Ferne zu unterscheiden. Denn was sehen wir eigentlich, wenn ein antiker Marmorapollo in dunkelroter Nische vor uns steht, und ein gedämpfter Sonnenstrahl von links den durchsichtigen Marmor erhellt, daß das göttliche Profil und die vollen Locken in plastischer Greifbarkeit hervortreten? Wir sehen nichts als schimmernd weiße Flächen, die in danebenliegende graue und schwarze Flächen übergehen, und sich ringsum gegen eine dunkelrote Fläche abgrenzen. Steigt die Morgensonne höher, die durch die Museumsfenster fällt, so wachsen die schimmernden Flächen, die dunklen Nebenflächen werden zu schmalen Streifen, während das Dunkelrot, das die weißschimmernde Inselfläche wie ein Meer umgibt, sich langsam heller färbt und sich gleichfalls in eine hellere und dunklere Fläche zerlegt.

Gingen wir ganz in Formen und Farben auf, so würden wir dieses wunderbare Schauspiel des stetigen Licht- und Schattenwechsels aneinandergrenzender Flächen einfach als das nehmen, was es ist, als eine Reihe von Farben- und Lichtveränderungen, die nach bestimmten Gesetzen auf einer Fläche vor sich gehen. Das reine Schauen dieser farbenwogenden Fläche würde nicht durch jene ganz andersartigen Empfindungen verunreinigt, die in anderen beim Beschauen des Bildes aufsteigen, indem sie denken, wie es wäre, wenn ihre Arme nach dem Götterbild griffen, und ihre Hände liebkosend über die kühlen Marmorwangen glitten.

Über das Schauen der einen Fläche würden wir auch nicht durch den Vorgang hinausgeführt, den man als Annäherung des Beschauers an den Gegenstand oder des Gegenstandes an den Beschauer zu beschreiben pflegt, oder als Entfernung beider voneinander. Denn was von diesem Vorgang in das Gebiet der Linien und Farben fällt, ist weiter gar nichts als eine Vergrößerung und Verkleinerung der Figur. Der marmorne Gott wächst zum Riesen in die Höhe, Mund und Wimpern ziehen sich in immer feineren Schatten- und Linienunterschieden auseinander. Er scheint die ganze Sehfläche mit seinem weißen Glanz ausfüllen zu wollen. Plötzlich wird er wieder kleiner, schrumpft langsam zum Zwerg zusammen, während sich die Fläche rings um ihn mit immer mehr und immer gigantischeren Göttergestalten bevölkert. Wäre außer Linien und Farben nichts anderes vorhanden, so würde es niemand einfallen, diese Vergrößerungen und Verkleinerungen von Figuren für etwas anderes anzusehen als für das, was sie wirklich sind, nämlich für Verkürzungen und Verlängerungen von Linien. Wir würden nur konstatieren, daß Wachstum und Abnahme des Flächenumfanges in diesem Fall anderen Gesetzen unterliegt, als dieselbe Erscheinung in anderen Fällen, in denen wir ja auch nichts Besonderes hinter ihr suchen, z. B. beim Anschwellen und Abnehmen der Meerfläche durch Flut und Ebbe, oder bei Wachstum und Rückbildung von Organismen. Selbst das, was wir als ein Herumgehen um die Marmorfigur und Betrachten derselben von verschiedenen Seiten zu beschreiben pflegen, führt uns um keinen Schritt über die eine Fläche hinaus, sobald alles außer Farbenwechsel und Formveränderung in Abzug kommt. Alles, was sich z. B. beim Herumgehen um den kubischen Steinsockel, auf dem der Apoll steht, innerhalb des Gesichtsfeldes abspielt, ist eine Reihe stetiger Flächenzunahmen und -abnahmen. Beim Übergang von der Vorderansicht zur linken Seitenansicht z. B. fängt plötzlich die linke Grenzlinie des grauen Quadrats an, sich zu einer lichten Fläche zu verbreitern, während das Quadrat sich zu einem mehr oder weniger schiefwinkligen Viereck mit nach rechts abnehmender Höhe verschiebt. Daß alle diese sogenannten Körperdrehungen und Standpunktsveränderungen in Wahrheit nur als Linienverschiebungen auf einer Fläche gesehen werden, kann man sich an jeder kinematographischen Vorstellung veranschaulichen. Die kinematographischen Aufnahmen sind etwa vom Coupeefenster aus gemacht worden, während der Zug in weiter Kurve in den Bahnhof von Monaco einfuhr. Während der Apparat die wechselnden Bilder auf den Vorhang wirft, glauben wir die Stadt in großem Bogen zu umfahren. Die Kampanilen und flachen Dächer, die zwischen den Kaktushecken und Pinien des Bahndammes hervorschimmern, scheinen sich erst von vorn, dann von der Seite, dann von der entgegengesetzten Seite unsern Blicken darzubieten. Erst hinterher, wenn das glänzende Panorama mit einem Ruck von der Bildfläche weggewischt wird, merken wir zu unserem Erstaunen, daß sich die ganze Sache nur auf dem Vorhang abgespielt hat, während wir regungslos, ganz Auge, davorsaßen. Es sind nur Linienverschiebungen und Schattenveränderungen auf einer Fläche gewesen. Wenn es möglich wäre, am Kopf eines Menschen einen kinematographischen Apparat zu befestigen, der während seines ganzen Tagewerkes ununterbrochen Aufnahmen machte, und die Bilder rasch genug entwickelte, so könnte dieser Mensch nach Ablauf des Tages sich in eine stille Kammer zurückziehen und den ganzen Tag, soweit er Linie und Schatten gewesen wäre, noch einmal auf einer weißen Wandfläche an sich vorüberziehen lassen. Hätten ihn die Wellen des Lebens noch so wild herumgeworfen, wäre er morgens im Automobil durch die Gegend geflogen, mittags bei einem Streit über Tisch infolge einer Ohrfeige auf die Seite getaumelt, nachmittags im Turnklub im Riesenschwung um die Reckstange gesaust, abends beim Ball wie ein Derwisch im Kreise gewirbelt, nun läge das ganze tolle Leben auf einer stillen Fläche vor ihm, die sich mit immer neuen Lichtern und Schatten und grotesken Liniengespinsten bedeckte, während er als ruhender Beschauer davorsäße. Denkt man sich in dem Beschauer alle Erinnerung an die andern Empfindungen ausgelöscht, die mit diesem schweigenden Bilderzug den Tag über verbunden waren, denkt man sich ferner jedes Bewußtsein von einer Distanz zwischen Beschauer und Wand beseitigt, so bekommt man auf diese Weise eine ungefähre Vorstellung davon, wie ein Dasein verliefe, aus dem alles außer Linie und Farbe ausgeschaltet wäre. Bei dieser reinen Farbenbeschauung könnte gar keine Reflexion auf die Distanz zwischen Beschauer und Beschautem aufkommen. Diese Distanz wäre nicht etwa nur konstant, wie bei einer kinematographischen Vorstellung. Sie wäre vielmehr weder konstant noch verschieden, weder groß noch klein. Denn der Begriff dieser Distanz wäre gar nicht vorhanden. Der Punkt von dem aus gesehen würde, und der Punkt der gesehen würde, fielen in eins zusammen. Wenn man also fragte, in welcher Entfernung sich ein Gegenstand zu verschiedenen Zeiten vom Beschauer befinde, so würde man damit fragen, welche Variationen die Entfernung eines Punktes von sich selber zu verschiedenen Zeiten erleide. Schon die bloße Frage nach der Entfernung zwischen Sehendem und Gesehenem wäre also sinnlos. Wenn wir reine Farbenseher wären und nun jemand zu uns sagte, die beiden Teile einer gewissen Linie stünden nicht bloß in dem sichtbaren Verhältnis des Nebeneinander, sondern es bestehe noch überdies ein völlig unsichtbarer geheimnisvoller Unterschied zwischen ihnen, der eine Teil sei „näher" als der andere, so würde uns diese Eintragung eines unsichtbaren Unterschieds in die Welt der Sichtbarkeit ebenso mystisch vorkommen, wie wenn jemand behauptete, das Farbenspektrum sei die Projektion der vierten Dimension auf den dreidimensionalen Raum.

Wir haben im bisherigen jede der beiden Welten isoliert betrachtet, aus deren Verschmelzung unsere Raumanschauung hervorgegangen ist, die Welt der reinzeitlichen Empfindungen und die Welt der reinen Flächenbeschauung. Und diese Isolierung ist nicht etwa eine künstliche Abstraktion, wie die herkömmliche Trennung der Anschauungsformen von ihrem Inhalt. Jene Isolierung wird vielmehr durch die Sache selbst gefordert. Denn es ist sehr wahrscheinlich, daß ein rein zeitlich verlaufendes Bewußtsein in der Tat isoliert vorkommt. Das reine Farbensehen könnte wenigstens isoliert vorkommen. Aber auch wenn, wie im normalen Bewußtsein, beide Arten von Erlebnissen beständig miteinander abwechseln, wird man schon durch einen flüchtigen Blick auf dies eigentümliche Abwechselungsverhältnis darauf geführt, beide Erlebnisarten zunächst einmal voneinander isoliert zu betrachten. Denn während sich uns innerhalb jedes der beiden isolierbaren Gebiete, wenn man es für sich betrachtet, die Erlebnisse mit unmittelbarer Deutlichkeit aufdrängen, ist die Kombination der beiden Gebiete zu einer in sich geschlossenen Gesamtanschauung eine Sache, die wir alle nur langsam und mit der größten Mühe erlernen. Beim Säugling scheint nach allen Beobachtungen, die man machen kann, die Welt der Töne und Tastempfindungen noch völlig isoliert neben einer reinen Flächenbeschauung ohne Tiefendimension zu

56

liegen. Allmählich stellt er Experimente an, um das Korrespondenz-verhältnis festzustellen, das zwischen beiden Welten besteht. Er versucht nach dem Mond hinaufzulangen, rudert beim Aufdämmern eines roten Scheins im Zimmer mit den Händchen in der Luft, eine Tastempfindung erwartend. Und wir alle kommen bis ins hohe Alter über dies Säuglingsstadium nicht sehr weit hinaus. Nur im Umkreis von wenigen Metern vermögen wir mit einiger Sicherheit aus dem Farbenbild auf die entsprechende Tastempfindung zu schließen. Schon beim Anblick eines Stuckreliefs an der Zimmer-decke sind wir oft im Zweifel, ob die Engelsköpfchen wirklich er-haben sind, oder vielleicht vertieft und von der anderen Seite beleuchtet, oder ob wir am Ende nur eine grau- und weißbemalte Fläche vor uns haben. Das Schätzen von Entfernungen ist in der Gletscherwelt und auf der See nur noch ein unsicheres Herum-raten. Ja es macht uns ein heimliches Vergnügen, wenn die Malerei unsere Unkenntnis in dieser Beziehung ausnutzt und uns mit ein paar Linien und Farbenklexen eine ganze Welt von weichen und klingenden und duftenden Erlebnissen aus dem andern Empfindungsgebiet vor die Seele zaubert.

Ist nach alledem die Verschmelzung der rein zeitlichen Er-lebnisreihen mit der Farbenfläche zur Raumanschauung nicht etwas Gegebenes, sondern etwas Gewordenes, so werden wir das Wesen dieser Verschmelzung erst dann verstehen, wenn wir jedes der beiden Elemente für sich analysiert haben, deren chemische Ver-bindung sie darstellt. Nur dann werden wir sehen, warum beide Elemente diese Verbindung miteinander eingehen konnten. Eine Analyse der rein zeitlichen Erlebnisse haben wir schon im vorigen Abschnitt versucht. Es bliebe uns also noch die Aufgabe, die reine Farbenfläche in ähnlicher Weise zu analysieren. Wir gehen dabei von den Gesichtspunkten aus, die sich im bisherigen als fruchtbar bewährt haben. Wir untersuchen zuerst, ob wir es auch im Gebiet der Farben und Linien nur mit Verhältnissen zu tun haben. Wir sehen weiter, ob das Grundverhältnis auch auf Farben- und Linienverhältnisse Anwendung findet. Und wir suchen schließlich festzustellen, ob die eventuell auf diesem Gebiet entdeckten Verhältnisse Proportionen oder Umtauschverhältnisse sind.

1. Um inne zu werden, daß es keine isolierten Farben gibt, sondern nur Farbenverhältnisse, brauchen wir uns nur an einem wolkenlosen Sommertag auf eine Wiese zu legen und uns ganz im Schauen der blauen Unendlichkeit zu vergessen. So lang das satte Grün der Wiese, das Rot des Mohns und das Gelb der Dotterblumen uns noch in lebhafter Erinnerung ist, sehen wir ein tiefes Himmelblau. Je mehr aber die Erinnerung an alle andern Farben verblaßt, desto fahler und grauer und farbloser wird der Himmel. Je mehr die andern Farbentöne wie das Geläut einer immer weiter davonziehenden Herde verklingen, desto mehr verklingt und erlischt auch das Blau, und immer näher kommt der erlösende Augenblick, da das ganze Farbenschauen ins Nirwana versinkt und nur noch ein fernes Flötengetön und Bienengesumm zurückbleibt. Farben und Helligkeiten konstituieren sich also offenbar nur durch Verhältnisse zueinander. Eine Farbe ist keine Farbe, ein Hellig-keitsgrad ist kein Helligkeitsgrad. Wer irgend einmal in den Farbenwundern einer Abenddämmerung bei abziehendem Gewitter und glutumflossenen Wolken geschwelgt hat, der ist für immer von der philisterhaften Vorstellung geheilt, daß alle Gegenstände der Welt ein für allemal mit bestimmten Farben angestrichen seien. Moor und Fichtenwald erglühen in immer wieder andern und in immer berauschenderen Farben. Nichts Bleibendes ist in dieser durcheinanderflutenden Symphonie von Farben. Alles ist im Fluß. Alles ist in inniger wechselseitiger Beeinflussung. Jenes Ziegeldach hob sich eben noch von der blaugrünen Wiese flammend-rot ab, jetzt verschwindet der bläuliche Dunst von der Wiese, das Dach wird purpurrot auf sattgrünem Grunde, jetzt spielt der Abendhimmel in grüngelben und orangefarbigen Tönen, das Dach wird violett, beinah blau. Es ist das bekannte Farbengesetz: Jede Farbe wirkt im Sinne ihrer Komplementärfarbe verändernd auf ihre Nachbarfarbe ein. Wie Instrumente vor einem Konzert stimmen sich die Farben gegenseitig auf einen harmonischen Zu-sammenklang ab. Ja, sie bringen einander gegenseitig hervor, existieren überhaupt nur als gegenseitige Verhältnisse.

2. Ist die Welt der Lichter und Farben eine Welt von Ver-hältnissen, so werden wir erwarten dürfen, daß auch hier zwischen

Verhältnissen und Verhältnisgliedern, zwischen Unterscheidung und Unterschiedenem das Grundverhältnis besteht, das wir früher entwickelt haben. Jedes Unterschiedene kann relativ zu in ihm selbst latenten Unterscheidungsgliedern zur Unterscheidung werden. Und jede Unterscheidung kann innerhalb einer höheren Unterscheidungsrelation zum Unterscheidungsglied werden. Nun ist auf dem Farbengebiet die Unterscheidung immer eine Linie. Die Unterscheidungsglieder aber, die sich in einer Linie voneinander abgrenzen, können entweder verschiedene Farben sein, oder verschiedene Intensitäts- oder Sättigungsgrade einer und derselben Farbe. M. a. W., die Flächen, deren Grenzscheide die Linie ist, können sich entweder durch eine qualitative Farbendifferenz, wie sie z. B. zwischen rot und grün besteht, voneinander unterscheiden. Oder es kann z. B. eine hellrote Fläche an eine dunkelrote grenzen, so daß die Unterscheidung nur durch die verschiedene Beimischung von Hell und Dunkel zustandekommt, die ein und dieselbe Farbe erfahren kann. Wenn das zutrifft, was wir oben über das Wesen der Intensitätsunterschiede vermuteten, so ist die Unterscheidung verschiedener Intensitäten einer und derselben Farbe nicht eine besondere Verhältnisart neben den reinen Qualitätsunterschieden, sondern nur eine zusammengesetzte Form der letzteren. Eine Farbenintensität ist dann eine Summe von Farbenverhältnissen zu einer Einheit zusammengefaßt und von einer anderen größeren oder kleineren Summe von gleichen Farbenverhältnissen unterschieden. Geht man auf die Einheiten zurück, aus denen diese kondensierten Verhältnismassen zusammengesetzt sind, so können dies nur die rein qualitativen Farbenunterschiede sein. Mit diesen haben wir es also schließlich allein zu tun. Mit dem Verständnis für diese elementaren Farbenverhältnisse ist das Verständnis jener komplexeren Erscheinungen von selbst gegeben. Wenden wir nun das „Grundverhältnis" auf diese rein qualitativen Farbenunterscheidungen an, so ergibt sich: Jede Farbe wird relativ zu den in ihr selbst latent enthaltenen Farbenunterschieden Farbenunterscheidung, also Linie, und jede Linie wird relativ zu höheren Farbenunterscheidungen Farbenunterscheidungsglied, also Farbe. Am einfachsten kann man sich diese Verwandlung von Farben in

Linien und Linien in Farben wieder an der bunten Scheibe veranschaulichen, die in verschiedenfarbige Kreissektoren geteilt ist. Läßt man die Rotation derselben aus einem langsamen Tempo in ein schnelleres übergehen, so verschwimmen die benachbarten Farben zu Mischfarben. Die Grenzlinien zwischen ihnen haben sich also in Farben aufgelöst, die von anderen in ähnlicher Weise zusammengeflossenen Farbenunterschieden unterschieden werden. Läßt man aber umgekehrt die Rotation aus einem schnelleren Tempo in ein

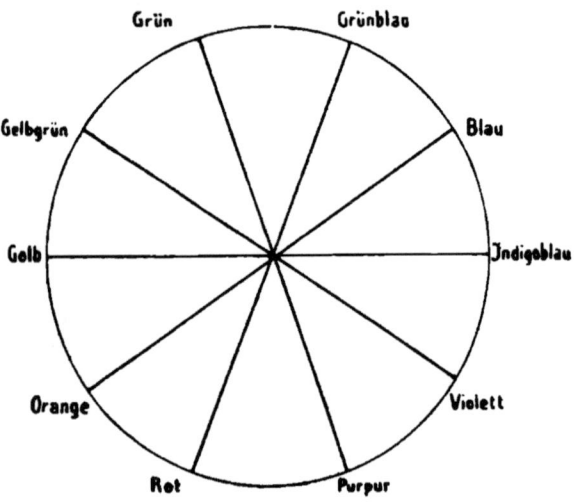

langsameres übergehen, so entfaltet sich das reine Weiß, zu dem alle Farben beim schnellsten Tempo zusammengeflossen sind zu einer Mehrheit linearer Farbenunterschiede, deren jeder sich bei noch langsamerem Rotationstempo in noch feinere Linien- oder Farbengrenzen auseinanderlegt. Man denkt zunächst, diese Selbstentfaltung der Farben in Linien müsse sehr bald eine Grenze erreichen. Man komme nämlich zuletzt notwendig auf die drei Grundfarben als nicht mehr weiter zerlegbare Einheiten hinaus. Diese populäre Anschauung steht aber mit den Resultaten der physiologischen Psychologie im Widerspruch. Nach dieser genügen allerdings immer drei Grundfarben, um die ganze Mannigfaltigkeit der Spektralfarbenreihe herzustellen. Aber es gibt keine festliegenden Grundfarben. Vielmehr läßt sich jede beliebige Farbe als Grundfarbe betrachten und jede Grundfarbe läßt sich auch wieder als Mischfarbe ansehen.

Ordnet man nämlich die Reihe der Spektralfarben auf einer Kreislinie so an, daß sie stetig und gleichmäßig ineinander übergehen, so gilt das Gesetz: Wenn man irgend eine Farbe dieses in sich zurückkehrenden Farbenkontinuums mit irgend einer andern mischt, so entsteht durch diese Mischung die Farbe, die auf dem Farbenkreis innerhalb des kleineren Bogens genau zwischen den beiden Farben liegt, die miteinander vermischt wurden. Um die Grundfarben zu gewinnen, kann man also von jedem beliebigen Punkt des Farbenkreises ausgehen und von ihm aus den Farbenkreis in drei gleiche Teile teilen. Die drei Teilpunkte ergeben dann drei Grundfarben, durch deren Mischung der ganze Farbenkreis hergestellt werden kann. Wählt man einen andern Ausgangspunkt für die Dreiteilung, so erhält man drei andere Grundfarben, und die Farben, die vorher Grundfarben waren, werden zu Mischfarben. Dieses Mischungsgesetz, nach welchem jede Grundfarbe als Mischung aus zwei gleichweit von ihr entfernten Farben angesehen, und jede Mischfarbe als Grundfarbe betrachtet und mit einer andern Farbe zusammen zur Herstellung der zwischen beiden liegenden Mischfarbe verwendet werden kann, ist das Grundgesetz im Reich der Farben, aus der sich alle andern Gesetze, z. B. das Gesetz über das Verhältnis der Komplementärfarben, ableiten lassen.*) Dieses Grund-

_____

*) Das Gesetz der Komplementärfarben, nach welchem je zwei innerhalb des Farbenkreises einander direkt gegenüberliegende Farben, z. B. Rot und Grünblau, wenn sie gemischt werden, Weiß ergeben, ist nur eine Anwendung des allgemeinen Mischungsgesetzes. Denn wenn man durch Mischung zweier Farben immer die Farbe erhält, die dem Radius des Farbenkreises entspricht, der in der Mitte zwischen beiden gezogen wird, so erhält man die Mischung zweier einander direkt gegenüberliegender Farben, indem man die zwei Kreisradien zieht, die auf der die beiden Farben verbindenden Graden im Kreis-

61

geseß aber ist nichts anderes, als die Anwendung des „Grundverhältnisses" auf ein in sich zurückkehrendes Kontinuum von Verhältnissen. Es bleibt also nur noch die Frage, warum sich die Welt der Farben als ein kreisförmig in sich zurückkehrendes Kontinuum darstellen läßt. Dies führt uns aber auf die allgemeinere Frage, welcher Art die Farbenverhältnisse sind, ob sie als Proportionen oder als Umtauschverhältnisse gelten können.

3. Die Untersuchung der rein zeitlichen Empfindungen hat uns sowohl vom formalen wie vom materialen Gesichtspunkt aus auf ein zweifaches Umtauschverhältnis geführt. Die formale Betrachtung der Zeitrichtung führte auf das Umtauschverhältnis zwischen Vergangenheit und Zukunft, die materiale Betrachtung des Zeitinhalts auf eine umtauschare inhaltliche Urunterscheidung, die als Grundelement der ganzen reinzeitlich verlaufenden Empfindungswelt angesehen werden muß. Die Übereinstimmung des formalen und des materialen Befundes aber erklärte sich aus dem „Grundverhältnis", das zwischen formalen und materialen Elementen oder zwischen Unterscheidungen und Unterscheidungsgliedern besteht. Treten wir nun von denselben Gesichtspunkten aus an die Farbenund Linienfläche heran, so führt uns die formale Betrachtung derselben zunächst auf ein Strahlenbüschel von unendlich vielen

mittelpunkt senkrecht stehen. Man erhält also nicht eine Farbe als Mischungsresultante, sondern zwei einander gegenüberliegende Farben, deren Mischung alsoder gesuchten Mischung zwischen den beiden ersten Farben gleich sein muß. Da nun Gleiches mit Gleichem gemischt Gleiches gibt, so kann man das Mischungsverfahren fortsetzen und zwischen je zwei Armen des gewonnenen Linienkreuzes wieder die Mittellinie ziehen. Die zwei neuen aufeinander senkrechten Kreisdurchmesser, die man so erhält, müssen dann, wenn man die ihnen entsprechenden Farben mischt, wieder dieselbe Mischfarbe ergeben, wie die beiden vorher konstruierten Durchmesserpaare. Dieses Mischungsverfahren durch Ziehen der Mittellinien könnte man ins Unendliche fortsetzen, so daß die ganze Farbenkreisfläche mit einem unendlich gegliederten Strahlenbüschel von Durchmessern bedeckt wäre, deren jeder dieselbe Mischung darstellen würde, wie jeder andere. Da aber Gleiches mit Gleichem gemischt Gleiches gibt, so ist jede durch einen dieser Durchmesser dargestellte Mischung der Farbe gleich, die sich aus der Mischung von allen zusammen ergibt. Die Mischung des ganzen Farbenkreises aber ergibt Weiß. Folglich ist jede Mischung aus zwei einander gegenüberliegenden Farben weiß.

Linienrichtungen, die von einem Punkt ausgehen können. Während im reinen Zeitpunkt nur zwei mögliche Richtungen voneinander unterschieden werden, können sich in einem Raumpunkt beliebig viele Linien schneiden. Jede dieser Linien für sich betrachtet stellt die Möglichkeit zweier entgegengesetzter Richtungen, also ein zweigliedriges Umtauschverhältnis dar. Im Raumpunkt wird also eine Mehrheit von zweigliedrigen Umtauschverhältnissen voneinander unterschieden. Was für ein Unterscheidungsverhältnis ist es aber, das sie miteinander eingehen? Denken wir uns zunächst zwei Umtauschverhältnisse voneinander unterschieden, also zwei unendliche Linien, die sich in einem Punkte schneiden, so hat die entstehende Figur offenbar den Charakter eines Umtauschverhältnisses, sobald die Linien aufeinander senkrecht stehen. Denn dann ist das Bild dasselbe, ob ich mich in der einen oder in der anderen Linie bewege. Aus dem Umtauschverhältnis zwischen den beiden Umtauschverhältnissen entstehen dann vier Möglichkeiten, die miteinander vertauscht werden können, ohne daß sich inhaltlich irgend etwas ändert. Bei jeder der vier Richtungen, die ich einschlagen kann, sind die Winkel, die die eingeschlagene Richtung mit den drei übrigen Richtungen bildet, dieselben. Dieselbe Umtauschbarkeit besteht zwischen acht Richtungen, wenn ich zwischen je zwei Armen des entstandenen Linienkreuzes die Mittellinien ziehe, so daß die Richtungsstrahlen wieder dieselben Winkel miteinander bilden.

Mit dieser Teilung durch Mittellinien kann ich ins Unendliche fortfahren. Immer gilt: Wenn beliebig viele Richtungsstrahlen sich unter gleichen Winkeln schneiden, so ist die Linienfigur von jeder Richtung aus betrachtet dieselbe. Das Verhältnis der Richtungslinien ist also ein Umtauschverhältnis. Ein Raumpunkt ist also ein Umtauschverhältnis zwischen unendlich vielen Linien, die sich in ihm unter unendlich kleinen, also gleichen Winkeln, schneiden. Keine der unendlich vielen Linienwege, deren Möglichkeit der Raumpunkt enthält, hat vor dem andern einen inhaltlichen Vorzug. Irgendeiner derselben muß aber notwendig in jedem Zeitpunkt eingeschlagen werden. Denn bekanntlich kann die Gesichtsempfindung niemals in einem Punkt stillstehen, sondern bewegt sich fortwährend in Linien oder Farbengrenzen vorwärts. Angestrengtes Fixieren eines Punktes hebt sofort die ganze Gesichtsempfindung auf und wird daher häufig als Mittel zur hypnotischen Einschläferung gebraucht. Erinnern wir uns nun, daß jede der unendlich vielen möglichen Linien, die sich im Raumpunkt schneiden, ein Umtauschverhältnis zweier Richtungen ist, so können wir wohl die Relationen der Raumfläche als Umtauschverhältnisse zwischen Umtauschverhältnissen bezeichnen. Zwischen der rein zeitlichen Empfindungswelt und der Raumfläche besteht also ein sehr einfacher Unterschied. Innerhalb der rein zeitlichen Erlebnisse treten die Umtauschverhältnisse nur in elementarer Form auf und gehen als Glieder in Proportionsverhältnisse ein. Sobald aber Umtauschverhältnisse zwischen Umtauschverhältnissen entstehen, so konstituiert sich die Raumfläche. Algebraisch ausgedrückt: Die reine Zeitstrecke entsteht durch Umtauschverhältnisse ersten Grades, die Raumfläche durch Umtauschverhältnisse zweiten Grades.

Auf dieselbe Auffassung der Raumfläche, zu der man durch die Betrachtung der formalen Linienverhältnisse gelangt, scheint auch die materiale Untersuchung der Farbeninhalte dieser Fläche zu führen.

Was macht den eigentümlichen Reichtum der Farbenunterscheidung im Unterschied von einer rein zeitlichen Tastempfindung aus? Bei der Tastempfindung haben wir einen einheitlichen Inhalt, der sich in einer zweifachen Unterscheidung entfaltet. Auch im Reich der Farben haben wir zunächst einen einheitlichen Inhalt, das farblose Licht, das sich in Unterscheidungen entfaltet. Und diese Entfaltung ist auch hier zunächst eine zweifache. Nach dem Gesetz der Komplementärfarben läßt sich das weiße Licht immer in zwei Komplementärfarben auseinanderlegen, die einander im Farbenkreis direkt gegenüberliegen, aus deren Mischung also das weiße Licht jederzeit wieder hergestellt werden kann. Das besondere aber ist, daß nicht nur ein einfaches Doppelverhältnis entstehen kann, sondern daß verschiedene Komplementärfarbenpaare voneinander unterschieden werden können. Da jedem möglichen Durchmesser des Farbenkreises ein Komplementärfarbenpaar entspricht, so müßten bei einer idealen Farbenunterscheidungsfähigkeit unendlich viele Komplementärfarbenpaare voneinander unterschieden werden können.

Was ist es aber für ein Unterscheidungsverhältnis, das zunächst zwischen zwei Komplementärfarben und dann zwischen verschiedenen Komplementärfarbenpaaren besteht? Niemand weiß zu sagen, wodurch sich Rot und Blaugrün voneinander unterscheiden, oder Violett und Gelbgrün, und wodurch sich beide Farbenpaare voneinander unterscheiden. Wir können nur sagen: Zwischen gewissen Farben ist der Unterschied größer als zwischen anderen. Wir können die Farbenunterschiede nach ihrer Größe ordnen und erhalten dann eine Kreislinie, auf der die am weitesten voneinander entfernten Farben, also die einander gegenüberliegenden Komplementärfarben sich am stärksten voneinander unterscheiden, die anderen um so weniger, je näher sie beisammenliegen. Das Verhältnis der Komplementärfarben ist dann das Unterscheidungsmaximum innerhalb der Verhältnisse von Farben. Das Verhältnis der Farbenpaare, die durch zwei aufeinander senkrecht stehende Kreisdurchmesser bezeichnet werden, ist das Unterscheidungsmaximum innerhalb der Verhältnisse von Farbenpaaren. Alle übrigen Verhältnisse lassen sich als Übergangsstadien zwischen der Farbengleichheit und diesen beiden Unterscheidungsmaxima auffassen. Wie kommen nun aber diese beiden Unterscheidungsmaxima zustande, aus denen sich alle übrigen Verhältnisse ableiten lassen? Niemand weiß es. Niemand kann sagen, warum er Rot anders findet als Blaugrün, und das Verhältnis von Rot und Blaugrün anders als das Verhältnis von Gelb und Violett. Wenn jemand einen dieser Unterschiede bestreitet, so wissen wir das Recht unserer Unterscheidung durchaus nicht zu verteidigen. Wir nennen jeden Bestreiter der Farbenunterschiede, die wir nun einmal statuiert haben, einfach „farbenblind", um uns damit die lästige Frage vom Hals zu schaffen, die uns das bloße Dasein eines solchen Anarchisten im Reich der Farben stellt. Ein solcher „Farbenblinder" sieht natürlich nicht den geringsten Grund ein, warum er von uns anderen als ein Sehender zweiter Klasse behandelt wird. Aber auch wir „normalen" Farbenseher, die wir ohne jeden Grund durch einfachen Majoritätsbeschluß alle Anderssehenden als abnorm verdammen, können uns gegenseitig nur darüber verständigen, welche Gegenstände wir als gleichfarbig und welche wir als verschiedenfarbig bezeichnen wollen. Dagegen fehlt jedes Mittel um festzustellen, ob die Farben, die wir auf Grund dieser Übereinstimmung mit denselben Worten bezeichnen, auch wirklich dieselben sind, oder ganz andere.

Denken wir uns einen Schwarm von Menschen, die abends auf dem Seesteg von Norderney hinausziehen, traumverloren der versunkenen Sonne nachschauend. Der Himmel flammt, und die blauen purpurumflossenen Wasserberge steigen. Und hoch über dem verglühenden Brand des Erdentages schwebt ein überirdisches Schimmern und inniges Goldleuchten, über das die violetten wallenden Schleier der Nacht herabfließen. Wenn es möglich wäre, in einem übergreifenden hellseherischen Blick alle die Bilder auf einmal zu überschauen, die in diesem Augenblick vor diesen Hunderten von Menschenaugen glänzen, wenn man für einen Augenblick die Zentralseele dieses in Schweigen versunkenen Menschenschwarmes sein und mit den Hunderten von Augen zugleich sehen könnte, die den seligen Schmerz dieser versinkenden Farbenherrlichkeit in sich hineintrinken, man würde wohl darüber erstaunen, daß jeder von diesen Farbentrunkenen wieder etwas anderes sieht als der andere. Einem wogte vielleicht das Meer gelb, der Himmel flammte smaragdgrün und flösse oben in ein rotes Dunkel über. Einem andern glänzte das Meer purpurn blutig, darüber läge ein violetter Flammengürtel, der von einer grünen Zaubernacht verschlungen würde. Wieder einem andern sänke die Abendsonne in lichtem Azur über orangefarbenen Meereswogen und darüber schwebte träumerisches purpurnes Dunkel. So hätte jeder seine eigene Farbenwonne und seinen eigenen Sonnenuntergang. Dennoch würde keiner etwas von dem Unterschiede merken. Denn jeder würde dieselben Dinge gleichfarbig finden, die jeder andere gleichfarbig findet. Jeder würde die Farbe des Smaragds und des Grases und der Baumblätter ähnlich finden und ebenso die Farbe des Kornfeldes und der Sonnenblume, jeder würde darum die übereinstimmenden Farben mit denselben

66

Namen benennen. Sie würden ferner übereinstimmend zwischen gewissen Dingen die größten denkbaren Farbenunterschiede finden, zwischen anderen Dingen kleinere Farbendifferenzen. Sie würden übereinstimmend zwischen einem Veilchen und dem umgebenden Rasen, zwischen einer Orange und dem wolkenlosen Mittagshimmel den Maximalfarbenunterschied feststellen, zwischen Glockenblume und Mohnblüte einen entsprechend kleineren. Ohne daß die Aussagen über das Farbenbild in irgendetwas verschieden sind, können also die tiefgreifendsten Unterschiede zwischen den Farbenbildern verschiedener Beschauer vorhanden sein. Einmal können die Komplementärfarben gegenseitig vertauscht werden, ohne daß die Aussagen über das Farbenbild sich ändern. Aber nicht nur die einander gegenüberliegenden Teile des in sich zurückkehrenden Farbenkontinuums sind vertauschbar, sondern auch die nebeneinanderliegenden. Die Färbung des Bildes kann von jedem beliebigen Punkt des Farbenkreises ausgehen, wenn nur die gegenseitigen Entfernungen dieselben bleiben, die den Farben der verschiedenen Gegenstände innerhalb des Farbenkreises zukommen.

Bei einer unendlich feinen Farbenunterscheidungsfähigkeit wären also unendlich viele verschiedene Farbenbilder denkbar, über die dieselben Aussagen gemacht werden könnten. Ist aber die Unterscheidungsfähigkeit beschränkt, lassen sich also innerhalb des Farbenkreises nur etwa 10—12 Farbentöne noch mit Bestimmtheit unterscheiden, so läßt sich durch eine einfache arithmetische Permutationsberechnung feststellen, wieviel verschiedene Färbungen eines Bildes hergestellt werden können, ohne daß sich die gegenseitigen Abstände der Farben voneinander ändern, in wieviel verschiedenen Färbungen sich vor verschiedenen Menschenaugen eine und dieselbe Landschaft malen kann. Eine künftige ganz freie und große Kunst, eine alle Schwellen und Schranken des Einzelseins und Einzelsehens übersteigende, wahrhaft menschenverbrüdernde Kunst wird in den tausendfachen Farbenpermutationen schwelgen, in denen etwa jene mohndurchblühten Kornfelder wie eine durch tausend Variationen hindurchwogende Musik an dem langen Wallfahrerzug vorüberfluten, der singend die Fluren durchzieht. Diese kommende Kunst wird uns „umsehen" lehren. Sie wird jede Farbenstimmung in ihre Komplementärstimmung ummalen, wird sich in hundert prächtigen Farbenumwälzungen an der Unerschöpflichkeit jeder Farbenmelodie berauschen. Sie wird die tiefe Musik der Farben in mystischen Wonnen belauschen.

Nach alledem können wir das Verhältnis, das zwischen den Komplementärfarben und zwischen den vielen möglichen Komplementärfarbenpaaren besteht, nur als Umtauschverhältnis bezeichnen. Wir können keine Rechenschaft geben, warum wir uns beim Schauen irgend eines Bildes gerade in dieser Farbenordnung bewegen und nicht in einer möglichen andern. Dennoch müssen wir jedes Bild immer in bestimmten Farben sehen und können niemals gleichzeitig entgegengesetzte Farbenstandpunkte einnehmen.

Die Untersuchung des farbigen Inhalts der Raumfläche führt uns also auf dasselbe Resultat, zu dem wir bei der Betrachtung der linearen Formen der Raumfläche gelangten. Von beiden Gesichtspunkten aus betrachtet, konstituiert sich die Raumfläche durch Umtauschverhältnisse von Umtauschverhältnissen oder Umtauschverhältnisse zweiten Grades.

Es bleibt nun noch die Frage zu beantworten, wie sich die Raumfläche, die wir im bisherigen isoliert betrachtet haben, zu den reinen Zeitstrecken verhält, die wir vorher einer isolierten Betrachtung unterzogen. Die Antwort auf diese Frage ergibt sich aus einer Kombination der beiden Resultate, zu denen die beiden isolierten Untersuchungen geführt haben. Die Raumfläche ist ein Umtauschverhältnis zwischen Umtauschverhältnissen, von denen jedes für sich allein genommen ein bloßes Zeitverhältnis darstellen würde. Die Raumfläche entsteht, wenn Zeitstrecken miteinander in ein Umtauschverhältnis eintreten. Der Raum ist eine Zeit zweiten Grades. Die Isolierung der beiden Welten diente nur dazu, ihrer höheren Einheit inne zu werden. Es erscheint jetzt noch wie eine schwärmerische Verschmelzung aller Dinge, wenn man sagt, das Licht sei aus einer Vermählung von Klängen geboren.

Aber einst, wenn die Sonne kommender Jahrtausende den gefrorenen Gedankenstrom aus seiner Erstarrung erlöst, dann wird vielleicht jene verklungene vorphilosophische Zeit wiederkehren, jene Zeit voll Einfalt und heißer Liebe zu allem Wirklichen, voll

68

Kinderglauben an alles Tiefsinnige, Mythische, Altbabylonische. Dann wird man sich jenen alten unergründlichen Schöpfungsmythus wieder erzählen: Am Anfang war weder Tag noch Nacht, weder Glanz noch Dunkel. Ein verworrenes Rauschen wars. Ein dumpfes Sehnen nach Klangvermählung. Eine ungestillte Riesensehnsucht nach irgend einem großen unausdenkbaren Zusammen. Ein chaotisches Wühlen und Suchen nach irgend einer dämmernden Erlösung vom Klingen und Ringen der Töne, vom ewig unentschiedenen Zweikampf der Klänge um das Jetzt. Und Gott sprach: Es werde Licht. Und die Töne stiegen erlöst aus dem Gefängnis der Zeit in die strahlende Raumfreiheit herauf, umschlangen sich leuchtend und tanzten Farbenreigen und durchflogen lichtüberströmend die allumspannende Weite. Und die Strahlen ballten sich zu Sonnen. Und die leuchtenden Klänge woben sich zu Farbenmelodien, zu einem immer höher schwellenden Farbe gewordenen Gesang, zu einer in immer größeren und prächtigeren Gestalten schwelgenden Musik, einem Dankgeläut und Sonnenlied von Sehnsucht und Erlösung. Und aus dem Weltmorgen und Weltabend ward der große Weltentag.

Noch erscheint es als eine abenteuerliche Behauptung, zu sagen: Zwei rein zeitliche in Drücken und Tönen verlaufende Erlebnisse verwandeln sich plötzlich in Licht und Farbe, wenn sie miteinander in ein Umtauschverhältnis eintreten; zwei Zeitstrecken werden Raumlinien, wenn sie miteinander eine Wechselrelation eingehen. Aber es gibt eine ganze Reihe von geheimnisvollen Übereinstimmungen und Wechselbeziehungen zwischen allem Räumlichen und Zeitlichen, die von dieser Anschauung aus verständlich werden. Vor allem versteht man von hier aus das Rätsel der Tiefendimension. Wie kommt es, daß wir innerhalb der Farbenwelt, die wie eine riesenhafte mit tausend wechselnden Farbenklecksen bedeckte Palette unser Gesichtsfeld ausfüllt, neben den sichtbaren Unterschieden des Hell und Dunkel, des Grün und Rot, des Übereinander und Nebeneinander noch einen völlig unsichtbaren Unterschied machen zwischen Oberfläche und Tiefe? Woher kommt dieser mystische Tiefblick ins Unsichtbare und Hinterweltliche? Offenbar ist diese mysteriöse dritte Dimension nur ein

69

Wort für jenes wunderbare Wechselverhältnis zwischen reiner Zeitstrecke und Raumfläche, aus dem die ganze Welt entstanden ist. Eine reine Zeitstrecke kann in ein Umtauschverhältnis mit einer anderen treten und Raumlinie werden. Sie kann aber auch aus diesem Umtauschverhältnis wieder austreten und in die reine Zeitlichkeit zurückkehren. Und dieses Zurücktreten von Raumlinien in die reine Zeitlichkeit nennen wir Tiefendimension. Die Raumlinie, etwa die Kante eines farbigen Würfels, wird bei dieser Rückkehr in die reine Zeitlichkeit räumlich betrachtet unsichtbar, sie schrumpft räumlich betrachtet in einen Punkt zusammen. Wir sagen dann, der Würfel, der uns seine Vorderseite zugekehrt hatte, biete uns jetzt seine Seitenansicht dar, sei uns gegenüber um einen rechten Winkel gedreht worden. Oder wir selber hätten uns in einem Viertelkreis um ihn herumbewegt. In Wahrheit ist nur die obere und untere Vorderkante je in einen Punkt zusammengeschrumpft, während eine neue obere und untere Kante, die vorher nur Punkte gewesen waren, sich zu Linien ausgedehnt haben.

Ein Kantenpaar ist in die unsichtbare Zeitlichkeit hinabgesunken, ein anderes ist aus der Unsichtbarkeit wieder zum farbigen Flächendasein erwacht.

Vom Dasein der ins Unsichtbare verflüchtigten Linien können wir uns während ihrer Verflüchtigung nur durch rein zeitliche Empfindungsreihen vergewissern, durch Betasten oder durch die Bewegungsempfindungen, die mit dem Einstellen des Auges auf Fernsicht und Nahsicht in Zusammenhang stehen.

Wenn wir diese „dritte Dimension" zu sehen glauben, so rührt das nur daher, daß wir die Verwandlungen und Rückverwandlungen aus Zeitstrecken in Raumlinien und umgekehrt sehr rasch nacheinander vollziehen können. Beim Betasten einer unsichtbaren Seitenkante des von vorn gesehenen Würfels stellen wir uns immer wieder vor, was wir sehen würden, wenn die unsichtbare Kante sichtbar wäre. Trotzdem gelingt es uns auch beim schnellsten Abwechseln zwischen beiden Auffassungen niemals, die Vorderansicht mit der Seitenansicht gleichzeitig zu sehen oder vorzustellen. So oft uns vielmehr die eine vor Augen tritt, sinkt die andere unerbittlich in die Unsichtbarkeit und reine Zeitlichkeit hinab. Die sogenannte dritte Dimension oder Tiefendimension ist nach alledem nichts Drittes, das zur Eindimensionalität der Zeitstrecke zur Zweidimensionalität der Fläche hinzuträte, sie ist vielmehr nur das Verhältnis zwischen der Eindimensionalität und Zweidimensionalität. Sie ist die Eindimensionalität von der Zweidimensionalität aus betrachtet. Von hier aus werden die Gesetze verständlich, nach denen sich das Eintreten der Zeitstrecken in räumliche Wechselverhältnisse und ihr Wiederaustreten aus diesen vollzieht.

Warum kann nur eine gerade Linie, ohne sich zu ändern, in einen Punkt zusammenschrumpfen, also in eine Zeitstrecke verwandelt werden? Nur eine gerade Linie ist isoliert betrachtet ein einfaches Umtauschverhältnis zwischen zwei Richtungen und eine Grenze zwischen je zwei Licht- oder Farbenunterschieden. Nur eine solche ist also einem zeitlichen Umtauschverhältnis äquivalent, also jederzeit in ein solches umsetzbar. Jede krumme Linie enthält Richtungsunterschiede, also Verhältnisse zwischen Umtauschverhältnissen. Sie kann also nicht als Ganzes verzeitlicht werden, sondern nur jedes der in ihr in Relation stehenden Umtauschverhältnisse isoliert genommen. Ferner: Warum kann nur von zwei senkrecht aufeinanderstehenden Geraden die eine ihrem ganzen Umfang nach punktualtfiert oder verzeitlicht werden, während die andere gleichzeitig ihrer ganzen Länge nach erhalten bleibt? Das Lotverhältnis zwischen zwei Geraden stellt das Unterscheidungsmaximum des Umtauschverhältnisses zwischen beiden dar, das Zusammenfallen beider in eine Linie den Unterscheidungsnullpunkt. Nun ist beim Unterscheidungsnullpunkt zwischen beiden Geraden die Möglichkeit am geringsten, die eine zu verzeitlichen, während die andere räumlich bleibt. Denn die Geschicke zweier zusammenfallender Linien sind nicht voneinander zu trennen. Die Temporalisierbarkeit der einen Linie während der vollen räumlichen Erhaltung der andern wird also um so größer, je weiter sich das beiderseitige Verhältnis von jenem Unterscheidungsminimum entfernt, je mehr es sich also dem Unterscheidungsmaximum nähert. Die volle Temporalisierung der einen Linie während der vollen räumlichen Erhaltung der anderen kann also nur beim Unterscheidungsmaximum, also beim rechtwinkeligen Verhältnis zwischen

71

beiden eintreten. Das, was man Raum nennt, ist also nach alledem nichts anderes als dieses Wechselverhältnis zwischen der reinen Zeitstrecke und der Fläche, die Möglichkeit, Erlebnisreihen, die an sich raumlos im Unendlichen schwebten, in die Fläche heraufzubiegen, als Linien mit Linien zusammenzuschauen, und sie wieder ebenso schnell aus dieser flüchtigen Verbindung ins Raumlose zu entlassen, die Möglichkeit, Umtauschverhältnisse miteinander in Umtauschverhältnisse eintreten und aus denselben wieder austreten zu lassen. Aus diesem ewigen Wechsel von Verbrüderungen, Verfeindungen und Wiederversöhnungen baut sich die Welt und webt sich die Wirklichkeit. Alle unsere Standpunktsveränderungen und alle Drehungen von Körpern, die in unserem Gesichtsfeld auftauchen, sind nur komplexe Systeme solcher Punktualisierungen von Linien und der entsprechenden Linearisierungen von Punkten. Ein Körper ist nichts anderes als ein Umtauschverhältnis zwischen den unendlich vielen verschiedenen Ansichten, die er bei der Betrachtung von verschiedenen Standpunkten aus darbietet, zwischen den verschiedenen photographischen Aufnahmen, die von den verschiedensten Seiten von ihm gemacht werden konnten. Denn irgend eines dieser Flächenbilder muß man vor sich sehen, solange der Körper sich im Gesichtsfeld befindet. Niemals kann man aber zwei oder mehrere dieser Flächenansichten gleichzeitig haben. Der Unterschied zwischen den umtauschbaren Ansichten aber besteht nur darin, daß Linienteile, die bei der einen Ansicht linear sind, bei der andern temporalisiert sind und umgekehrt.

Erst von diesem Verständnis aller Körperlichkeit und Tiefe aus ahnen wir dunkel, warum die Tiefendimension zu allen Zeiten für alles Düstere, Mystische, Gewitterschwangere das glücklichste Gleichnis war. Es gibt nichts in der Sinnenwelt, was in ein so wonnig mystisches Dunkel gehüllt wäre, was mit so lockender Gewalt zur Religion verführte, als dies plötzliche Zusammenschwinden und Entschweben eines bunten Streifens lachender Wirklichkeit in eine allem Schauen entrückte Welt, in der er nicht mehr gesehen, nur noch gefühlt werden kann. Wir können sie nimmer und nimmer schauen, die raumlosen, allfüllenden Zeitbahnen, diese meertiefen, ewig rauschenden Urquellen und Mütter aller Wirklichkeit, aus

72

denen alles aufsteigt, in die alles wieder zurücksinkt. Wir sehen immer nur ihre Flächenprojektionen, ihre Raumverflachungen, ihre hellen Offenbarungen in der Farben- und Lichtsprache. Sie selber aber fühlen wir nur, belauschen wir nur. Wie Orpheus seine in den Hades gesunkene Geliebte, fühlen wir sie nur tönend und leierschlagend hinter uns, sobald wir uns aber gierig nach ihnen umsehen wollen, sehen wir nur ihre räumlichen Schatten die dunklen Flügel um unser Haupt schlagen, sie selber aber in finsteren Meeren untergehen. Alles Heißersehnte und Nimmererreichbare bezeichnen wir unwillkürlich mit dieser ewig unsichtbaren „dritten Dimension". Das Geheimnis der Welt nennen wir ihr Innerstes, ihre tiefste Tiefe, in die kein erschaffener Geist bringt. Das Geheimnis des Menschen nennen wir sein Tiefinnerstes. Und jene Selbstspaltung jeder Wirklichkeit in sehendes Subjekt und gesehenes Objekt, an deren Sinn und Widersinn die Weisen aller Denkepochen herumgeraten haben, ohne uns von ihr zu erlösen, was ist sie anders als eine Anwendung der Tiefendimension! Die Mystik der Tiefendimension hat die Philosophie der letzten drei Jahrtausende auf dieses Starren ins Nichts, auf diesen stieren Blick ins Transzendente hypnotisiert. Die reine Zeitlichkeit, der in immer neue Inhalte sich entfaltende Jetztpunkt hätte sich nie in Subjektivität und Objektivität gespalten. Das reine Farbenschauen, der von immer neuen Farben- und Lichtwellen umflossene wandernde Flächenpunkt wäre nie darauf gekommen, sich von sich selbst zu unterscheiden. Nur dies Hin- und Herschwanken der Wirklichkeit zwischen Flächenlinie und Zeitstrecke, das Versteckspiel, das zwei abwechselnd unsichtbare Linien miteinander spielen, konnte dazu verführen, das Nacheinander der Zeitstrecke in den Flächenpunkt als eine unsichtbare in ihm verborgene Unterscheidung hineinzusehen und hineinzugeheimnissen, und so diesen Punkt mit sich selbst zu entzweien, ihn in ein geheimes Liebesverhältnis auseinanderzufalten zwischen einem unsichtbaren Seher und einem unsichtbaren Gesehenen, die ewig einander umschlingen wollen, ohne jemals einander zu erreichen. Und wenn auch das Durchschauen des Äquivalenzverhältnisses zwischen Zeitstrecke und Flächenlinie von dieser unglücklichen Liebe erlöst und die schmerzlich Getrennten in eine innige Einheit aufgehen läßt, so hat dieser Subjekt-Objekt-Glaube auch in seiner herbsten Kantischen Darstellung doch immer noch so viel tragischen Zauber und ist eine so echt mythologische Veranschaulichung des Geheimnisses, das über der reinen Zeitlichkeit, diesem Urgrund und Mutterschoß aller Dinge schwebt, daß man ihn einst zu den tiefsinnigsten, unsterblichen Mythen unseres phantasievollen Zeitalters rechnen wird.

Wenn wir auch im bisherigen nur zu einer allgemeinen Fundamentierung einer künftigen Metageometrie und Farbenphilosophie gelangt sind, so gibt uns dieselbe doch einen Leitfaden an die Hand, um aus dem Labyrinth von Raum- und Zeittheorien und Farbenlehren herauszukommen, in das uns die letzten Jahrhunderte hineingeführt haben.

Wir leiden unter einer großen Erstarrung des „Grundverhältnisses" zwischen Raumformen und ihrem farbigen und leuchtenden Inhalt, unter einer Verwechselung dieses Grundverhältnisses mit einer Proportion. Seit Locke die Sinnesqualitäten und die Raumformen ein für allemal auseinandergerissen hat, sind wir die Vorstellung nicht mehr losgeworden, es gäbe zwei gesonderte Weltgebiete, das Gebiet der Linien und Flächen, die jenseits von Licht und Farben ihr gespenstisches Wesen trieben, und das Gebiet der Farben, mit denen die fahlen Liniengespenster hinterher angestrichen würden. Damit verband sich dann die Erstarrung des Grundverhältnisses zwischen Unterscheidung und Unterschiedenem überhaupt zum festliegenden Unterschied zwischen einem subjektiven Unterscheidungsvermögen und dem objektiven Unterscheidungsgegenstand. So kam man dazu, den Farbentopf oder Farbenprojektionsapparat ins Gehirn, die Wohnung des Subjekt-Fettischs, zu verlegen, die farbenleeren Liniengespenster aber in die Nacht der objektiven Wirklichkeit hinauszusperren. Damit waren Anschauungsformen und Anschauungsinhalte ein für allemal voneinander getrennt.

Über die inhaltsleeren Formen sannen die Philosophen und Mathematiker und spannen einen immer undurchdringlicheren Schleier von Tiefsinn und mathematischer Symbolik um sie. Die formlosen Inhalte beobachteten die Physiker und Physiologen und ergingen sich in immer kühneren Hypothesen.

Die mathematischen Raumuntersuchungen, von denen diejenigen von Riemann und Helmholtz*) am bekanntesten geworden sind, fassen nur das inhaltsleere stereometrische Liniengerüst ins Auge. Um dasselbe aber nur seinem objektiven mathematischen Bestand nach darzustellen, sahen sie von den wechselnden Ansichten ab, die ein und dasselbe Liniengebilde darbietet, wenn es von verschiedenen Seiten betrachtet wird, und reflektierten nur auf die Längenverhältnisse, die zwischen den Linien einer stereometrischen Figur bestehen, wenn man diese Linien ihrer ganzen Länge nach auf die Fläche aufträgt, wenn man also etwa einen aus Pappe hergestellten Kubus aufschneidet und die sechs Flächen, aus denen er zusammengesetzt ist, in einer Ebene nebeneinander breitklatscht. Von hier aus ließ sich natürlich sehr einfach feststellen, daß nach dem Pythagoreer die Diagonale des Flächenquadrats gleich der Wurzel aus der Summe der Quadrate zweier Quadratseiten $= \sqrt{2 \cdot a^2}$, die Diagonale des Kubus, wenn man sie ihrer ganzen Länge nach in die Fläche legt, dementsprechend $= \sqrt{a^2 + 2 \cdot a^2}$ $= a \cdot \sqrt{3}$, und man konnte von hier aus nach demselben mathematischen Gesetz weiterschreitend zu einer Formel für einen n-dimensionalen Raum gelangen. Indem man so lediglich die mathematischen Verhältnisse zwischen den vollen Linearisationen der im Raum abwechselnd linearisierten und wieder punktualifizierten Zeitstrecken formulierte und von dem Wechsel ihrer perspektivischen Darstellungen absah, sah man eben von dem ab, was den Raum zum Raum macht und was ihn zum Problem macht. Das Raumproblem ergibt sich nämlich aus der merkwürdigen Tatsache, daß das in jenen Formeln ausgedrückte Verhältnis zwischen Quadratseiten und kubischer Diagonale eben nicht zwischen zwei gleichzeitig

---

*) Riemann, Mathematische Abhandlungen; Helmholtz, Abhandlungen über den Raum in den Göttinger gelehrten Anzeigen. Dazu zu vergleichen Schmitz-Dumont, Die mathematischen Elemente der Erkenntnistheorie; Dr. M. Palágyi, Neue Theorie des Raumes und der Zeit; Dr. M. Palágyi, Die Logik auf dem Scheidewege S. 1—120.

nebeneinander auftauchenden Linien stattfindet, sondern zwischen zwei Linien, von denen sich immer die eine verkürzt, also der Punktualisierung nähert, wenn die andere sich in ihrer vollen Länge darstellt. Die Frage, woher dieser seltsame Wechsel von Punktualisation und Linearisation kommt, ist das eigentliche Raumproblem. Und dieses ist mit allen jenen mathematischen Untersuchungen nicht einmal berührt.

Unabhängig von diesen Spekulationen über das farbenleere Liniengerüst gingen nun auf der andern Seite die physikalischen und physiologischen Untersuchungen über Licht und Farbe ihren Gang.

Während es in der oberen spekulativen Etage mit der „Objektivität" der leeren Anschauungsformen unter Kants Einfluß längst recht windig stand und die Mathematiker in ihnen nur einen zufälligen Spezialfall einer beliebig ausdehnbaren Mannigfaltigkeit sahen, blieb man im unteren Stockwerk der experimentellen Wissenschaft konservativ bei der Lockeschen Einteilung der Welt in subjektive Sinnesqualitäten und objektive Liniengebilde. Von diesem Dogma aus interpretierte man die Experimente. Zunächst entdeckte man, daß sich die rein zeitlichen Empfindungsreihen immer auch räumlich darstellen lassen, daß z. B. den Tönen Körpererschütterungen, Schwingungen von Fluida entsprechen, also Farben- und Liniengebilde. Und das muß ja so sein, wenn Zeitstrecken durch Eintritt in höhere Umtauschverhältnisse zu Raumlinien werden können. Jede rein zeitliche Empfindungsreihe muß sich sozusagen in die Raumfläche heraufbiegen lassen. Es war nur allzu begreiflich, daß man, ohne weiter über dies merkwürdige Verhältnis der Zeitstrecken zu den Raumflächen nachzudenken, die reichere und anschaulichere Erscheinungsform, in die man auf diese Weise die rein zeitlichen Erlebnisse umgesetzt hatte, auch für die realere, ja für die einzig reale und objektive hielt, und die rein zeitliche Form dieser Erlebnisse für bloß subjektiv ansah. Damit war die Welt zunächst einmal in ein einziges großes Raumgebäude verwandelt, ein großes kaltes Maschinenhaus.

Und die Töne hatten aufgehört, die Unendlichkeit mit ihrer klingenden Allgegenwart zu erfüllen. Es gab nichts heilig-dunkles und göttlich Raumloses mehr. Alles hatte seinen Ort. Alles

76

hatte seine Zelle im Riesengefängnis. Und wie an der neuen Weltreligion alle alten Götter starben, so starben auch an dieser hellen Licht- und Raumreligion alle Götter. Oder sie lebten doch nur heimlich und unheimlich fort, wie tote Götter in Nacht und Moor und Sturmgeheul fortleben. Wohl war der Glaube unausrottbar, daß der Klang mehr sei als eine Wellenlinie zwischen Ohr und Glocke, unendlich viel mehr, daß der Bauch des Alls aus ihm rede. Aber dieser Glaube galt als Aberglaube an tote Götter, als romantischer Traum von Tondichtern und Nachtschwärmern.

Aber auch von der Licht- und Raumwelt, die auf diese Weise als einzige Wirklichkeit übriggeblieben war, konnten nach dem Lockeschen Dogma nur die Linienformen objektiv wirklich sein, während Licht und Farben nur eine subjektive Scheinwirklichkeit hatten. Mit dieser Voraussetzung ging man an die Fülle neuer Entdeckungen heran, die jetzt auf diesen Gebieten gemacht wurden. Man sah — um hier nur auf das Allgemeinbekannte einzugehen — den durch ein Glasprisma hindurchtretenden Lichtstrahl sich in den bunten Streifen der Regenbogenfarben auseinanderfalten. Nichts konnte schlagender beweisen, daß Farbenunterschiede und Brechungswinkel oder lineare Richtungsunterschiede ein und dieselbe Sache seien, nur das eine Mal vom formalen, das andere Mal vom materialen Standpunkt aus betrachtet. Nun wußte man aber schon vorher vom Dogma her, daß das nicht der Fall sei, daß vielmehr Linienform und Farbeninhalt zwei nebeneinanderliegende Welten seien, von denen nur die erste objektiv sei, die zweite aber nur subjektiv. Man interpretierte also das auffallende Korrespondenzverhältnis zwischen beiden Welten statt als Indentitätsverhältnis, vielmehr als Kausalverhältnis zwischen beiden Welten. Man glaubte dahinter gekommen zu sein, welches die wahre objektive Ursache der subjektiven Farbenphänomene sei. Bewegungen leerer Liniengespinste mußten die ganze Farbenpracht ins Gehirn hineingezaubert haben. Man entdeckte nun außerdem, daß sich der Lichtstrahl, ähnlich wie der Klang, in unterscheidbare Elemente zerlegen lasse. Von diesen elementaren Lichtunterscheidungen drängten sich aber so viele auf eine Sekunde zusammen, daß es vollkommen ausgeschlossen war, das Wesen derselben experimentell

77

festzustellen. Hier hatte also die dogmatische Phantasie freien Spiel-
raum. Nun hatten sich die Klangunterscheidungen, wenn man sie
aus der reinen Zeitform in die Licht- und Raumform umsetzte,
ihrer linearen Natur nach als Vibrationen, Verdichtungen und
Verdünnungen eines Fluidums dargestellt. Man vermutete nun,
daß die Lichtunterscheidungen wohl dieselbe Vibrationsgestalt haben
werden.

Nun hatte es ja beim Klang einen ganz guten Sinn gehabt,
seine rein zeitliche Form in sein Äquivalent innerhalbder Raum- und
Lichtwelt umzusetzen. Führte man nun aber diese Raum- und
Lichtwelt selber auf eine bestimmte räumliche Linienkonstellation
als auf ihr Grundelement zurück, so hatte man das Licht nur
aus einer bestimmten Lichtkonstellation erklärt, also aus einem
Spezialfall seiner selbst, wie wenn man das Wasser aus dem
Wasserfall erklärte. Auch wenn sich nachweisen läßt, daß alles
Licht, das wir kennen, Vibrationsform hat, so ist damit nur
konstatiert, daß wir das Lichtphänomen bis jetzt immer in dieser
bestimmten zufälligen Form beobachtet haben. Die Frage ist damit gar nicht berührt, wie das Licht überhaupt entsteht, wie also
die Farben- und Linienformen überhaupt zustande kommen, von
denen die Vibrationsform nur ein zufälliger Spezialfall ist. Den
Zirkel, in dem man sich bei allen Lichterklärungen bewegte, durch-
schaute man nur deshalb nicht, weil man glaubte, daß die Linien,
abgesehen von ihrem Dasein als Licht- und Schattengrenzen und
als Farbengrenzen, noch ein farbloses Sonderdasein in der trans-
subjektiven Hinterwelt führten. In den linearen Vibrationen
glaubte man darum die objektive Ursache des subjektiven Licht-
scheins gefunden zu haben. Die mythologische Phantasie begnügte
sich nun aber nicht damit, die künstlich ihres Inhalts beraubten
Liniengespinste in der leeren Unendlichkeit durcheinanderschwirren
zu lassen. Sondern wie alle Religionen eine unsichtbare Über-
welt erfinden für ihre Götter und unerfüllten Wünsche, so erfand
auch diese Naturmythologie einen unsichtbaren Überstoff, ein göttlich leichtes Element für jenes lichtgebärende Liniengeschwirr. Sie
erfand den „Äther", das übersinnliche, alldurchflutende Weltmeer,
indem alle Sterne wie Fische schwimmen. Der Äther ist das

78

letzte Kind der ionischen Naturphilosophie, ein Urenkel von Thales weltgebärendem Wasser, ein Enkel der vier Weltelemente und ein Kind der tanzenden Atomklümpchen.

Spätere Jahrhunderte werden in dieser ganzen Entwickelung vom Wasser bis zum Äther nur eine drei Jahrtausende währende „Kompensationserscheinung" sehen. Die greifbare Urmasse, die die Jonier neben das Nichts gesetzt hatten als die Mutter des Etwas, spaltete sich in Elemente, die Elemente zerstäubten in Atome, in immer mehr und immer feinere, die Atome zerflossen in mathematische Punkte, in Linien einer rotierenden, schwingenden Unbestimmtheit, in ein allfüllendes, zitterndes Nichts. Noch ein Jahrhundert, und dieses dünne Fluidum wird vollends ins Nichts zurückkehren, aus dem es emporgestiegen war. Die Gedankenwelle wird zur Ruhe kommen. Und der See wird wieder blau und schweigend liegen wie einst, ehe die ionischen Naturkinder ihre Steine hineinwarfen. Aber noch stehen wir in den letzten Ent-wickelungsstadien der ätherischen Lichterklärung. Und wenn uns die Physiker dieselbe bewiesen haben, so kommen wir zu unseren großen Physiologen mit der schweren Frage auf dem Herzen, ob sie uns vielleicht sagen könnten, wie denn dieses zitternde Fluidum dazu komme, hinter unserer Großhirnrinde ein leuchtendes Farben-meer zu gebären. Das ist sehr einfach, sagen Young und Helm-holtz, die Lichtempfindungen entstehen aus drei verschiedenen physiologischen Prozessen, drei Nervenfaserklassen oder Netzhaut-elementen oder Sehstoffen, die voneinander spezifisch verschieden sind. Aus ihnen entstehen die drei Grundfarben. Hering weiß es noch genauer. Die Komplementärfarbenpaare Rot und Grün, Gelb und Blau, auch Schwarz und Weiß haben nach ihm zu ihrer Erzeugung je einen spezifischen Sehstoff. In jedem derselben kommen zwei entgegengesetzte Sehstoffe vor, deren entgegengesetzte Erregungen sich aufheben. Daher das Ver-hältnis der Komplementärfarben. Das Merkwürdige an dieser Sache ist nur, daß die Phänomene, aus denen hier Lichter und Farben erklärt werden sollen, die Nervenfasern und Sehstoffe und Netzhautteile, eben selber nichts anderes sind, als unter dem Mikroskop auftauchende Komplexe von Farben, Lichtern und

Schatten. Das, woraus man hier die Licht- und Farbenwelt erklären will, ist also selbst ein Teil der zu erklärenden Licht- und Farbenwelt. Niemand bezweifelt, daß jeder Lichtstrahl in der Stäbchenschicht der Retina einen gewissen photochemischen Prozeß auslöst, der sich in einem freilich noch völlig unaufgeklärten chemischen Nervenvorgang bis zur Großhirnrinde fortpflanzt. Aber dieses Verhältnis zwischen Lichtstrahl und chemischem Prozeß ist nur eine gesetzmäßige Korrespondenz zwischen zwei Vorgängen, die sich in verschiedenen Teilen der großen Licht- und Farbenwelt abspielen. Diese Korrespondenz hat aber durchaus nichts mit der Frage zu tun, wie die Licht- und Farbenwelt entstanden ist, innerhalb deren sie besteht.

Zuckt der Blitz in der Nähe eines menschlichen Auges, so entsteht darin ein chemischer Prozeß, schlägt er in eine Scheune, so schlagen die Flammen hinaus. Beides sind Korrespondenzverhältnisse innerhalb der farbigen, leuchtenden Wirklichkeit. Zur Erklärung der leuchtenden Wirklichkeit selber läßt sich aus dem einen so wenig entnehmen, wie aus dem andern. Man weist darauf hin, daß doch nirgends Farben- und Lichterscheinungen vorkämen, ohne daß die chemischen Vorgänge im Auge damit verbunden wären. Nun beweist z. B. schon das, was man jetzt schon über die Hellseherei weiß, das Gegenteil, nämlich daß es ein vollkommen deutliches Licht- und Farbensehen gibt ohne Augen. Aber auch wenn Lichtphänomene ohne Augen nirgends vorkommen, so würde das nichts an der Sache ändern. Denn es kommen z. B. auch nirgends Pferde vor ohne Schwänze. Es fällt uns aber darum nicht ein, das Pferd aus seinem Schwanz zu erklären. Nach alledem wird das, was die Physiologen über das Verhältnis der Farben zu Sehstoffen und Nervenfaserklassen zu erzählen wissen, mit Vorsicht aufzunehmen sein. Auch wenn wir darin nicht einen Versuch sehen, die Farben zu erklären, sondern wenn damit nur ein Korrespondenzverhältnis innerhalb der Farbenwelt konstatiert werden soll, so scheint dabei vergessen zu sein, daß wir ja gar nicht wissen, was verschiedene Menschen mit denselben Farbenbezeichnungen meinen. Das Umtauschverhältnis, das das Farbenkontinuum beherrscht, scheint mit einem festliegenden Proportionsverhältnis von ein paar unverrückbaren Grundfarben verwechselt zu sein. Für diese vermeintlich festliegenden Farben suchte man nun nach spezifisch unterscheidbaren stofflichen Ursachen. Und bei der komplizierten Undurchdringlichkeit der photochemischen Prozesse konnte man leicht nach solchen farbenzeugenden Wunderstoffen im Trüben fischen.

Das Du.

Wer hat nicht schon geschaudert bei dem Gedanken, er könnte allein auf der Welt sein? Die Gesichter, die ihn umlächeln, könnten seelenlose Fratzen sein. Die Gestalten, die ihn umtanzen und umschlingen, könnten farbiger Rauch sein und strahlender Nebel. Ihr Lachen und Heulen nur das kalte Echo seiner eigenen Wonnen und Qualen. Und er selber der unselige einzige, in dem das Weltall aus dem seligen Schlaf der Bewußtlosigkeit erwacht wäre. Der einzige Schlaflose in einer langen bangen Nacht voll Gewitter und Gespenster. Wer steht mir dafür, daß der Analogieschluß wahr ist, wenn ich aus dem Jubeln und Weinen und Schwatzen anderer auf Seelen schließe, die fühlen wie die meine. Was gibt mir ein Recht, aus dem einen bekannten Fall auf Millionen unbekannte zu schließen? Könnte ich nicht mit demselben Recht aus der Bewohntheit der Erde auf die Bewohntheit aller Gestirne des Weltalls schließen? Der Schluß aus dem Dasein einer einzigen Seele auf das Dasein von Millionen von Seelen ist doch ein logisches Wagnis von so grandioser Kühnheit, daß ihn nur die Not eingegeben haben kann. Und was ist das für eine Not, die uns beten lehrt: Ach daß es ein Du gäbe, ach daß es ein anderes Ufer gäbe, jenseits meiner Einsamkeit mit mir selber, ein anderes Ich, ein Bruder-Ich, und sei es auch schwächer und schlechter als ich selber? Denn schon sein bloßes Dasein ist Erlösung! Was meinen wir überhaupt mit diesem Du? Wir meinen, daß sich gleichzeitig mit dem uns gegenwärtigen Raumbild ein anderes Raumbild entfaltet, das am Auge eines andern Körpers orientiert ist. Und wir meinen, daß mit diesem andern Raumbild auch andere und doch den unseren analoge Erlebnisse rein zeitlicher Art in Verbindung stehen. Und wir meinen endlich, daß auch von dieser anderen Welt raumzeitlicher Erlebnisse tausend Wege der Erinnerung nach rückwärts führen bis in die fernste Vergangenheit, und tausend Wege der Erwartung nach vorwärts eilen in die Nebelländer der Zukunft. Der aus allen diesen Elementen zusammengesetzte Du-Glaube beruht demnach auf einer Vorstellung, die uns durch eine Reihe von Analogieschlüssen aufgedrängt wird.

Die Analogieschlüsse, durch die wir zur Du-Vorstellung kommen, werden wir erst verstehen, wenn wir wissen, was Analogieschluß und Naturgesetz und Kausalverhältnis überhaupt ist. Aber auch wenn wir zunächst von der Genesis der Du-Vorstellung absehen und nur ihr Dasein als solches ins Auge fassen, legt schon ihre Eigenschaft als Vorstellung eine Vermutung über ihr Wesen nahe. Das Verhältnis zwischen Vorstellung und Wirklichkeit ist ja ein Umtauschverhältnis. Sollte vielleicht das Ich-und-Du-Verhältnis nur dasselbe Umtauschverhältnis in größerem Maßstabe sein? Damit würde übereinstimmen, daß wir uns die Welt des Du von einem andern Raumstandpunkt aus entworfen denken. Denn die verschiedenen Standpunkte, von denen aus eine und dieselbe Anordnung von Körpern aufgefaßt werden kann, sind ja nichts anderes als verschiedene Verteilungen der Punktualisation und Linearisation auf eine und dieselbe Summe möglicher Unterscheidungen. Die verschiedenen Aspekte aber, die auf diese Weise zustandekommen, stehen im Umtauschverhältnis zueinander.

Zu der Auffassung des Ich-und-Du-Verhältnisses als Umtauschverhältnis stimmt ferner, daß wir die korrespondierenden Erlebnisse des Ich und Du miteinander gleichzeitig setzen. Denn unter Gleichzeitigkeit hat sich noch nie jemand etwas anderes vorstellen können als ein Umtauschverhältnis. Da inhaltliche Unterscheidungen und zeitliche Unterscheidungen immer in eins zusammenfallen, so ist es eine einfache Tautologie, zu sagen, daß zwei verschiedene zeitliche Unterscheidungen nicht in einen Zeitpunkt, also in eine zeitliche Unterscheidung zusammenfallen können. Gleichzeitigkeit kann also nie etwas anderes bedeuten, als das Verhältnis mehrerer Möglichkeiten, von denen immer nur eine Erlebnis-Wirklichkeit ist. Das Bild, unter dem sich jedermann allein die Gleichzeitigkeit vorstellt, macht diese Sachlage nur noch klarer. Es ist dies das Bild mehrerer paralleler

Raumlinien. Solange zwei parallele Linien inhaltlich unterschieden werden können, werden sie auch zeitlich unterschieden, d. h. sie werden nicht gleichzeitig, sondern abwechselnd durchlaufen. Will man sie aber gleichzeitig durchlaufen, so muß man sie zur Deckung bringen, also auch inhaltlich zusammenfallen lassen, so daß die korrespondierenden Punktpaare inhaltlich und damit auch zeitlich in Punkteinheiten zusammenfließen.

Eine ganze Reihe von Anhaltspunkten deutet somit darauf hin, daß auch das Ich-und-Du-Verhältnis auf jener rätselhaften Wechselrelation beruht, die man mit dem Verhältnis von zwei Wagschalen vergleichen könnte, von denen immer die eine steigt, wenn die andere niedergeht, oder mit dem Verhältnis von zwei Kindern, die auf einem über einen Baumstamm gelegten Brette schaukeln, von denen immer das eine in die Höhe fliegt, wenn das andere hinabsinkt. Aber wir sind dem Ich-und-Du-Verhältnis noch nicht allseitig gerecht geworden, wenn wir es einfach als eine erweiterte Form des Verhältnisses von Empfindung und Vorstellung auffassen. Wohl ist uns das Du nur als unsere Vorstellung gegeben. Und ich kann mich in das Du nicht hineinversetzen, hineindenken, hineinempfinden, ohne daß dieses Du ebendamit mein Ich wird und mein seitheriges Ich mir als Du gegenübertritt. Aber was dieses Hinübergreifen in die Welt des andern Ich etwa vom Zurückkehren zu einer Erinnerung aus der eigenen Kindheit unterscheidet, das ist die eigentümliche Unsicherheit, mit der wir in die Welt des andern hineintasten. Während die eigene Vergangenheit mit unmittelbarer Deutlichkeit vor uns steht, wissen wir nie, ob wir den andern wirklich verstanden haben. Wir haben immer nur unsere jeweilige Vorstellung von ihm verstanden. Solange aber überhaupt Spuren vom Dasein des andern Ich in unsere Welt hineingreifen, ist unsere Vorstellung vom andern Ich in einer ununterbrochenen Wandlung begriffen. Diese Wandlung geht in infinitum fort, ohne daß wir jemals auch nur um einen Schritt der absoluten Gewißheit näher kämen, die Welt des andern Ich zu durchschauen und zu überschauen. Und dieses ewig Ersehnte und ewig Unerreichbare im andern Ich, das ist es gerade, was es zum Du macht. Versuchen wir, diese

Unerreichbarkeit des Du aus dem Umtauschverhältnis heraus zu verstehen, das der Ich- und Du-Beziehung zugrunde liegt.

Beim Umtauschverhältnis kann, wie bei allen Verhältnissen, entweder das Verhältnis selbst wirklich werden — dann werden die Verhältnisglieder nur als Verhältnisglieder wirklich, während ihre Eigenschaft als Verhältnisse in den Bereich der Möglichkeit zurücktritt, oder aber die Verhältnisglieder entfalten sich selbst als Verhältnisse — dann tritt ihre Eigenschaft als Verhältnisglieder eines zwischen ihnen bestehenden Verhältnisses in den Bereich der bloßen Möglichkeit zurück. M. a. W. von einer Mehrheit von möglichen Erlebnissen kann entweder ein einzelnes ohne Beziehung zu den andern in seiner ganzen Fülle durchlebt werden, oder es kann ein übergreifendes Erlebnis stattfinden, in welchem das gegenseitige Verhältnis jener möglichen Erlebnisse als solches erlebt wird. Offenbar gibt es keinen zeitlichen Übergang von einem Erlebnis zum andern, der nicht durch das Auftauchen eines solchen übergreifenden Erlebnisses hergestellt würde. Hat aber dieses übergreifende Erlebnis die Brücke von dem einen Einzelerlebnis zum andern geschlagen, so kann nunmehr auch dieses andere Einzelerlebnis sich in seinen Verhältnissen entfalten, während das übergreifende Erlebnis wieder in den Bereich der bloßen Möglichkeiten zurücktritt. Versuchen wir von hier aus, das Ich- und Du-Verhältnis zu verstehen.

Da der Fortgang unseres Erlebens nach vorwärts und rückwärts grenzenlos ist, so läßt sich die ganze Fülle unseres Erlebens, wie weit dasselbe auch fortgeschritten sein mag, immer als ein Einzelerlebnis auffassen, das von einem übergreifenden Erleben mit andern möglichen Einzelerlebnissen in ein übergreifendes Gesamterlebnis zusammengefaßt werden könnte. Nun ist offenbar das erkenntnistheoretische Ich nur ein anderer Ausdruck für dies unerklärliche Zusammenfassen des Unterschiedenen in einer Unterscheidung, das wir als die Grundform aller Wirklichkeit von ihren kleinsten bis zu ihren umfassendsten Erscheinungen erkannt haben. Jede zusammengefaßte Erlebnisreihe können wir ein Ich nennen. Den Satz von der unendlichen Fortschrittsfähigkeit alles Erlebens können wir darum auch so ausdrücken: Unser Ich mag eine noch so reiche Welt umspannen, immer kann es noch als Einzel-Ich aufgefaßt werden, das von einem übergreifenden Ich mit andern möglichen Einzel-Ich zusammengefaßt werden könnte. So oft wir uns in ein anderes Ich hineinversetzen, sind wir im Moment des Übergangs von unserer Welt zu der des andern ein übergreifendes Ich geworden, welches beide Welten zusammenschaut, in welchem das Umtauschverhältnis zwischen beiden Welten Wirklichkeit wird. Aber niemals können wir bei einem Bilde zur Ruhe kommen, das wir uns von der Welt des andern Ich gemacht haben. Infolge der unendlichen Fortschrittsfähigkeit alles Erlebens sind auch alle Anhaltspunkte, aus denen wir auf die Welt des andern geschlossen haben, und alle Erfahrungsgesetze, nach denen wir bei diesem Schließen verfahren sind, in beständigem Fluß. Wie weit wir also auch in der Erforschung irgend eines Du gekommen sein mögen, jenseits der Grenzen unseres Verständnisses liegt immer noch eine ganze Welt des Du unentdeckt, eine terra incognita ohne Grenzen. So umfassend auch das übergreifende Ich gewesen sein mag, in dem wir die Welt anderer mit der unsern zusammenschauten, auch für das umfassendste Ich gibt es immer noch ein Du, eine andere Welt voll unbekannter Möglichkeiten, mit der es durch ein noch umfassenderes Ich in einem Umtauschverhältnis zusammengeschaut werden könnte.

Die herkömmliche Hypostasierung des Ich zu einem Sondererlebnis der „inneren Erfahrung" oder zu einem unerfahrbaren metaphysischen Sondergebilde beruht wohl auf derselben tötlichen Erstarrung des lebendigen Verhältnisses von Unterscheidung und Unterscheidungsglied, aus der so viele andere Wahngebilde hervorgegangen sind. Ist dieser starre Ichbegriff einmal flüssig geworden, so können wir nicht nur, wie wir im bisherigen taten, jedes gegebene Ich als möglichen Bestandteil eines übergreifenden Ich betrachten, sondern wir können auch umgekehrt jedes gegebene Ich aus einer Zusammenfassung niederer Ich entstanden denken. Als die Grundelemente sowohl der rein zeitlichen Empfindungswelt, wie der Welt der Linien und Farben stellten sich ja immer zuletzt Umtauschverhältnisse heraus. Und innerhalb der aus diesen elementaren Umtauschverhältnissen aufgebauten raumzeitlichen Wirk-

86

lichkeit erwiesen sich die verschiedenen Aspekte, die ein und dasselbe Ich von denselben Körpern gewinnen kann, als Glieder eines Umtauschverhältnisses zwischen verschiedenen möglichen Verteilungen der Punktualisation und Linearisation auf eine und dieselbe Summe möglicher Unterscheidungen. Denken wir uns nun etwa das Tempo, in dem wir um einen Marmorapollo herumgehend die verschiedenen Bilder durchlaufen, die er von verschiedenen Seiten darbietet, so langsam, daß eines dieser Bilder ein ganzes Leben ausfüllte. Denken wir uns, wir hätten während unseres ganzen bisherigen Lebens in einem dieser Bilder gelebt, und das nächste Bild läge noch als unbekanntes Land jenseits unseres Horizontes, nach dem wir in unsicheren Vorstellungen ahnend tasteten, dann wäre das, was wir jetzt nur als einen anderen Standpunkt unseres Ich ansehen, ein Du für uns. Wie weit oder wie eng also auch das Reich unseres Ich sein mag, immer liegen kleinere Ich unter uns, deren Gegensatz in uns aufgelöst ist, und immer schweben höhere Ich über uns, in denen der Gegensatz zwischen uns und anderen Ich aufgelöst ist.

Von hier aus wird die populäre Unterscheidung zwischen subjektiven oder individuellen und objektiven oder gemeinsamen Erlebnissen verständlich und die Relativität dieser Unterscheidung. Wenn im Halbdunkel eine weiße Gestalt unhörbar durchs Zimmer schwebt, so nennt man diese Erscheinung eine subjektive Hallucination, wenn ich sie allein gesehen habe, während die übrigen Anwesenden nichts davon merkten; ist sie aber nicht nur von mir allein, sondern von einem Teil der Anwesenden gesehen worden, während ein anderer Teil nichts davon bemerkte, so entscheiden wir im allgemeinen durch einen Majoritätsbeschluß darüber, ob das Sehen der weißen Gestalt oder das Nichtsehen derselben einer subjektiven Disposition zuzuschreiben ist, ob es sich also um ein subjektives Erlebnis handelt, das durch eine Art Ansteckung über mehrere gleichzeitig kam, oder um eine objektive Erscheinung, der gegenüber mehrere infolge einer gemeinsamen subjektiven Minderwertigkeit gleichzeitig blind waren. Ist aber die Erscheinung von allen gleichzeitig gesehen worden, die sie überhaupt sehen konnten, dann ist ihre Objektivität zweifellos. Unter Objektivität eines Raum-

87

bildes versteht man also offenbar im gewöhnlichen Leben nichts anderes als die Möglichkeit, daß es von verschiedenen Personen von verschiedenen Seiten gleichzeitig gesehen wird, also das Vorhandensein eines Umtauschverhältnisses zwischen den verschiedenen Aspekten, die es darbieten kann. Die Identität des Gegenstandes im Wechsel der verschiedenen Aspekte, die sich auf ihn beziehen können, ist nichts anderes als die Identität des Umtauschverhältnisses selbst im Wechsel seiner Glieder, die in den verschiedenen Aspekten abwechselnd wirklich werden, der Umstand also, daß sich nicht nur die einzelnen Aspekte in ihren Verhältnissen entfalten können, sondern daß auch jederzeit in einer übergreifenden Unterscheidung das Umtauschverhältnis als solches Wirklichkeit werden kann.

Schon das Majoritätsverfahren, das im gewöhnlichen Leben zur Feststellung der Objektivität angewandt wird, zeigt, daß der Unterschied zwischen subjektiven und objektiven Erscheinungen ein fließender ist, da ja doch das Verhältnis zwischen Majorität und Minorität der Veränderlichkeit unterworfen ist. Sobald z. B. einmal eine bestimmte Gattung der Leute, die wir jetzt als farbenblind bezeichnen, in der Majorität wären, so würden sie genau so mit uns verfahren, wie wir jetzt mit ihnen verfahren, sie würden sagen, es gebe eine abnorme Minorität von Menschen, die sich einbilden, Farbenunterschiede zu sehen, wo keine sind. Sie würden niemand von diesen Leuten zum Signaldienst auf der Eisenbahn oder zur See zulassen, damit nicht fortwährend Konfusionen entstehen. Aber noch deutlicher wird die Relativität des Verhältnisses zwischen Subjektivem und Objektivem, wenn wir die lebendige Beweglichkeit des Ich-und-Du-Verhältnisses in Betracht ziehen. Da ich mich jederzeit als ein übergreifendes Ich betrachten kann, in dem beschränktere Ich als in einer höheren Einheit zusammengefaßt sind, so ist auch die subjektivste Vision, die ich ganz allein erlebe, relativ zu den niederen Ich, die in mir aufgehen, ein Ereignis von der höchsten Objektivität. Denn mag die Vision auch nur wie ein flüchtiger Glanz an mir vorüberziehen, so dauert sie doch eine gewisse Zeit, ich durchlaufe also verschiedene mögliche Bilder der Gestalten, die ich in der

88

Vision sehe. Würde also der Atem meines Lebens langsamer auf- und abwogen, so würden die einzelnen Bilder jener leuchtenden Erscheinung, die sich jetzt in eine Sekunde zusammendrängen, zu ebensovielen Personen auseinandertreten, die von einem gemeinsamen Erlebnis hingerissen wären, dessen Objektivität außer Zweifel stände. Umgekehrt, denken wir uns ein Ich über uns, das mit jedem Atemzuge ein Menschendasein ausströmte, für ein solches wäre die ganze unerschütterliche Objektivität unserer Hochgebirge und Meeresküsten nur eine subjektive Vision, ein Sehen der Dinge von einer Seite, von einem Ich aus, dem ein Sehen der Dinge von anderen Seiten gegenüberstände.

Was folgt aus alledem für das Verhältnis des Ich zu einem menschlichen oder tierischen Organismus? Zum Zustandekommen eines Ich-und-Du-Verhältnisses genügt nach dem Bisherigen das Dasein eines Umtauschverhältnisses. Das Ich- und Du-Verhältnis ist das Verhältnis, in dem ein eben in der Verwirklichung begriffenes Glied eines Umtauschverhältnisses zu einem anderen Glied dieses Verhältnisses steht, das noch im Bereich der Möglichkeit liegt. Nun ist jeder menschliche und tierische Organismus ein Komplex von Erlebnissen, der schon infolge seiner Räumlichkeit durch Umtauschverhältnisse erst zustande kommt. Wie sollte das Zustandekommen eines Umtauschverhältnisses das Dasein eines ganzen Komplexes von Umtauschverhältnissen zur Voraussetzung haben?

Wie sind wir denn zu der merkwürdigen Vorstellung gekommen, daß ein Ich nur durch den Gehirnprozeß eines Organismus entsteht. Wir, die wir uns in Worten verständigen können, finden während der Erlebnisse, die wir als Empfindungen vor den bloßen Vorstellungen bevorzugen, unsere Raumbilder an den Augen eines organischen Wesens orientiert. Wären wir daran nicht längst gewöhnt, so würde uns das so merkwürdig vorkommen, wie wenn wir plötzlich in den Kopf der Bavariastatue in München versetzt wären und durch ihre Augenlöcher über das graue Häusermeer Münchens nach den fernen Gletschern hinausschauten, ohne zu wissen, wie wir da heraufgekommen wären. Aber wir finden nicht nur unsere Raumbilder an den Augen eines Organismus orientiert; was uns noch mehr zu dem Glauben an die Geburt unseres Ich aus dem Organismus verführt, das sind jene Korrespondenzverhältnisse, die zwischen Vorgängen innerhalb des Organismus und den übrigen Erlebnissen bestehen, z. B. das Korrespondenzverhältnis zwischen dem Schließen der Augen und der Entstehung des Dunkels. Das Zusammentreffen dieser beiden Tatsachen, der Orientierung unserer Raumbilder an den Augen eines Organismus und der Korrespondenz zwischen Erscheinungen innerhalb desselben Organismus und Teilen der übrigen Empfindungswelt ist es offenbar, was uns auf die Idee bringt, unser Ich sei nur ein Blitz aus einer Wolke von organischen Erscheinungen. Jede dieser beiden Tatsachen für sich allein genommen würde nicht genügen, um diese Mythologie von der Geburt des Ich aus dem Mutterschoß kreisender Staubwirbel zu erzeugen. Wenn wir als Seefahrerkinder auf einem Schiff geboren wären, und uns eine frühe Krankheit immer an dieselbe Kabine gefesselt hätte, so daß unser Weltbild immer von der Luke einer Kabine aus orientiert wäre, und jede Veränderung unseres Standpunkts eine Bewegung des Schiffes zur Voraussetzung hätte, so würde uns das für sich allein noch kaum auf den Gedanken bringen, das Bild der Welt könne sich nur von einer Schiffskabine aus entfalten. Denken wir uns andererseits, wir wären zeitlebens in einer dunklen Halle gewesen, und eine laterna magica hätte uns ununterbrochen leuchtende Bilder an die Wand gezaubert, wir könnten dabei aber unsern örtlichen Standpunkt den Wandbildern wie der Laterne gegenüber beliebig wechseln, so würden wir zwar die genauesten Korrespondenzverhältnisse zwischen bestimmten kleinen Vorgängen in der Laterne und bestimmten großen Ereignissen an der Wand konstatieren, es würde uns aber kaum einfallen, das Entstehen von Erscheinungen überhaupt, also auch das Erscheinen der Zauberlaterne aus dieser selbst zu erklären. Erst durch das Zusammentreffen beider Tatsachen, also dadurch, daß, um in den eben gebrauchten Gleichnissen zu reden, dem Wechsel des Wellenganges und der bunten Küstenbilder, die wir von unserer Schiffsluke aus betrachten, korrespondierende Veränderungen innerhalb der Kabine entsprechen, oder daß der Standpunkt, von dem aus wir die Wand-

90

bilder betrachten, immer an die Linſe der laterna magica gebunden iſt, von deren inneren Veränderungen die Bilder abhängig
ſind, kommen wir auf den Aberglauben, daß eine Welt immer
aus einem Gehirn geboren werden müſſe. Wenn uns aber jede
einzelne jener beiden Tatſachen für ſich genommen keinerlei Recht
zu dieſem Aberglauben gibt, ſo kann uns auch das Zuſammen-
treffen von beiden kein Recht zu demſelben geben.

Aber wenn für dieſen Glauben kein poſitiver Beweisgrund vorhanden iſt, läßt ſich nicht vielleicht der negative Nachweis führen,
daß bei Ausſchaltung gewiſſer Gehirnvorgänge das Jch-Bewußtſein
nicht mehr vorhanden iſt? Läßt ſich nicht durch Lähmung von
Gehirnteilen auf narkotiſchem oder hypnotiſchem Wege ein bewußt-
loſer Zuſtand herbeiführen? Wir ſind von Jugend auf ſo ſehr
daran gewöhnt, die betreffenden Experimente als Ausſchaltungen
von Bewußtſein aufzufaſſen, daß es uns allerdings ſchwer wird, den
Tatbeſtand jener Erſcheinungen zu nehmen, wie er ſich, abgeſehen
von der dogmatiſchen Interpretation, darſtellt. In Wahrheit hat
nie jemand irgendwo einen bewußtloſen Zuſtand beobachtet. Und
es hat ſich auch noch nie jemand etwas unter Bewußtloſigkeit vor-
ſtellen können, er mochte ſich anſtrengen, wie er wollte. Wir
können uns unter Bewußtloſigkeit nur den Zuſtand der bloßen
Möglichkeit denken, in den ein vorher wirklich geweſenes Erlebnis
zurücktritt, um einer anderen Wirklichkeit Platz zu machen. Daß
aber alle Erlebniſſe in den Bereich der bloßen Möglichkeit zurück-
kehrten, iſt ein unvollziehbarer Gedanke, weil das Denken immer
eine Bewußtſeinswirklichkeit vorausſetzt, von der aus etwas anderes
als bloß möglich beurteilt wird. Was bei einer Narkoſe oder
Hypnoſe vor ſich geht, iſt auch durchaus nicht etwa das Auftreten
eines bewußtſeinsleeren Zeitabſchnitts, eines Vakuums inmitten der
reichen Welt der Erlebniſſe. Was wir dabei experimentell feſt-
ſtellen können, iſt vielmehr nur ein eigentümliches Zeitverhältnis
zwiſchen den lückenloſen Erlebnisreihen verſchiedener Jch. Ein
junger Leutnant ſtürmt mit wogender Bruſt und blitzender Klinge
ſeiner Truppe voran die Spicherer Höhen hinauf. Unter ihm
blutiger Moraſt. Um ihn weißer Qualm, Gewehrgeknatter und
ziſchendes Pfeifen. Plötzlich wird der Rauch dunkler und ſcheint

91

wie eine schwarze Riesenwolke den weichen Boden und das Blut und die Menschen und alles zu verschlingen. Etwas Warmes läuft über seine Wange. Im selben Augenblick geht ein Szenenwechsel vor sich so wundervoll wie im ersten Akt des Tannhäuser. Das schwarze Gewölk teilt sich wieder, eine weißgetünchte Decke senkt sich herab, und die Morgensonne scheint durch hohe Fenster auf weiße Betten. Man hört die leisen Tritte der Schwestern und schwere Atemzüge. Er ist im Lazarett. In diesem ganzen Strom von aufregenden Erlebnissen ist nirgends eine Lücke. Und er würde einfach auf die Vorstellung geführt werden, daß er durch eine wunderbare Entrückung aus dem Pulverqualm in die weichen Kissen gesunken sei, würde er nicht durch Rückschlüsse aus der neuen Situation und den Aussagen anderer darauf geführt, daß jener Moment der Entrückung aus der Schlacht ins Lazarett sich für seine Kameraden in lange heiße Stunden ausdehnte, während deren die Schanzen erstürmt und die Verwundeten ins Lazarett geschafft wurden. Der einfache Tatbestand ist also der, daß mit einem momentanen Erlebnis eines Ich reiche Erlebnisreihen anderer Ich im Gleichzeitigkeits- oder Umtauschverhältnis stehen. Wir haben also die genaue Umkehrung des früher erwähnten Falles, daß für einen Schläfer eine Zeit, die für die Wachenden in seiner Umgebung einen Augenblick ausmacht, sich in eine stundenlange Kette von Traumerlebnissen ausdehnt. Da alle Zeitmaße relativ sind und an Zeitinhalten den einzigen Anhaltspunkt haben, so läßt sich auch im vorliegenden Fall theoretisch nicht entscheiden, welche der beiden Zeitmessungen die richtige ist. Es stehen sich zwei gleichwertige Erlebnisreihen gegenüber, die im Gleichzeitigkeitsverhältnis zueinander stehen, die aber zeitlich nicht zur Deckung zu bringen sind. Aus dieser Verlegenheit sucht man sich durch eine Notkonstruktion zu retten. Diese ist je nach der Parteinahme eine verschiedene. Nimmt man für die inhaltlich ärmere Erlebnisreihe Partei, wie wir dies als Wachende jenem Träumer gegenüber tun, halten wir also den Augenblick, in dem sich für uns die Fülle seiner Gesichte zusammendrängt, für das richtige Zeitmaß, so verweisen wir die Welt des langsameren Zeitmaßes in das eigens zu diesem Zweck erdachte Reich der

92

Träume. Nehmen wir aber für die inhaltlich reichere Erlebnisreihe Partei, wie wir dies im Falle jenes verwundeten Leutnants
tun, so machen wir die entgegengesetzte Fiktion, um beide Erlebnisreihen zur Deckung zu bringen. Wir bilden den völlig
sinnlosen Begriff einer bewußtseinsleeren Zeit und schieben dieses
Vakuum der Bewußtlosigkeit an dem Punkt im kontinuierlichen
Fluß der anderen Erlebnisreihe ein, wo die Übereinstimmung mit
unserer reicheren Erlebniskette einen solchen Einschub erheischt.
Haben wir im ersten Fall das langsame Verstreichen eines für
uns sehr flüchtigen Moments ins Reich des Scheins verwiesen,
so verweisen wir im zweiten Fall das schnelle Überschlagen einer
für uns sehr langen Zeit ins Reich des Scheins. Die sogenannte
Bewußtlosigkeit ist nach alledem keine Tatsache, die wir irgendwo
in der Erfahrung vorfänden, sondern eine völlig widersinnige
Fiktion, die sich aus dem Versuch erklärt, zwei gleichzeitige aber
quantitativ verschiedene Erlebnismassen in ein Zeitmaß zusammen-
zuzwängen. Damit fällt die Möglichkeit dahin, das Gebundensein
des Ichbewußtseins an organische Prozesse durch den negativen
Nachweis zu erhärten, daß die Störung gewisser organischer Vorgänge die Aufhebung des Ichbewußtseins nach sich zieht. Was
sich nachweisen läßt, ist vielmehr nur, daß innerhalb der großen
Welt der uns bekannten Icherlebnisse gewisse Veränderungen im
Erlebniskomplex eines Organismus das zeitliche Tempo der darauf
folgenden Erlebnisse eines an jenem Organismus orientierten
Ichbewußtseins beschleunigen und eine Fülle von Erscheinungen
in einen Moment zusammenschrumpfen lassen, wie umgekehrt gewisse organische Vorgänge das Tempo des Erlebens verlangsamen
und einen Moment in eine ungeahnte Fülle von Ereignissen auseinanderfalten können. Das sind alles sehr interessante Beobachtungen von regelmäßig wiederkehrenden Zusammenhängen
innerhalb der vom Ich umfaßten Erscheinungswelt. Die Frage
nach der Entstehung des Ich, in welchem diese Zusammenhänge
auftauchen, wird aber dadurch so wenig berührt wie durch irgendwelche andere Zusammenhänge, die in derselben Weise erlebt
werden, etwa den Zusammenhang der Nacht mit dem Sonnenuntergang oder des Brandes mit dem Blitzschlag. Bleiben alle

98

sogenannten bewußtlosen Zustände für unsere Frage gänzlich außer Betracht, so ist die einzige Tatsache, auf das sich unsere herkömmliche Kombination von Ich und Gehirn stützen kann, das positive Datum, daß wir, die wir uns eben in Worten verständigen, uns bis jetzt während des Zustandes, den wir, so lange wir uns in ihm befinden, als den wachen Zustand der Empfindung vor anderen Zuständen bevorzugen, den Kopf eines Organismus als Vordergrund aller Dinge und Staffage der Welt vorgefunden haben. Eigentlich hat jeder nur seinen eigenen Fall als das einzige sichere Datum. Daß es noch mehr analoge Fälle gibt, erfahren wir nur durch Schlüsse aus fremden Aussagen. Während des Traumzustandes, der vielleicht die Hälfte unseres Lebens ausfüllt, und den wir, so lange wir uns darin befinden, genau so wie jetzt den wachen Zustand als den einzig wirklichen auffassen, ist das Gebundensein des Ich an einen Organismus bereits sehr häufig aufgehoben. Im somnambülen Zustand eröffnet sich uns, soweit sich darüber jetzt schon sichere Aussagen machen lassen, eine ganze Welt körperlosen Empfindens. Wir haben also nur den einen auf einer äußerst beschränkten Erfahrung beruhenden Fall unseres eigenen augenblicklich bevorzugten Zustandes, in welchem wir einen Organismus als Aussichtspunkt für das Weltpanorama vorfinden. Dabei kann niemand einen Grund einsehen, warum wir das Panorama gerade immer von diesem Aussichtspunkt aus sollten betrachten müssen, und nicht auch einmal von irgend einem Gletschergrat oder Mondgebirge aus.

Daß wir uns gerade an einem Organismus orientieren, erscheint uns als ein ebenso zufälliges Zusammentreffen wie die Tatsache, daß wir gerade in diesem Menschenkörper zur Welt gekommen sind und nicht in einem anderen. Aus diesem äußerlichen Zusammentreffen von Menschengehirn und Icherlebnissen in unserer augenblicklichen Erfahrung ziehen wir nun den Schluß, daß das Ichbewußtsein in um so schwächerem Grade vorhanden sein wird, je weniger irgend ein Gebilde, an dem sich ein Ich orientieren könnte, einem Menschenhirn ähnlich ist. „Höheren", d. h. menschenähnlicheren Tieren gestatten wir noch ein ziemlich helles Ichbewußtsein; weiter nach unten kommt es immer stumpfer und dumpfer, beim Übergang von den

„niedersten" Tieren zu den Pflanzen gibt es vielleicht noch ein schlafähnliches Dahinbrüten. Und beim Übergang von den niedersten Pflanzen zu den pflanzenähnlichen anorganischen Kristallisationsprozessen hört das Bewußtsein ganz auf. Dieser Schluß erinnert an die Schlußfolgerung irgendeines Berliners: Ich lebe in Berlin und alle meine Bekannten. Folglich kommt nur in Berlin das Weltbewußtsein zustande, je weniger eine Stadt Ähnlichkeit mit Berlin hat, desto stumpfer sind ihre Bewohner, und jenseits der schwarz-weißen Grenzpfähle hört die Vernunft überhaupt auf. Schon die Unterscheidung zwischen einem helleren und dumpferen Ichbewußtsein ist sinnlos. Nur die Inhalte des Ichbewußtseins können das eine Mal deutliche Umrisse zeigen, das andere Mal chaotisch verschwommen sein. Das Ich selber aber, d. h. das Vorhandensein oder die Möglichkeit von Inhalten überhaupt ist weder einer Steigerung noch einer Verringerung fähig, da es gegenüber allen Unterschieden des Inhalts also auch gegenüber allen graduellen Differenzen neutral ist.

Im übrigen ist jene Schlußfolgerung so zwingend wie etwa die folgende: Wir haben im Umkreis unserer kleinen Erdenerfahrung die Sonne bisher immer nur über einer Erdenlandschaft oder Meeresfläche aufgehen sehen; folglich, je mehr sich die Oberfläche irgendeines Gestirns von der Erdoberfläche unterscheidet, desto schwächer wird ihm die Sonne leuchten. So ist uns die Sonne des Ich in unserer wachen Erfahrung nur über der Oberfläche eines Menschenantlitzes aufgegangen. Wir schließen daraus, daß sie über einem anderen Erdengebilde um so trüber und umflorter aufgehen wird, je mehr es sich von einem Menschenhaupt unterscheidet. Wir haben in dieser ganzen Anschauung eine Art Lokalpatriotismus des Menschengehirns vor uns, das sich für den Weltmittelpunkt und seinen Standpunkt für den allein vorhandenen hält, eine erweiterte Form des Stammessolipsismus, der bei vom Weltverkehr abgesonderten Völkern so häufig ist. Wie diese anderen Völkern von anderer Farbe und Gestalt nur ein halbes Menschendasein zuschreiben und ihre Sprache für ein sinnloses Kauderwelsch halten, so führt uns dieselbe kindliche Selbstüberschätzung dazu, das Auge eines menschenähnlichen Organismus

95

für die einzige Quelle aller Erscheinungen, für den Born des Universums zu halten. Spätere Geschlechter werden psychologische Forschungen darüber anstellen, wie sich so viele Jahrtausende lang dieser düstere Solipsismus des Menschengehirns halten konnte, dem das All eine tote Wüste voll schauerlicher Bewußtlosigkeit ist, deren ewige Nacht nur auf einem entlegenen Stern durch einige Milliarden Gehirne wie durch Irrlichter spärlich erhellt wird. Hat man einmal eingesehen, daß das Ich nur ein anderes Wort ist für die Möglichkeit, Unterschiedenes in Unterscheidungen zusammenzufassen, so verwandelt sich das All in eine Fülle durcheinanderwogender Ich, ringender, übereinandergreifender Ich, in ein grenzenloses, alldurchrauschendes, alldurchflutendes Leben.

Der Wille.

Eilen wir nun vollends mit schnellen Schritten dem neuen Weltbild entgegen, das aus den Flammen der untergehenden
Systeme wie ein Phönix emporsteigt. Suchen wir, ehe wir uns
noch mit alledem auseinandersetzen, was sich in uns und um uns
gegen diese Umwälzung aufbäumt, einen intuitiven Gesamteindruck
von der neuen Betrachtung der Dinge in ihren allgemeinen Um-
rissen zu gewinnen.

Wir waren von der abstrakten Unterscheidung dreier Verhältnisarten ausgegangen, des Proportionsverhältnisses, des
Umtauschverhältnisses, und des Grundverhältnisses, in dem die
Wurzeln zu beiden andern enthalten waren. Da wir sowohl bei
den rein zeitlichen, wie bei den raumzeitlichen Erlebnissen auf Umtauschverhältnisse als die letzten Elemente des Erlebnismaterials
stießen, so erschien uns das Proportionsverhältnis, wie es z. B.
zwischen Tönen von verschiedener Höhe oder Stärke besteht, sobald man es in seine letzten faßbaren Elemente zerlegt, als ein
Verhältnis zwischen quantitativ verschiedenen Summationen von
Umtauschverhältnissen; also als ein aus Umtauschverhältnissen zu-
sammengesetztes Phänomen. Auch das Proportionsverhältnis führt
also zuletzt auf das Umtauschverhältnis zurück als auf das letzte
Welträtsel.

Die Antinomie dieses Urverhältnisses ist der unentwirrbare
Knoten in dem alle Möglichkeiten ineinander geschlungen sind, die
Wirklichkeit ist der Schwerthieb, der ihn zerhaut. Das Umtausch-
verhältnis, in welchem Verhältnis und Verhältnisglied im Grund-
verhältnis zueinander stehen, ist die Weltformel. Um irgend eine
Wirklichkeit zu konstituieren, muß also ein Dreifaches stattfinden:
1. Es muß ein Umtauschverhältnis gegeben sein. 2. Es muß die
Frage entschieden werden, ob dasselbe als Verhältnis oder als
Glied eines anderen Verhältnisses wirklich werden soll. Es muß
also die im Grundverhältnis enthaltene Alternative zur Ent-

Heim, Weltbild der Zukunft.

scheidung kommen. 3. Es muß die Frage entschieden werden, welches Glied jenes Umtauschverhältnisses selbst oder des anderen Umtauschverhältnisses, dessen Glied es ist, Wirklichkeit werden, d. h. sich in den in ihm enthaltenen Verhältnissen entfalten soll, und welches bloße Möglichkeit bleiben soll. Es muß also die im Umtauschverhältnis enthaltene Alternative zur Entscheidung kommen.

Das Setzen eines Umtauschverhältnisses (1) schafft also die Fragestellung des Grundverhältnisses (2), die Entscheidung derselben schafft die Fragestellung des Umtauschverhältnisses (3). Damit ist aber eine endlose Entwickelung ins Leben gerufen. Denn die Entscheidung der Fragestellung des Umtauschverhältnisses setzt neue Umtauschverhältnisse, schafft also aufs neue die Fragestellung des Grundverhältnisses, deren Entscheidung wieder die Fragestellung des Umtauschverhältnisses schafft usw. Jede Frage in diesem wunderbaren Lebensprozeß gebiert eine Antwort und jede Antwort gebiert wieder eine Frage. Und dieses Auf- und Abwogen der Wellen wird zum Strom. Dieser beständige Umsatz von Fragen in Antworten und von Antworten in Fragen wird zu einem Umwandlungsprozeß. Und dieser Umwandlungsprozeß kann durch eine neue schöpferische Entscheidung in irgend einem beliebigen Umfang zu einer neuen Einheit zusammengefaßt und mit einem anderen Umwandlungsprozeß in Relation gesetzt werden. Das ist nur eine komplitziertere Realisierung der Möglichkeit, Verhältnisse zu setzen und eine erweiterte Anwendung des Grundverhältnisses, nach welchem jeder Verhältniskomplex wieder Verhältnisglied werden kann. Und in diesem komplexeren Verhältnis entsteht aufs neue die Fragestellung des Grundverhältnisses, aus ihrer Entscheidung die Fragestellung des Umtauschverhältnisses. So kann der Prozeß ins Unendliche fortgehen und in immer höhere Komplikationen hineinführen. Die ganze Wirklichkeit webt sich also aus schöpferischen Entscheidungen zusammen, aus Setzungen von Verhältnissen, Entscheidungen der in ihnen enthaltenen Grundverhältnisse und Umtauschverhältnisse. Wie eine Sphinx liegt die Rätselfrage des Verhältnisses, das große Entweder—Oder, über dem Abgrund und Mutterschoß alles Werdenden und Zu-

98

künftigen. Alles Werden ist ein Rätselraten und erlöstes Emporsteigen von Entscheidungen aus dem Unentschiedenen. Und alles Emporgestiegene wird aufs neue zum Rätsel, zum Entweder— Oder, zum schmerzlichen Schwangergehen mit neuen Entscheidungen und Rätselgeburten.

Unsere ganze, in Zeitablauf und Raumschema zusammengeordnete Welt beruht auf einer solchen Kette von Urentscheidungen, die wie aufeinanderfolgende Generationen im Stammbaum eines uralten Geschlechts sich immer weiter verzweigen. Zunächst entsteht durch eine Entscheidung des Grundverhältnisses das Zeitmaß, das irgend einer Erlebnisreihe zugrunde liegt. Denn was wir auch erleben mögen, immer sehen wir einerseits unter uns die Möglichkeit, daß das, was wir als das Kleinste, eben noch Sichtbare erleben, was wir nicht mehr weiter in noch kleinere Unterscheidungsglieder zerlegen, von einem mikroskopischeren Erleben in eine neue Welt von Unterscheidungen zerspalten werden könnte. Und immer sehen wir andererseits über uns die Möglichkeit, daß unser umfassendster Verhältniskomplex für ein noch umfassenderes Erleben als Einheit in höhere Relationen aufgenommen werden könnte. Immer könnte unser Kleinstes wiederum ein Größtes sein und unser Größtes wiederum ein Kleinstes. Jeder Größenhorizont ist an und für sich einer unendlichen Erweiterung in immer noch größerem Umfange fähig. Und jede mikroskopische Durchleuchtung des Kleinen ist an sich einer unendlichen Vertiefung ins immer noch Kleinere fähig. Eine Wirklichkeit kann also nur dadurch zustande kommen, daß durch eine theoretisch völlig unerklärliche Entscheidung die Grenzen des Größten und des Kleinsten abgesteckt werden. Ein Erlebnis konstituiert sich, indem einerseits bestimmt wird, was innerhalb desselben nur als Verhältnisglied erlebt werden soll, und andererseits, was nur als Verhältnis erlebt werden soll. Durch diese Entscheidung der im Grundverhältnis enthaltenen Alternative ist eine bestimmte Sprosse auf der nach oben und unten unendlichen Skala der möglichen Maße betreten. Alles Wirkliche ist ein solches Fußfassen auf der unendlichen Leiter, ein Schöpfertritt, der Welten aus dem Nichts stampft, ein kühnes Setzen des Maßes aller Dinge, ein Statuieren der Weltmitte, als rocher de bronze mitten im wallenden Nebel des Grenzenlosen. Innerhalb des auf diese Weise abgesteckten Horizontes setzen nun die fortgehenden Entscheidungen von Umtauschverhältnissen und Grundverhältnissen ein, diese Wahlakte, die durch einfachen Machtspruch aus einer Summe konkurrierender Möglichkeiten immer nur eine auswählen und zur Wirklichkeit erheben. So entsteht eine bestimmte zeitliche Anordnung von Erlebnissen. Diese proklamiert sich selbst als die richtige, als die Zeitfolge der „Empfindungen", und dekretiert, daß jede andere mögliche Ordnung derselben Erlebnisse, wenn ein Rückfall in eine solche stattfindet, dem Gebiet der „bloßen Vorstellung" oder des „Traumes" zuzuweisen ist. Die Welt hätte sich verhältnismäßig einfach gestaltet, wenn sie ein reiner Zeitstrom geblieben wäre, der im Kampf mit Gegenströmungen dahinrauschte. Nun sind aber durch eine neue schöpferische Entscheidung die Umtauschverhältnisse der Zeit untereinander in höhere Umtauschverhältnisse getreten. So wurde der Raum. Damit war die einfache Zeitlinie des Urgeschehens zu einem Ereignisstrom von grenzenloser Weite und Tiefe angeschwollen. Denn jeder Raumpunkt ist zunächst ein Unterscheidungspunkt unendlich vieler Zeitströme, die zueinander im Umtausch- oder Gleichzeitigkeitsverhältnis stehen und von ihm als Strahlen nach allen Richtungen der Fläche ausgehen. Jeder Punkt jedes dieser Strahlen kann selbst wieder Schnittpunkt eines Strahlenbüschels oder Unterscheidungspunkt eines Umtauschverhältnisses von Zeitordnungen werden, da die Möglichkeit von Umtauschverhältnissen zwischen Zeitstrahlen nun einmal gesetzt ist. Alle Punkte aller von irgend einem Punkt ausgehenden Strahlen sind also mögliche Strahlenschnittpunkte und stehen als solche im Umtauschverhältnis zueinander. Jeder kann Strahlenschnittpunkt sein, und doch kann es immer nur einer sein. Sind nun die Strahlen, die sich von irgend einem Punkt aus über die Fläche verbreiten, Erlebnisreihen, die durch Entscheidungen von Verhältnissen zustande kommen, so gewinnen wir damit eine mit bestimmtem Erlebnisgehalt erfüllte Raumfläche. Diese ist nämlich nichts anderes, als ein Umtauschverhältnis zwischen beliebig vielen möglichen Ausgangspunkten oder Büscheln von nach allen Richtungen gehenden Strahlen, deren jeder

100

eine bestimmte Erlebnisreihe bedeutet, eine Anordnung von farbigen und leuchtenden Erlebnissen, die man durchläuft, wenn man von irgend einem bestimmten Punkt aus irgend eine bestimmte Richtung einschlägt. Mit der Setzung der Raumverhältnisse ist nun aber nicht nur die Fläche gegeben. Vielmehr erwachsen aus ihr, wie wir früher sahen, dadurch noch kompliziertere Umtauschverhältnisse, daß das vorher gesetzte Dasein reiner Zeitordnungen durch die Setzung spezifisch räumlicher Verhältnisse nicht aufgehoben werden kann. Die Zeitstrahlen können vielmehr sowohl in die räumliche Kombination eintreten, als auch wieder aus ihr austreten, um in ihr rein zeitliches Dasein zurückzukehren. Wir sahen, wie sich daraus ein neues Umtauschverhältnis entwickelt, eine Wechselrelation zwischen den verschiedenen arithmetischen Verhältnissen, nach denen eine und dieselbe Summe möglicher Unterscheidungen in Punktualisationen und Linearisationen eingeteilt wird. Damit stellt jeder Raumpunkt nicht nur einen Schnittpunkt von Flächenstrahlen dar, sondern zugleich eine in die Tiefe projizierte Linie, d. h. eine mögliche Raumlinie, die ihrem ganzen Umfang nach punktualisiert ist, wenn der Flächenstrahl, dem sie angehört, seinem ganzen Umfang nach linearisiert ist, also eine der im Umtauschverhältnis zueinander stehenden Verteilungen von Punktualisation und Linearisation auf eine bestimmte Summe möglicher Unterscheidungen.

Nun bedeutet auch jede dieser punktualisierten Linien, die von den gleichzeitigen Punkten der Ebene ausgehend gedacht werden können, sobald sie linearisiert werden, eine bestimmte Anordnung von Farben- und Lichtereignissen, die durch Urentscheidung zustande gekommen ist. Damit haben wir also ein stereometrisches System vor- und hintereinander, neben- und übereinander befindlicher Punkte oder inhaltlicher Unterscheidungsmöglichkeiten gewonnen, die alle gleichzeitig sind, d. h. im Umtauschverhältnis stehen. Jeder dieser Punkte kann so gut wie jeder andere als Unterscheidungspunkt Wirklichkeit sein. Aber immer nur einer kann das sein.

Die räumliche Konstellation, die unser ganzes Sonnensystem mit allen seinen Gestirnen in einem einzigen Zeitpunkt darstellt, ist also ein durch einen grandiosen Wahlakt gesetztes ungeheures

Umtauschverhältnis zwischen einer Unsumme inhaltlich bestimmter Unterscheidungspunkte. Dieses weltumspannende Umtauschverhältnis baut sich auf maßlos weitverzweigten Unterscheidungsordnungen und möglichen Erlebnisketten auf, deren jede sich durch eine ebenso unerklärliche Entscheidungsreihe konstituiert hat. Dieser eine überreiche Augenblick im Leben des Kosmos proklamiert, solang er die Herrschaft hat, solang er auf dem Thron des Jetzt sitzt, sich selbst als allein seiend, und verdammt alle anderen Erlebnisordnungen, die im Widerspruch mit ihm auftauchen, zum schattenhaften Dasein der bloßen Vorstellungen und Träume. Auf diesen einen Zeitpunkt in der Entwickelung des Kosmos eines wachen Erlebens folgt nun durch eine ebenso grandiose Entscheidung ein zweiter, ein neues Riesensystem von Gleichzeitigkeiten, eine neue Weltkonstellation, die sich mit derselben Selbstherrlichkeit allen Rückfällen in andere Ordnungen gegenüber als die einzig wirkliche und empfindbare behauptet. So entsteht der „fließende Raum“, die in jedem Zeitpunkt sich erneuernde und verändernde Raumkonstellation von Gleichzeitigkeiten. Und wir sehen die wache Erlebniswelt von einem weitverzweigten Entscheidungssystem zum anderen schreiten, von einem kosmischen Umtauschverhältnis zum anderen vordringen und im steten Kampf mit entgegenstehenden Raum- und Zeitordnungen, mit Revolutionen im kleinsten und im größten Stil, durch die wogenden Nebelmassen grenzenloser Möglichkeiten ihren kühnen Weg in die Zukunft nehmen, einen Riesenstrom, dessen Wellen sich jeden Augenblick selbst ihr Bett graben und ihre Richtung erobern. Mit dem allem aber haben wir erst die Summen von Möglichkeiten, die jeder Zeitpunkt darbietet, und aus denen jeden Augenblick das wirkliche Erlebnis ausgewählt werden kann. Wie diese Möglichkeitssummen einerseits aus einem weiteren Kreis von Möglichkeiten ausgewählt sind, so sind sie andererseits selbst ein engerer Kreis von Möglichkeiten, aus dem wieder eine Auswahl stattfindet. Die Glieder eines weiteren Umtauschverhältnisses werden selbst wieder zu einem engeren Umtauschverhältnis oder Möglichkeitsangebot. Zunächst muß aus den vielen möglichen Verteilungen von Punktualisation und Linearisation auf die Gesamtsumme der gegebenen Unterscheidungen eine ausgewählt werden. D. h. es muß der Standpunkt gewählt werden, von dem aus die Welt betrachtet werden soll. Dieser Standpunkt oder Aussichtspunkt oder Nullpunkt der Distanzabschätzung ist ja nichts anderes als einer der vielen Weltaspekte, die die räumliche Konstellation des großen Systems von Gleichzeitigkeiten in einem Zeitpunkt darbietet. Die ganze Perspektive meines augenblicklichen Weltbildes, die Tatsache, daß die Parkallee, auf die ich vom Fenster hinabsehe, sich wie eine grüne Pyramide zuspitzt, daß der runde See, auf den sie zuführt, wie ein blaues Auge glänzt, über dem die Sonne wie eine elektrische Lampe hängt, diese ganze stereometrische Ordnung von Verkürzungen, Verlängerungen, Zuspitzungen, Verschiebungen, Verkleinerungen, aus denen sich jedes Weltbild webt, ist ja immer nur eine von den vielen Weltperspektiven, die in diesem Augenblick möglich sind. Warum entfaltet sich mir die Welt nicht vom Auge des Schmetterlings aus, der dort auf der Tulpe zittert, oder vom Auge des Raubvogels aus, der dort im Himmelsblau kreist, oder vom Auge der Sonne aus? Niemand weiß einen Grund dafür anzugeben, warum er gerade von diesem Punkte aus Umschau hält, und nicht von einem anderen. Die Entscheidung fiel nun einmal so. Mit der Entscheidung für den Nullpunkt der Distanzabschätzung hängt eine andere Entscheidung unmittelbar zusammen, die man gewöhnlich von ihr unterscheidet, die Entscheidung des Umtauschverhältnisses zwischen Ruhe und Bewegung, die Wahl des Ruhepunktes. Allerlei Beobachtungen lassen vermuten, daß die Wahl des Standpunktes der Weltbeschauung und des Ruhepunktes, von dem aus die Bewegungsverhältnisse orientiert sind, im letzten Grunde in eins zusammenfallen, daß also Standpunkt und Ruhepunkt in Wahrheit identisch sind. Wir müssen immer eine gewisse Reflexion anstellen, wenn wir im fahrenden Bahnwagen die Vorstellung loswerden wollen, der Wagen mit unserem Körper ruhe, und Telegraphenstangen, Dörfer und Friedhöfe flögen an ihm vorbei. Besteht nicht diese Reflexion, die wir anstellen müssen, wenn wir den Ruhepunkt aus unserem Körper hinaus in die weite Landschaft mit den braunen Feldern verlegen wollen, darin, daß wir in Gedanken unsern Standpunkt dort

108

hinausverlegen? Wir nehmen, wenn auch nur ganz flüchtig, an der Ruhe dieser großen schweigenden Landschaft teil, und denken uns dabei ganz unwillkürlich in sie hinein und sehen die Bahnwagen über den Damm rollen, als rollten sie über einen Teil von uns selber, und einen kleinen Menschen sein Gesicht an die Scheiben drücken und seine Blicke über uns hinschweifen lassen, denselben Menschen, aus dessen Augen wir vorher gesehen haben. Es scheint also, daß wir den Punkt, den wir als ruhend setzen, nicht verlegen können, ohne zugleich in der Vorstellung, d. h. aber in Wirklichkeit, wenn auch in einer von der herrschenden Ordnung abweichenden Wirklichkeit, auch unsern Standpunkt mitzuverlegen. Überall, wo Ruhepunkt und Standpunkt auseinanderzuliegen scheinen — und das ist im Leben fast immer der Fall —, handelt es sich also vielmehr um ein sehr schnelles Abwechseln des mit dem Standpunkt identischen Ruhepunkts zwischen verschiedenen Orten, von denen wir den einen der Wirklichkeit und den anderen der Vorstellung zuweisen. Dieses Hin- und Herschaukeln zwischen zwei Standpunkten, dieses fortwährende Hinausspringen über uns selber auf einen Standpunkt außerhalb will aber geübt sein. Wir vollziehen darum diesen Standpunktswechsel auf den Gebieten am sichersten, wo uns der Fall am öftesten vorkommt, wo wir also am meisten Übung darin haben, während uns auf seltener vorkommenden Lebensgebieten die scheinbare Trennung von Ruhepunkt und Standpunkt der Beschauung entsprechend schwerer fällt. Das Gebiet, auf dem wir in ununterbrochener Übung sind, sind die Bewegungen des Augapfels und weiterhin des Kopfes. Wir können uns nicht einmal mehr vorstellen, wie es wäre, wenn diese fortwährenden Standpunktsverlegungen zugleich Verlegungen des Ruhepunkts wären, wenn wir also bei jeder Bewegung des Augapfels nach rechts eine entsprechende Bewegung der ganzen Welt nach links sehen würden usw. Und doch würde das, wenn keine Übung vorausginge, zweifellos der Fall sein. Etwas weniger geübt ist der Standpunktswechsel schon bei Bewegungen des ganzen Körpers. Je mehr sich unsere Gangart vom normalen Schritt entfernt, je weniger sie also eingeübt ist, desto häufiger ertappen wir uns etwa bei der Meinung, die Obstbäume an der Straße

104

wanderten rechts und links von uns rückwärts. Schwingen wir
uns um ein Reck, machen wir also einen völlig ungewohnten Flug
mit dem Kopf nach unten, so glauben wir fast regelmäßig, die
Decke und die Fenster und alles fliege in tollem Wirbel um uns
herum. Ebenso geht es uns bei allen anderen selteneren und
künstlicheren Körperbewegungen, etwa im Schaukelkahn eines Schiffs-
karussells, im schwankenden Dampfboot, ja schon im Schnellzug
und Automobil. Je künstlicher und ungeübter die Bewegung
wird, desto mehr kehrt unsere Raumorientierung zur Natur zurück,
zu einem Weltbild, das den Standpunkt seiner Selbstbeschauung
jederzeit als die ruhende Weltmitte setzt, als den unerschütterlichen
Punkt, an dem alle Dinge wie Schlachtreihen vorbeidefilieren. Ist
der Standpunkt mit dem Ruhepunkt immer identisch, so fällt damit
ein neues Licht auf die schon früher berührte Tatsache, daß die
Wahl des ruhenden Weltmittelpunktes immer als eine religiöse
Angelegenheit behandelt wurde, bei der die Kirche mitreden wollte.
Suchen wir unseren archimedischen Punkt in der Erde, so fällt
damit auch unser Aussichtspunkt immer wieder aus unserem Körper
hinaus und hinab in die Erde. Es flackert, wenn auch noch so
flüchtig, das Erden-Ich aus der Tiefe auf. Mit ihm eins zu
werden, uns selber und alle Dinge von ihm aus zu sehen, unseren
kleinen Menschenkörper über uns hinwandern zu sehen, gibt eine
tiefe Beruhigung und Erdensicherheit. Und wenn wir dann wieder
emporsteigen in unsern wandernden Körper auf der Erdoberfläche,
so bleibt eine Nachempfindung zurück, die den Alten immer wie
ein Kindergefühl gegen eine große Mutter vorkam. Es war ein
Frevel am Heiligsten, wenn jemand diese heilige Erdensicherheit
ins Wanken brachte und in tollkühnem Standpunktswechsel nach
der Sonne flatterte und vom Sonnenauge aus die Erde tanzen
sah. Die Kirche hat diesen Sonnenflug bei Strafe verboten. Aber
besser als ihr Fluch hat uns etwas anderes davor bewahrt —
der Mangel an Übung. Denn, während wir im Standpunktswechsel zwischen unserem Kopf und Rumpf die größte Übung
haben, so daß wir unser Kopfdrehen und Augenrollen schon ganz
unwillkürlich vom Standpunkt unseres Rumpfs aus als Bewegungen
beurteilen, so haben wir im Standpunktswechsel zwischen unserem

105

Auge und der Sonne die kleinste Übung. Nur auf einsamen Höhepunkten unserer astronomischen Betrachtungen lösen sich die Ketten, mit denen uralte Entscheidungen die Erde im Meeresgrund ewiger Ruhe verankert haben, und sie bewegt sich doch, und wir haben uns für einen Augenblick im Sonnen-Ich und seinem lichttrunkenen Schauen verloren. Aber nur für einen Augenblick. Nachher glauben wir wieder um so fester an die Erde und an ihre Unerschütterlichkeit.

Alle derartigen Betrachtungen über die Verlegung des Weltruhepunkts können uns nur in der Vermutung bestärken, daß die Verlegung des Ruhepunkts und der Wechsel des Standpunkts der Weltbeschauung ein und dasselbe ist, und uns nur die Übung im raschen Hin- und Herflattern zwischen mehreren Stand- und Ruhepunkten zu dem Glauben verführt, daß wir beides unterscheiden könnten. Bestätigt sich diese Vermutung, so fällt damit ein neues Licht auf den Entscheidungscharakter alles Werdens und Erlebens. Denn an nichts kann man sich das Wesen des Umtauschverhältnisses und die theoretische Unerklärlichkeit seiner Entscheidung deutlicher veranschaulichen, als an der Verlegung des Weltruhepunktes, wie wir sie oft genug mit bewußter Willkür vollziehen. Wenn wir uns über das Geländer irgend einer Rheinbrücke beugen und tief und lange und träumerisch hinabsehen in das Spiel der Wellen, so kommt ein Augenblick, wo uns der Zauber des Stroms umstrickt. Ein Wunder geschieht. Der Strom steht still wie ein Gletscher. Nur seine Oberfläche hebt sich und senkt sich noch. Die Brücke aber hat ihren Halt verloren und gleitet unter träumerischem Rauschen wie verzaubert über den Wellenspiegel dahin und wir fahren mit, immer weiter und weiter. Wir wissen dabei ganz genau, daß dieser Wechsel des Weltbildes in unserer Entscheidung lag, daß wir uns willig dem Strom hingaben und seinem rauschenden Liebe, daß wir freiwillig in ihm aufgingen. Wir können uns jeden Augenblick durch einen Ruck aus dem Banne des Stromes losreißen, der Brücke Halt gebieten und den Strom wieder unter ihr wegfließen lassen. Wir sind uns bei diesem Hin- und Herwandern des Ruhepunkts zwischen Strom und

Brücke ganz deutlich einer Entscheidung bewußt, die ohne alle Gründe geschieht, die ihre Sicherheit in sich selber hat.

Bei einem Standpunktswechsel während so kurzer Zeit wird die Wahl des Weltorientierungspunktes auch innerhalb unseres gegenwärtigen Ich als Entscheidung empfunden. Handelt es sich dagegen um eine längerdauernde Stellungnahme, wie es die Wahl eines Organismus als Orientierungspunkt für den wachen Teil eines Menschenlebens ist, so kann dieselbe natürlich innerhalb des Ich, das ihr seine Entstehung verdankt, nicht als eine Entscheidung, sondern nur als etwas bereits Entschiedenes zum Bewußtsein kommen. Ein übergreifendes Ich aber, dem etwa eine Mehrheit von Organismen als möglicher Weltorientierungspunkte zur Auswahl vorläge, würde zwischen zwei Menschenleben hin- und hergehen können, wie wir auf der Rheinbrücke lehnend, mit unserem Ruhepunkt zwischen Strom und Brücke hin- und hergehen. Ihm würde das Zustandekommen eines ganzen Menschen-Ich als Entscheidung zum Bewußtsein kommen, wie uns jetzt die vorübergehende Verlegung unseres Ich in den Strom als Entscheidung zum Bewußtsein kommt. Denn was ist ein Menschen-Ich anderes als eine hartnäckige Stellungnahme in einem Menschenkörper und Orientierung aller Erlebnisse von ihm aus?

Mit der Gewinnung eines Stand- und Ruhepunktes für kürzere oder längere Zeit sind aber immer noch nicht alle Entscheidungen getroffen, die zum Zustandekommen irgendeines konkreten Einzelerlebnisses notwendig sind. Denn wenn ein Standpunkt eine bestimmte Verteilung von Punktualisation und Linearisation auf eine Summe von Unterscheidungsmöglichkeiten ist, so muß schon ein einziger Standpunkt die Möglichkeit enthalten, eine ganze Summe von linearisierten Unterscheidungen, also von Raumlinien zu durchlaufen und eine ganze Summe von punktualisierten Unterscheidungen, also von Zeitstrecken, zu durchleben. Jeder Standpunkt der Weltbeschauung ist der Mittelpunkt einer Hohlkugel mit unbestimmt großem Radius. Die Innenfläche dieser Hohlkugel ist mit dem ganzen überreichen Inhalt von Flächen und Farben bedeckt, den die Welt von diesem Standpunkt aus in einem Augenblick darbietet. Dieser reiche Inhalt ist also aufs neue

107

ein Angebot von Möglichkeiten, aus denen ausgewählt werden muß. Und erst indem durch eine neue Entscheidung dem jeweiligen Jetztpunkt ein bestimmter Punkt innerhalb den vom augenblicklichen Standpunkt aus möglichen Raumlinien und Zeitstrecken zugewiesen wird, kommt das kleinste Einzelerlebnis zustande, das im Rahmen unseres Weltbildes möglich ist. An und für sich ließen sich ja auch die Glieder dieser kleinsten eben noch vollziehbaren Unterscheidung aufs neue in Angebote zahlloser Möglichkeiten auseinanderfalten, zwischen denen eine abermalige Entscheidung auszuwählen hätte und sofort ins Unendliche; aber wenn eine konkrete Wirklichkeit sich konstituieren soll, so muß die zu Anfang erörterte Entscheidung des Grundverhältnisses von vornherein die Grenzen des Größten eben noch Umfaßbaren und des Kleinsten eben noch Unterscheidbaren festgelegt haben.

Blicken wir noch einmal auf die Reihe von Entscheidungen zurück, die nach allem Bisherigen ein raumzeitliches Einzelerlebnis möglich machen, so zerlegt sich dieselbe in vier Hauptstufen, die sich wie die Schichten einer Pyramide aufeinander aufbauen.

1. Die Absteckung der Grenzen des Größten und des Kleinsten, innerhalb deren die Wirklichkeit sich gestalten soll, durch Entscheidung des Grundverhältnisses.

2. Die Auswahl eines weltumspannenden Systems von gleichzeitigen Unterscheidungsmöglichkeiten durch Entscheidung eines eine Summe von möglichen Welten zur Wahl stellenden Umtauschverhältnisses.

3. Die Wahl eines Standpunktes, Ruhepunktes oder Ichpunktes, an dem das Weltbild orientiert sein soll.

4. Die Wahl einer einzelnen Unterscheidung, die von diesem Standpunkt aus erlebt werden kann.

Die erste dieser Entscheidungen legt den Umkreis fest, in welchem sich die Wirklichkeit ausbreiten soll. Die übrigen Entscheidungen stellen eine Auslese aus einer chaotischen Masse von Möglichkeiten dar, eine Auslese, die ihren Kreis stufenweise immer enger und noch enger zieht. Innerhalb jedes Stadiums dieser Auslese, innerhalb jedes Kreises, der im Verlauf derselben ausgesondert worden ist, wird das Dasein dieses bereits ausgesonderten

Kreises selber als etwas bereits Entschiedenes, somit Unveränder-
liches, der „subjektiven" Willkür Enthobenes, „Objektives" erlebt,
dagegen erscheint innerhalb jedes Kreises der nächst engere Kreis,
dessen Auswahl sich eben erst vollzieht, der erst im Werden begriffen ist, als ein Produkt „subjektiver" Entscheidung. Wenn ich
also etwa beim Anblick des St. Petersdoms von meinem subjektiven Eindruck absehe und die perspektivische Verschiebung, in
der mir jetzt der Säulenwald der Hallen und die Rinnen der
Riesenkuppel erscheinen, nur als eine einseitige Auffassung dieses
gigantischen Baues ansehe, als eines der vielen möglichen Bilder,
in denen er sich dem Auge präsentieren kann, wenn ich mir die
objektive stereometrische Gestalt vergegenwärtige, die sich in allen
diesen möglichen subjektiven Bildern darstellen kann, dann tauche
ich damit vorübergehend in den nächst höheren und weiteren Umkreis von Möglichkeiten empor, aus welchem mein perspektivisches
Einzelbild eine spezielle Auswahl war. Und wenn ich von diesem
höheren und objektiveren Standpunkt wieder in meinen beschränkteren
Gesichtskreis zurückkehre, wenn ich aus dem Wolkenflug durch
grenzenlose Möglichkeiten wieder in jenen Rompilger auf der
piazza di S. Pietro herabsteige, dann kommt es mir von jenem
erhabenen Gesichtspunkt aus vor, als hätte ich ebensogut zu einem
jener Droschkenkutscher hinabsteigen können, die am andern Ende
der piazza in der Sonne schlafen, oder in eines der verhängten
Fenster des Vatikans; meine ganze Weltorientierung von jenem
Einzelmenschen aus, die mir sonst als meine Notwendigkeit und
mein unentrinnbares Verhängnis erscheint, wird von diesem höheren
Standpunkt aus zu einem Akt erhabener Willkür und souveränen
Herabsteigens.

Alles Bisherige drängt uns zu der Vermutung, daß das,
was die Menschen mit dem Wort „Wille" und „Willkür" bezeichnen, nichts anderes ist, als die Entscheidung von Umtauschverhältnissen, die wir im Bisherigen als das weltschöpferische
Prinzip im engsten wie im weitesten Sinne erkannt haben. Wir
unterscheiden vom Wollen das Gezwungenwerden. Und zwar in
einer doppelten Form. Wir erfahren einerseits den Zwang des
Fatums über uns, andererseits den Zwang unserer eigenen be-

wußtlofen Inftinkthanblungen unter uns. Einerfeits empfinden wir den großen Gang der Natur- und Weltereigniffe, deren Teil unfer Leben ift, als etwas, das nicht in unferer Gewalt ift, andererfeits empfinden wir unfere unwillkürlichen organifchen Funktionen, wie die Reflexbewegungen unferer Augenlider, unfern Atem und Herzfchlag als etwas, was ohne unfern Willen gefchieht. Auf dem Mittelgebiet aber, das jene großen und diefe kleinen Notwendigkeiten voneinander trennt, in welchem fie ineinander übergehen, fühlen wir uns als die fouveränen Gebieter, als die Wollenden. Das Wollen fteht alfo mitten inne zwifchen einer Wahl, von der wir glauben, daß fie bereits entfchieden ift, und einer Wahl, die uns als folche gar nicht zum Bewußtfein kommt, zwifchen einer fchon getroffenen Entfcheidung und einer noch gar nicht als folche ins Bewußtfein getretenen Entfcheidung. Wollen nennen wir alfo die Entfcheidung eines Umtaufchverhältniffes, das innerhalb des jeweiligen Bewußtfeinsumkreifes als folches erlebt und entfchieden wird. Notwendigkeit aber nennen wir die Entfcheidung eines Umtaufchverhältniffes, das relativ zu dem jeweiligen Bewußtfeinsumkreis entweder als bereits entfchieden betrachtet wird oder innerhalb desfelben gar nicht als folches in den Gefichtskreis tritt.

Innerhalb eines übergreifenden Ich, dem etwa mehrere an verfchiedenen Organismen orientierte Erlebnisreihen zur Wahl ftänden, würde etwa die Wahl eines beftimmten Menfchenkörpers als Weltmittelpunkt, die innerhalb des engeren Gefichtskreifes als Fatum empfunden wird, als Willensakt erlebt werden. Umgekehrt würde innerhalb eines der enger umgrenzten Ich, in die wir eines unferer Erlebniffe gefpalten denken können, unfer Willensakt, durch den diefes ganze Erlebnis gefetzt wird, dem alfo jene engeren Ich ihre Exiftenz verdanken, als ein unabänderliches Fatum empfunden werden.

Bei den Entfcheidungen, die fich innerhalb unferes jeweiligen Ich-Umkreifes vollziehen, die alfo als Willensentfcheidungen erlebt werden, ftellt fich nun noch eine befondere Erfahrung ein, die dem Wollen feinen eigentlichen Charakter gibt. Dem Willensentfchluß geht eine „Überlegung" voraus. Ehe ich einen folgen-

110

schweren Schachzug tue, schießt eine ganze Menge möglicher Schachzüge mit Blitzesschnelle durch mein Bewußtsein. Und jeder dieser
möglichen Schachzüge erscheint mit dem ganzen Gefolge seiner
Konsequenzen, um sich um die vakante Stelle der Wirklichkeit zu
bewerben. Jeder legt wieder einen anderen Plan vor, um den
Gegner matt zu setzen. Ein Krieg aller gegen alle beginnt. Die
meisten liegen in kurzem tot auf der Walstatt. Nur noch einige
wenige ringen miteinander. Und zuletzt geht einer als Sieger
hervor und zieht durch die heißumstrittenen Tore der Wirklichkeit
ein. Bei diesem Ringkampf vor der Entscheidung handelt es sich
entweder um die Frage, was überhaupt gewollt werden soll, z. B.
wenn wir uns auf der Weinkarte eine Marke aussuchen, oder um
die Frage, wie das Gewollte erreicht werden soll, z. B. wenn
wir uns besinnen, ob wir mit der Droschke oder dem Omnibus
oder der Trambahn ins Hotel fahren sollen.

Aber in beiden Fällen werden auf dem Gebiet der „Vorstellung", d. h. in einer von der herrschenden abweichenden Erlebnisordnung mehrere Möglichkeitsreihen abwechselnd durchlaufen,
also abwechselnd als Wirklichkeiten erlebt. Zuletzt räumen alle bis
auf eine das Feld. Dieser gehört die Zukunft. Sie eilt prophetisch dem Ereignisgang der herrschenden Wirklichkeitsordnung
voraus, weiß sich zum voraus als Siegerin, noch ehe in der
herrschenden Ordnung der Dinge irgend etwas zu ihrer Verwirklichung geschehen ist. Und diese Prophetie, mit der eine schnellere
Ordnung des Erlebens dem schleppenden Gang der langsameren vor-
auseilt, die Zukunft in kühner Antezipation vorausnimmt, voraus-
erobert, ist recht eigentlich das, was das Wollen zum Wollen macht. Und
wir glauben ohne weiteres annehmen zu dürfen, daß dieses ganze
dem Entschluß vorangehende Schattengefecht im Vorstellungsbereich
sowohl bei den über uns stehenden Entscheidungen fehlt, die wir
als schon vollzogene vorzufinden glauben, als auch bei den unter
uns liegenden, die uns noch nicht oder nicht mehr als Entscheidungen zum Bewußtsein kommen. Wir sprechen darum vom
blinden Zufall über uns und vom blinden Triebleben unter uns.
Wir gelangen zu diesem Glauben durch dieselbe Schlußfolgerung,
die uns zu der solipsistischen Vorstellung führte, daß alles, was

111

über unseren jeweiligen Bewußtseinshorizont hinausliegt, von der Nacht der Bewußtlosigkeit bedeckt sei. Wir sehen bei allen Entscheidungen, die in unserem augenblicklichen Ich-Umkreis als solche erlebt werden, den Entschluß aus einem Kampfgewühl ringender Möglichkeiten als Sieger hervorsteigen. Bei den über uns liegenden Entscheidungen, die wir als fait accompli entgegennehmen, sind natürlich die ihr vorangehenden Geburtswehen von unserem beschränkteren Gesichtskreis aus betrachtet immer schon abgeschlossen, sie können darum innerhalb unseres augenblicklichen Horizonts nicht erlebt werden. Ebensowenig können wir Vorverhandlungen der unter uns liegenden Entscheidungen erleben, die gar nicht als Fragestellungen in unsern Gesichtskreis treten. Wir schließen nun, wo wir nicht der Schlacht selbst zusehen können, da finde überhaupt keine Schlacht statt, wo wir nicht dabei gewesen sind, da könne überhaupt niemand dabei gewesen sein. Nur die Sprosse der unendlichen Leiter, auf der wir gerade zufällig stehen, sei beleuchtet, über uns und unter uns sei ewige Nacht. Aber vielleicht ist diese Nacht, die ringsum unsern Horizont abschließt, dieses blinde Schicksal über uns und unter uns, nur die optische Täuschung eines Kurzsichtigen, der über die blühende Heide wandert, dem aber alles in ein graugrünes Chaos verschwimmt, was über seinen jeweiligen Gesichtskreis von 3 Metern hinausliegt. Vielleicht sehen wir, wenn wir „in uns" einen Willen durch heißen Kampf und Zweifel sich zur Tat durchringen sehen, hier in dem kleinen Kreis der Wirklichkeit, auf den gerade das Licht fällt, in die geheime Werkstatt hinein, in der alle Dinge werden, in die lohende Esse, in der aus der flüssigen Glut die harten Tatsachen geschmiedet werden. Damit fiele ein Licht auf die merkwürdige Erscheinung, daß Organismen sich zu Funktionen getrieben fühlen, die ihnen selber nur als dunkler Drang zum Bewußtsein kommen, die sich aber hinterher als das beste Mittel zur Selbsterhaltung der ganzen Gattung herausstellen. Ferner würde verständlich werden, warum die angeblich bewußtlosen Ernährungs- und Heilungsprozesse, die die Erhaltung des Einzelorganismus bedingen, sich mit derselben Planmäßigkeit vollziehen, wie unsere reiflich überlegten Handlungen.

Das Naturgesetz.

Ehe wir die naturwissenschaftlichen Konsequenzen aus dem Bisherigen ziehen, die sich uns am Schlusse des vorigen Abschnitts nahe legten, müssen wir uns erst darüber klar werden, welche Bedeutung in dem Weltbild, das wir hier skizzieren, das Naturgesetz und die Kausalität überhaupt erhält.

Wir haben bei unseren Betrachtungen über Zeit und Raum die Behauptung gewagt, das Zeitverhältnis sei identisch mit dem Unterscheidungsverhältnis, aus dem sich alle Wirklichkeit aufbaut. Solange ein Unterscheidungskomplex Verhältnisglied sei, seien seine Bestandteile gleichzeitig, werde er aber selbst zur Unterscheidung, so treten seine Bestandteile aus der Gleichzeitigkeit ins Nacheinander auseinander. Gleichzeitigkeit und Nacheinander schienen uns nur andere Ausdrücke zu sein für dieses Hin- und Hergehen zwischen Einheit und Verschiedenheit, welches das Grundgesetz und der Rhythmus des Daseins ist. Ziehen wir nun hieraus die Konsequenzen. Ist die Unterscheidung des Verschiedenen das Grundelement aller Wirklichkeit, das, was schon das elementarste Empfindungserlebnis allererst möglich macht, so kann die Erkenntnis des Unterschieds des Verschiedenen nicht einem besonderen Vermögen oder Gehirnapparat entstammen. Denn das Gehirn ist ja mit allen seinen Windungen und Prozessen selbst nur eines der vielen Produkte jener weltschöpferischen Unterscheidungsfunktion. Ist aber die Unterscheidung des Verschiedenen ein Letztes, immer schon Vorausgesetztes, so gilt dasselbe von der Erkenntnis der Gleichheit des Gleichen. Denn die Gleichsetzung des Gleichen ist nur die Kehrseite der Unterscheidung des Verschiedenen. Es kann keine Unterscheidung vollzogen werden, ohne daß in derselben das nicht verschieden Gesetzte eben damit als in sich identisch gesetzt wird. Die ganze Erfindung eines im Gehirn aufgeschlagenen Verstandestribunals, vor dem das zu den 5 Stadttoren der Sinne hereinflutende Landvolk der Empfindungen erscheinen mußte, um sein

Urteil zu empfangen, kommt nur daher, daß das flüssige Grund-verhältnis zwischen Unterscheidung und Unterschiedenem eintrocknete. Die Verwechselung dieses Verhältnisses mit einer Proportion zer-schlug die rhythmisch dahinrauschende Flut des Erlebens in zwei seichte Bäche, von denen der eine nur aus Unterscheidungen be-stand, der andere nur aus Unterschiedenem. Und diese zwei Ströme führte man zurück auf zwei Quellen, zwei Etagen des Geistes, zwei Vermögen und Musikinstrumente des Denkens. Und so wurde die ganze Philosophie zu einem Duett von Propheten der Sinnlichkeit und Advokaten des Verstandes, das darum so kläglich klang, weil beide genau dieselbe Melodie spielten, nur um eine Oktave verschieden. Verweisen wir diese ganze Mythologie der Vermögen ins Reich der Sage, so fällt damit auch noch ein anderes Vermögen als überflüssige Hilfshypothese dahin, das Ver-mögen der Erinnerung und Vorstellungsassoziation. Daß jede Erlebnisordnung auch in anderer Reihenfolge durchlaufen werden kann, so daß die Vergangenheit zur Gegenwart und Zukunft wird, kommt daher, daß die Entscheidung jedes Umtauschverhältnisses also auch des Zeitverhältnisses zwischen Vergangenheit und Zukunft unberechenbar ist, daß also jederzeit die Möglichkeit gegeben ist, eine der herrschenden zuwiderlaufende Richtung des Erlebens einzuschlagen, es ist also im Wesen des allbedingenden Umtausch-verhältnisses begründet. Es kann also niemals Aufgabe der physiologischen Psychologie sein, die Möglichkeit dieses Richtungs-wechsels zu erklären, sie kann nur induktiv feststellen, in welcher Weise sich diese Möglichkeit auf einem bestimmten Gebiete und unter bestimmten Bedingungen verwirklicht. Doch läßt sich auch über diese speziellere Frage, nach welchen Gesetzen der Richtungs-wechsel des Erlebens eintreten wird, schon vor aller Erfahrung eine apriorische Überlegung anstellen. Die Unterscheidung des Verschiedenen und Identifikation des Identischen konstituiert nach dem Obigen alles Erleben. Nehmen wir nun aber irgend ein durcheinanderwogendes Kontinuum von Erlebniskomplexen und fragen, welche Bestandteile desselben einander gleich und welche voneinander verschieden sind, so wird die Antwort auf diese ein-fache Frage komplizierter, als sie auf den ersten Blick zu sein

114

scheint. Denn wir haben es nicht mit bestimmt gegeneinander abgegrenzten Komplexen zu tun, wie es etwa die schwarzen und roten Kroquettkugeln sind, die auf dem Rasen durcheinanderrollen. Die Grenzen können vielmehr ganz beliebig gezogen werden, durch welche sich einzelne Komplexe von ihrer Umgebung abheben. Und je nachdem die Grenzen enger oder weiter gezogen werden, erhalten wir an derselben Stelle unseres Kontinuums das eine Mal ein Erlebnis, das mit früheren Erlebnissen identisch ist, das andere Mal ein solches, das von ihnen verschieden ist. Wenn das Händel'sche „Hallelujah" über uns hinbraust, so können wir den Grundton gegen seine Umgebung abgrenzen, in den der Sonnenjubel des Schlußchors wie eine purpurne Glut ins Meer sinkt, dann eilt eine ganze Menge früherer Klänge aus der nächsten Vergangenheit herbei, in denen der Klangstrom in denselben Grundton ausmündete, sie alle gleichen ihm, sie alle fließen mit ihm in eins zusammen. Wir können aber ebensogut eine ganze Welle von Klängen zusammennehmen, dann haben wir ein Klangerlebnis, das von seiner nächsten Vergangenheit völlig verschieden ist, dann eilt nur aus weiter Ferne ein Brudererlebnis herbei, eine Klangwelle, deren perlender Silberschaum nach derselben brausenden Melodie in die Tiefe fällt.

Je nach dem Umfang des Inhalts, den man an irgend einer Stelle des Kontinuums zu einem Erlebniskomplex zusammenfaßt, ist derselbe Partien der Vergangenheit gleich oder von Partien der Vergangenheit verschieden. Nun ist aber nach unserer Voraussetzung die inhaltliche Unterscheidung immer auch eine zeitliche Unterscheidung, das inhaltliche Zusammenfallen also immer auch ein zeitliches Zusammenfallen, weil Inhaltsrelation und Zeitrelation ein und dasselbe ist. Setzen wir diese Voraussetzung in den Satz von den Gleichheiten und Unterschieden ein, den wir eben gewonnen haben, so kommen wir zu dem unglaublichen Resultat: Ein und derselbe Inhalt kann in engerem Umfang abgegrenzt mit einem sogenannten früheren Inhalt inhaltlich und eben damit auch zeitlich identisch sein, mit seiner weiteren Umgebung zusammengenommen aber von derselben früheren Partie inhaltlich und eben damit auch zeitlich verschieden sein. Das Glockenspiel, das heute um zwölf über den lauten Markt von Hamburg wie ein müder Gesang tönt, daß das Feilschen unter den Marktschirmen stiller und das Donnern der Lastwagen dumpfer wird, fällt also, sobald wir es isoliert betrachten, mit dem Glockenspiel von gestern um zwölf zusammen, und dem von vorgestern um zwölf, ja die übereinstimmenden Glockenspiele aller Jahrhunderte schmelzen zu einem einzigen einmaligen Geläute zusammen, das einst in uralter Zeit zum erstenmal tönte und ein für allemal tönte und nun als ein Klang aus grauer Zeit wie ein ewiges Jetzt an das Ohr aller Jahrhunderte schlägt. Woher wissen wir, daß es anders ist, daß es nicht nur einmal, sondern unzählige Mal getönt hat? Doch nur daher, daß sich dieses eine Glockenlied mit so vielen verschiedenen Zusammenhängen verwoben hat, daß es sich bald im Lenzwind über besonnte Giebel wiegte, bald vom Schneesturm über vereiste Dächer getragen wurde, daß es so viel Wonne und Weinen, so viel Glück und Klage wie ein Wiegenlied in Schlaf sang. In Wahrheit ist also nicht das Lied selber anders, nur sein Zusammenhang ist anders. Es bleibt, für sich selber betrachtet, einmalig und wird nur relativ zu zwei verschiedenen Zusammenhängen zweimalig, und relativ zu vielen verschiedenen Zusammenhängen vielmalig. „Gleichheit" ist dann nur ein anderes Wort für dieses Hin- und Herschwanken aller Erlebnisse zwischen Identität und Verschiedenheit, zwischen Einmaligkeit und Vielmaligkeit, es bezeichnet den Mittelzustand zwischen Identischsein und Anderssein, in dem sich ein Inhalt befindet, der isoliert betrachtet mit einem früheren Inhalt identisch ist, relativ zu einem größeren Zusammenhang aber sich inhaltlich und zeitlich von ihm scheidet. Dieses relative Verhältnis zwischen zeitlichem Zusammenfallen und zeitlichem Auseinanderfallen kann uns allerdings zur Verzweiflung bringen, wenn wir in hergebrachter Weise die Zeit für einen langen Faden halten, der vom Schöpfungsmorgen bis zum jüngsten Tage ausgespannt ist. Alle Vernunft hört auf, wenn sich dieser Faden mit sich selbst verwickelt, Schleifen bildet, in sich selbst zurückkehrt, derselbe ist und wieder nicht derselbe, wenn der dunkle Heraklit Recht hatte, als er sagte: „Wir steigen in denselben Strom hinab und wieder nicht hinab."

116

Allein die Angst vor der Konfusion darf uns nicht abhalten, über die Zeit umzudenken, wenn dadurch Erscheinungen erklärlich werden, die bei der hergebrachten Zeitanschauung unerklärlich bleiben. Dies scheint aber in der Tat der Fall zu sein. Die sogenannten Assoziationsgesetze sind nur eine Konsequenz der Identifikation von inhaltlichen und zeitlichen Relationen. Jedes Erlebnis kann bekanntlich ein verwandtes Erlebnis aus der Vergangenheit in die Erinnerung zurückrufen. Dabei kann seine ganze damalige Umgebung in größerem oder geringerem Umfang wieder mit auftauchen. Ist das inhaltlich Identische auch zeitlich identisch, so ist es nur natürlich, daß uns ein Erlebnis mit einem Schlage auf den Zeitpunkt zurückwirft, in welchem es zum erstenmal und ein für allemal auftrat. Sind wir einmal dort, so ist es eben so wahrscheinlich, daß wir die damalige Umgebung erleben, wie, daß wir die jetzige erleben, wie daß wir irgendeine andere erleben, mit der jenes identische Erlebnis ein andermal in Verbindung trat. Andererseits findet nun aber diese ganze Identität, in der das Erlebnis mit sich selber in einer anderen Umgebung steht, immer nur relativ zu einer bestimmten Abgrenzung des Erlebnisses statt. Es wird darum beim Assoziationsvorgang immer hin- und hergegangen zwischen der zeitlichen Einheit des Eindruckes mit sich selber in seinem anderen Zusammenhang und der zeitlichen Unterscheidung des gegenwärtigen Zusammenhanges, in dem jener Eindruck enthalten ist, und des früheren Zusammenhangs, in dem er enthalten ist. Und weil fortwährend alle Grenzen verrückbar sind und mit jeder Grenzverrückung sich sämtliche zeitliche und inhaltliche Einheits- und Unterschiedsverhältnisse verschieben, so kann bei diesem komplizierten Prozeß die Identität von identischen Komplexen das eine Mal „unbewußt" sein, also bloße Möglichkeit bleiben, das andere Mal zum Bewußtsein kommen, also wirklich werden, je nach dem Umfang, in dem sich die Abgrenzung vollzieht. Die Abgrenzungen aber sind nur komplizierte Anwendungen der Beweglichkeit des Grundverhältnisses, die jede beliebige Zusammenfassung und Nicht-Zusammenfassung von Komplexen möglich macht. Für die traditionelle Zeitbetrachtung ist diese ganze Gegenwart der Vergangenheit und Vergangenheit der Gegenwart

117

ein unbegreiflicher, geradezu magischer Vorgang, für den man am besten ein besonderes Gehirnvermögen erfindet, durch das wie durch ein Medium die Schatten verstorbener Erlebnisse von ihren lebenden Verwandten zitiert werden können. Die Sache wird dadurch noch spiritistischer, daß nach einer sehr weitverbreiteten Erfahrung nicht nur Ereignisse, die uns während unseres Lebens schon vorgekommen sind, als identisch mit ihren Präzedenzfällen erkannt werden, sondern daß auch Dinge, die uns zum erstenmal begegnen, uns als alte Bekannte vorkommen. Viele Menschen werden tagtäglich bei erstmaligen Erlebnissen von dem Eindruck förmlich verfolgt, den man beim Anblick eines unbekannten und doch bekannten Gesichts auf der Straße mit den Worten auszudrücken pflegt: „Den Mann sollte ich kennen, und doch kann ich mich schlechterdings nicht darauf besinnen, wo ich seine Bekanntschaft gemacht habe." Diese psychologisch noch wenig erforschte Erscheinung beruht entweder auf einer Selbsttäuschung, oder sie ist eine erweiterte Anwendung des Assoziationsgesetzes über den im gewöhnlichen wachen Leben umfaßten Ichbereich hinaus.

Vom starren Ichbegriff und der linearen Zeitauffassung aus läßt sich diese Erscheinung genau wie der Rückblick in die Lebensumstände Verstorbener, der beim Spiritismus vorzukommen scheint, immer nur durch die mythologische Erfindung hellseherischer Vermögen oder transzendenter Geisterwelten erklären. Eine naturwissenschaftliche Erforschung der gesamten Mythenbildung, von ihren massivsten bis zu ihren geistigsten Formen, zu der kommende Jahrhunderte Stoff und Muße haben werden, wie wir jetzt zur Erforschung der Kristallisationsgesetze gröbster und feinster Formation Stoff und Muße haben, wird vielleicht einmal zeigen, daß dasselbe Naturgesetz der Mythenbildung, dieselbe Verirrung, Not und Selbsthilfe des Geistes zur Metaphysik der Spiritisten und zur Mythologie des Erinnerungs- und Assoziationsvermögens geführt hat. Vielleicht ist die Vorstellung eines ins „Jenseits" schauenden Mediums und die Vorstellung eines Vergangenes wieder heraufholenden Gehirnorgans ein und derselbe Mythus, nur das eine Mal auf einen weiteren, das andere Mal auf einen engeren Umkreis von Erlebnissen angewendet, und wird die vom

118

alten Zeitdogma aus unverständliche Gegenwart des Vergangenen beide Male durch eine gleichartige Rekonstruktion erträglich gemacht.

Versuchen wir einmal ohne alle Hilfskonstruktionen, ohne die Annahme irgendwelcher Vermögen unsern Denkprozeß zu begreifen. Gewöhnen wir uns langsam an den Gedanken, daß das Unterscheiden und Identischsetzen, das Kombinieren und Abgrenzen, nicht Ausdünstungen eines Menschengehirns, sondern die Grundformen der Welt sind, die schon da sein mußten, wenn sich dieser Mensch und sein Gehirn sollte gestalten können, die also überhaupt keiner Erklärung und am wenigsten einer physiologischen Erklärung bedürfen, da sie alles Erklären und alle Erklärungsfaktoren erst möglich machen. Gehört nach dem Bisherigen 1. das Unterscheiden des Verschiedenen und Identischfinden des Identischen, 2. die Abgrenzung der Erlebniskomplexe, von der die Identitäts- und Unterschiedsverhältnisse abhängig sind, zu den elementarsten Voraussetzungen, die zum Zustandekommen der einfachsten Wirklichkeit notwendig sind, wie erklärt sich dann die Bildung von Begriffen und die Entdeckung von Gesetzen?

Denken wir uns die Abgrenzung der Wirklichkeitskomplexe bereits vollzogen, den Erlebnisverlauf also wie eine Mosaik ein für allemal in bestimmte Stücke und Stückchen eingeteilt, so würden nach der ersten der eben genannten Voraussetzungen alle gleichen Stücke sich ganz von selbst identifizieren und alle verschiedenen Stücke sich ganz von selbst voneinander unterscheiden. Das Bewußtsein gliche einem Kasten, in den fortwährend in wirrem Durcheinander Erbsen, Linsen, Gerstenkörner und Hanfsamen hineingeschüttet würden, der aber mit einem Selbstsortierapparat versehen wäre, der sofort alle gleichen Körner je in ein besonderes Fach vereinigte. Nur daß die gleichen Erlebnisstücke nicht bloß wie die gleichen Körner in Schubfächern vereinigt würden, sondern vollständig in eins zusammenfielen. Dieses Ineinszusammenfallen des Gleichen würde nicht als etwas sich erst Vollziehendes zum Bewußtsein kommen, sondern als etwas mit dem Auftreten eines Erlebnisses immer schon Vollzogenes, es würde also immer nur die Summe der nach Ineinssetzung alles Gleichen noch im Rest bleibenden Unterschiede als das eigentliche Erlebnis übrig bleiben.

Daß uns die Ineinssetzung des Identischen nicht als etwas Vorgefundenes erscheint, sondern als ein wogender Prozeß, als eine nimmer ruhende Riesenarbeit, deren Anblick uns immer wieder zur Erfindung von Vermögen und Wunderkräften verführt, das erklärt sich also offenbar aus der zweiten der oben genannten Voraussetzungen, aus der fortwährenden Möglichkeit der Verrückung aller Grenzen und eben damit der Verschiebung aller Identitäten und Unterschiede. Suchen wir das Bild des Bewußtseinsprozesses das wir von der ersten Voraussetzung aus gewonnen haben, durch diese zweite Voraussetzung zu ergänzen, so erscheint das Bewußtsein nunmehr als ein Sortierautomat, in den fortwährend verschiedenartige Inhalte hineingeschüttet werden, die aber nicht feste Klumpen bilden, sondern während des Hineinfallens und nach demselben sich fortwährend zusammenballen, zerteilen und wieder anders zusammenballen. Weil sich die flüssige Masse fortwährend gestaltet und wieder umgestaltet, so ist das Material, das der Sortierautomat zur Verarbeitung vorfindet, jeden Augenblick wieder ein anderes, und damit wird auch die Einteilung nach Identitäten und Unterschieden, die er vornimmt, jedes Mal wieder eine andere. Und dieser fortwährende Übergang von einer Einteilung zu einer durch Grenzverrückungen nötig gewordenen anderen Einteilung gibt dem Bewußtsein den Charakter eines immer aufs neue durcheinandergeschüttelten Kaleidoskops, dessen Teilchen immer neue Verbindungen miteinander eingehen. Um uns diesen lebendigen Prozeß in seinen elementaren Grundformen anschaulich zu machen, stellen wir uns am besten eine breit und flott gemalte Ölskizze vor, die zunächst einem völlig sinnlos nebeneinander gelleckten Farbenchaos gleicht, und vergegenwärtigen uns die Erlebnisse, die wir beim Anblick dieser verwirrenden Farbenpracht haben müßten. Denken wir uns dabei unsere vorausgehende Erfahrung ausgeschaltet, die uns sonst sofort veranlassen würde, nach früheren Analogien eine Reihe von Abgrenzungen vorzunehmen, treten wir völlig erfahrungslos und vorurteilsfrei an die Farbenfülle heran, so beginnt ein rastloses Formen und Gestalten. Bald trennt sich ein einzelner Farbenfleck, etwa der rote Lichtreflex auf dem Sonnenschirm einer Dame im Waldschatten, von seiner Um-

120

gebung ab und scheint für einen Augenblick mit der roten Glut der Herbstblätter in den Buchenwipfeln zu verschmelzen; die Identität der beiden glühenden Punkte leuchtet blitzartig wie eine Intuition auf. Bald sinken die Einsgewordenen wieder in ihre Trennung zurück, der eine vermählt sich wieder mit dem Schirm und der Taille und dem Moos, der andere schwingt sich wieder in das Geäst der Baumkronen, und beide Zusammenhänge werden ihres Gegensatzes inne. Aber auch in diesem Gegensatz kommt das aufgeregte Farbenmeer nicht zur Ruhe. Vielleicht verschmelzen sich nun die grünen Reflexe auf dem Schirm mit dem roten Sonnenflimmer zu einem Farbenwohllaut, der in derselben Tönung in den Baumkronen wiederkehrt. Dann eilen infolge dieser neuen Abgrenzung Partien, die innerhalb der vorigen Abgrenzung getrennten Zusammenhängen angehörten, wieder in eine neue Einheit zusammen. Diese Neugruppierungen aller Abgrenzungen und Neuverschiebungen aller Einheits- und Unterschiedsverhältnisse nehmen kein Ende, solange die Farbenfülle gegenwärtig ist. Aber auch wenn der Pulsschlag des Erlebens nur zwischen zwei verschiedenen Einteilungen desselben Materials hin und herschwankte, so würde sich schon hieraus der elementare Anfang des Prozesses entwickeln, den wir in seinen höheren Formen Begriffsbildung nennen. Beim blitzschnellen Hin- und Heroszillieren zwischen der Identifikation des roten Flecks mit sich selber innerhalb der ersten Einteilung und der Unterscheidung seiner größeren Zusammenhänge innerhalb der zweiten Einteilung muß sich als Übergangsstadium das Bewußtsein einstellen, daß dieser rote Fleck relativ zu einer engeren Abgrenzung mit sich selbst identisch, relativ zu einer weiteren Abgrenzung von sich selbst verschieden ist. Wie man beim Übergang von der Schweiz nach Italien an einen Punkt kommt, der sowohl schweizerisch als italienisch ist, so kommt man bei diesem Übergang von der Identifikation zur Unterscheidung an einen Punkt, an welchem das Erlebte sowohl identisch als verschieden zu sein scheint, wo also das Erlebnis der Identität innerhalb der Verschiedenheit aufleuchtet, dieses folgenschwere Erlebnis, um dessen mystisches Dunkel sich ein ganzer Sagenkreis gewoben hat.

Wir sagen, der rote Fleck sei verschiedenen Teilen des Bildes

121

„gemeinsam", das Rot sei in beiden Fällen „gleich", „Gemein-
samkeit" und „Gleichheit" sind aber nur Worte für die Antinomie
des Übergangs von der Identität zur Verschiedenheit eines Erlebnisses innerhalb verschiedener Abgrenzungen. Das Auftauchen
eines mehreren Zusammenhängen „gemeinsamen" Inhalts ist also
etwa der Flamme einer Kerze vergleichbar, die ja auch nichts
anderes ist als eine Übergangserscheinung, die sich beim Verbrennungsprozeß, also beim Umsatz von Energie aus einer Form
in eine andere einstellt. Der ruhige Glanz der Flamme verführt
uns immer wieder, sie für eine ruhende Säule glühenden Dunstes
zu halten. In Wahrheit ist sie nur ein fortwährendes leuchtendes
Vergehen und gieriges Verschlungen- und Verwandeltwerden. Der
Schein der Ruhe kommt nur daher, daß sich jeden Augenblick
neuer Stoff zur Verwandlung drängt, und immer ebensoviel verwandelt abfließt, als unverwandelt zuströmt. Es ist dieselbe
optische Täuschung, die uns die „Gleichheiten", also die Begriffsinhalte als konstante Dunstgebilde betrachten lehrt. Diese ruhigen
Lichter über unserem Denkprozeß sind keine Sterne, sondern
Flammen, d. h. Umsatzerscheinungen, Symptome des Übergangs
aus einer Welteinteilung in die andere, elektrische Funken, die
aufblitzen, wenn der Gedankenstrom aus einer Ordnung der Dinge
in die andere überspringt. Nur weil wir bei einem Begriffsinhalt
wie „rotes Licht" fortwährend zwischen dem einheitlichen Farben-
eindruck und einer Mehrheit verschiedener Bilder, mit denen er
verbunden ist, also Laternen, Essen, Abendröten, hin- und hergehen, macht dieser Inhalt den Eindruck einer konstanten Einheit,
die eine wechselnde Vielheit fortwährend in sich auflöst, und wieder
aus sich entwickelt. Wie ein Regenbogen auf dem Wasserfall, so
schwebt der leuchtende Kreis der Begriffe über dem Strom des
Erlebens. Alle Eindrücke fallen wie blitzende Tropfen in ihn
hinab, leuchten in ihm, und entschweben ihm wieder.

Nach alledem erklärt sich das Erleben einer Identität innerhalb der Verschiedenheit, also der primitive Anfang der Begriffsbildung, so gut wie die Assoziation, welche die Voraussetzung dieses
Erlebnisses bildet, ohne Hilfe irgendwelcher Vermögen und Wunder-
kräfte aus der bloßen Möglichkeit, zu unterscheiden, identisch zu

122

setzen und Unterscheidungskomplexe in beliebigem Umfang zusammenzufassen. Alles, was wir über den intimen Zusammenhang zwischen Gehirnprozessen und Assoziations- und Denkvorgängen wissen, kann sich also nicht auf die Möglichkeit der Unterscheidung, Identifikation und Zusammenfassung überhaupt beziehen — dieser Möglichkeit verdankt ja auch das Gehirn erst seine Entstehung —, sondern nur auf die besondere Art, in der sich diese allgemeine, weltbedingende Möglichkeit innerhalb eines kleinen Spezialgebiets der Erfahrung verwirklicht.

Aber, wenn auch der Prozeß der Begriffsbildung, dessen Anfängen wir im bisherigen nachgingen, seiner allgemeinen Möglichkeit nach zu den apriorischen Grundformen aller Wirklichkeit gehört, führt uns nicht die zweite Grundtendenz des Denkprozesses, die Entdeckung von Gesetzen, über die apriorischen Voraussetzungen hinaus auf eine empirische Funktion, die nur physiologisch zu erklären ist?

Ist die Begriffsbildung die Tendenz zur Identifikation des Identischen innerhalb verschiedener Zusammenhänge, so ist sie zunächst gegenüber dem Unterschied von „Wirklichkeit" und „Vorstellung" völlig gleichgültig. Mögen wir uns in der normalen Erlebnisordnung befinden, oder in einer davon abweichenden, immer wird dieser Identifikationsprozeß das gegebene Material in derselben Weise verarbeiten und das innerhalb der jeweiligen Abgrenzungen Identische in eins setzen. Der Begriff des Pegasus ist als Begriff ebenso richtig gebildet, wie der des Nilpferds. Daß der eine der „Phantasie" angehört, der andere der „Wirklichkeit", ist für die Geltung dieser Begriffe als Begriffe gleichgültig. Wenn sich also auch unsere Wahl der jeweiligen Normalordnung der Erlebnisse jeden Augenblick änderte, so daß alles in anarchistischer Unordnung durcheinanderrollte, so würden doch konstante Begriffsinhalte über der chaotischen Sintflut wie ein Regenbogen schweben. Nun bewegen wir uns aber, wie früher gezeigt wurde, in einer bestimmten Raum- und Zeitordnung, die sich gegenüber Rückfällen in andere Ordnungen verhältnismäßig lange als die normale zu behaupten vermag. Wir haben es also mit einer festliegenden Ordnung von Aufeinanderfolgen zu tun, in welcher ein

System räumlicher Gleichzeitigkeiten das andere ablöst. Die Tendenz zur Ineinssetzung des Identischen kann sich darum nicht darauf beschränken, die Erlebniseinheiten zu identifizieren, die verschiedenen Zusammenhängen gemeinsam sind, sie muß vielmehr auch die festliegenden Aufeinanderfolgen, also die Erlebniszweiheiten der Identifikation unterziehen. Festliegende Aufeinanderfolgen von Erlebnissen aber, von denen immer das eine folgt, wenn das andere vorangeht, sind Gesetze. Die Tendenz zur Entdeckung von Gesetzen ist also die allgemeine Grundtendenz zur Identifikation des Identischen auf eine bestimmte Zeitordnung angewendet. Der in einer bestimmten Zeitrichtung gehende Erlebnisverlauf ist demnach einem breiten Wunderstrome vergleichbar, dessen Wassermasse sich fortwährend zu bunten Schaumperlen gestaltet und umgestaltet, und der zugleich die merkwürdige Eigenschaft hat, daß alle übereinstimmenden Zusammenhänge von Schaumgebilden, wie durch einen geheimen Magnetismus zueinander hingezogen werden und ineinander aufgehen. Auch diese komplizierte Wiederholung des früher beschriebenen Selbstsortierungsprozesses würde gar nicht als Prozeß, als Fragen und Kämpfen, sondern als ruhende Gewißheit der Identität des Identischen mit sich selber erlebt werden, wenn 1. die Grenzen aller Erlebnisse unverrückbar wären und sich nicht vielmehr in ewigem Flusse befänden, und wenn 2. nur eine einfache Zeitstrecke gegeben wäre, und nicht vielmehr ein Übergang von einem komplexen System von Gleichzeitigkeiten zum andern. So aber läßt sich schon der Einschnitt, der ein Ereignis von einem nachfolgenden trennen soll, an ganz verschiedenen Stellen des Kontinuums anbringen. Aber auch wenn dieser Einschnitt gewählt ist, und ebenso das Ereignis abgegrenzt ist, das als Vorbedingung eines nachfolgenden aufgefaßt werden soll, so steht eine ungeheure Summe von Ereignissen flüssigen Umfangs zur Auswahl, die gleichzeitig im nächsten Zeitpunkt beginnen und somit alle als „Folgen" jener Vorbedingung in Betracht kommen können. Ebenso kann, wenn die „Folge" abgegrenzt ist, auf eine ungeheure Summe im vorigen Zeitpunkt zum Abschluß gelangter Erlebnisse flüssigen Umfangs als auf ihre möglichen Bedingungen zurückgegangen werden. Sobald also irgend ein Ereignismaterial gegeben ist, so ist damit

124

eine ganz enorme Summe möglicher Aufteilungen desselben in Erlebniszweiheiten gegeben, die als vorläufige Einteilungshypothesen miteinander um den Sieg ringen. Was entscheidet nun über den Sieg in diesem Kampf ums Dasein? Gibt es irgend ein Gesetz, nach welchem sich dieser Konkurrenzkampf der Welteinteilungsversuche abspielt? Um diese Frage zu beantworten, müssen wir auf die allbedingende Urrelation der Unterscheidung zurückgreifen. Denken wir uns die Unterscheidung des Verschiedenen und Identifikation des Identischen, die in jener Urrelation ihre gemeinsame Wurzel haben, auf weite Weltgebiete angewandt, so erweitern sich diese Elementarerlebnisse zu zwei mächtigen antagonistischen Tendenzen, die miteinander um die Weltherrschaft zu ringen scheinen. Die Identifikationstendenz erscheint, sobald wir sie von ihrer Gegentendenz losgelöst denken, als ein übermächtiger Wille zur Einheit, als ein Hang und Drang nach Vereinheitlichung, Verschmelzung, Identifikation von möglichst vielem, nach mystischer Aufhebung aller Gegensätze im All-Einen. Die Unterscheidungstendenz aber erscheint, wenn man sie von ihrem Gegengewicht losgelöst ins Auge faßt, als ein ebenso starker Wille zum Gegensatz, als ein Verlangen nach Fülle, Spaltung, Abwechslung, Krieg um jeden Preis und zwischen möglichst vielem. Einem Vampyr gleich lauert der Drang nach Einheit hinter allen Dingen, blutdürstig, gierig, alles blässer und immer blässer zu machen. Aber wie ein Löwe kämpft der junge Drang nach Vielheit um seine Beute, um seine bunte Pracht und Farbenfreude, entschlossen, so wenig wie möglich der Todesgier des andern preiszugeben. Sie scheinen um die Alleinherrschaft über alle Dinge zu ringen, diese Unversöhnlichen. Und doch — dies ist das Tragische in diesem Kampfe — der Sieg des einen würde nicht nur den Tod des andern bedeuten, sondern auch seinen eigenen Tod. Denn sie können nicht ohne einander leben, diese Todfeinde und Zwillingsbrüder. Stammen sie doch aus einem Mutterschoß. Sind sie doch unzertrennlich als die zwei Ufer eines Stroms, des Lebensstroms. Machen sie doch zusammen das Geheimnis des Daseins aus.

Wenden wir uns von hier aus wieder zu dem in Frage stehenden Prozeß der Begriffsbildung und Aufsuchung von Gesetzen, so erscheint auch dieser als ein Kampf zwischen den beiden antagonistischen und doch unzertrennlichen Tendenzen, in denen die Antinomie des Daseins zum Ausdruck kommt. Jeder Begriffsinhalt und jede festliegende Ereignisaufeinanderfolge ist ein Stück Sehnsucht nach Einheit, ein Stück Identitätsgebiet, das die Einheitstendenz in äußerstem Kampf zu behaupten sucht, das aber von der widerstrebenden Vielheitstendenz immer wieder aufs neue in Gegensätze zerrissen, in die verschiedenen Zusammenhänge zerspalten wird, denen jener einheitliche Inhalt angehört.

Die Sprachlaute, die diesen Kampf begleiten, sobald er innerhalb des spezifisch-menschlichen Erfahrungsgebietes wogt, klangen wohl ursprünglich wie plötzlich ausgestoßene Schlachtrufe und Alarmsignale, die den Kampf des Gedankens von Mensch zu Mensch trugen, wurden aber nur allzufrüh zu altgewohnten Klängen und Flötentönen, die die Leidenschaft einschläferten und den Kampf dämpften, indem sie vom Frieden sangen, von der Versöhnung zwischen Einheit und Vielheit, zwischen Gleichheit und Gegensatz. Denn was sind alle formulierten Begriffe und Gesetze anders als Proklamationen eines faulen Ausgleichs und Waffenstillstands zwischen der Identität einer Erlebniseinheit oder Zweiheit mit sich selber und dem Unterschied zwischen den weiteren Zusammenhängen, in denen sie in einer Mehrheit von Fällen steht? Indem die Sprache das verschiedenen Umgebungen gemeinsame Identische, also die „Einheit im Gegensatz" als Denkziel fixierte, nahm sie sozusagen Momentphotographien von den wildesten Augenblicken jenes Kampfes zwischen Einheitstendenz und Vielheitstendenz, hängte diese festgehaltenen Momente des bewegtesten Schlachtgewühls als ruhende Bilder, als „ewige Ideen" über uns auf, lehrte uns zu ihnen aufschauen wie zu Gestirnen und sie mit mystischen Namen anrufen. So tanzen wir unter dem Takt ihrer Worte und Sätze jeden Augenblick über den Abgrund des Weltwiderspruchs, der in jener „Einheit des Gegensatzes" wie ein ins Unendliche hinabgehender Spalt unter uns klafft, wie auf einer luftigen Scheinbrücke herüber und hinüber. Das Problematische, Tragische, zum Wahnsinn Verlockende, das hinter jener Antinomie der Antinomien lauert, ist uns durch das Narkotikum der Sprache,

126

durch die lähmende Nachwirkung, die der jahrtausendelange Genuß dieses berühmten und berauschenden Denkreizmittels im Gefolge hat, erst erträglich, dann gewöhnlich, schließlich selbstverständlich geworden. Und heute sind wir soweit, daß wir die „Gleichheit", das „Sichwiederholen" verschiedener Dinge und Vorgänge, also eben jenen komplizierten Ringkampf zwischen der Identifikation und Unterscheidung eines und desselben Erlebniskomplexes, also das eigentlich Problematische in unserem Erleben, immer als eine selbstverständliche elementare Erscheinung behandeln, und dagegen über den elementaren Vorgang der Identifikation des Identischen, der in der „Assoziation" zutage tritt, als über ein wunderbares Phänomen staunen, das uns nur aus einer besonderen menschlichen Anlage erklärlich zu sein scheint. Wagen wir es aber einmal, das Netz von symbolischen Verhüllungen zu zerreißen, mit dem die Sprache in jahrtausendelanger Arbeit den Antagonismus der Einheitstendenz und Vielheitstendenz und damit das eigentliche Weltproblem umwoben und verschleiert hat, betrachten wir jene beiden einander widerstreitenden Prinzipien des Bewußtseins in ihrer ganzen Unversöhnlichkeit, dann bekommen wir auch eine Antwort auf die Frage, die uns in diese ganze Erörterung hinein- geführt hat, auf die Frage, was in dem Konkurrenzkampf ver- schiedener möglicher Aufteilungen irgend eines Ereignismaterials in Erlebniszweiheiten über den Sieg entscheide.

Ist die Aufteilung des Erlebnismaterials in konstante Zwei- heiten ein Ausfluß der Einheitstendenz, die sich im Kampf gegen die Vielheitstendenz durchzusetzen sucht, so kann gar kein Zweifel darüber sein, welche Aufteilungshypothesen am meisten Aussicht haben, akzeptiert zu werden. Natürlich diejenigen, bei denen die Einheitstendenz am besten auf ihre Rechnung kommt. Das sind aber die, bei denen die Zahl der Zweiheiten, in die alles aufgeht, möglichst klein ist. Denn daß überhaupt noch eine Mehrheit von verschiedenen Zweiheiten oder Gesetzen übrig bleibt, die nicht mehr auf einander reduziert werden können, ist bereits ein Zugeständnis an die Vielheitstendenz, die Aufnahme einer Vielheit von unaus- geglichenen Gegensätzen in die Welterklärung, also eine Niederlage des Drangs nach Auflösung alles Vielen in das Eine. Ja, selbst

127

wenn nur ein einziges Gesetz übrig bliebe, auf das alle anderen zurückgeführt werden könnten, so würde der Durst nach Einheit immer noch nicht völlig gestillt sein. Denn dieses eine Gesetz würde immer noch mindestens einen Gegensatz in sich enthalten, den Gegensatz zwischen den beiden unterschiedenen Inhalten, deren Aufeinanderfolge es feststellt. Der Einheitsdrang unseres „Denkens" würde somit erst dann zur Ruhe kommen, wenn auch dieser letzte Gegensatz beseitigt wäre, wenn also auch kein Gesetz mehr vorhanden wäre, überhaupt kein Unterschied mehr, wenn alles in ein einheitliches Nirwana zerflösse. Alle Bewußtseinsprozesse, die aus dem Einheitsdrang entspringen, sind also von der Tendenz beherrscht, sich dieser Verschmelzung von Allem in das Eine möglichst anzunähern. Wenn also bei einem Ereignismaterial mehrere Aufteilungsversuche in Frage kommen können, so wird die Wahl immer auf diejenige Aufteilung fallen, bei der sich alles auf eine möglichst kleine Anzahl von Gesetzen zurückführen läßt.

Die wissenschaftliche Welterklärung ist nichts anderes als ein Wettkampf zwischen immer neuen und neuen Welteinteilungshypothesen; die Anschauung, die das Weltbild aus möglichst wenig Erklärungsfaktoren hervorzaubert, erhält den Preis. Jeden Welterklärungsversuch, der mit noch weniger letzten Unterscheidungen auskommt, empfinden wir wie eine Erlösung. Er bringt uns dem Nirwana näher. Daraus erklärt sich z. B. der verführerische Zauber des Atomismus. Dieser hat es ja versucht, eine Einteilung des gesamten Ereignismaterials in so kleine Teilchen vorzunehmen, daß die ganze Welt sich in lauter Anwendungen von ein paar Gesetzen über Druck und Stoß auf winzige Körperchen zerlegen läßt. Dabei war man vorsichtig genug, die Atombewegungen, in die das All aufgeteilt wurde, so klein anzunehmen, daß sie auch durch das beste jeweilig vorhandene Mikroskop eben nicht mehr sichtbar waren. Dies hätte jeden mißtrauischen Menschen auf den Verdacht bringen müssen, es könnte sich hier um ein Zauberkunststück handeln, bei dem in der plumpsten Weise auf die Kurzsichtigkeit des Publikums spekuliert wird. Und dieser so naheliegende Verdacht hätte den Atomismus im Verein mit allem andern, was sich gegen ihn einwenden läßt, gleich nach seinem

128

Erwachen wieder erstickt, hätte er nicht einen übermächtigen Bundesgenossen gefunden in dem Durst nach dem Nirwana, der durch
das Denken aller Jahrtausende hindurchgeht. Man muß die
Briefe lesen, die beim Neuerwachen des Atomismus in Europa
zwischen Hobbes und seinen Geistesverwandten gewechselt wurden,
um den Rausch der Befreiung nachzuempfinden, der bei der ersten
Kunde von dieser großen Weltvereinfachung die Geister wie ein
Taumel ergriff.

„Das Meer, das Meer", dem alle Bäche und Bergströme
des Gedankens ungestüm entgegenrauschten, die Alleinheit, schien
plötzlich, unerwartet hinter den nächsten Hügelwellen aufzuglänzen.
Wie gierig sog man den feuchten Hauch seiner Nähe. Wie ver-
lockend war die Aussicht, alle scholastischen Distinktionen und alle
Unterschiede der Qualitäten in ihm zu versenken, nur noch eine
farblose Einheit von durcheinanderrollenden Teilen zu sehen, die
sich nur nach wenigen einfachen Regeln bewegt, die sich vielleicht
bald nur noch nach einer Regel bewegt, die vielleicht irgend einmal vollends aufgeht in die selige Ruhe des Nichts.

Der Atomismus ist vielleicht der beste Beweis dafür, wie
blind die Liebe zur Weltvereinfachung ist, wie gern wir jeder
kosmogonischen Dichtung glauben, wenn sie uns nur das Meer
des Nirwana in verlockende Aussicht stellt.

Die kausale Welterklärung, von der wir im Atomismus die
kühnste Probe haben, ist nach alledem nichts anderes als die
Tendenz, das jeweils bekannte Ereignismaterial so in Zweiheiten
aufzuteilen, daß die Zahl der Zweiheiten, die sich nicht mehr auf=
einander zurückführen lassen, möglichst klein wird. Diese Tendenz
aber ist weiter nichts als die eine Seite der allem zugrunde
liegenden Unterscheidungsrelation auf größere Gebiete angewandt.
Die Ereignismasse, die sich nach diesem Prinzip selbst zu sortieren
strebt, befindet sich nun aber in beständigem Fluß, erfährt eine
fortwährende Erweiterung. Jedes neue Ereignis, das zu den
bisherigen hinzutritt, wird sich entweder der bisherigen Einteilung
einfügen, d. h. als eine Anwendung schon bekannter Gesetze erklärlich sein, oder aber, es wird eine Neueinteilung alles Bisherigen
nötig machen. Schlägt z. B. eine Fülle von Tönen an das Ohr

eines Urmenschen, der noch nichts von einem Musikinstrument weiß, so werden ihm zunächst gewisse immer wiederkehrende Tonfolgen als die nicht mehr weiter reduzierbaren Naturgesetze dieser Musik erscheinen. Tritt nun aber ein Sänger mit einer Leier hinter dem Gebüsch hervor, unter dessen Händen die Saiten zittern, während die Tonflut immer höher schwillt, so verführt diese Bereicherung des Weltbildes sofort zu einer Neueinteilung alles Bisherigen. Der Anblick der schwingenden Saiten eröffnet nämlich die verlockende Aussicht, das Ganze auf viel einfachere Formeln zu bringen, als dies durch die Zusammenstellung der wiederkehrenden Tonreihen möglich war. Die kausale Kombination der Töne untereinander wird fallen gelassen. Die Töne werden mit den Saitenschwingungen kombiniert. Auf diese Weise gewinnt man ein paar Gesetze über das Verhältnis von Tonstärke und Stärke des Saitenanschlags, Tonhöhe und Zahl der Saitenschwingungen, auf welche sich der ganze Vorgang reduzieren läßt. Durch ihre bestrickende Einfachheit verdrängt diese Neueinteilung sofort die kompliziertere Einteilung in eine Menge verschiedenartiger Tonfolgen, die vorher versucht worden war. Jede Erweiterung des Weltbildes, jede Vermehrung des empirischen Materials um neue Gebiete oder mikroskopische Durchleuchtung scheinbar bekannter Gebiete stellt somit jedesmal die ganze bisherige Weltaufteilung in Frage. Die Erweiterungsfähigkeit des Weltbildes um neue Gebiete ist aber unendlich, da die Zeit unendlich ist, die dazu verfügbar ist. Ebenso ist die mikroskopische Einteilbarkeit scheinbar bekannter Gebiete, die Entfaltung von Einheiten in immer mehr und immer feinere Vielheiten und Unterschiedenheiten unendlich. Somit gibt es kein einziges Naturgesetz, und wäre es auch durch eine noch so lange Vergangenheit bestätigt, das nicht durch die Zukunft in Frage gestellt werden könnte. Das Ziel einer unumstößlichen Weltaufteilung ist also unendlich fern. Einem unendlich fernen Ziel kann man aber nie auch nur um einen Schritt näher kommen. Nach einer Million von Jahren ist man ihm genau so fern, wie vor einer Million von Jahren. Ein unendlich fernes Ziel ist überhaupt kein Ziel, sondern nur ein Weg ohne Ende. Ein unendlich ferner Punkt ist nur ein mathematisches Symbol für die Richtung einer Bewegung. So ist auch das Ziel einer endgültigen Erklärung der Welt aus möglichst wenig Gesetzen, aus denen alles Vergangene und Zukünftige berechnet werden könnte, ein unendlich fernes Ziel, also in Wahrheit überhaupt kein Ziel, sondern nur ein symbolischer Ausdruck für die Richtung, in der sich der Erlebnisprozeß fortbewegt. Das Ideal einer alles Geschehen in sich zusammenfassenden Weltformel, das dem Heereszug der Wissenschaft wie eine Feuersäule voranleuchtet, ist in Wahrheit nur eine symbolische Darstellung des immanenten Prinzips, nach welchem sich der Übergang des Erlebnismaterials in immer neue Kombinationen vollzieht. Wie wir etwa einen Lichtstrahl, der in gerader Richtung ins Unendliche hinausgeht, uns durch eine unendlich ferne Ebene veranschaulichen, auf die wir ihn projiziert denken, so daß er seiner eigenen Projektion in die unendliche Ferne fortwährend zuzueilen scheint, ohne sie jemals zu erreichen, so veranschaulichen wir uns auch hier das Richtungsgesetz eines ins Unendliche fließenden Stromes, indem wir seinen Querschnitt ins Unendliche projizieren, so daß er seinem eigenen Projektionsbild wie einem leuchtenden Ideal rastlos entgegenzueilen scheint, ohne es jemals zu erreichen. Diese ganze Zerlegung des Vorgangs in Weg und Ziel, in Seefahrt und leuchtende Küste, die uns immer wieder reizt, von einem fernen Paradies der reinen Erkenntnis zu träumen, ist aber nur ein Gleichnis, eine Darstellung unendlicher Vorgänge in den Bildern der Endlichkeit. Sehen wir von dieser symbolischen Einkleidung ab, so bleibt nur ein Prozeß übrig, der nach einem bestimmten Gesetz verläuft, das sich uns als eine bloße Anwendung des allbedingenden Urverhältnisses herausgestellt hat. Der Glaube, die Welt sei ein wundervoll geordneter Kosmos, unsere Erkenntnis sei nur noch zu beschränkt, um ihre Gesetzmäßigkeit bis ins Einzelnste zu durchschauen, ist nur ein anderer Ausdruck für jenes leuchtende Projektionsbild, das der wogende Prozeß des Erlebens wie ein Schiff den Widerschein seiner Laternen vor sich her ins dunkle Meer der Unendlichkeit hinauswirft. In Wahrheit haben wir es mit einem aussichtslosen Kampfe zu tun zwischen der einem geordneten Kosmos zustrebenden Einheitstendenz und der chaotischen

Vielheitstendenz, die der Weltvereinheitlichung einen fortwährenden anarchistischen Widerstand entgegensetzt. Selbst wenn ein Gebiet in wenige Gesetze restlos aufzugehen scheint, so empfinden wir diese wenigen Gesetze, die sich keiner gemeinsamen Formel mehr unterwerfen wollen, als einen „unerklärlichen" Überrest chaotischer Anarchie.

Aus einem Krieg aller gegen alle ist eine Fehde zwischen einigen wenigen Stammeshäuptlingen geworden, die die Herrschaft über das ganze Volk unter sich teilen. Aber der Friede, nach dem „das Denken" verlangt, ist damit noch immer nicht hergestellt. Der rastlose Drang, alles aufeinander zurückzuführen, würde erst dann stille werden, wenn auch dieses letzte chaotische Element des Weltbildes beseitigt würde, wenn auch diese wenigen Gesetze vollends in ein Gesetz zusammenflössen, und auch die in diesem einen Gesetz enthaltene Zweiheit und „unerklärliche" Kombination von Verschiedenem, also das letzte chaotische Element im Weltbild in die Einheit zurückkehrte, so daß vollends alles ineinander aufginge. Der Kosmos lebt also vom Chaos. Sobald das letzte chaotische „unerklärliche" Element aufgehoben wäre, würde alles in Nichts zerfließen. Wenn die Welt „erklärt" wäre, wäre sie vernichtet. Natürlich, denn alles Erklären oder Aufeinanderzurückführen ist ja nur ein Ausfluß der einen Seite der weltkonstituierenden Urrelation, die ohne die andere gar nicht gedacht werden kann.

Fügen wir nun diese Ansicht über Naturgesetz und Kausalität in den Rahmen des Weltbildes ein, das wir im vorigen Abschnitt gewonnen haben. Der Weltlauf erschien uns als eine Kette von Entscheidungen, in denen jedesmal innerhalb einer Summe von Möglichkeiten eine schöpferische Auswahl getroffen wird. Ist nun nach dem eben Besprochenen in jedem Zeitpunkt die vorausgehende Ereignismasse in irgend einem Umfange in Zweiheiten aufgeteilt, also unter Gesetzen zusammengefaßt, so wird bei jeder schöpferischen Neusetzung eines Ereignisses darüber entschieden, ob sich das neue Geschehen in die bisherige Welteinteilung einfügt oder nicht, m. a. W. ob es sich als Anwendung eines der bisher bekannten Gesetze betrachten läßt, oder als der erste bekannte Fall eines seither noch unbekannten Gesetzes, dessen Kombination mit dem bisherigen

Ereignismaterial unter Umständen eine mehr oder weniger radikale Neueinteilung alles Bisherigen nötig macht. Es ist, als ob die Vergangenheit dem Schöpfertritt der Gegenwart in das Wolkenmeer der Zukunft hinaus jeden Augenblick mit der bangen Frage nachsähe: Wird er die seitherige Weltform bestätigen oder zerschmettern? Jeden Moment steht das ganze Weltbild auf dem Spiel. In jedem Zeitpunkt ringen also zwei Möglichkeiten miteinander, die Möglichkeit der Wiederholung von etwas Schonoftdagewesenem und die Möglichkeit der Setzung von etwas Nochnie dagewesenem, die Möglichkeit der Fortsetzung irgendeiner bereits begonnenen Induktionsreihe, und die Möglichkeit des Beginns einer neuen Induktionsreihe. Welche von diesen beiden Möglichkeiten siegt, läßt sich nie vorausberechnen. Bald ist es die eine, bald die andere.

Wenn es nun gestattet ist, wie im bisherigen, jede Reihe analoger Vorgänge unter dem Wort „Tendenz" zusammenzufassen, ohne daß sich dabei irgendwelche mythologische Vorstellungen einschleichen dürfen, so können wir die Reihe von Fällen, in denen die Wiederholung des Alten siegt, als Ausfluß einer konservativen Tendenz, die Reihe von anderen Fällen dagegen, in denen sich etwas Neues Bahn bricht, als Hervortreten einer revolutionären Tendenz innerhalb des Erlebnisprozesses bezeichnen. Wenden wir das zunächst auf den Erlebnisumkreis an, in dem uns die schöpferischen Urentscheidungen nicht als schon vollzogene, sondern als eben im Vollzug begriffene zum Bewußtsein kommen, also auf unseren jeweiligen Ich-Umkreis. Wie wir früher sahen, erscheint die Urentscheidung auf diesem Gebiet, auf welchem sie allein als wirkliche Entscheidung erlebt wird, von einer eigentümlichen Nebenerscheinung begleitet. Die ringenden Möglichkeiten werden nämlich innerhalb einer von der herrschenden abweichenden, ihr voraneilenden Zeitordnung abwechselungsweise wirklich, ehe sich eine von ihnen den Eingang in die herrschende Zeitordnung erzwingt. Auf diesem Nebengebiet, das alle Entscheidungen des Hauptgebietes antezipiert, wird sich daher jener Kampf zwischen der konservativen und revolutionären Tendenz alles Erlebens in besonderer Weise reflektieren. In der Tat bilden die Kämpfe und Kompromisse zwischen diesen beiden Tendenzen das unerschöpfliche Thema aller Beratungen, Überlegungen und Entschlüsse, die in diesem geheimen Parlament ununterbrochen vor sich gehen. Warum zaudert der Hirtenknabe auf der Alm, ehe er zum erstenmal den Sprung über den geschwollenen Gießbach wagt? Seine Vergangenheit tritt wie eine Scheidewand zwischen ihn und die lockenden Blumenglocken am anderen Ufer. Seither sprang er nur über die Rinnsale im Tal, über die Pfützen am Bergquell, über die Gräben im Garten. Alle diese Bilder aus seiner Vergangenheit umringen ihn jetzt wie ein Chor warnender Geister und reden mit Donnerstimme aus den Tiefen des Baches. Ihn aber zieht es hinaus über das Maß alles Möglichen, über die Schranken alles Vergangenen, und er fühlt ungeahnte Riesenkraft zum Todessprung nach dem blühenden Ufer. Immer ist es der Konflikt zwischen dem empirischen Maß des Möglichen, an das uns die Vergangenheit ketten will, und der verlockenden Möglichkeit einer neuen, noch nie dagewesenen Zukunft. was den „inneren Kampf" der Überlegung so heiß und unversöhnlich macht. Gewöhnlich kommt eine Art Kompromiß zwischen der konservativen und der schöpferischen Tendenz zustande. Die Überlegung geht nämlich in den meisten Fällen darauf aus, ein neues Ziel auf alten Wegen zu erreichen, ein neues Resultat durch Befolgung der aus dem Bisherigen resultierenden Gesetze zu erzielen. Dabei geht sie immer von der unsicheren Voraussetzung aus, daß die kommenden Ereignisse sich der seitherigen Welteinteilung einfügen werden, sie unterwirft sich den Gesetzen der Vergangenheit, um sie sich dienstbar zu machen, indem sie dieselben in bestimmter räumlicher und zeitlicher Ordnung in Kraft treten läßt, sie also wie Figuren auf dem Schachbrett der Welt hin- und herschiebt. Neben diesem konservativen Hang, die Geltung der bisherigen Gesetze auch auf die Zukunft zu übertragen, läßt sich aber niemals der Mut ganz ausrotten, sich von dieser Knechtung durch die Vergangenheit zu emanzipieren und etwas Neues zu setzen, das nach den Analogien der Vergangenheit unmöglich wäre. Um uns diesen Ringkampf der beiden antagonistischen Tendenzen innerhalb der antezipierenden Zeitordnung der „Vorstellung" plastisch zu veranschaulichen, können wir uns die in Betracht kommenden Zweiheiten oder Ereignis-aufeinanderfolgen wie Wesen vorstellen, die einen Kampf ums Dasein miteinander kämpfen.

Aus der allgemeinen Tendenz zur Erhaltung des bisherigen Weltbildes folgt nämlich für jede einzelne Ereigniszweiheit die Tendenz zur Selbsterhaltung gegenüber allen Versuchen einer revolutionären Weltumwälzung. Dies ist nur eine zusammenfassende Formel für die selbstverständliche Tatsache, daß ein Erlebnis-komplex nur dadurch eine Veränderung erleiden kann, daß er durch einen anderen verdrängt wird, daß er also, für sich selbst betrachtet, sich zu erhalten bestrebt ist. Kann aber jedem Auftreten eines Erlebniskomplexes eine Selbsterhaltungstendenz zugeschrieben werden, so wird die Selbsterhaltungstendenz einer Ereignisfolge um so größer sein, je öfter sie aufgetreten ist. Je häufiger sich eine Aufeinanderfolge verwirklicht hat, desto größer wird, um einen Ausdruck von Avenarius zu gebrauchen, ihr „Übungswert", desto mächtiger muß die revolutionäre Tendenz sein, wenn sie imstande sein soll, mit ihr zu brechen. Die Geltung dieses Gesetzes wird durch einen Blick auf den Vorgang der „Überlegung" bestätigt. Warum vermögen wir nicht zu dem Entschluß zu kommen, einen Mühlstein zu heben? Daß unsere Muskeln dazu zu schwach sind, ist doch nur ein zusammenfassender Ausdruck für eine Summe vergangener Erfahrungen. Und wir wissen doch ganz genau, daß Regeln einer früheren Erfahrung oft genug durch spätere Erfahrungen widerlegt worden sind, ja daß aus der Vergangenheit überhaupt niemals ein· sicherer Schluß auf die Zukunft gezogen werden kann. Daß wir uns dennoch nicht entschließen, die Hebung des Mühlsteins in Aussicht zu nehmen, kann nur daher kommen, daß die Erfahrungen, aus denen die Unmöglichkeit dieses Unternehmens hervorgeht, in so erdrückender Masse vorhanden sind, also ein so großes Quantum von Selbsterhaltungstendenz oder Übungswert repräsentieren, daß nur eine ganz ungeheure revolutionäre Tendenz imstande wäre, den Bann derselben zu durchbrechen.

Von hier aus erklärt es sich, warum wir innerhalb des Ich-Umkreises, in welchem wir die schöpferischen Urentscheidungen als wirkliche Entscheidungen erleben, immer noch einen Unterschied machen zwischen Ereignissen, die in unserer Gewalt sind und anderen, die nicht in unserer Gewalt sind. Wir glauben unsere Glieder, so lange sie nicht gefesselt oder gelähmt sind, in unserer Gewalt zu haben. Allem anderen aber, was über dieses eng-umgrenzte Herrschaftsgebiet unseres Willens hinausliegt und was nicht von ihm aus beeinflußt werden kann, glauben wir ziemlich machtlos gegenüberzustehen. Und doch läßt sich kein wesentlicher Unterschied feststellen zwischen der Art, wie sich die Erlebnisse inner-halb unseres vermeintlichen Herrschaftsgebietes und wie sie sich außerhalb desselben vollziehen. Wenn wir das eine Mal etwa mit Spannung zusehen, wie eine rollende Lawine ihren Weg nimmt, und wenn wir das andere Mal bemerken, wie unsere Stirnader schwillt und das heiße Blut an unsere Schläfe klopft und sich unsere Faust ballt, um zum Schlag gegen einen Mitmenschen aus-zuholen, so besteht zwischen diesen beiden Erlebnissen kein spezifischer Unterschied. Beide Erlebnisse sind von einer Art Vorverhandlung innerhalb des „Vorstellungsgebiets" begleitet, bei welcher ver-schiedene Möglichkeiten abwechselnd auftreten, ehe sich eine der-selben realisiert. Beim Anblick des Lawinensturzes tauchen in aufregendem Wechsel die Bilder verschiedener Wege auf, die die Lawine einschlagen könnte. Wird sie die Hochtannen niederbrechen? Oder wird sie abbiegen und das Waldkirchlein in einen Stein-haufen verwandeln? Oder wird sie geradenwegs auf die Dächer der Kuhhütten niederbonnern? Beim Anblick eines Zorngewitters, das in unserem Haupt unheimlich zu grollen anfängt, wird unsere Vorstellungswelt in ähnlicher Weise durchzuckt vom Wetterleuchten drohender Bilder des Unheils, die es anrichten könnte. Wird es bei der geballten Faust bleiben? Oder wird ein Hagelwetter von Worten niedergehen? Oder wird es zum Schlagen kommen? Und wenn es zum Schlagen kommt, welcher Schlag tut am wehesten? In beiden Fällen erfahren wir gewöhnlich erst aus dem Anblick der Wirklichkeit, die aus dem dunklen Gewoge der Möglichkeiten plötzlich wie der Mond aus den Wolken hervorbricht, welches Zukunftsprojekt gesiegt hat. Woher kommt es nun, daß wir zwischen diesen beiden analogen Fällen doch einen so klaren Unterschieb machen und dem einen gegenüber machtlos zu sein, den anderen dagegen in unserer Gewalt zu haben glauben? Wir sagen, bei der Lawine würde der Widerstand ja doch vergeblich sein, beim Faustschlag dagegen könnte derselbe Erfolg haben. Mit diesem Urteil fassen wir aber nur den seitherigen Tatbestand zusammen.

Dieser zeigt allerdings einen auffallenden Unterschied zwischen den Vorberatungen, die Lawinenstürzen und verwandten Erlebnissen vorangingen, und den Vorberatungen, die Faustschlägen und anderen Bewegungen unseres Körpers vorangingen. Bei den ersten Fällen traten die Gegenvorstellungen, die Stimmen, die eine andere Entscheidung vorschlugen, bei der Beratung auffallend in den Hintergrund. Es kam nur zum „Wunsch", es möchte anders gehen, als es den Anschein hat, also zu einer sehr schwachen Form der vorstellenden Antezipation der Zukunft, die wir „Willen" zu nennen pflegen. Aber die schwache Gegenpartei gab sich schon beim ersten Wahlgang besiegt. Bei den Fällen der zweiten Art dagegen glich die Vorbereitung mehr einem Handgemenge zwischen zwei ebenbürtigen Gegnern, das lange unentschieden hin= und herwogte. Jene Fälle, bei denen die Macht in sehr ungleichem Verhältnis auf die ringenden Parteien verteilt war, bei denen eine überwiegende Majorität einigen winzigen Minoritäten gegenüberstand, bringen wir auf eine zusammenfassende Formel, wenn wir sagen, wir hätten das Erlebnisgebiet, dem jene Fälle angehören, nicht in unserer Gewalt. Die Fälle dagegen, bei denen die Macht ziemlich gleich auf die rivalisierenden Parteien verteilt war, fassen wir in einer abkürzenden Formel zusammen, wenn wir sagen, sie gehören einem Gebiet an, das in unserer Gewalt steht. Daher kommt es, daß die Bestimmung der Grenze, wo das Gebiet unserer Macht aufhört und das Gebiet unserer Ohnmacht anfängt, fortwährenden Schwankungen ausgesetzt ist, daß wir das einemal unsere treuesten Untertanen, unsere Glieder, wie von dämonischer Gier gepackt und unserer Herrschaft entrissen glauben, daß es uns das anderemal reizt, irgend ein fernes Ereignis, das unserem Einfluß völlig entzogen scheint, durch die geheime Zauberkraft unseres Willens zu lenken. Zwischen den ehernen Verhängnissen, denen wir nur einen schwachen Gegenwunsch in Form einer schmerzlichen Resignation entgegensetzen und den Federstrichen, die wir nach ruhiger Abwägung der Vorschläge souverän aufs Papier setzen, besteht eben nur ein graduueller Unterschied.

Es handelt sich bei beiden Erscheinungen nur um einen Unterschied des Proportionsverhältnisses zwischen den Machtquantitäten der zur Wahl stehenden Möglichkeiten. Diese Machtquantitäten aber sind nur Summierungen vergangener Entscheidungsresultate. Sie können also jeden Augenblick durch ein neues Ereignis alteriert werden. Zwischen dem Bewußtsein, frei zu verfügen, und dem Bewußtsein, sich unter ein Fatum zu beugen, besteht also nur ein graduueller Unterschied. Freiheit nennen wir einen Kampf zwischen ebenbürtigen Gegnern. Zwang einen Kampf zwischen ungleichen Gegnern. Je mehr sich die Vorbereitung eines Ereignisses einem ungleichen Kampfe nähert, desto unfreier fühlen wir uns. Je mehr sie sich einem gleichen Kampfe nähert, einem Gleichgewicht der Wagschalen, also einem „Abwägen", desto freier fühlen wir uns. Da wir aber fortwährend mit der Möglichkeit neuer Ereignisse rechnen müssen, die mit allen Analogien der Vergangenheit brechen, so läßt sich der Ausgang des Kampfes niemals aus den der Vergangenheit entnommenen Quantitätsverhältnissen vorausberechnen. In jede Vorausberechnung der Zukunft muß die Möglichkeit einer Veränderung des bisherigen Weltbildes als ein unbekanntes x eingeführt werden, das jeden beliebigen Wert annehmen und darum das Endresultat beliebig verändern kann. Die revolutionäre Tendenz in unserem Erleben kann jeden Augenblick einen Strich durch die ganze Zukunftsberechnung machen, die von der konservativen Tendenz angestellt ist.

Unsere ganze Gewöhnung an das streng naturgesetzliche Weltbild des 19. Jahrhunderts läßt uns den bloßen Gedanken an diese fortwährende Möglichkeit revolutionärer Umwälzungen alles Bisherigen mit Entrüstung zurückweisen. Wenn aber nach unserer Annahme die ganze Vorstellungs- und Gedankenwelt, in der sich diese Entrüstung geltend macht, nicht ein Obergemach jenseits aller Wirklichkeit ist, von dessen Fenstern aus „der Geist" sich den Weltlauf besieht, sondern selbst ein Stück Weltlauf und Wirklichkeit, nur von abnormer Anordnung, so ist jene Entrüstung nicht eine

Widerlegung, sondern vielmehr eine Illustration des Bisherigen. Denn dann sind die „Vorstellungen" von den Naturgesetzen, die infolge der wissenschaftlichen Forschung in der „Welt des Gedankens" entstehen, selbst ein Stück Wirklichkeit, also ein Teil der Verwirklichung jener gesetzlichen Aufeinanderfolgen. Und unser „Glaube" an die Unverbrüchlichkeit dieser Gesetze ist nichts anderes als die vorstellende Antezipation ihrer Verwirklichung, die sich im Ringkampf gegen die Antezipationen anderer Ereignisfolgen durchzusetzen sucht.

Unser ganzes naturgesetzliches Weltbild, unser Haß gegen jeden Ketzer, der es antastet, unsere Skepsis gegen jede Tatsache, die ihm zu widersprechen und eine Umwälzung desselben nötig zu machen scheint, das alles ist dann nur ein Stück summierter Selbsterhaltungstendenz gewisser Erlebnisaufeinanderfolgen.

Andererseits ist die gesamte wissenschaftliche oder unwissenschaftliche Opposition gegen die Behauptung der naturgesetzlichen Weltordnung nur ein Teil der summierten Tendenz zur Verdrängung gewisser seitheriger Aufeinanderfolgen durch andere, die unter der Herrschaft der bisherigen unmöglich wären. Die Gründe, die im Kampf für und wider die kausale Weltauffassung, für und wider den Determinismus vorgebracht sind, sind keine Gründe, sondern Behauptungen, die die ganze Welt, also die ganze Zukunft umspannen wollen, also Tendenzen der Vergangenheit, die zu Zukunftswünschen geworden sind. Der Determinismus leitet alle seine Gründe aus der Voraussetzung ab, daß die Welt nach notwendigen Gesetzen verläuft. Diese Voraussetzung ist aber nur der Reflex der Tendenz zur Aufteilung aller Ereignisse in möglichst wenig Zweiheiten, deren völliger Sieg zur Weltauflösung führen würde, die also selbst nur von ihren Niederlagen im Kampf mit der entgegenstehenden Vielheitstendenz lebt. Der Indeterminismus schöpft alle seine Gründe aus dem Verantwortlichkeitsgefühl, also dem Bewußtsein des Anderskönnens, also nach dem Obigen aus dem Anblick des wogenden Kampfes ebenbürtiger Gegner innerhalb der vorstellenden Antezipation der Zukunft, einem Anblick, der die völlige Unberechenbarkeit des Weltfortgangs auf dem augenblicklich beleuchteten Weltgebiete am deutlichsten vor Augen führt. Im Determinismus und Indeterminismus ringen also im

139

letzten Grunde die beiden Welttendenzen miteinander, die wir aus den beiden Seiten der Urrelation abgeleitet haben, der Wille zur Identität und der Wille zum Anderssein.

Die beiden können ja nicht ohne einander sein. Determinismus und Indeterminismus machen also gerade in ihrem ewig unausgleichbaren Widerstreit zusammen das Geheimnis des Daseins aus. In den verschiedensten Verkleidungen treten diese beiden antagonistischen Tendenzen im Ringkampf der Überlegungen auf.

Die Einheitstendenz kommt als Fatalismus und Kampfmüdigkeit über uns, als Durst nach dem Nirwana, als Lähmung und Narkose des Willens, als heimliche Überredung, zu entsagen, zu resignieren, den Kampf aufzugeben, dem Unabänderlichen zu gehorchen, als Traum von einem fernen Meer, in dem alle Ströme still werden, in das man durch ein seliges Vergehen sinkt, und dann wieder als hohe Wissenschaft, welche die tausend Regelmäßigkeiten der Vergangenheit wie eine blitzende Schlachtordnung an uns vorbeidefilieren läßt, um uns durch den Eindruck dieser eisernen Geschlossenheit von jedem revolutionären Versuch abzuschrecken. Aber die Gegentendenz wirft sich in ebenso verführerische Verhüllungen. Sie redet mit bestrickendem Zauber vom Geheimnisvollen, Undefinierbaren, Persönlichen um uns und in uns und überredet uns heimlich und unwiderstehlich, Wunder zu tun, über breite und immer breitere Abgründe zu springen, nach fernen und immer ferneren Möglichkeiten wie nach Sonnen zu fliegen, sie ist die Mutter jener stolzen Sicherheit, mit der wir ohne jeden Erfahrungsboden unter den Füßen und doch ohne jedes Schwanken einen Entschluß wie eine Festung in die blaue Zukunft hinausbauen, die Verführerin zu allem „blinden" Glauben und Aberglauben, der der Erfahrung trotzt und auf Sterne baut.

Haben wir uns einmal daran gewöhnt, alle diese Stimmungen und Ideen als Schachzüge der Taktik und Kriegslist zu betrachten, mit der die zwei unzertrennlichen Grundtendenzen der Wirklichkeit sich gegenseitig bekämpfen, so tritt damit das Drama unserer „inneren Kämpfe" und Überlegungen, bei welchem jene allgemeinen Stimmungen und Ideen neben den konkreten Einzelfaktoren eine so große Rolle spielen, vollends ganz unter den Gesichtspunkt

140

eines Kampfes ums Dasein, den Erlebnisreihen in verwickelter Verschlingung und Summierung miteinander kämpfen. Man kann sich das leicht an jedem Beispiel vergegenwärtigen.

Auf dem Waldsee schwimmt eine Wasserrose. Es ergreift mich der stürmische Wunsch, sie zu besitzen. M. a. W. die immer wiederkehrende Antezipation des Griffs nach der Rose eilt zunächst über alle Mittelglieder hinweg. Das Besitzen der Rose kommt wie auf Flügeln mit einer wunderbaren Plötzlichkeit heran, die sich über alle seitherigen Erfahrungen hinwegsetzt, unterstützt von der Tendenz zum Nochniedagewesenen, umgaukelt vielleicht von der lockenden Vorstellung, die Rose könnte wie ein Schwan zu mir über das Wasser schweben oder ich könnte zu ihr hinfliegen. Diesen ersten kühnen Vorstoß in die Zukunft nennt man die Setzung eines Zwecks, und unterscheidet von ihr die Vorschläge, die nun zu seiner Erreichung gemacht werden. In Wahrheit ist aber diese Zwecksetzung selbst schon der erste Vorschlag, zu seiner eigenen Erreichung, das erste Zukunftsprojekt, nur ein so abenteuerliches, daß es sofort die vereinte Opposition aller konservativen Tendenzen gegen sich auf den Plan ruft. Nun beginnt ein wildes Handgemenge, eine Art Wettlauf nach der Zukunft auf allen Wegen und Umwegen der Vergangenheit. Es ringen verschiedene Mittel zur Erreichung jenes Zwecks miteinander, die erfahrungsgemäß, also nach Naturgesetzen, anwendbar sind. Noch einfacher gesagt: es ringen verschiedene Naturgesetze miteinander um ihre Anwendung, gelangen abwechselungsweise zur Realisierung, setzen abwechselungsweise neue Fälle, in denen sich ihre seitherige Geltung fortsetzt. Bald werfe ich die Kleider ins Gras und schwimme über Tang und Wassergrün nach jenen winkenden Knospen. Bald löse ich den Kahn und lasse die Ruder nach jener stillen Stelle plätschern. Bald gehe ich in weitem Umweg durch Sumpf und Busch ans andere Ufer. Jener erste radikale Vorschlag eines plötzlichen Wundersprungs nach dem Ziel sucht, da er sich selbst nicht rein durchsetzen kann, denjenigen unter den konservativen Vorschlägen zu unterstützen, der ihm am nächsten kommt, d. h. den, der den kürzesten Weg einschlägt, also in diesem Fall etwa das Schwimmen nach den Rosen. Dem können sich aber wieder

141

andere Tendenzen in den Weg stellen, etwa die Selbsterhaltungstendenz des Organismus in allen seinen feinen Verzweigungen,
die in summarischer Zusammenfassung als schmerzliche Abwehr
möglicher Schädigungen, in diesem Fall vielleicht als Furcht vor
Wasserkühle und Schlingpflanzen erlebt werden. Dieses ganze
Heer der organischen Selbsterhaltungstriebe wird aber vielleicht
selbst wieder durch einen noch mächtigeren Gegner aus dem Hinterhalt mit einem Hagel von Pfeilen überschüttet und in die Flucht
geschlagen, durch den tollen Mut, nun erst recht ins Wasser zu
springen, weil es eisige Schauer bringt, durch das Entzücken der
Gefahr, das von den Ideen des Heroismus und der Selbstüber-
windung, den Reflexen früherer ähnlicher Siege, wie von einer
magischen Beleuchtung umflossen ist.

Der Anblick dieses Schlachtgewühls der Überlegung, in welchem
der Siegesgott, wie immer, bei den stärksten Bataillonen zu sein
scheint, hat von jeher zu dem Glauben geführt, man könnte das
Resultat des Kampfes jedesmal vorausberechnen, wenn das Kraftquantum bekannt wäre, mit dem jede der ringenden Tendenzen
oder Motive in den Kampf eintritt. Man vergißt dabei, daß
dieses Kraftquantum der einzelnen Kämpfer erst am Ende des
Kampfes feststeht, wenn sie sich miteinander gemessen haben. Denn
die „Kraft" einer Tendenz ist, sobald man diesen Begriff von
allen mythologischen Zutaten reinigt, nur ein zusammenfassender
Ausdruck für eine Summe früherer Siege einer Tendenz unter
Abzug früherer Niederlagen. Solange also eine Tendenz überhaupt noch irgendwo in den Kampf eingreift, läßt sich die Berechnung ihres Kraftquantums nicht abschließen. Denn jeder neue
Kampf fügt, je nachdem er zum Sieg oder zur Niederlage führt,
einen neuen Summanden oder Subtrahenden in die Kraftberechnung ein. Eine Tendenz, die seither sich sehr schwach erwies,
kann plötzlich einen unerhörten Sieg erfechten, so daß die wissenschaftliche vaticinatio ex eventa hinterher feststellen muß, das
Kraftquantum habe eine Zeitlang als bloße Möglichkeit latent ge-
schlummert und sei dann aus irgend einem Grunde plötzlich hervor-
gebrochen. Ebenso kann der umgekehrte Fall eintreten, daß eine
seither siegreiche Tendenz plötzlich zu unterliegen anfängt. Kurz,

142

solange noch gekämpft wird, ist auch die Kraftberechnung noch im Fluß, ist das Kraftquantum jedes Kämpfers noch im Begriff, sich erst zu konstituieren, also noch in einer Entwickelung, deren Fortgang unberechenbar ist.

Man kann also nicht von einem bestimmten Kraftquantum sprechen, mit dem die einzelnen Faktoren in den Kampf eintreten. Der Satz: „Der Stärkere hat gesiegt", datiert einfach das Ende des Kampfes potentialiter an den Anfang zurück, und deckt sich mit dem einfacheren Satz: Der Sieger hat gesiegt.

Ist nach alledem der Überlegungsprozeß ein Kampf ums Dasein, den eine Menge von Tendenzen miteinander kämpft, aber ein Kampf mit völlig unberechenbarem Ausgang, so fällt damit ein eigentümliches Licht auf die Darwin'sche Erklärung der Zweckmäßigkeit aus der natürlichen Auslese, die im Kampf ums Dasein stattfindet, und auf den ganzen Kampf für und wider den Zweck, der sich daran angeschlossen hat. Dieser ganze Streit verliert seinen Sinn, wenn das, was wir Zwecksetzung nennen, selbst nichts anderes ist, als ein Kampf ums Dasein mit natürlicher Auslese. Niemand kann sich unter Zwecksetzung etwas anderes vorstellen als das, was er im Vorgang der Überlegung täglich erlebt. Ist diese selbst ein Kampf ums Dasein, so verliert damit der Darwinismus seine polemische Spitze gegen eine teleologische Welterklärung. Aus einer vermeintlichen Auflösung des Zwecks in der Natur wird er vielmehr zu einer Beschreibung des Vorganges der Zwecksetzung, ja zu einem umfassenden Nachweis, daß sich die ganze organische Welt nach dem Prinzip bewegt, das wir im Vorgang der Zwecksetzung täglich bei uns beobachten; daß sie also im tiefsten Sinne teleologisch aufgefaßt werden muß. Und dieses Prinzip des Kampfes ums Dasein, das Darwin formuliert hat, ist nicht nur das Entwickelungsprinzip der organischen Welt, auch nicht nur das Prinzip des Überlegungsprozesses, es ist das Weltprinzip. Denn der Kampf ums Dasein ist im letzten Grunde identisch mit dem Ringen möglicher Inhalte um das Hier und Jetzt, mit der schöpferischen Auswahl einer Wirklichkeit aus einer Summe von Möglichkeiten, also mit der unbegründbaren, unberechenbaren Urentscheidung, aus der sich die ganze Wirklichkeit aufbaut.

Das energetische Weltbild.

In die letzten Jahrzehnte des 19. Jahrhunderts fällt eines der größten Ereignisse in der Geschichte des Denkens. Wir haben den Glauben an die Materie verloren. Wie man sich einen lange niedergerungenen Zweifel am Allerheiligsten und Allerältesten erst zaghaft, dann auf einmal, weil er sich nun einmal nicht mehr verschweigen läßt, laut und leidenschaftlich eingesteht, so haben wir uns in den letzten Jahrzehnten das Schreckliche eingestanden. Die Materie, die Grundlage aller seitherigen Welterklärung, ist jetzt selbst das Erklärungsbedürftigste geworden. Das „Festeste" ist das Fragwürdigste geworden. Dieser Zweifel an der Materie reißt uns aus einem tausendjährigen Schlaf. Denn worauf ruhten alle bisherigen Welterklärungen anders, als auf der Überzeugung: Die Welt ist erklärt, wenn sie als Materie erklärt ist. Wenn sie als durcheinandergerüttelte Körpermasse erkannt ist.

Die beharrlichen „Substanzen", die Bausteine der alten Weltanschauung, was waren sie anders als verhüllte Körper? Daß man von den „körperlichen" die „geistigen" Substanzen unterschied und diesen die höchsten Akzidentien wie schimmernde Schleier umwarf, dadurch lassen wir uns heutzutage nicht mehr täuschen. Auch durch die wallenden Schleier sehen wir den „festen" Kern hindurchschimmern. Ja, wo vom Geist im Unterschied von der Materie geredet wird, wo eine Geisteswelt über die Körperwelt hinaufgebaut wird, da stellen wir gerade die sicherste Diagnose auf Materialismus. Denn unter Geist hat man sich noch nie etwas anderes vorgestellt als eine verdünnte Materie, den feinsten Gasen am nächsten verwandt, in die man seine höchsten Werte hineinprojizierte. Sobald jemand ernstlich die Immaterialität des Geistes behauptete, und daraus z. B. den unvermeidlichen Schluß zog, der Geist sei nicht lokalisierbar, also nirgends, weder in einem Körper noch außerhalb desselben, weder im Himmel noch auf Erden, so brachte er damit den Glauben an die Realität des

144

Geistes ins Wanken. Denn unter Realität haben wir uns in den letzten tausend Jahren auch fast nie etwas anderes gedacht als Festigkeit, Greifbarkeit, also Körperlichkeit. Wo man also vom Geist im alten Sinne redet, da muß der Glaube an die Materie so fest eingewurzelt sein, daß auch die dünnsten Schichten der Materie noch Realität genug haben, um die ganze Welt der Werte zu tragen. Die beharrlichen Substanzen des scholastischen Materialismus wurden die Großväter der Atome des neueren Materialismus. Diese zerflossen in die vibrierende Weltflüssigkeit des jüngsten Materialismus, mit der wir wieder zum Weltwasser des Thales zurückkehren, das zu diesem ganzen Denkprozeß den Anstoß gab. Alle großen Zweifler, die während dieser Periode des Denkens auftraten, haben am Dasein von etwas „Objektivem", „Beharrendem" gezweifelt, also imgrunde genommen an dem festen Aggregatzustand der Materie; dieser schien sich ihnen „zu verflüchtigen", „aufzulösen" in Dunst und Traum. Sie mochten diesen Tatbestand noch so sehr hinter einem Wolkendunst von Abstraktionen verbergen, gerade ihr Zweifel zeigte am rührendsten, wie herzlich sie an die alleinige Realität des Körperlichen glaubten. Denn sobald sie keine Materie mehr unter ihren Füßen fühlten, auf der sie stehen und an die sie sich halten konnten, schwamm es ihnen vor den Augen und sie fingen an zu taumeln.

Wie gut muß es sich auf der uralten Überzeugung geschlafen haben, die Welt bestehe aus Körpern, was aber ein Körper sei, das wisse jedermann, darüber sei jede Erklärung überflüssig. Dennoch können wir uns der bitteren Erkenntnis nicht mehr verschließen, daß wir damit einer verhängnisvollen Täuschung zum Opfer gefallen sind. Wir haben die Materie für das Erklärlichste gehalten, weil sie das Alltäglichste war. Und wir glaubten darum die Welt erklärt zu haben, wenn wir sie auf dieses „Erklärlichste" zurückgeführt hatten. Ein Arzt in einem überfüllten Cholerahospital kann schließlich die brechenden Augen sterbender Menschen mit ansehen, ohne daß sich ihm dabei eine bange Frage auf die Seele legt. Der allzu häufige Anblick hat ihn gegenüber dem Problem des Todes stumpf gemacht. So hat uns der allzu häufige Anblick der Materie ihrem Problem gegenüber stumpf gemacht. Und doch wird eine Frage dadurch der Beantwortung nicht näher gebracht, daß sie oft gestellt wird. Außerdem ist es relativ zufällig, daß in dem Erfahrungsumkreis, den wir gerade überblicken, die körperlichen Phänomene einen so großen Bruchteil ausmachen. Der Ausschnitt der Wirklichkeit, der unsere Erfahrung bildet, könnte ebensogut so gewählt sein, daß er zu $^9/_{10}$ aus Gerüchen bestände und nur zu $^1/_{10}$ aus jener Kombination von Farben- und Tastempfindungen, die wir Körperlichkeit nennen. Der Anblick eines ruhenden Felsblockes oder einer rollenden Kugel würde uns dann ein undurchdringliches Rätsel sein, und wir würden vermutlich nicht ruhen, bis es uns gelungen wäre, ihn auf jenes viel häufigere Phänomen zurückzuführen, das durch seine tägliche Wiederholung seinen problematischen Charakter für uns verloren hätte. Wir würden einen Körper vielleicht als einen zusammengepreßten Geruch, seine Bewegungen als eine Skala intermittierender Gerüche mit wachsender Intensität erklären.

Sobald wir uns an einem solchen fingierten Fall die Denkmethode klar machen, die uns auf die materielle Welterklärung geführt hat, sehen wir sofort, daß es sich dabei nicht etwa nur um eine schlechte physikalische Hypothese handelt, der wir eine bessere entgegenzustellen hätten, sondern daß die ganze Methode, die zu dieser oder einer entgegengesetzten Welterklärungshypothese führt, einer kindlichen Stufe des Denkens angehört, daß hier der uralte Wunderbrunnen rauscht, aus dem die Mythologien vergangener Zeitalter hervorsprudelten. Versuchen wir uns die Entstehung dieser alten Denkweise klar zu machen. Was ist die Quelle aller Hintergedanken über die Welt, aller Spekulationen, die hinter der Wirklichkeit immer noch etwas anderes wittern, über dem diese klingende und leuchtende Pracht wie ein dünner Schleier hängt, wie ein blauer Dunst, den uns ein unbekanntes x vormacht, vortäuscht, vorlügt? Doch nichts anderes als der Tod des lebendigen Verhältnisses zwischen Unterscheidung und Unterscheidungsglied, die Verwechselung des Grundverhältnisses mit einer Proportion. Dadurch entsteht die Vorstellung, es bleibe von den Unterschieden etwas übrig, wenn man alles wegnimmt, was sich in ihnen unterscheidet, es bleibe von den Veränderungen, aus denen das Weltgeschehen besteht, etwas übrig, wenn man das Material wegnimmt, das sich verändert, die Wellen, in denen der Strom des Geschehens dahinflutet, bleiben stehen, wenn man das Wasser wegläßt.

Dieser geheimnisvolle Rest, der von den Unterscheidungen und Unterscheidungszusammenhängen noch übrig bleibt, wenn man sie von dem ganzen Weltinhalt loslöst, dessen Relationen sie darstellen, verdichtet sich nun zu einer Sonderexistenz hinter dem Weltinhalt, zu einer zweiten Wirklichkeit hinter den Kulissen der ersten. Ist diese zweite Wirklichkeit einmal erfunden, so wird sie zu einer wahren Mutter von Problemen, zu einer unerschöpflichen Quelle des Tiefsinnes und der Mythendichtung. Es fragt sich 1. Wie verhält sich die hintere Wirklichkeit zur vorderen? 2. Wie ist die hintere Wirklichkeit beschaffen? Beide Fragen lassen sich natürlich nur aus dem Erfahrungsmaterial der vorderen Wirklichkeit heraus beantworten. Denn diese ist ja allein vorhanden. Das Verhältnis zwischen beiden Wirklichkeiten kann nur als eine der Beziehungen beschrieben werden, die zwischen Teilen der vorderen Wirklichkeit bestehen, also als zeitliche, räumliche und kausale. So wird die hintere Wirklichkeit zeitlich betrachtet zum Weltanfang, räumlich betrachtet wohnt sie über den Dingen, jenseits der Dinge, in den Dingen. Kausal betrachtet ist sie die Welturfache, die wie Penelope im Dunkel der Nacht den Weltschleier webt und wieder auflöst, um uns zu täuschen. Aber nicht nur ihre Beziehung zur Vorderwelt, auch ihr Bild läßt sich nur mit den Farben der Vorderwelt malen. Sie kann also nie etwas anderes sein als ein Stück Welt hinter die Welt projiziert, eine Doublette eines Teils der vorderen Wirklichkeit. Es fragt sich bloß, von welchem Stück Welt eine Doublette hergestellt werden soll, um sie in jenem Hinterraum aufzustellen. Bei der Beantwortung dieser Frage spielt wohl die Selbsterhaltungstendenz, die jeder Vorstellung zugeschrieben werden kann, die entscheidende Rolle. Diese ist um so größer, je häufiger das Phänomen aufgetreten ist. Dasjenige Phänomen, das sich innerhalb des jeweiligen Erfahrungsumkreises am häufigsten wiederholt hat, wird also am meisten Neigung zeigen, die terra incognita hinter der

Wirklichkeit für sich zu erobern. Eine rohe Zeit, deren Erlebniskreis im Kampf des Menschen gegen Tiere und Mitmenschen aufgeht, wird den Welthintergrund mit Doubletten von Menschen und Ungeheuern, mit dämonischen Spukgestalten bevölkern. Für einen reicheren Erlebnisumkreis werden Luft, Feuer, Wasser und Erde die häufigsten Phänomene sein, deren Schatten, mit menschlichen Leidenschaften beseelt, wie Gespenster hinter den Weltkulissen tanzen. Eine neue Erweiterung des Welthorizontes um den Menschen her, und die Stofferlebnisse werden so bunt, daß es einzelnen Stoffen nicht mehr gelingt, beim Wettkampf um die vakanten Stellen hinter den Kulissen alle anderen aus dem Felde zu schlagen. Es gelingt den materiellen Phänomenen nur dadurch, allen anderen Mitbewerbern den Rang abzulaufen, daß sie in Form der Allgemeinvorstellung des Stoffes überhaupt miteinander Frieden schließen und die Herrschaft über die Hinterwelt gemeinsam weiterführen. Aber wie vorher die häufigsten vier Elemente die anderen Stoffe aus dem Felde schlugen, so gewinnt jetzt der jeweilig am häufigsten beobachtete Aggregatzustand der Materie die Oberhand über alle anderen.

Im Umkreis von Wassertieren wäre dies der flüssige. Die Mythologie der Fische würde also die Körper als kondensierte Fluida betrachten. Im Umkreis von Landtieren ist der feste Aggregatzustand der am häufigsten gesehene, also der stoßende, drückende, fallende Körper. Die Mythologie der Landtiere legt darum umgekehrt das Fluidum als einen Tanz von Körperchen aus. So sind wir dahin gekommen, die bewegte Körpermasse, das häufigste Phänomen im Umkreis des ungeflügelten Landtieres, als den Urgrund der Welt in das Innere aller Erscheinungen hinein zu projizieren. Und dabei ragt in diese letzte Mythologie noch ein ehrwürdiger Überrest aus der ersten und ältesten Mythologie der Menschheit herein, die Vorstellung der „Kraft", die die rollenden Körper in Bewegung setzt. Durch Verwandlung der Welt in eine durchsichtige Maschine voll ineinandergreifender Hebel und Stangen glaubten wir alle Gespenster aus derselben verscheucht zu haben. Aber diese legten nur ihre Menschengestalt ab und nisteten sich als dunkle undefinierbare Mächte wieder in der

148

Körperwelt ein, schliefen latent in den Körpern und erwachten dann wieder plötzlich, so daß diese wie von ihnen besessen zusammenprallten und im Kreise wirbelten. So schob sich durch eine interessante Kombination der ersten und der letzten Mythologie hinter die erste Weltdoublette eine zweite, so daß wir eine dreifache Welt bekamen. Hinter der klingenden und leuchtenden Weltoberfläche schwirrten die Atome, hinter den Atomen walteten die Kräfte.

Sobald wir diese Geburt des dynamischen Atomismus durchschauen, wird es uns für immer unmöglich, zu ihm zurückzukehren. Die Menschheit hat diesen Traum ausgeträumt. Die Sonne dieser letzten Mythologie, die eine so bezaubernde Helle über alle Dinge ausgoß, ist für immer ins Meer gesunken, wenn auch der ganze Himmel noch von ihren zurückgeworfenen Strahlen glüht. Die ganze mythologische Periode des Denkens, deren letzte Blüte der Atomismus war, befindet sich eben in den letzten Stadien ihres Auflösungsprozesses. Der letzte Bau der Spekulation wird eben langsam abgetragen. Schon ist das Fundament desselben, der Glaube an die Materie, gefallen. Damit ist die „Kraft", die einst in der Materie hauste, obdachlos geworden. Die Energie, sagt Ostwald, der jüngste Naturphilosoph, braucht keinen „Träger" mehr. Die Materie ist selbst nichts anderes als eine der vielen körperlichen und unkörperlichen Formen, die das unbekannte x, die Energie, annehmen kann. Was ist aber die „Energie", wenn sie ebensogut eine reinzeitliche Form annehmen kann, wie eine räumliche und körperliche? Das Einzige, was man über sie zu sagen wagt, ist, daß sie eine Summe ist, ein Quantum von etwas Undefinierbarem, das von einem Phänomen in sich „aufgenommen" und wieder an ein anderes „abgegeben" werden kann, das aus einer Form in die andere „übergeht". Wir belauschen hier die letzten Atemzüge eines sterbenden Mythologems. Wir denken unsern letzten Hintergedanken. Wir hegen den letzten Verdacht gegen die Wirklichkeit, sie könnte uns etwas verheimlichen, ehe wir der sonnigen Welt wieder jauchzend in die Arme eilen und ihr endlich einmal wieder glauben, wie wir ihr in der Kinderzeit der Menschheit glaubten, daß sie uns wirklich nichts vormacht, daß sie so ist, wie sie ist, daß sie uns ihr ganzes Geheimnis ausplaudert. Die Auffassung des Weltgeheimnisses als Summe ist die letzte, feinste, weil mathematische Verkleidung des Denkfehlers, aus dem die ganze vergangene Denkepoche hervorging. Das Grundverhältnis zwischen formalen Unterscheidungen und unterschiedenen Inhalten wurde mit einem Verhältnis von Summe und Summe, also mit einer Proportion verwechselt. So trat die rein quantitative, formale Seite der Welt, die alles qualitativen Inhalts entkleidet ist, als Summe von unbekannten Einheiten hinter die Welt der qualitativen Inhalte. Und doch sind die inhaltsleeren Unterscheidungen, wenn man sie in ihre letzten Elemente zerlegt, keine Summen, sondern Verhältnisse. Die Energie ist also keine Summe hinter der Wirklichkeit, oder in der Wirklichkeit, sondern ein Verhältnis zwischen Wirklichkeiten. Erst wenn wir in der Energie nichts anderes mehr sehen als ein Verhältnis zwischen Wirklichkeiten, ist der Rest von heimlichen Fettschismus vollends mit Stumpf und Stiel ausgerottet, der zuletzt noch aus dem mathematischen Phantom eines Quantums unsichtbarer Einheiten eine wenn auch spärliche Nahrung zog. Dann ist die Energie ganz sichtbar geworden. Und wir haben ein Weltbild ohne Hintergedanken.

Für die energetischen Berechnungen macht zwar die noch immer herrschende Verwechslung des Energieverhältnisses mit einer Energiesumme keinen Unterschied. Denn jedes Verhältnis läßt sich als Bruch, also als Summe darstellen. Für die philosophische Betrachtung dagegen spiegelt sich in diesem mathematischen Unterschied zwischen Summe und Verhältnis der ganze Gegensatz zwischen einem versinkenden und einem aufsteigenden Weltbild. Versuchen wir dies an den Grundvoraussetzungen der energetischen Weltbetrachtung zu illustrieren.

1. Die Auffassung der Energie als einer konstanten Summe wird schon durch die uralte Erwägung erschüttert, daß alle unsere Maße, also auch alle unsere Kraftmaße immer nur auf Verhältnissen beruhen. Wie wir schon früher sahen, würde eine millionenfache Vergrößerung oder Verkleinerung unseres gesamten Erfahrungsumkreises, also auch der gesamten sogenannten Energiesumme gar nicht bemerkbar sein, wenn sich nur sämtliche Verhältnisse gleich blieben.

150

Ja, noch richtiger und unglaublicher ausgedrückt, eine solche würde überhaupt keine Weltveränderung sein. Denn es ist gar keine andere Veränderung denkbar, als eine Veränderung von Verhältnissen. Wenn sich die gegenseitigen Verhältnisse gleich bleiben, so bleibt sich die Welt gleich.

2. Wenn die weltbewegende Energie ein allerfüllendes Quantum ist, so versteht man nicht, warum sie nur dann in Aktion tritt, wenn mehrere Summen derselben ein Verhältnis miteinander bilden. Herrscht gleichmäßige Temperatur in einem Raum, so geschieht nichts. Von Energie ist keine Spur zu bemerken. Nur wenn eine Wärmedifferenz, eine Störung des „Wärmegleichgewichts", also ein Unterscheidungsverhältnis vorhanden ist, so tritt die Energie aus ihrer Verborgenheit hervor und der Prozeß der Ausgleichung beginnt. Ebenso ist es bei der Elektrizität und allen anderen Energieformen. Diese Tatsache klingt bei der traditionellen Auffassung der Energie als Quantum ebenso unglaublich, wie wenn ein Hirte erzählte, wenn er seine Herde in zwei aneinandergrenzenden Hürden übernachten lasse, und sperre in jede Hürde 50 Schafe, so liegen sie die ganze Nacht schlafend im Mondschein; sperre er aber in eine Hürde 70, und in die andere 30, so komme die ganze Herde in Aufruhr, die Widder springen über die Planken und die Lämmer blöken und es werde nicht eher still, als bis die Herde auf beide Hürden wieder gleich verteilt sei.

Woher kommt diese rätselhafte Verschiedenheit des Verhaltens bei gleicher und bei verschiedener Verteilung des Energiequantums? Wo bleibt der „Energievorrat", während das System im Gleichgewicht ist? Er schläft, sagen die einen, er befindet sich in unsichtbarem, latentem Zustande und erwacht erst, wenn er durch einen Unterschied seiner Verteilung gereizt wird. Er hat zu schaffen, sagen die andern, er rumort im stillen, pocht wie ein Gefangener an seine Kerkermauern, macht sich in einer Menge molekularer Rotationsbewegungen im Innern des mit ihm „geladenen" Körpers Luft, die nur leider so fein sind, daß wir sie auch mit dem besten Mikroskop nicht mehr sehen können. Man sieht, wie die scheinbar belanglose Darstellung der Energie als Summe statt als Verhältnis sofort alle Geister der Mythologie aus dem Abgrund heraufbeschwört.

151

Sofort steigt das uralte Gespenst wieder aus dem Grabe, das dämonisch Unsichtbare, das auch, wo alles zu ruhen scheint, noch gierig im Hinterhalt lauert oder wie eine schlafende Löwin am Wege liegt.

Betrachten wir die Dinge, wie sie sind, ohne etwas hinzuzudichten, so werden wir natürlich nur dort von Energie sprechen, wo wir Energie sehen. Dies ist aber nur dort der Fall, wo das sogenannte „Energiegefäll" vorliegt, auf das Sadi Carnot zum erstenmal aufmerksam gemacht hat, also ein meßbares Unterschiedsverhältnis zwischen analogen Erscheinungskomplexen. Ein meßbares Unterschiedsverhältnis ist aber eine Proportion zwischen verschiebenen Quantitäten, die zueinander in einem Differenzverhältnis stehen. Was wir in der Physik und Chemie Energie nennen, ist also nichts anderes als ein proportionales Unterschiedsverhältnis zwischen Wirklichkeiten. Ist das der Fall, so ist es selbstverständlich, daß von Energie nichts zu entdecken ist, wo das Unterschiedsverhältnis ausgeglichen, also aufgehoben ist. Wir brauchen bei einer ruhenden Körperlagerung gar keinen Argwohn zu haben, als ob dabei etwas nicht ganz geheuer sei und die verschwundene Energie noch irgendwo Unheil brütend in einem Verstock sitze. Der Unterschied ist weg, also ist auch keine Energie mehr vorhanden. Ferner kann ein Inhalt in sich selbst identisch sein, aber zu einem anderen Inhalt in einem Unterschiedsverhältnis stehen. Ein solcher Inhalt ist also relativ zu sich selbst energielos, relativ zu einem anderen dagegen steht er in einer energetischen Proportion. Die Erde kann relativ zu sich selbst, also relativ zur gegenseitigen Anordnung ihrer eigenen Teile in Ruhe sein, relativ zur Sonne aber in einem Verhältnis des Lageunterschieds oder der Entfernung stehen, das als Gravitationsenergie zur Erscheinung kommt.

3. Bei der Auffassung der Energie als Summe ist es ferner unverständlich, warum der energetische Vorgang, der mit dem Vorhandensein eines Unterschiedsverhältnisses einzusetzen pflegt, immer gerade ein Kompensationsprozeß ist, also auf die Ausgleichung des Unterschieds ausgeht. Bei andern Dingen, die als Summen gegeben sind, finden wir nirgends ein ähnliches Bestreben. Zwei Kartoffelhaufen von verschiedener Größe, die nebeneinander=

152

liegen, zeigen keine Luſt in einen Haufen zuſammenzurollen. Ob ſie in gleichen oder in verſchiedenen Haufen nebeneinanderliegen, rührt ſie nicht. Iſt dagegen die Energie eine Proportion, alſo eine komplexere Art der Unterſcheidungsrelation, ſo iſt gar kein anderer energetiſcher Vorgang denkbar, als der Übergang des Unterſchieds in die Einheit. Denn wenn die Welt aus Verhält‐ niſſen beſteht, ſo beſteht jede Weltveränderung in einer Veränderung von Verhältniſſen. Veränderungen von Verhältniſſen aber können nur darin beſtehen, daß Unterſcheidungen in Einheiten und Ein‐ heiten in Unterſcheidungen übergehen. Wenn wir es alſo überall in der Welt einerſeits mit Kompenſationen von Unterſchieden, andererſeits mit Gleichgewichtsſtörungen einheitlicher Komplexe zu tun haben, ſo iſt das nur eine kompliziertere Anwendung des weltkonſtituierenden Grundprinzips auf größere Zuſammenhänge. Das Zerfließen von Unterſchieden in Einheiten und die Entfaltung von Einheiten in Unterſchiede, alſo die beiden Prozeſſe, durch die jedes Erlebnis zuſtande kommt, ſind zugleich die Grunderſcheinungen aller Wirklichkeit. Denn Erlebnis und Wirklichkeit iſt ja ein und dasſelbe.

4. Wie erklärt ſich nun von hier aus jener berühmte Vor‐ gang, deſſen Entdeckung eine neue Epoche der Forſchung herauf‐ führte, der Übergang der Energie aus einer Erſcheinungsform in eine andere? Wie kann chemiſche Energie in Wärme, Wärme in Bewegung umgeſetzt werden und umgekehrt? Iſt die Energie eine Summe, ſo ſcheint hier eine Art Seelenwanderung vor ſich zu gehen. Das Energiequantum wandert ruhelos von Form zu Form, erſcheint den Menſchen wie ein Gott in immer wieder anderen Geſtalten, bald im Feuer des Verbrennungsprozeſſes auflobernd, bald im Donner der Explofion erkrachend, bald im Druck der Atmoſphäre als ſchwere Laſt auf Tier und Menſchen liegend.

Verſuchen wir ein Verſtändnis des Vorgangs ohne mytho‐ logiſche Hintergedanken zu gewinnen. Nach dem Bisherigen ſind die wichtigſten Grunderſcheinungen aller Wirklichkeit 1. Unterſchieds‐ verhältniſſe, 2. Gleichheitszuſtände, 3. Übergänge von Unterſchieds‐ verhältniſſen in Gleichheitszuſtände, alſo Kompenſationsvorgänge

und endlich 4. Übergänge von Gleichheitszuständen in Unterschiedsverhältnisse, also Gleichgewichtsstörungen. In dem von Moment
zu Moment fortrückenden System von „Gleichzeitigkeiten", das wir
Wirklichkeit nennen, müssen also diese vier Grunderscheinungen
der Wirklichkeit fortwährend in raumzeitlichem Nebeneinander und
Nacheinander auftreten.

Nun bringen aber die Übergangsprozesse, mögen es nun
Kompensationsvorgänge oder Gleichgewichtsstörungen sein, notwendig Verschiebungen der räumlichen Lagerung und zeitlichen
Konstellation der Inhalte mit sich, also Veränderungen in der
Ausfüllung des einer bestimmten Ereignismasse gemeinsamen
Raum- und Zeitgebiets. Die Folge ist, daß fortwährend Kollisionen unvermeidlich sind. Über die inhaltliche Ausfüllung irgend
eines Zeitpunkts wird sich eine Art Wettstreit zwischen verschiedenen Prozessen und Ruhezuständen erheben, von denen ihn
jeder für sich in Beschlag nehmen möchte.

Soll der Kompensationsprozeß a samt der Verstärkung, die
er durch seine Selbsterhaltungstendenz erfährt, zum Austrag kommen,
so muß der Zeitpunkt den Inhalt α bekommen. Soll der ebenso
berechtigte Kompensationsprozeß b sich vollenden, so muß er den
Inhalt β bekommen. Soll endlich der Gleichgewichtszustand o
seiner Selbsterhaltungstendenz treu bleiben, so muß er den Inhalt
γ behalten. Jeder Blick in die Natur zeigt uns derartige Kollisionserscheinungen. Z. B. es fällt eine Eisenkugel auf die
Holzdielen der Turnhalle. D. h. es kompensiert sich ein Ent-
fernungsunterschied. Der dadurch eingeleitete Veränderungsprozeß
erfährt durch seine Selbsterhaltungstendenz eine Verstärkung. Oder,
wie man zu sagen pflegt, die Bewegung erfährt eine Beschleunigung,
weil in jedem Augenblick nicht nur die Distanzenergie sich geltend
macht, sondern auch die in den seitherigen Zeitpunkten erworbene
Geschwindigkeit nach dem „Trägheitsgesetz" fortwirkt. Sollte dieser
durch Selbsterhaltung gesteigerte Kompensationsprozeß zum vollen
Austrag kommen, so müßte die Kugel in immer wachsender Geschwindigkeit durch Dielen und Erdoberfläche hindurch dem Erdmittelpunkt zufliegen. Nun tritt aber eine Kollision mit anderen
Erscheinungen ein. Wir greifen der Einfachheit halber nur die

154

wichtigste heraus. Das ist der Gleichgewichtszustand, in welchem sich die Bestandteile der Diele und des darunter liegenden Erdbodens in bezug auf ihre räumliche Lagerung zueinander befinden. Soll dieser Gleichgewichtszustand seiner Selbsterhaltungstendenz treu bleiben, so muß die Raumfläche, die die Oberfläche der Diele bildet, auch ferner mit der ruhenden Holzfläche ausgefüllt bleiben und darf nicht, wie es bei Vollendung jenes Kompensationsprozesses geschehen müßte, eine Zeitlang mit dem Phänomen einer hindurchfliegenden Eisenkugel erfüllt werden. Wir erhalten also zwei Möglichkeiten, die sich beide innerhalb desselben Raumgebietes verwirklichen wollen. Ginge es nach der einen, so würde die Oberfläche der Diele von der Kugel in ihrer vollen Geschwindigkeit durchflogen. Ginge es nach der anderen, so würde das Holz an jener Oberfläche in absoluter Ruhe bleiben. Beide Möglichkeiten lassen sich aber nicht gleichzeitig verwirklichen. Wie löst sich diese Kollision? Würde jede der beiden Möglichkeiten eine einfache, unteilbare Erscheinung darstellen, die entweder ganz oder gar nicht zur Verwirklichung käme, so ständen wir vor einem einfachen Entweder-Oder, vor einem Umtauschverhältnis zwischen zwei Möglichkeiten. Da es sich aber um zusammengesetzte Erscheinungen handelt, so ist auch ein Kompromiß zwischen beiden Möglichkeiten denkbar, bei welchem jede von ihnen eine teilweise Verwirklichung erfährt, die beiden Konkurrenten sich also in das verfügbare Gebiet teilen. Damit tritt an die Stelle der einfachen Form des Umtauschverhältnisses jene kompliziertere Form desselben, die wir z. B. bei der Verteilung von Ruhe und Bewegung auf zwei Punkte haben, die ihre gegenseitige Lage ändern. Zwischen die beiden extremen Möglichkeiten, die alleinige und vollständige Durchführung des einen und die alleinige und vollständige Durchführung des anderen Prozesses, tritt nämlich eine unendlich abgestufte Skala von dazwischen liegenden Möglichkeiten, die die verschiedenen möglichen Kompromisse zwischen beiden Prozessen darstellen.

Das verfügbare Gebiet kann nach jedem möglichen Proportionsverhältnis auf die beiden Bewerber verteilt werden. Welche dieser Möglichkeiten sich verwirklicht, in welchem Verhältnis sich also die in Betracht kommenden Energieentfaltungen auf das ver-

155

fügbare Gebiet verteilen, das läßt sich in jedem Falle nur aus der Erfahrung entnehmen. Im vorliegenden Beispiel wird sich das Weiterfliegen der Eisenkugel über die Oberfläche der Diele hinaus ein Stück weit verwirklichen. Das Holz der Diele wird an der betreffenden Stelle um mehrere cm nach unten gedrängt werden. Andererseits wird sich aber die Tendenz der Diele zur Ruhelage soweit durchsetzen, daß es bei dieser kleinen Verdrängung derselben aus der Gleichgewichtslage bleibt. Aber diese kleine gegenseitige Verschiebung der Holzteile der Diele genügt, um eine Abweichung von der Konstanz der gegenseitigen Lagerung, also eine energetische Proportion innerhalb der Diele herbeizuführen, und damit die Möglichkeit einer ausgleichenden Kompensationserscheinung. Das niedergedrückte Holz schnellt wieder empor. Das Gleichgewicht ist wieder hergestellt. Damit haben wir aber einen Übergang des energetischen Unterscheidungsverhältnisses aus einem Gebiet in ein anderes gewonnen. Die Entfernungsdifferenz zwischen Kugel und Erde hat sich in einen Lageunterschied der Holzteile innerhalb der Diele umgesetzt. Die „Distanzenergie" hat sich in „Formenenergie" verwandelt. Der Energieumsatz ist demnach ein Kompromiß kollibierender Energieentfaltungen, die auf dasselbe raumzeitliche Gebiet Anspruch machen.

Er ist also nur eine kompliziertere Form des Umtauschverhältnisses. Die Kollision mehrerer Inhalte in einem Zeitpunkt oder Raumpunkt, wie sie schon bei der primitivsten Unterscheidung von Tastempfindungen und Farben vorliegt, ist bereits eine elementare Form von Energieumsatz. Ja Zeitpunkt und Raumpunkt sind ihrem ganzen Wesen nach nichts anderes als Unterscheidungsrelationen zwischen kollibierenden Tastempfindungen und Farben, also Erscheinungsformen des elementarsten Energieumsatzes. Eine durch Kollision zweier Farben konstituierte Linie wird z. B. immer nur als Hin- und Hergehen zwischen zwei Farben, also als fortwährender Umsatz des Erlebnisses aus einer Form in die andere erfahren.

Der Energieumsatz ist bekanntlich das einzige Mittel, um Energien zu messen. Denn bei jeder derartigen Kollision messen sie sich miteinander. Es läßt sich deshalb feststellen, welches Unterscheidungsverhältnis innerhalb des einen Gebiets einem bestimmten Unterscheidungsverhältnis innerhalb des andern äquivalent ist. Damit haben wir aber keinen absoluten Energiemaßstab gewonnen, der zu der Vorstellung eines wandernden Energiequantums berechtigte, sondern nur ein gegenseitiges Verhältnis zwischen Energiearten. Es ist, wie wenn zwei Ringer in der Arena die Kraft ihrer Arme aneinander erproben, und von keinem von beiden die Körperstärke bekannt ist. Wenn endlich einer siegt und der andere im Sande liegt, so läßt sich nur das gegenseitige Stärkeverhältnis zwischen beiden feststellen.

Die Kraft des Siegers läßt sich nur an der Größe des Widerstandes messen, den er auf seiten des Besiegten zu überwinden hatte; die Kraft des Besiegten aber nur an der Kraft, die nötig war, um ihn zu überwinden. Wenn die Eisenkugel, die ich mit straffem Arm in die Luft stemme, plötzlich so schwer würde, wie der Mond, so würde davon gar nichts zu bemerken sein, ja es würde gar keine Änderung der Sachlage eintreten, wenn meine Muskeln im selben Augenblick durch eine korrespondierende Kraftzunahme die Stärke eines zweiten Atlas erreichten. Die Bestimmung des gegenseitigen Verhältnisses mehrerer Energiearten, über die wir also bei der Kraftmessung nie hinauskommen können, kann aber immer nur eine empirische Feststellung des Resultats sein, zu dem seitherige Kämpfe zwischen jenen Energiearten geführt haben. Ein sicherer Schluß auf die Zukunft kann daraus schon deshalb nie gezogen werden, weil wir infolge des unendlichen Umfanges und der unendlichen Teilbarkeit des Ereignismaterials auch bei den sorgfältigsten Experimenten nicht imstande sind, zwei Energiearten wie zwei nackte Ringer in der Arena unter Ausschluß aller übrigen energetischen Einflüsse einander gegenüber zu stellen.

Infolge der unendlichen Weite des Ereignisumfangs können auch bei einer noch so weiten Ausdehnung unseres Weltüberblicks immer aus noch ferneren Regionen energetische Einflüsse auf den bekannten Weltinhalt ausgehen, die außerhalb der Berechnung stehen. Jede astronomische Vorausberechnung kann z. B. durch das Auftreten eines vorher unbekannten Gestirns aus entlegeneren Weltregionen durchkreuzt werden, das nach dem Gravitationsgesetz die anderen Gestirnbahnen alteriert.

Infolge der unendlichen Teilbarkeit jedes Phänomens kann es ferner auch bei einer noch so genauen mikroskopischen Durchleuchtung eines Vorganges immer noch kleinere energetische Prozesse in seinem Innern geben, deren Resultat den Vorgang in unberechenbarem Maße beeinflußt. Das Ziel der Energetik, die Welt in eine Summe von Energiearten aufzuteilen, deren konstantes Verhältnis eine Vorausberechnung der Zukunft ermöglichte, ist darum ein unendlich fernes Ziel, also nur eine ideale Projektion der Einteilungsmethode, nach der die Einheitstendenz unseres Erlebens bei allen energetischen Vorgängen verfährt. Die energetischen Zukunftsberechnungen mögen noch so oft eingetroffen sein, dennoch schlummern in alle Ewigkeit im Schoße der Unendlichkeit unberechenbare Energievorräte, unerschöpfliche Hilfsquellen und verborgene Widerstände, die jedem Kampf der Energien den Reiz des unsicheren Ausganges, den Zauber der Gefahr, den Hauch des Lebens geben.

Haben wir einmal die im Bisherigen erwähnten energetischen Grunderscheinungen durchschaut, das energetische Unterscheidungsverhältnis, den Kompensationsprozeß und endlich die raumzeitliche Kollision, die zwischen energetischen Erscheinungen eintreten kann, so erscheint von hier aus die ganze Wirklichkeit als eine unerschöpfliche Fülle ineinandergreifender Energieprozesse, als ein ununterbrochenes Ringen, Zurruhekommen und Wiederaufgeschrecktwerden von Kräften.

Es ist nur ein etwas komplizierterer Fall des Energieumsatzes, wenn nicht, wie bei Eisenkugel und Diele, räumliche Vorgänge in räumliche Vorgänge umgesetzt werden, sondern räumliche Vorgänge in rein zeitliche. Der ganze dreidimensionale Raum ist nach dem Früheren nichts anderes als eine energetische Umsatzerscheinung, in welcher fortwährend Linien- und Farbenverhältnisse in rein zeitliche Relationen verwandelt werden und umgekehrt. Die gegenseitige Verwandlung von flächenhaften und rein zeitlichen Erscheinungen ineinander, die im Begriff des dreidimensionalen Raumes nach ihrer rein formalen Seite hin symbolisch dargestellt ist, ist der allbeherrschende Grundprozeß unserer gegenwärtigen

158

Welt. Der überreichen Komplikation, deren die Welt der Farben und Beleuchtungsunterschiede fähig ist, entspricht eine ebenso reiche Mannigfaltigkeit der rein zeitlichen Erlebniswelt, die zu der ersteren im gegenseitigen Umsatzverhältnis steht. Der in tausend Linien und Formen durcheinanderflutenden Welt des Lichtes und der Farbenpracht stehen auf dem rein zeitlichen Gebiete die Tastempfindungen gegenüber, die Töne, die nur eine Summierung von Tasterlebnissen zu sein scheinen, das ganze Heer unqualifizierbarer Erlebnisse, das zu den innerorganischen Vorgängen in Beziehung steht, endlich die viel umstrittenen Temperaturerscheinungen.

Unter dem Einfluß des hinter uns liegenden aber noch immer nicht völlig überwundenen atomistischen Zeitalters haben wir uns daran gewöhnt, diese ganze rein zeitliche Welthemisphäre einfach als nicht vorhanden anzusehen und die Flächenphänomene, in welche die rein zeitlichen Erscheinungen umsetzbar sind, für die einzige Wirklichkeit zu halten. Wir glauben allen Ernstes, die flächenhaften Vibrationserscheinungen, die nach Joules Theorie das räumliche Korrelat der Wärme bilden, seien die Wärme selbst, machen ihr eigentliches Wesen aus. Die Wärme sei also eigentlich farbig, hell und dunkel, und lüge uns nur vor, etwas ganz anderes zu sein. In alten Zeiten hat man die Wärme auch in der Tat für einen unwägbaren Stoff gehalten. Bestünde unser Erlebnisumkreis zufällig überwiegend aus rein zeitlichen Ereignissen, so hätte die mythologische Welterklärung natürlich den umgekehrten Weg eingeschlagen, und die rein zeitlichen Phänomene, in die alle Flächenerscheinungen energetisch umgewandelt werden können, für das eigentliche Wesen derselben erklärt. Tyndall hätte dann seiner berühmten Schrift nicht den Titel gegeben: „Die Wärme, betrachtet als eine Art von Bewegung", sondern die umgekehrte Überschrift: „Die Bewegung, betrachtet als eine Art von Wärme". Für die rein wissenschaftliche Bedeutung derartiger Untersuchungen des Wärmeproblems macht diese Umkehrung der Betrachtungsweise keinen Unterschied. Denn die Wissenschaft kann immer nur die Phänomene beschreiben, die auf den beiden Wirklichkeitsgebieten einander entsprechen, gleichviel auf welchem der beiden Gebiete

159

die augenblicklich herrschende Mythologie das „Wesen aller Dinge" entdeckt zu haben glaubt.

Wie sehr der Glaube an die alleinige Realität der Flächenwelt nicht nur die wissenschaftliche, sondern auch die alltägliche Betrachtung der Dinge beherrscht, sieht man besonders daran, daß wir alle mit dem organischen Leben zusammenhängenden Erlebnisse rein zeitlicher Art, wie z. B. Schmerzempfindungen an den entsprechenden Stellen des Körpers wohnhaft denken, daß wir uns ferner den Schall und die Temperatur wie einen im Raum schwebenden, alles durchdringenden Dunst und Rauch vorstellen. Unwillkürlich setzen wir dabei immer für das rein zeitliche Ereignis das Flächengebilde ein, aus dessen Erregung das zeitliche Ereignis durch Energieumsatz hervorgegangen ist. Ja unsere ganze Sprache beruht auf diesem fortwährenden Einsatz des Flächengebildes für das reine Zeitereignis. Warum steht sie dem Reich der Musik, der Welt der Düfte, den intimen Herrlichkeiten der Geschmackswelt so hilflos gegenüber? Weil sie nur Linie, Licht und Farbe ausdrücken kann und alles andere in die Licht- und Farbensprache übersetzen, energetisch umsetzen muß, um Worte dafür zu finden. Die Töne nennt sie nach räumlichen Tonquellen, die Düfte nach Blumen, und so ist sie es, die wie eine uralte Mutter und Märchenerzählerin der Menschheit den Mythus von der Geburt des Alls aus der Materie allen Kindern und Kindeskindern weitererzählt.

Die bisher erwähnten Energieumsätze zwischen räumlichen und räumlichen und zwischen räumlichen und zeitlichen Phänomenen beruhten auf einer Kollision zwischen einem Kompensationsprozeß auf einem Gebiet und einem Gleichgewichtszustand auf einem andern. Ebenso gut kann nun aber auch eine Kollision zwischen einem Kompensationsprozeß und einem anderen Kompensationsprozeß eintreten. Zwei Prozesse können ein gemeinsames raumzeitliches Gebiet mit einem Teil ihres Vollzugs erfüllen wollen. Der Kompromiß, der dann zwischen beiden Erscheinungen stattfindet, wird bei jedem der beiden Prozesse eine Veränderung herbeiführen. Diese Veränderung kann bei jedem von beiden entweder eine Verlangsamung oder eine Beschleunigung bedeuten. Da-

bei fallen unter den Begriff der Verlangsamung auch die Fälle, bei
denen die Verlangsamung zeitweise eine unendliche, d. h. eine völlige
Verhinderung ist, bei denen also durch eine Kollision mit einem
anderen Prozeß die Kompensation einer gegebenen energetischen Unterscheidung zeitweise unterbleiben muß. Dies ist z. B. der Fall,
wenn der Arm des Athleten die Eisenstange hoch über der Erde
hält. Die Muskelspannung, ein organischer Kompensationsprozeß,
hält die Kompensation des Lageunterschieds zwischen Eisenstange
und Erde eine Zeit lang auf.

Auf dieser Verzögerung oder zeitweiligen Sistierung eines
Kompensationsprozesses durch Kollision mit einer anderen energetischen Erscheinung beruht die sogenannte Aufbewahrung oder
Aufspeicherung von Energie, sowie die Beschränkung eines Kompensationsprozesses auf ein bestimmtes Raumgebiet, also die beiden
wichtigsten Mittel der Technik. Die „schlechten Leiter" sind meist
im Gleichgewicht befindliche energetische Phänomene, die einen
Kompensationsprozeß durch Kollision verlangsamen, während die
„guten Leiter" ihn befördern. Ein Telegraphendraht z. B. ist
ein guter Leiter durch einen schlechten, die Luft, hindurchgesteckt.
Dadurch wird es möglich, die elektrische Kompensation auf einen
bestimmten Raum einzuschränken. Besonders leicht sind die
chemischen Prozesse aufzuhalten, die ja darin bestehen, daß sich
der Unterschied zwischen zwei Stoffen durch Zusammenfluß in
einen dritten Stoff kompensiert. Die beiden Stoffe dürfen sich nur
in einem Aggregatzustand erhalten, der der gegenseitigen Lageverschiebung widersteht, die zur chemischen Verbindung nötig ist,
es darf also nur die Aggregatenergie stärker sein als die chemische
Energie, so kann der chemische Kompensationsprozeß Jahrtausende
lang aufgehalten, also unendlich verlangsamt sein.

Unter den Begriff der Beschleunigung fallen die umgekehrten
Fälle, bei denen ein Prozeß einen anderen durch Kollision aus diesem
Zustand unendlicher Verlangsamung befreit, ihm also zum Vollzug
verhilft. Dies ist der Fall, wenn z. B. ein Schnitt durch ein
Tau das Schiff in sein Element hinabgleiten läßt, wenn also die
Muskelanstrengung eines Matrosen das Hindernis beseitigt, das
die Kompensation der Distanz zwischen Schiff und Meer aufge-

halten hatte. Eine solche Beschleunigung eines unendlich verlangsamten Kompensationsprozesses durch kollidierende Intervention eines anderen nennt man die Auslösung oder Entbindung von Energie.

Faßt man herkömmlicherweise die Energie als konstantes Quantum auf, so eröffnen diese Betrachtungen über die Verlangsamung und Beschleunigung der Kompensationsprozesse eine sehr traurige Perspektive. Auch die langsamsten Kompensationsprozesse werden doch schließlich einmal zum Abschluß kommen. Auch die am längsten verschlossenen Vorratskammern der Energie werden sich schließlich einmal auftun, ihr Gold wird in kleine Münze umgesetzt und verbraucht werden. Wir sehen fortwährend, wie Energien, die leichter aufzubewahren sind, sich in solche umsetzen, die schwerer aufzubewahren sind. Chemische und mechanische Energie verwandelt sich fortwährend in Wärme, Wärme aber läßt sich nicht zusammenhalten. Sie verfliegt, d. h. kompensiert sich sehr schnell. Die langsameren Kompensationsprozesse gehen also fortwährend in schnellere über. Das Weltall ist somit wie ein schlechtes Geschäft eingerichtet, das mit zunehmender Geschwindigkeit sein Kapital verbraucht und dem Bankrott entgegengeht. Die Sonnen verglühen. Die Blumen und Tiere sterben, die von Sonne gelebt haben. Die Welt wird immer müder, immer dunkler, immer kälter. Sie ist nur ein langsamer Verwesungsprozeß. Wem noch etwas an der Welt gelegen ist, der tut gut, der wahnsinnigen Vergeudung, mit der in ihr fortwährend die kostbaren chemischen Energievorräte der Kohlenlager und Nahrungsstoffe in Wärme verpufft werden, in seinem Teile Einhalt zu tun, solange es geht. Aber irgend einmal wird doch alles im Nirwana untergehen.

Diese ganze müde Philosophie ist nur die schwermütige Glut, die die sinkende Sonne des letzten Mythus hinter sich zurückließ. Ist die Energie nicht ein Quantum, wie die letzte Mythologie lehrt, sondern ein relatives Verhältnis, so gleicht sie nicht einem Kapital, das verbraucht werden könnte, sondern einer Relation zwischen Stufen einer unendlichen Skala. Ist z. B. Wärme und Kälte ein Verhältnis, so liegt auch unter der äußersten Kälte immer noch eine tiefere Temperaturstufe, relativ zu der sie wieder

162

zur äußersten Wärme wird, mit der sie also ein ebenso frucht-
bares energisches Verhältnis bilden kann, wie sie es jetzt mit der
relativ höheren Temperaturstufe tut. Und so bei allen Energie-
verhältnissen.

Die Welt mag also Unterschiede kompensieren, soviel sie will,
Energien verschleudern in überschäumender Verschwendung, Sonnen
erglühen und erkalten lassen, sie kann nie ans Ende der unendlichen Skala von Energien gelangen. Sie mag sinken und sinken,
immer liegen ebensoviel unerschöpfliche Tiefen unter ihr, wie unerschöpfliche Höhen über ihr liegen. Sie fällt immer und steht
darum immer still. Sie „steigt hinab und wieder nicht hinab“.
Sie altert ewig und bleibt ewig jung.

Werfen wir zur Illustration der im Bisherigen gewonnenen
allgemeinen Gesichtspunkte noch einen kurzen Blick auf einige besonders interessante und hervorstechende energetische Erscheinungen.

Am meisten fällt in unserem Erfahrungsgebiet der Unterschied
zwischen dem festen, flüssigen und gasförmigen Zustand der sichtbaren und tastbaren Erscheinungen in die Augen, die man unter
dem Namen Materie zusammenfaßt. Alle kosmologischen Dichtungen
sind auf dem Boden dieser Erscheinungen erblüht. Wie aber auch
immer sich die neueste Forschung über das Wesen der Materie,
insbesondere die Elektronentheorie weiter entwickeln wird, jedenfalls ist uns die Materie immer nur als Unterscheidungsrelation
zwischen Aggregatzuständen gewisser Licht- und Farbenkomplexe
gegeben, die in entsprechende Erscheinungen rein zeitlicher Art, die
sogenannten Tasterlebnisse umsetzbar sind. Die Aggregatzustände
aber unterscheiden sich nur durch die Stärke der „Formenergie“,
die sie entfalten, d. h. der Kraft, die sie aufwenden, um die gegenseitige Lagerung der Bestandteile des Komplexes konstant zu erhalten. Bei einem „festen“ Körper ist die Tendenz, seine Form
beizubehalten, größer als bei einer Flüssigkeit, bei dieser größer
als bei einem Gas. Für die Schätzung der Kraft, mit der die
Komplexe ihre Form beibehalten und des Kraftunterschieds, der in
dieser Beziehung zwischen ihnen besteht, haben wir aber keinen
anderen Anhaltspunkt, als die Größe des Widerstands, den sie
bei seitherigen Kollisionsfällen überwunden haben.

Daß die braune Erde des Ufers fester ist als das Wasser des Stroms, daß sie bespült, stellen wir etwa durch die Beobachtung fest, daß unser Organismus mehr Muskelenergie aufwenden muß, um die Bestandteile der Erde, als um die Bestandteile des Wassers gegeneinander zu verschieben. Den Unterschied der Muskelenergie können wir aber selbst wieder nur an anderen energetischen Proportionen messen, deren Widerstand sie in Kollisionsfällen überwunden hat, diese wieder nur an noch anderen. Wie weit wir also auch zurückgehen mögen, wir sind rettungslos in einen Kreis von Verhältnissen eingeschlossen, die sich immer nur gegenseitig aneinander messen, aber als Ganzes betrachtet unmeßbar im Unendlichen schweben. Und der Unterschied der Aggregatzustände ist nur ein Glied in dieser Kette, deren Teile sich immer nur gegenseitig tragen. Er ist also wie alle anderen Glieder dieser Kette nur ein gegenseitiges Verhältnis von bestimmtem Proportionswert.

Das feinste Gas, das wir kennen, ist relativ zu entsprechend geringeren Widerständen, die nicht imstande sind, seine Teile gegeneinander zu verschieben, der härteste Körper. Umgekehrt ist der härteste Körper, den wir kennen, relativ zu einer entsprechend höheren Energie, die seine Teile mit spielender Leichtigkeit gegeneinander verschieben könnte, ein bewegliches Gas. Die Verehrung, die wir den Steinen und Metallen als Sinnbildern des Unwandelbaren entgegenbringen, ist also nur ein Reflex des gegenseitigen Verhältnisses, in dem die organischen Muskelenergien, die gerade in unserem jeweiligen Erfahrungsumkreis liegen, zu jenen Erscheinungen stehen. Es ist nur allzumenschlich, daß wir das flüssige Verhältnis zwischen den drei Aggregatzuständen, die wie drei augenblicklich beleuchtete Sprossen einer nach oben und unten unendlichen Leiter vor uns liegen, in ein totes Verhältnis zwischen einem absolut festen und einem absolut verflüchtigten Zustand erstarren ließen. So wurde die materielle Welt zu einem absolut gasförmigen Äthermeer, in dem absolut feste Körperchen herumschwammen. Je fester ein Körper war, in desto größerer Menge saßen in ihm die absoluten Körperchen dicht wie Häringe aufeinander, je gasförmiger er war, desto spärlicher waren in ihm die absoluten Körperchen durch das absolute Fluidum verstreut.

164

Die Aggregatzustände wurden also zu Mischungsverhältnissen zwischen zwei absoluten Größen. Ein Veranschaulichungsmittel, das eben so gefährlich, wie für die Darstellung dieser Dinge in der mathematischen Symbolsprache unentbehrlich ist.

Ist das Verhältnis der Aggregatzustände eine Unterscheidungsrelation wie alle anderen, so ist es auch eine energetische Proportion, die sich zu kompensieren strebt. Wenn z. B. Wasser durch Erhitzung verdampft, so löst dabei eine Temperaturdifferenz einen Kompensationsprozeß aus, bei welchem sich der Unterschied zwischen der Flüssigkeit des Wassers und der Gasförmigkeit seiner Umgebung ausgleicht. Eine Marmorsäule, die jahrtausendelang fast unversehrt in die blaue Luft Italiens ragt, ist also im Grunde genommen nur ein sehr langsamer durch allerlei energetische Kollisionen, insbesondere die relativ niederen Temperaturverhältnisse verzögerter Kompensationsprozeß. Die Langsamkeit, mit der sich in unserem Erfahrungsbereich die Verflüchtigung von Körpern vollzieht, ist ein weiterer Entstehungsgrund für den Glauben an die Materie. Das ungleiche Zeitverhältnis, in dem die Kompensationszeit der meisten Körper zu der Lebenszeit der höheren Landtiere steht, die den Mittelpunkt unseres jeweiligen Erfahrungsumkreises bilden, hat sich in dem Glauben an die Ewigkeit des Körperlichen reflektiert. Der Mythus von der Geburt der Welt aus der Materie ist also ein rührendes Selbstzeugnis von der Kurzlebigkeit der Landtiere. Das vermag uns mild gegen ihn zu stimmen.

Neben dem Unterschied der Aggregatzustände ist eine der auffallendsten Erscheinungen die Gravitation. Der Nimbus des unergründlichen Geheimnisses, den die materialistische Denkepoche um das „Rätsel der Schwerkraft" wob, kommt nur daher, daß die Schwerkraft eine Wirkung in die Ferne ist, daß man aber die Nahwirkung durch Druck und Stoß häufiger gesehen hatte und daher nach dem bekannten Gesetz der Mythenbildung viel erklärlicher fand. Es wurde daher viel Tiefsinn verschwendet, um die Gravitation auf Druck und Stoß zurückzuführen, sie als eine Art Angelsystem aufzufassen, durch das große Körper die kleinen wie Fische in unsichtbaren Netzen an sich ziehen. Damit hat man aber einen einfachen Vorgang auf einen komplizierteren zurückgeführt. Denn Druck und Stoß ist immer eine Kollision mehrerer energetischer Erscheinungen, bei der die Bewegung eines Körpers sich in Lageänderung eines anderen umsetzt. Die Gravitation dagegen ist ein einfacher Kompensationsvorgang. Gehen wir, um uns denselben verständlich zu machen, zunächst von der Kant-Laplace'schen Annahme aus, daß die Planeten eines Sonnensystems abgeschleuderte Sonnenstücke sind, so erscheint unter dieser Voraussetzung die Gravitation nicht nur auf der Erdoberfläche, sondern auch im Weltall als das Streben auseinandergesprengter Stücke, in ihre ursprüngliche Vereinigung zurückzukehren, also als Kompensation des Unterschieds, in dem das plötzliche Auseinandergerissensein der Sonnenteile zu der früheren Konstanz ihrer gegenseitigen Lagerung steht, somit als Gegenstück zu dem Zurückschnellen in die ursprüngliche Form, durch das ein zusammengepreßter Körper von großer Formenenergie diese Lageverschiebung seiner Teile kompensiert, als eine Art umgekehrter Elastizität.

Da es sich dabei nicht nur um das gegenseitige Verhältnis von Punkten, sondern von Körpern, also von Komplexen handelt, deren Teile sich in Konstanz der gegenseitigen Lage befinden, sich also gegenseitig mitziehen oder mitfortreißen, so wirkt die Anziehung, der ein energetischer Punkt innerhalb dieser Komplexe ausgesetzt ist, immer zugleich auf alle anderen. Die Anziehungskraft wird also um so größer, je größer die Massen der beiden Körper sind.

Je kürzer andererseits bei gleichbleibenden Massen und gleichmäßig wirkender Kompensationstendenz die Entfernung der Körper, also der zwischen beiden zurückzulegende Weg ist, desto mehr Kraftaufwand drängt sich auf ihn zusammen. Und zwar muß diese Vergrößerung der Gravitation durch die Verkleinerung der Entfernung, also das umgekehrte Verhältnis zwischen Anziehungskraft und Entfernung, zweimal, also als umgekehrtes Entfernungsquadrat, in die Berechnung eingestellt werden, da es sich um ein gegenseitiges Anziehungsverhältnis beider Körper handelt, die anziehende Wirkung also doppelt zur Ausübung kommt z. B. nicht nur die Sonne die Erde, sondern auch die Erde die Sonne an-

166

zieht.*) So erhalten wir für die Anziehungskraft die bekannte Formel $\frac{f \cdot \mu \cdot \mu'}{u^2}$, wobei μ, μ' zwei Massenpunkte find, u deren Entfernung voneinander bedeutet, und f die gegenseitige Anziehung zweier Masseneinheiten, die wenn wir μ, μ' und $u = 1$ setzen, in zwei um die Einheit voneinander entfernten Punkten angenommen werden. Die Kurvenbahnen der Gestirne entstehen durch eine Kollision zwischen der nach dieser Gravitationsformel wirkenden Anziehung zwischen Planeten und Zentralkörper und einer in eine andere Richtung treibenden Bewegungstendenz, die vielleicht von der einstigen Ablösung des Planeten vom rotierenden Zentralkörper herrührt, die nach dem Trägheitsgesetz zu einer Tangentialbewegung geworden ist. Die Rotationsbewegungen der Satelliten um ihren Zentralkörper find die Kompromisse, die aus dieser Kollision energetischer Prozesse von verschiedener Bewegungsrichtung hervorgegangen find.

Diese ganze Ableitung der Gravitation aus einer Störung konstanter Lageverhältnisse ist jedoch nur eine vorläufige Erklärung, die uns einstweilen daran gewöhnen kann, den Gravitationsvorgang mit allen übrigen Kompensationsprozessen in eine Linie zu stellen. Sie läßt aber eine sehr wichtige Tatsache unerklärt. Die Körper streben nicht nur im allgemeinen in ihre ursprüngliche Lage an der Oberfläche des zugehörigen Zentralkörpers, etwa der Erde zurück, sondern sie schlagen dabei immer genau die Richtung nach dem Schwerpunkt des Zentralkörpers ein, und sie fallen in der Richtung nach diesem Punkt weiter, sobald die Hindernisse beseitigt werden, die ihre Bewegung in dieser Richtung aufhalten. Die Gravitation wirkt deshalb an den abgeplatteten also dem Erdmittelpunkt näher liegenden Polen stärker als am Äquator. Unter dem Gesichtspunkt dieses allgemeinen Strebens nach dem einen Zentralpunkt betrachtet erscheinen alle Körper, deren Teile sich nach der gewöhnlichen Definition im Gleichgewicht befinden, als energetische Kollisionserscheinungen. Jede höhere Schicht derselben

---

*) Diese Gegenseitigkeit der Anziehung macht es nach dem Früheren möglich, die vor sich gehende Bewegungsarbeit ganz beliebig auf die beiden Körper verteilt zu denken.

wird durch alle unter ihr gelegenen Schichten im Flug nach dem Erdmittelpunkt aufgehalten. Jede Entfernung eines materiellen Punktes vom Schwerpunkt seines Zentralkörpers ist also die Verzögerung eines energetischen Prozesses.

Denken wir uns, es wäre möglich, diese unendliche Summe von Verzögerungen aufzuheben, die Energie aufzulösen, die in der Entfernung jedes materiellen Punktes vom zugehörigen Zentralpunkt aufgespeichert ist, so würden alle materiellen Punkte in den Schwerpunkt des Zentralkörpers aller Zentralkörper zusammenstürzen. Damit wäre aber ein Teil der Arbeit getan, die nötig wäre, um alle räumlichen Gebilde überhaupt in einen Punkt aufgehen zu lassen. Sobald aber alle räumlichen Gebilde sich in einen Zentralpunkt vereinigten, so würde dieser eine Raumpunkt, der dann allein noch übrig bliebe, von einem Zeitpunkt nicht mehr unterschieden werden können. Die räumliche Wirklichkeit würde in die zeitliche zurückgekehrt sein. Die energetische Unterscheidung wäre also kompensiert, die durch Entstehung einer raumzeitlichen neben der rein zeitlichen Welt gesetzt war.

Mag dieses Ziel erreichbar sein oder ewig unerreichbar bleiben, jedenfalls läßt sich die Gravitation als ein Ausfluß der Tendenz ansehen, das räumliche Dasein in seine zeitliche Urform zurückkehren zu lassen und damit die Grundunterscheidung zu kompensieren, auf der unser ganzes jetziges Weltbild beruht.

Eine weitere auffallende Erscheinung ist der periodische Charakter, den die meisten Kompensationsprozesse annehmen, sobald sie sich über ein größeres Gebiet fortpflanzen. Die bekannteste dieser periodischen Erscheinungen ist die Fortpflanzung der Erschütterung eines Fluidums in Wellenbewegungen. Diese Perioden des Geschehens hängen damit zusammen, daß sich, wie wir früher sahen, eine Wirklichkeit nur durch Entscheidung des Grundverhältnisses zwischen Unterscheidung und Unterscheidungsglied konstituiert, durch Abgrenzung eines Gebiets in der raumzeitlichen Unendlichkeit, das innerhalb jener Wirklichkeit nicht mehr Glied einer noch umfassenderen Relation ist, also durch schöpferische Setzung von Grenzen im Grenzenlosen. Dies gilt auch von jeder Gleichgewichtsstörung und dem durch sie inszenierten Kompensationsvorgang.

168

Auch diese Vorgänge können nur wirklich werden, wenn sie einen endlichen Teil des unendlichen Raum- und Zeitgebiets einnehmen. Wird aber durch die Kompensation einer Gleichgewichtsstörung dieses abgegrenzte Teilgebiet verändert, so kann dadurch das Gleichgewichtsverhältnis gestört werden, in dem es zum angrenzenden Gebiet steht. Dadurch wird aber ein neues energetisches Unterschiedsverhältnis gesetzt, das eine neue Kompensation zur Folge hat, die einen weiteren abgegrenzten Gebietsteil einnimmt; so greift der Vorgang in periodischen Absätzen immer weiter und weiter, bis seine Energie durch Kollisionen mit Widerständen aller Art erschöpft ist. So entstehen die Wellen, die sich in Musik verwandeln, indem irgendwo ein Stoff, etwa die Luft, enger zusammengepreßt wird, als auf den Nachbargebieten, also ein Unterschied zwischen einer dichteren und dünneren Schicht entsteht. Der Versuch der zusammengepreßten Schicht, in die Gleichgewichtslage zurückzukehren, führt eine Verschiebung der nächsten Schicht herbei, deren Kompensation ergreift die übernächste usw. Der ganze Reichtum der Töne beruht auf der verschiedenen Raumlänge und Zeitdauer der Perioden, in denen sich dieser Kompensationsvorgang fortpflanzt, genauer gesagt, auf den Verhältnissen zwischen Raumlängen und Zeitstrecken, die diese Perioden einnehmen.

Diese periodische Fortpflanzung findet insbesondere bei derjenigen energetischen Unterscheidungsrelation statt, aus der sich nach dem Früheren die ganze räumliche Welt entfaltet, bei der Relation zwischen Licht und Finsternis. Wie wir früher sahen, hat die Erstarrung des relativen Lichtunterschieds zu einem Gegensatz zwischen absolutem Licht und absoluter Nacht ganz besonders verhängnisvoll auf die Deutung dieses energetischen Vorgangs gewirkt. Man hielt den Lichtstrahl zunächst für einen materiell gedachten Pfeil von absoluter Helle, der von irgend einer Lichtregion her durch die absolute Nacht geschossen wird (Emissionstheorie). Später entdeckte man den periodischen Charakter der Lichtfortpflanzung. Man sah, daß ein irgendwo gesetzter Lichtunterschied durch seine Kompensation einen Lichtunterschied im angrenzenden Raumgebiet herbeiführt, dessen Kompensation wieder das Lichtgleichgewicht des Nachbargebiets stört, usw. Man stellte

169

den außerordentlich kleinen räumlichen und zeitlichen Umfang der Perioden fest, in denen diese Fortpflanzung von Lichtunterschieden verläuft. Allein der Glaube an die Materie, d. h. an die Formenenergie und ihre zeitlichen Umsatzerscheinungen war so stark, daß man der periodischen Fortpflanzung der Lichtunterschiede, die man sah, die periodische Fortpflanzung des formenenergetischen Unterschieds zwischen Verdichtung und Verdünnung unterschob, an deren Erklärlichkeit man glaubte. So glaubte man den Lichtstrahl als ein Wellenspiel entlarvt zu haben, das sich in einem unsichtbaren Fluidum fortpflanzt (Undulationstheorie). Damit hatte man die strahlende Energie auf einen Teil ihrer eigenen Entfaltungen zurückgeführt. Denn alle materiellen Erlebnisse sind, soweit sie Fläche sind, soweit sie also nicht in reine Zeiterlebnisse umgesetzt sind, Komplexe von Licht- und Farbenunterschieden, also Gleichgewichtsstörungen innerhalb der strahlenden Energie. Auch die letzte „Lichttheorie", auf die keine mehr folgen wird, die Erklärung des Lichts aus elektromagnetischer Strahlung, hängt noch an dem Traume, das Licht „erklären" zu können, und zwar aus Erscheinungen, die nach ihrer räumlichen Seite selbst nur Lichtstrahlen sind. Und doch ist das einzige, was wir tun können, zu beschreiben, in welche Erscheinungen rein zeitlicher Art — denn die flächenhaften sind ja selbst nur Emanationen des Lichts — die Lichtunterschiede energetisch umsetzbar sind, aus welchen sie also durch Energieumsatz auch wieder hervorzugehen pflegen. Zu diesen zeitlichen Lichtäquivalenten gehören zweifellos die rein zeitlichen Begleiterscheinungen elektrischer und chemischer Prozesse, und die gleichfalls rein zeitlichen Temperaturerscheinungen, wie man aus der Lichtentwickelung bei elektrischen Entladungen, chemischen Verbrennungen und starken Erhitzungen sehen kann.

Aber alle derartigen Erscheinungen, aus denen Lichtdifferenzen hervorbrechen und in die sie wieder zurückkehren, verhalten sich zum Lichtphänomen nicht wie das Wesen der Erscheinung zu ihrem täuschenden Schein, sondern sie stehen zu ihm in einem gegenseitigem energetischen Umsatzverhältnis. Das Licht und seine Äquivalente auf anderen Gebieten sind vollkommen gleichwertige Wirk-

170

ltchleiten, deren Dasein und Verhältnis wir immer nur beschreiben, aber nie erklären können.

Noch interessanter als alle bisher erwähnten energetischen Vorgänge sind die sogenannten stationären Energiegebilde. Der Energieumsatz kann nämlich in der Weise geschehen, daß immer ebensoviel Energie von der einen Form zugeführt wird, wie in die andere Energieform übergeht, daß also immer ebensoviel Energie auf der einen Seite zuströmt, wie auf der andern Seite abfließt. So entsteht ein bleibender Wechsel, ein ruhendes Bild, das eine fortwährende Verwandlung darstellt. Ein solcher stationärer Energiewechsel ist z. B. die Flamme einer Kerze. Die Verbrennung oder die chemische Verbindung mit dem Sauerstoff der Luft, die sich gleichzeitig in Lichtdifferenz umsetzt, geht so vor sich, daß dieser Energieumsatz immer zugleich seine eigene Fortsetzung ermöglicht. Die Verbrennung von Stearin macht nämlich fortwährend Raum für neues Stearin frei. Da dieses die Tendenz hat, durch Kapillarwirkung an den Haarröhrchen des Dochtes emporzusteigen, so bildet die Räumung des Gebietes, die der Verbrennungsprozeß besorgt, immer zugleich die Veranlassung für das Stearin, nachzufließen und dadurch der Flamme neue Nahrung zuzuführen. Das Gebilde, das sich auf diese Weise selbst am Leben erhält, zeigt zugleich, wie alle anderen Vorgänge, Selbsterhaltungstendenz gegenüber Angriffen, die von anderen energetischen Prozessen auf seinen Fortbestand gemacht werden. Z. B. wird sich die Flamme, so gut sie kann, gegen einen Windstoß verteidigen, und seinen Angriff, sobald er nachgelassen hat, durch Rückkehr in ihre frühere Gestalt kompensieren. Eine kompliziertere Form dieses stationären Energiewechsels sind die Organismen. Unter den mannigfaltigen Energiearten, aus deren Kombination und gegenseitigem Umsatz die Organismen bestehen, sind die wichtigsten die chemische, die strahlende Energie, die Wärme und die Bewegung. Bei den höheren Organismen z. B. werden Vorräte von chemischer Energie in Form von Nahrungsstoffen in Behältern aufgehäuft, deren hohe Formenenergie und fester Aggregatzustand sie vor Angriffen schützt. Die chemische Energie wird dann vor allem in Wärme und Bewegung umgesetzt. Und dabei

171

ist genau wie bei der Flamme durch eine wundervolle raumzeitliche Gruppierung der ineinandergreifenden Energievorgänge dafür gesorgt, daß die aus chemischer Energie entstandene Wärmeentwickelung und Körperbewegung zugleich einerseits immer neue Nahrung für den Umsatzprozeß herbeischafft und den Verlauf desselben regelt, andererseits das Gebilde gegen Gleichgewichtsstörungen von außen verteidigt. Das prachtvolle, unentwirrbar verschlungene Ineinandergreifen aller energetischen Prozesse in diesem stationären Verwandlungsvorgang hat von jeher dazu verführt, ein tieferes Geheimnis in ihm zu sehen, als in allen anderen Energieumsätzen. Solange man die Welt für einen Haufen durcheinandergeschobener toter Klötze hielt, tat man gut daran, wenigstens diese schönsten Gebilde auszunehmen und sie für schwimmende Inseln voll überirdischen Lebens inmitten dieses Meeres von Nacht und Tod zu halten.

Man nahm den graduellen Unterschied, der zwischen den einfacheren Energieumsätzen und diesem komplizierteren energetischen Gebilde besteht, als einen spezifischen, um sich ein geheimes Gebiet zu reservieren, wo man das Leben, das man aus der übrigen Welt verbannt hatte, noch in seiner ganzen blühenden Frische und unergründlichen Tiefe verehren durfte. Und so gleicht der Vitalismus und Neovitalismus und alles, was man über das Geheimnis des organischen Lebens und seinen Gegensatz zu allem Anorganischen in bester Absicht log, jenen spätgriechischen Mysterien, in denen man gerade damals, als Haine und Quellen sich entgötterten und die griechischen Götter starben, in Höhlen und geheimen Schlupfwinkeln den Nektar ihres unsterblichen Lebens nur um so inniger schlürfte.

Um die organische Welt von der anorganischen zu scheiden, wies man zunächst auf eine Erscheinung hin, die für den organischen Energieumsatz charakteristisch ist. Die Selbstregulierung des Umsatzprozesses geschieht nämlich bei den Organismen nicht mit jener ruhigen Stetigkeit, wie sie bei der Flamme einer Kerze vor sich geht. Der Wechsel von Energiezufuhr und Energieumsatz hat vielmehr einen stoßweisen, periodischen Charakter. So zeigt insbesondere das Leben der höheren Organismen eine periodische

172

Abwechselung zwischen Nahrungsaufnahme und Umsatz derselben in Funktionen, die zur Herbeischaffung der Nahrung und Verteidigung des Organismus dienen. Essen und Arbeiten, Schlafen und Wachen, Einatmen und Ausatmen und viele andere organische Funktionen zeigen diesen periodischen Charakter der Selbstregulierung des Energieumsatzes. Der Organismus gleicht einer Flamme, die unruhig brennt, weil ihre Kraft bald mehr durch den Verbrennungsprozeß, bald mehr durch die Herbeischaffung von Öl in Anspruch genommen ist.

Die wichtigste unter diesen periodischen Tätigkeiten zur Regulierung des Kraftumsatzes aber ist die geschlechtliche Fortpflanzung, der Wechsel zwischen Sterben und Neugeborenwerden von organischen Gebilden. Dieser chemisch noch völlig undurchsichtige Vorgang ist mit den andern periodischen Schwankungen des organischen Lebens durchaus in eine Linie zu stellen. Denn zwischen einem Einzelorganismus und einem zusammenlebenden Stamm oder Volk von Organismen läßt sich ja nur ein gradueller Unterschied machen. Die Organismen lassen sich als Zellenstaaten betrachten, in welchen sich die einzelnen Zellen in die Funktionen geteilt haben, die zur Erhaltung des Ganzen nötig sind. Ein Stamm von Organismen unterscheidet sich also vom Einzelorganismus nur dadurch, daß die organische Verbindung der Glieder bei ihm eine losere ist als bei letzterem. Je geringer bei Organismen die Fähigkeit zur räumlichen Fortbewegung ist, desto fließender wird der Übergang zwischen dem organischen Zusammenleben des Stammes und dem Sonderleben von Individuen. Dies kann man schon an niederen Seetieren und besonders an den Pflanzen sehen. Ist aber zwischen Stamm und Individuum kein absoluter Unterschied zu machen, so ist die Fortpflanzung, also das fortwährende Absterben von alten und Nachwachsen von neuen organischen Einzelgebilden zu den periodischen Schwankungen zu rechnen, in denen sich die Selbstregulierung des Stammesorganismus vollzieht. Sie unterscheidet sich also nur graduell von den verwandten Tätigkeiten des relativ kleineren Organismus, durch welche dieser fortwährend verbrauchte Stoffe wieder abstößt, um sie aus ihrer organischen Verwendung in den anorganischen Zustand zurückkehren zu lassen.

178

Aber mehr als durch alle diese besonderen Merkmale des organischen Kraftumsatzes ist die strenge Unterscheidung desselben von allem Anorganischen durch die Vorstellung bestimmt worden, daß die höheren Organismen „mit Bewußtsein ausgestattet" seien. Wenn auch nur in den höheren Regionen des organischen Lebens die allerleuchtende Wunderflamme des Bewußtseins aus geheimen Tiefen hervorbrach, so schufen doch schon die niedersten Stufen des organischen Lebens die Vorbedingungen zu diesem unvergleichlichen Schauspiel und nahmen daher am mysteriösen Nimbus desselben Teil. Dieser Glaube an die Geburt des Bewußtseins aus dem Organismus ist zweifellos der interessanteste Mythus, den die vergangene Denkepoche hervorgebracht hat. Er ist die üppigste unter den Blüten der dichtenden Phantasie, denen der Tod des lebendigen Grundverhältnisses zwischen Unterscheidung und Unterscheidungsglied das Leben gab. Traten einmal die Unterscheidung und das Unterschiedene und damit das Empfinden und das Empfundene sich als zwei Welten gegenüber, so entstand nicht nur, wie wir früher sahen, die große Frage, wie sich die objektive Welt zur subjektiven Weltdoublette verhält, diese Frage der Fragen und Mutter der Philosophie, die jedes Jahrhundert mit neuen und schrecklicheren Systemen schwanger ging und sie als blasse Gedankenkinder an ihren Brüsten großzog. Sondern diese subjektive Nebenwelt mußte auch von der Naturwissenschaft begriffen werden. Es mußte erforscht werden, wer dieses Wunderei gelegt hat und welche Bedingungen nötig sind, um es auszubrüten. Nun fand man in dem Erfahrungsumkreis, in dem diese ganzen Gedankengänge vor sich gingen, einen höheren Organismus als Vordergrund und Orientierungspunkt des bevorzugten Hauptteils der Erlebniswirklichkeit vor. Es blieb also nichts anderes übrig, als der obdachlosen Nebenwelt in diesem organischen Mittelpunkt des augenblicklichen Erlebnisumkreises Unterkunft zu geben.

Die Doublette, die man von der Welt hergestellt hatte, wurde damit hinterher wieder der Welt als ein Teil einverleibt, aus deren überflüssiger Verdoppelung sie hervorgegangen war. So hatte man die Welt zweimal, einmal draußen und dann noch einmal drinnen im Gehirn des Organismus. Hatte man aber

174

einmal auf diese Weise das Gehirn des höheren Organismus, also einen Teil eines stationären Energiegebildes, zum Ort der Weltverdoppelung, des sogenannten „Bewußtseins" erhoben, so zog man den Schluß, Bewußtsein könne nur dort vorhanden sein, wo ein solches Gehirn sei, wo aber keins vorhanden sei, also bei den niederen Organismen und in der anorganischen Welt, da sei die Welt nicht doppelt, sondern nur einmal vorhanden, d. h. sie sei bewußtlos. Da nun allerdings schon bei den primitivsten Organismen eine weiche Vorstufe des späteren Medullarrohrs vorhanden ist, dessen oberes Ende sich auf der höchsten Stufe zum Gehirn erweitert, so war man immer in Verlegenheit, wo man innerhalb dieser stetigen Entwickelungsreihe den ungeheuren Sprung von der Bewußtlosigkeit zum Bewußtsein annehmen sollte. Denn im Grunde genommen ist es eine einzige stetige Entwickelungs-reihe, die von der sich selbsterhaltenden Form eines stationären Energiegebildes anorganischer Art zu der schleimigen Masse des einfachsten Organismus, der durch Selbstteilung sich fortpflanzenden Monere führt, von da etwa zur länglichen Gastrula einer Teich-schnecke (Lymnaeus), von da zu den Provertebraten und Amphi-oxiden, von da zu den eigentlichen Wirbeltieren mit Schädel und Gehirn. Wo soll hier der große Sprung geschehen, durch den sich die Welt wie durch ein Wunder verdoppelt und in ihrer eigenen Mitte in einer zauberhaften Kapsel noch einmal wirk-lich wird?

War nun aber einmal diese camera obscura eingerichtet, in der alle Dinge noch einmal aufleuchteten, so mußten in ihr zunächst die Sondergebilde untergebracht werden, die aus der Loslösung der Unterscheidungsrelation vom unterschiedenen Material, aus der ja diese ganze Weltverdoppelung hervorgegangen war, als mythische Gewächse hervorsproßten. Die von ihrem Inhalt losgerissene Unterscheidung des Verschiedenen und Identifikation des Identischen zog, zum Sondergebilde erstarrt, als „Verstand" oder „Vernunft" ins enge Knochenhaus des Menschenschädels ein. Die Ent-scheidung der Unterscheidungsverhältnisse aber, durch die sich alle Wirklichkeit konstituiert, wurde gleichfalls von allem In-halt losgerissen, als „Willensvermögen" hypostasiert und wie ein

175

gefährlicher Dämon in das beinerne Gefängnis gesperrt. Aber dieses hatte noch Platz für viel mehr. Warum sollte man nicht auch jene abweichenden Ereignisordnungen, die im bevorzugten Hauptstrom der Wirklichkeit nicht unterzubringen waren, und die doch immer wieder als seine Begleiterscheinungen auftauchten, in dieser dunklen Versenkung verschwinden lassen? Ihr Auftreten stand ja überdies mit jenen Entscheidungen von Umtauschverhältnissen in Verbindung, deren leeres Schemen bereits in dieser Dunkelkammer thronte. So wurde das Gehirn zum geheimen Sitzungssaal, in dem jenes Ringen antezipierter Wirklichkeiten ausgefochten wurde, das jeder Entscheidung innerhalb des jeweiligen Erlebnisbereiches voranzugehen pflegt. Das ganze Schauspiel eines Kampfes ums Daseins zwischen möglichen Erlebnisreihen und schließlichen Kompromisses zwischen den stärksten, das man als Zwecksetzung und Herbeiführung einer zweckmäßigen Handlung bezeichnet, spielte sich jetzt im Gehirn ab. Nun hatte man sich bereits daran gewöhnt, dem Gehirn den Alleinbesitz all der Wundergaben zuzusichern, mit denen man es in so freigebiger Weise beschenkte, an dem Vorhandensein dieser Dinge bei anderen Wirklichkeiten aber um so mehr zu zweifeln, je weniger diese Wirklichkeiten Ähnlichkeit mit einem Gehirn hatten.

So erhielt das Gehirn nicht nur das Monopol auf „Bewußtsein", sondern auch auf Verstand und Wille und alles, was damit zusammenhing. Wo man also sogenannte zweckmäßige Einrichtungen vorfand, d. h. Gruppierungen energetischer Vorgänge, die nicht nur einmal, sondern in auffallender Wiederholung eine bestimmte Wirkung, etwa die Erhaltung eines Gebildes, herbeiführten, da glaubte man, daß ein Gehirn als Sitz der zwecksetzenden Vorberatung dabei im Spiele sein müsse.

Man erstaunte daher nicht wenig, als sich herausstellte, daß Ereigniskomplexe von auffallender Zweckmäßigkeit außerhalb der Domäne des Gehirns noch viel häufiger sind als innerhalb desselben. Es machte schon stutzig, daß z. B. die Bienen zum Bau ihrer Waben in einer taktischen Ordnung und mathematisch genauen Arbeitsteilung aufmarschieren, die das preußische Militär etwa beim Auswerfen von Schanzgräben oder Herstellen von Schiffbrücken auch beim besten Kommando nie erreicht. Man dachte zunächst an „mechanische Bewegungen", die ein erblicher Trieb stumpfsinnig wiederholen läßt. Aber als man nun Versuche mit Bienen anstellte, ihnen Hindernisse in den Weg legte, die die gewöhnliche Bauanlage unmöglich machten, da paßten sie ihren Bauplan in einer so umsichtigen Weise den neuen Verhältnissen an, daß es auch bei der sorgfältigsten Vorausberechnung nicht besser hätte geschehen können. Aber bei Bienen konnte man ja immerhin noch ein Gehirnchen von besonders feiner Organisation annehmen, das von Gedanken wimmelte. Viel gefährlicher für den Glauben an das Gehirn waren die Versuche, die man mit geköpften Fröschen anstellte. Sie verteidigten sich gegen Reize und entflohen ihren Angreifern, wie wenn sie bei vollem Verstand gewesen wären. Dieselbe gehirnlose Zweckmäßigkeit im Treffen von Verteidigungsmaßregeln gegen immer wieder andere Gefahren finden wir z. B. auch bei all den organischen Funktionen höherer Organismen, die außerhalb des am Gehirn orientierten Erlebnisbereichs liegen. Jede äußerliche Verwundung oder pathologische Störung der inneren Organe führt einen kleinen Krieg zwischen den störenden Einflüssen und dem verletzten Organismus herbei, in welchem mit raffinierter Taktik die Angriffe pariert werden. In das Gehirnbewußtsein bringt von alledem nur ein dumpfer Schmerz als summarischer Nachklang, wie das dumpfe Grollen einer fernen Schlacht.

Diesen Tatsachen gegenüber konnte man die unlösliche Verbindung zwischen Gehirn und Bewußtsein nur dadurch aufrecht erhalten, daß man die Verbindung von Bewußtsein und zweckmäßiger Handlungsweise zerriß. So erhielt man eine unbewußte Zweckmäßigkeit, und das Bewußtsein, die Weltdoublette, die man mit so viel Phantasie erdichtet und dann im Gehirn eingeschlossen hatte, sank jetzt zu einer nebensächlichen Begleiterscheinung gewisser organischer Prozesse herab. Da man außerhalb der Domäne des Gehirns eine viel vollendetere Zweckmäßigkeit beobachtete, als innerhalb derselben, so erschien dieses Bewußtsein, welches das Gehirn ausdünstete, schließlich noch als eine recht schädliche und lästige Beigabe, mit der sich die höheren Organismen durchs Leben

Heim, Weltbild der Zukunft.

schleppen müssen, die man aber eigentlich abschaffen sollte. Eb. von Hartmann, dessen „Philosophie des Unbewußten" diese letzte Wendung in der Geschichte des Bewußtseinsmythus anbahnte, vergeudete viel Tiefsinn, um zu erklären, wie diese Nebelwölkchen des Bewußtseins aus dem Strom der Bewußtlosigkeit aufsteigen. Leider war nun aber alles, was man überhaupt sah und hatte, Meer und Gebirge und alle Sonnen nur in diesem Bewußtsein gegeben, das auf diese Weise zu einem schädlichen Dunstwölkchen am Gehirn eines Organismus zusammengeschrumpft war. Man war also daran, das ganze Weltall als einen schädlichen Pilz im Kopf eines kleinen Tierchens zu entfernen.

Streichen wir nun einmal die Weltverdoppelung, die in diesen ganzen Urwald von kosmologischen Dichtungen hineingeführt hat, nehmen wir die Welt in ihrer ursprünglichen Einfachheit, als einen großen Kriegsschauplatz ringender Energien, und suchen wir auch den höchsten Organismus unter diesem Gesichtspunkt zu verstehen. Sehen wir zunächst einmal ganz davon ab, daß unser augenblicklicher Ichumkreis sich um einen Organismus her ausbreitet, denken wir uns, wir ständen sämtlichen, auch den höchsten Organismen genau so gegenüber, wie jedem anderen energetischen Vorgang, so würden wir in dem ganzen Nervensystem, das von den Enden der sensiblen Nerven auf einer langen Leitung über das Gehirn in die motorischen Nervenstränge und von da zu den Muskeln führt, nichts anderes sehen, als einen Kompensationsprozeß von wunderbarer Kompliziertheit, der zur Selbsterhaltung eines stationären Energiegebildes dient. Dem Organismus nähert sich z. B. ein Feind, d. h. irgend ein Phänomen, das seinen Gleichgewichtszustand zu stören droht. Nun beginnt ein wunderbares Schauspiel. Die bevorstehende Störung wirft in Form von sich fortpflanzenden Lichtunterschieden und Farbenunterschieden, in Form von Schallwellen und Temperaturunterschieden ihre Schatten voraus. Die kleine Gleichgewichtsstörung an der Oberfläche gewisser Organe, die durch diese vorausgehenden Signale des nahenden Feindes entstehen, pflanzen sich in chemische Energie umgesetzt bis zum Zentralorgan fort, dort verwandeln sie sich in chemische Prozesse in anderen Leitungskanälen, diese setzen sich in den

178

Muskeln der Glieder in Bewegungen um, die zur Kompensation der herannahenden Gleichgewichtsstörung dienen, etwa in Hiebe gegen den Feind oder in hervorgestoßene Laute, die sich als Schallwellen nach andern Organismen fortpflanzen, wo sie sich in derselben Weise durch die Nervenkanäle nach den Gliedern fortpflanzen und ein hilfreiches Herannahen der anderen Organismen bewirken.

Dieser ganze Vorgang unterscheidet sich etwa von der Art, wie eine Flamme von einem Windstoß gereizt wird und dieser Reiz sich in eine zweckmäßige Gegenbewegung zur Rückkehr in die frühere Form umsetzt, durch nichts, als durch seine größere Kompliziertheit. Wir mögen das Nervenkanalisationssystem und den Knotenpunkt der wichtigsten Energieumsätze, das Gehirn so genau durchsuchen als wir wollen, es ist wirklich nichts anderes vorhanden als ein energetischer Prozeß, der sich nach allen Regeln der Gleichgewichtsstörung und Kompensation in einer grauen Substanz fortpflanzt. Daß dieser Prozeß auf Gliederbewegungen hinausläuft, die zur Erhaltung des ganzen Gebildes sehr zweckmäßig sind, zeichnet ihn nicht im geringsten vor einfacheren Kompensationserscheinungen aus. Wenn ein in die Höhe geschleuderter Stein mit wunderbarer Sicherheit auf dem nächsten Wege wieder nach seinem Ruheort an der Erdoberfläche zurückeilt, so handelt er relativ zu diesem einfachen Ziel mit derselben geheimnisvollen Zweckmäßigkeit wie ein Organismus, der, von seinem Futterplatz und seiner heimischen Höhle verjagt, wieder dorthin zurückstrebt. „Zweckmäßig" können wir eine Handlung ohnehin immer nur in relativem Sinne nennen, da wir das unendliche Gebiet der Wirklichkeit nie vollständig überblicken, also nie wissen können, ob es nicht zu dem betreffenden Ziel, auch ohne die Gesetze der Vergangenheit zu übertreten, einen viel einfacheren Weg gegeben hätte. Außerdem kann eine Handlung relativ zu einem bestimmten Ziel zweckmäßig, relativ zu einem anderen Ziel unzweckmäßig, relativ zu einem dritten wieder zweckmäßig sein. Der Blenddarm des Menschen und die vielen anderen Organe, die ihn einem frühen Tod entgegenführen, sind relativ zum Menschen unzweckmäßig, relativ zu anderen Organismen, die Gründe haben,

ben Menschen für eines der schädlichsten Tiere zu halten, wieder sehr zweckmäßig, relativ zu den Todfeinden der letzteren wieder unzweckmäßig. Auch die Zweckmäßigkeit, mit der die Bewegungsorgane höherer Tiere herannahende Störungen abwehren und den Organismus an Stellen bringen, wo er Nahrung findet, würde uns nicht veranlassen, ihn zu einer besonderen Klasse von energetischen Gebilden zu rechnen, wenn der Orientierungspunkt unseres augenblicklichen Weltbildes außerhalb der ganzen organischen Welt läge. Was führt uns nun eigentlich dazu, dem Gehirn des höheren Organismus eine solche Ausnahmestellung gegenüber allen anderen energetischen Umsatzerscheinungen zu geben, die doch nur graduell von ihm verschieden sind?

Daß der Hauptteil unseres jetzigen Raumbildes an ihm orientiert ist, genügt, wie wir schon früher sahen, noch nicht, um diese exzeptionelle Behandlung zu veranlassen. Dazu kommt nun aber ein Zweites. Der Organismus, an dem unsere wache Erlebniswelt orientiert ist, unterscheidet sich von allen anderen Organismen, die in unserem Erfahrungsbereich liegen, nicht nur durch den anderen Orientierungspunkt und die entsprechende perspektivische Verschiebung, in der sich sein räumliches Bild darbietet. Dieses räumliche Bild erhält vielmehr noch einen Zuwachs von besonderen Erlebnissen, von dem bei den anderen Organismen, die im Erfahrungsumkreis liegen, nichts zu bemerken ist. Dieser Zuwachs besteht aus zwei Erlebnisgruppen; die erste enthält eine Summe von rein zeitlichen Ereignissen, Druck-, Temperatur-, Gehörserlebnissen usw., in welche sich die Flächenereignisse, Bewegungen, Berührungen des Organismus mit anderen Raumgebilden usw. beim „eigenen" Körper umsetzen, während bei den anderen Organismen von solchen rein zeitlichen Nebenerscheinungen nichts wahrzunehmen ist. Die andere Gruppe besteht aus jenen Erlebnisreihen von abweichender raumzeitlicher Anordnung, Antezipationen der Zukunft und Rückgängen in die Vergangenheit, die den Hauptstrom der Ereignisse wie Nebelschleier umwallen. Diese tauchen neben Bewegungen des „eigenen" Körpers in viel größerem Umfange auf, als bei den von der Ferne beobachteten Bewegungen „fremder" Körper, obwohl sie

180

auch diesen, sobald sie als Entscheidungen erlebt, also mit Spannung beobachtet werden, etwa als Erwartungen, Hoffnungen und Befürchtungen über ihren Verlauf in einem gewissen Umfange voranzugehen pflegen. Da abgesehen von diesem doppelten Zuwachs die „fremden" Körper dem „eigenen" in bezug auf Gestalt und Lebensäußerungen sehr ähnlich sehen, so ziehen wir den sehr berechtigten Wahrscheinlichkeitsschluß, daß jener Zuwachs auch bei ihnen vorhanden sei, wenn wir ihn auch bei ihnen nicht sehen.

Betrachten wir diesen ganzen Tatbestand ohne mythologische Hintergedanken, so zeigt er uns nur, wie in unserem gegenwärtigen Erfahrungsbereich die Wirklichkeit auf mehrere Ichumkreise verteilt ist. Die an Organismen orientierten Ichumkreise, die wir gerade überblicken, sind so gegeneinander abgegrenzt, daß ein Ichkreis eine gewisse Summe mit dem Organismus zusammenhängender Erlebnisse immer nur von einem Organismus vollständig, von allen anderen Organismen dagegen nur teilweise enthält. Eine gewisse Summe von rein zeitlichen Erlebnissen und Ereignissen abweichender Ordnung liegt bei dem Körper, den ich deshalb meinen eigenen nenne, diesseits meiner Ichgrenze, bei den anderen jenseits derselben. Nun sahen wir ja schon früher, was es mit dieser ganzen Unterscheidung zwischen verschiedenen Ichumkreisen auf sich hat. Ein Ichumkreis ist das eine Glied eines Umtauschverhältnisses, dessen andere Glieder nicht mehr in den jeweiligen Erlebnisumkreis fallen. Er unterscheidet sich nur durch seinen relativ weiteren Umfang von der einen Seite einer Farbenrelation oder von dem einen Flächenaspekt eines Hauses, zu dem andere mögliche Aspekte im Umtauschverhältnis stehen.

Daß unser jeweiliger Ichhorizont gerade diesen Umfang hat und nicht etwa, was ebensogut denkbar wäre, einen viel engeren oder einen viel weiteren, das ist ein Tatbestand, der keiner Erklärung zugänglich ist. Es wäre genau so gut denkbar, daß unsere Ich-Welt etwa auf das Bild einer sonnigen Insel von einer Seite und während eines Augenblickes beschränkt wäre, so daß alles andere jenseits unserer Ichgrenze fiele, oder daß wir andererseits in einem übergreifenden Erlebnis die an einer Menge von Organismen orientierten Weltbilder mit weitem Blick umspannten.

181

Wenn also unsere augenblickliche Ichgrenze so gezogen ist, daß jene rein zeitlichen Umsatzerlebnisse und extraordinären Begleiterscheinungen anderer Organismen jenseits derselben fallen, so ist daran weiter nichts zu erklären, wir können nur die Tatsache feststellen und das Verhältnis beschreiben, in dem die so gegeneinander abgegrenzten Ichumkreise zueinander stehen. Dieses gegenseitige Verhältnis der Ichumkreise muß nun aber, wenn es ein Umtauschverhältnis ist, eben damit als energetisches Umsatzverhältnis betrachtet werden können. Damit stimmt zunächst überein, daß der Unterschied zwischen zwei an verschiedenen Raumpunkten orientierten räumlichen Ichumkreisen, wie wir früher fanden, in einer verschiedenen Verteilung von Punktualisation und Linearisation auf eine Unterscheidungssumme besteht. Die perspektivische Verschiebung, die das Weltbild bei einer Orientierung im Vergleich mit einer anderen erfährt, beruht also auf einem Umsatz von Raumlinien in Zeitstrecken und von Zeitstrecken in Raumlinien. Derselbe energetische Umsatz findet statt, wenn das, was im einen Ich etwa nur als Berührung eines glühendroten Farbenkomplexes mit dem Hautflächenbild eines Organismus erscheint, sich im anderen Ich in die intensivsten Empfindungen rein zeitlicher Art, die Schmerzempfindungen der Brandwunde verwandelt.

Was in einem Ich nur das Flächenbild der Hautberührung des „fremden" Organismus ist, oder das Flächenbild der inneren Teile desselben, wie es sich etwa bei einem operativen Eingriff dem Arzt darbietet, das verwandelt sich im anderen Ich in eine Fülle von Tastempfindungen und andere angenehme und unangenehme Zeiterlebnisse. Und so auf allen Gebieten. Ichumkreise sind also Gebiete, die in einer Fülle von Beziehungen im gegenseitigen Energieumsatzverhältnis stehen. Eine über mehrere Ich übergreifende Betrachtung würde dieses Umsatzverhältnis genau so überblicken, wie wir jetzt etwa das Verhältnis des Kugelfalles zu der Bewegung der dadurch niedergedrückten Diele überblicken. Die Lage, in der wir uns infolge unseres beschränkteren Ichhorizontes jenem Umsatzverhältnis gegenüber befinden, können wir uns also etwa dadurch veranschaulichen, daß wir uns denken, ein Ichumkreis wäre lediglich auf die Bewegungen der Diele, ein anderer lediglich

182

auf den Kugelfall beschränkt. In dem auf die Diele beschränkten Ichumkreis würde das plötzliche Niedergehen der Dielenoberfläche wie aus dem Nichts auftauchen, weil der Druck der Kugel, der sich in die Dielenbewegung umgesetzt hätte, jenseits des Horizontes bliebe. Andererseits würde in dem auf die Diele beschränkten Ichumkreis die Rückkehr der Diele in ihre Gleichgewichtslage als ein in sich geschlossener Kompensationsprozeß zu beobachten sein, dagegen würde die Zurückdrängung der Kugel nach oben, in die sich dieser Prozeß gleichzeitig umsetzt, jenseits des Horizontes bleiben.

So kann unter gewissen Umständen etwa ein Schall in einem Ichumkreis aus dem Nichts emporsteigen, während die Lufterschütterung, deren Umsatz er ist, jenseits des Horizontes bleibt und nur in einem anderen Ichumkreis Wirklichkeit ist. Andererseits kann ein Kompensationsvorgang, etwa der große von den sensiblen nach den motorischen Nerven eines Organismus gehende Prozeß, in einem Ichumkreis zwar als in sich geschlossener Prozeß vorliegen, eine Fülle anderweitiger Erlebnisse dagegen, in die er sich gleichzeitig umsetzt, kann jenseits der Ichgrenze bleiben. Für eine über mehrere Ich übergreifende Betrachtungsweise erscheint somit der ganze Inhalt eines engeren Ich einerseits als eine Summe von Reaktionen, denen Reize innerhalb anderer Ichumkreise korrespondieren können, andererseits als eine Summe von Reizen, denen hinwiederum Reaktionen innerhalb anderer Ichumkreise entsprechen können. Die ganze Physiologie beschäftigt sich mit der Beobachtung dieser Korrespondenzverhältnisse zwischen verschiedenen Ichumkreisen. Dabei vergißt man allerdings meist, daß der am experimentierenden Professor orientierte Ichumkreis, in welchem sich das physiologische Laboratorium samt den Apparaten und Versuchspersonen befindet, durchaus nicht wirklicher und „objektiver" ist, als der andere Ichumkreis, auf dessen Beschaffenheit man aus den von der Versuchsperson gegebenen Signalen schließt. Man glaubt in der Hexenküche des Laboratoriums das Ohr an das schlagende Herz des Universums zu legen und den geheimnisvollen Gang des Uhrwerks zu belauschen, das alle Empfindungserlebnisse in Bewegung setzt, die „physischen" Vorgänge zu beobachten, aus denen die „psychischen" sich entwickeln. In Wahrheit befindet man sich nur in einem jener vielen Umkreise, die sich einerseits als Reize in Reaktionen anderer Umkreise umsetzen und die andererseits selbst Reaktionen sind, in die sich die Reize anderer Umkreise verwandelt haben. Wenn man die Töne aus den Erschütterungen der Ohrknöchelchen „erklärt", so könnte man diese Erschütterungen ebensogut aus den Tönen „erklären". Wenn man die Tastempfindungen aus Hautberührungen erklärt, so könnte man die Hautberührungen ebensogut aus Tastempfindungen erklären. Von zwei Erscheinungen, die einander energetisch äquivalent sind, ist die eine genau so wirklich, genau so „physisch" und auch wieder genau so „psychisch", wie die andere. Es hängt lediglich mit den zufälligen Verhältnissen unseres augenblicklichen Erfahrungsumkreises zusammen, daß es uns leichter ist, die räumlichen Vorbedingungen experimentell herzustellen, aus denen die rein zeitlichen Äquivalente durch Umsatz hervorgehen, als umgekehrt die rein zeitlichen Vorbedingungen für die Entfaltung von Flächengebilden zu schaffen, daß wir deshalb immer geneigt sind, das Räumliche als das „Prius" des rein Zeitlichen anzusehen.

Was vom Äquivalenzverhältnis zwischen Flächengebilden und reinen Zeiterlebnissen und von der Verteilung beider Erlebnisarten auf verschiedene Ichumkreise gilt, das gilt nun auch von dem Verhältnis zwischen dem bevorzugten Hauptstrom der Wirklichkeit und jenen Unterströmungen aus anderen Ereignisordnungen, die den zweiten Teil des Zuwachses bilden, um den das Erlebnis des „eigenen" Körpers gegenüber dem Erleben „fremder" Körper bereichert erscheint.

Auch die Erlebnisreihen von anderer Ordnung stehen nach dem Früheren zu der bevorzugten Erlebnisordnung im Umtauschverhältnis. Also können auch zwischen ihnen und dem Hauptstrom der Erlebnisse energetische Kollisionen, also Umsatzverhältnisse eintreten. Teile des Hauptstroms können mit Teilen des Nebenstroms in eine energetische Wechselrelation treten. Sowohl bei diesen Umsatzverhältnissen zwischen Teilen verschiedener Ereignisordnungen, wie bei den vorhin erwähnten zwischen räumlichen und rein zeitlichen Ereignissen einer und derselben Ordnung, ist es durchaus

184

Sache der empirisch-physiologischen Beobachtung, festzustellen, welche Erscheinungen auf verschiedenen Gebieten einander bisher korrespondiert haben. Dabei ist es aber eine Folge der zufälligen Beschränktheit unseres seitherigen Beobachtungskreises, daß wir diese Korrespondenzverhältnisse nur zwischen Ichumkreisen beobachten können, die am Gehirn höherer Landtiere orientiert sind; denn wie kommen wir dazu, Aussagen über das Vorhandensein und die Beschaffenheit etwa von Schmerzgefühlen oder Überlegungen eines Ichumkreises zu machen, der jenseits unseres eigenen liegt? Doch nur dadurch, daß wir Erscheinungen innerhalb unseres Ichkreises vorfinden, die dem organischen Komplex im Zentrum unseres Ichkreises ähnlich sind, hinter dem wir solche Ereignisse tatsächlich erleben. Dies veranlaßt uns, hinter jenen Gliederbewegungen, Worten und Geberden „anderer" den „unseren" analoge Erlebnisreihen zu vermuten. Daß uns gerade diese Erscheinungen zu solchen Rückschlüssen veranlassen, während wir hinter dem Fallen der Steine und hinter dem Rauschen der Quellen und Bäume nichts Derartiges vermuten, kommt nur daher, daß der augenblickliche Standpunkt unserer Weltbeschauung uns nur in die zeitlichen und extraordinären Nebenerscheinungen Einblick gewährt, die hinter den Gehirnprozessen höherer Organismen liegen. Genau wie uns die Chinesensprache als ein sinnloses Kauderwelsch erscheint, aus dem wir aus Mangel an Erfahrung keine Rückschlüsse auf die dahinter liegenden Erlebnisreihen anderer Ichkreise machen können, so erscheint uns nur in noch höherem Grade das Donnern einer elektrischen Entladung und das Murmeln der Quelle als ein sinnloses Geräusch, das uns zu keinen Rückschlüssen auf dahinterliegende uns unsichtbare Erlebniskomplexe veranlaßt. Und doch ist der Umsatz der einer herannahenden Gleichgewichtsstörung vorausgehenden Vibrationen in abwehrende Bewegungen, wie ihn der Nervenprozeß des höchsten Organismus herbeiführt, eine genau so in sich geschlossene Kompensationserscheinung wie die Gewitterentladung oder das Niederrauschen der Quelle, und es würde uns nie einfallen, dahinter noch weitere Umsatzerscheinungen zu vermuten, wenn uns dieselben nicht durch die zufällige Bekanntschaft mit einem Exemplar dieser Energiegebilde gegenwärtig wären. Ein an einer niederdonnernden Lawine orientierter Ichumkreis, dem die dahinterliegenden weiteren Umsatzerscheinungen zeitlicher und extraordinärer Art bekannt wären, würde vielleicht imstande sein, die entsprechende unsichtbare Erlebniswelt hinter den niederstürzenden Schneemassen der gegenüberliegenden Gebirgswand aus deren Geräusch zu erschließen, dagegen würden ihm die Bewegungen der grasenden Kuhherden und flötenden Hirten zu seinen Füßen vielleicht ebenso tot und „bewußtlos" und „gedankenlos" erscheinen, weil er von seinem Erfahrungskreis aus keine Analogieschlüsse aus diesen Klängen und Bewegungen zu ziehen vermöchte, weil sie ihm darum nichts sagten, da er ihre Sprache nicht verstünde, wie wir seine Sprache nicht verstehen.

Solche Gedanken führen uns auf neuen Wegen zu dem seelenvollen Weltbild naiverer Zeiten zurück. Das steinerne Zeitalter des Materialismus neigt sich zu seinem Ende. Die Welt beginnt sich wieder mit dem Odem des Lebens zu erfüllen. Doch müssen wir uns streng hüten, uns von den Umsatzerscheinungen, die hinter allen energetischen Gebilden liegen mögen, irgendwelche Vorstellung zu machen, solange wir keinerlei empirischen Anhaltspunkt dafür haben.

Beruht das Verhältnis zwischen Ichumkreisen auf einem gegenseitigen Energieumsatz, so wird dadurch verständlich, warum wir immer wieder verführt werden, das „andere Ich" und seine „Gedanken" und „Überlegungen" in das Gehirn zu verlegen, an dem es orientiert ist. Wir begehen dabei genau denselben Fehler wie bei der Verlegung von Klängen ins Ohr oder in die Glocke, oder bei Verlegung irgendwelcher anderer rein zeitlicher Ereignisse an eine räumliche Stelle in unserem Körper oder außerhalb desselben. Wir lokalisieren ein rein zeitliches Erlebnis, in dem wir es in das Raumereignis hineinverlegen, aus dem es durch energetischen Umsatz hervorgeht. Wir schieben dem Zeitereignis sein räumliches Äquivalent unter, machen das Raumerlebnis zum Repräsentanten des Zeitereignisses, das aus ihm geboren wird. Allgemeiner gesagt, wir projizieren in ein Ereignis sein auf einem anderen Gebiet liegendes Äquivalent hinein, denken es uns wie ein Kind im Mutterschoß des letzteren liegend. Dabei vikariert natürlicherweise immer das Erlebnisgebiet von größerem „Übungswert"

186

für das Erlebnisgebiet von kleinerem „Übungswert". Das besser eingeübte und dadurch mächtigere Gebiet sucht das schwächere zu verschlingen, zu absorbieren, aufzusaugen. Die ganze Mystik der Tiefendimension ist nach dem Früheren ein Versuch der Fläche, die Zeitstrecke zu verschlingen. Es wird dabei immer das rein zeitliche Äquivalent einer Raumlinie mystisch in die Stelle der Fläche hineingeschaut, wo das Erlebnis die Raumfläche verließ, um in die reine Zeit überzugehen. Der sehnsuchtsvolle Blick fixiert die Stelle, wo das Ereignis wie ein am Horizont verschwindendes Schiff den vertrauten Gesichtskreis verließ, um in einer anderen Welt aufzutauchen, versucht es an jener Stelle zurückzuhalten, festzubannen, wo es zuletzt noch sichtbar war. So suchen wir, da uns die Welt des Lichtes und der Farbe heimatlich vertraut ist, die Töne in ihr festzubannen, in welche die Glockenschwingungen übergehen, und zwar immer an Stellen, wo ihr räumliches Gegenbild zuletzt noch aufglänzt, ehe sie sich in die raumlose Freiheit der Tonwelt emporschwingen. So verlegen wir die Druckempfindungen in die Haut. Und so verlegen wir auch alle Erlebnisse eines anderen Ichumkreises an die Stelle am Horizont unseres eigenen, wo ihr Äquivalent innerhalb des letzteren zuletzt noch sichtbar ist.

Das ganze Heer von Zeiterlebnissen, die ein Schwerthieb hervorruft, der eine Männerbrust trifft, verlegen wir in die blutende Hautstelle, wo der Stahl eindrang. Ebenso lokalisieren wir die ganze Welt der anderen Raum- und Zeitordnung, alle „Erinnerungen", „Überlegungen" und „Gedanken", die ganze sogenannte „innere Welt" des anderen Ich, im Gehirn des anderen Organismus, also dort, wo innerhalb unseres eigenen Ichumkreises das der Hauptordnung der Ereignisse angehörige Äquivalent jener extraordinären Erlebnisse zuletzt noch sichtbar ist, ehe der Umsatz in die andere Ordnung erfolgt, und wo andererseits dieses Äquivalent zuerst wieder sichtbar wird, nachdem umgekehrt der Umsatz aus der anderen Ordnung erfolgt ist. Es ist, wie wenn wir Amerika direkt hinter den Meerhorizont des Hafens von Hamburg verlegten, weil dort die Rauchsäulen der Loyd-Dampfer verschwinden, die nach der anderen Welt fahren, und weil dort die weißen Segel zum erstenmal wieder auftauchen, die von dorther zurückkehren.

Die Geschichte des Denkens.

Die Geschichte des Denkens geht ihrem Ende entgegen. Die Philosophie hat jetzt nur noch historisches, bald nur noch naturwissenschaftliches Interesse. Die „Passion des Gedankens" ist erloschen, aus der sie hervorging. Sie gleicht einem erloschenen Bulkan, der einst Glutbäche spie und Länder verheerte, aus dem aber jetzt nur noch ein blaues Wölkchen aufsteigt. Nietzsche war der letzte Philosoph im alten Sinne, der letzte, der vom philosophischen Daimonion besessen war, das einen in die Wüste jagt und bald ins Feuer wirft und bald ins Wasser, der letzte, der es noch wußte, daß Denken heißt: am Rande des Wahnsinns tanzen. Was jetzt in der Philosophie auf den Markt gebracht wird, sind Arbeiten von lobenswertem Fleiß, denen nur eins fehlt: Die Einsamkeit und die Schrecken der Einsamkeit und die Dämonen der Einsamkeit. Ein Zeichen, daß wir keine gefährlichen Ausbrüche der philosophischen Leidenschaft mehr zu erwarten haben, daß wir der Genesung entgegengehen. Da entsteht die Frage nach den Ursachen der überstandenen Krankheit. Avenarius war der erste, der die Geschichte der Philosophie nicht mehr nur historisch, sondern naturwissenschaftlich betrachtete und gesetzmäßige Kompensationsprozesse innerhalb derselben nachwies. Wir brauchen seine Arbeit nur fortzusetzen und zu ergänzen.

„Gedanken" sind nach allem Bisherigen Entscheidungen innerhalb einer von der herrschenden abweichenden Ordnung; sie kehren zu vergangenen Entscheidungen zurück oder nehmen künftige Entscheidungen voraus. Dies führt uns auf die Hauptquelle, aus der die Entwickelung des sogenannten geistigen Lebens der Menschheit floß. Ein Blick in die „Welt des Geistes" ist ein Blick in die Bildungswerkstätte des All, soweit wir sie von unserem augenblicklichen Orientierungspunkte aus überblicken können. Wir sehen den weichen Ton der Möglichkeiten unter unsichtbaren Schöpferhänden sich formen. Chaotische Tonklumpen ballen sich zu Welten, runden sich auf der sausenden Töpferscheibe der Zeit, mißraten, zerschellen am Boden, formen sich neu und immer wieder neu, bis sie endlich von der Sonne der Wirklichkeit braun und hart gebrannt werden. Nun stehen wir aber zunächst vor einer unübersehbaren Masse von Entscheidungen engsten und weitesten Umfangs, aus deren Ringen die Wirklichkeit geboren wird. Die einen unter ihnen sind, wie wir früher sahen, Entscheidungen des Grundverhältnisses, sie stecken die Grenzen des Größten und Kleinsten ab. In ihnen höhlt sich der Strom des Geschehens fortwährend selbst sein Bett aus, zeichnet sich die Ufer vor, zwischen denen er fluten will. Die anderen Entscheidungen füllen dieses Strombett mit Wellen.

Welche unter allen diesen weltkonstituierenden Entscheidungen sind nun die Hauptfaktoren des „geistigen Lebens", die Wurzeln der „philosophischen" und „religiösen" Gedankenbildung? Offenbar diejenigen, die den weitesten Umfang der jeweils gegebenen Wirklichkeit umspannen. Also die Entscheidungen, welche das Ziel der Gesamtentwickelung innerhalb des weitesten Gebietes antezipieren, das abgegrenzt worden ist. Innerhalb dieser wilden Brandung des Erlebens, die uns jeden Augenblick mit frischem Schaum überschüttet, haben die größten Wellen dieselbe Form wie die kleinsten. Die grandiose Entscheidung, die den weitesten Umfang der Wirklichkeit abgrenzt und seine Erfüllung mit künftigem Inhalt prophetisch vorausnimmt, bewegt sich in denselben Formen, wie die kleine Entscheidung, die etwa einen Pfeilschuß ins Herz einer auffliegenden Wildente antezipiert. Vergegenwärtigen wir uns, was vorgeht, wenn die Sehne des sicheren Schützen zischt. Er will den Tod des Vogels. Wollen, von ganzer Seele wollen, heißt aber immer glauben, daß es geschehen wird, wissen, daß es geschehen wird, die Zukunft prophetisch vorausnehmen. Jeder Zweifel an der Zukunft ist Willensschwäche. Noch ehe die Sehne schwirrt, blitzt schon das Bild der fallenden Ente auf, die zwischen den Binsen ins aufspritzende Wasser klatscht. Ein Wollen, das von keinem Zweifel angekränkelt ist, also eine souveräne Vorausnahme der Zukunft, trägt eben damit die Gewißheit in sich: Ich bin Herr aller Umstände, von denen die Erreichung meines Zieles abhängig ist. Pfeil,

Sehne, Luftzwischenraum, fliegender Vogel muß mir gehorchen. Die ganze kleine Welt, in der ich mich durchsetzen will, ist in meiner Macht, bis das Ziel erreicht ist. Jedes Wollen grenzt sich also eine kleine Welt ab, über die es die Allmacht beansprucht, und die sich wie eine Insel aus dem Meer des Unendlichen hebt. Der Beginn der Willenshandlung, das Auflegen des Pfeiles begrenzt diese raumzeitliche Insel nach rückwärts, die Erreichung des Zieles, der tote Vogel, der das Wasser mit seinem Blut rötet, begrenzt sie nach vorwärts. Dieser Allmachtsanspruch der antezipierenden Entscheidung über ihr selbsterobertes Herrschaftsgebiet läßt sich, wie unsere energetischen Betrachtungen zeigten, niemals theoretisch bestreiten. Denn die Macht läßt sich immer nur nach dem Erfolg bemessen.

Überblicken wir alle diese Elemente, in die sich ein einfacher Willensakt durch Analyse zerlegen läßt, so fällt uns die merkwürdige Ähnlichkeit auf, die sie mit den Elementen eines theologischen Systems haben, d. h. mit der Darstellung einer Gesamtentscheidung, die das weiteste Gebiet umfaßt und ihm ein Ziel setzt. Die Antezipation irgend einer kleinen Entscheidung ist sozusagen eine Theologie im Kleinen, die Abgrenzung eines Weltanfanges und Weltendes, die prophetische Setzung eines eschatologischen Zukunftsgemäldes an das Weltende, der Anspruch auf Allmacht zur Herbeiführung desselben im siegreichen Kampf gegen alle widerstrebenden Gewalten, die Beurteilung dieser widerstrebenden Gewalten als dem Sinn des Ganzen widersprechend und im Prinzip überwunden. Das ganze Heer der theologischen Probleme, die die Begriffe Gott und Sünde, Allmacht und Freiheit wie schwarze Vögel umflattern, liegt schon wie eine dunkle Wolke über der einfachsten Entscheidung. Die ganze Not der Theologie beruht darauf, daß sie die Antinomie des Weltgeheimnisses, die schon die kleinste der weltkonstituierenden Entscheidungen in sich trägt, in ihrer Anwendung auf den größten Umfang betrachtet. Das Rätsel, das man bei den kleinsten und alltäglichsten Entscheidungen kaum empfindet, wird in dieser umfassenden Anwendung, wie unter einem Vergrößerungsglas plötzlich riesengroß und abgrundtief.

Wir fragen hier noch nicht nach dem Sinn und Widersinn der theologischen Dogmen und Debatten, die in „schwärzlichem Gewimmel" über den Himmel unseres Jahrhunderts ziehen. Wir fragen nur nach dem Grunderlebnis, um das sich diese Schemen gierig zusammendrängen wie die Schatten in der Odysseussage um die Schale voll Herzblut, aus der sie all ihr Leben schlürfen. Und dieses Grunderlebnis trägt nach dem Bisherigen alle Züge einer antezipierten Entscheidung an sich, die, wie alle Entscheidungen, ihre Sicherheit in sich selber trägt. Wohl ist es ein auffallend großer Gebietsumkreis, dem diese grandiose Gesamtentscheidung das Ziel bestimmt. Wie eine Schlachtreihe sendet sie einen Hagel von Pfeilen vor sich her, der die ganze Erde zu überschütten und den ganzen Himmel zu verfinstern scheint. Aber der quantitative Unterschied, der zwischen dieser großen Entscheidung und irgend einer kleineren und kleinsten besteht, darf uns nicht verführen, einen spezifischen Unterschied zwischen dieser größten Entscheidung und allen anderen zu machen, das Gebiet der Religion wie eine Oase voll Palmen und rauschender Wunderquellen von der Sandwüste der übrigen Wirklichkeit abzusondern. Daß gerade die Vertreter bestimmter Religionen für die Isolierung der Religion gegenüber allen anderen Lebensgebieten eintreten, macht diese Isolierung sehr verdächtig. Sie hat eine merkwürdige Ähnlichkeit mit der Selbstabsonderung orientalischer Herrscher, die sich mit einem Hofzeremoniell wie mit einem Zaun umgaben, um ihrer Umgebung die Vorstellung von ihrer Übermacht zu suggerieren. Die Selbstabsonderung ist eine Kriegslist, auf die sich von jeher alle Herrschsüchtigen verstanden haben. Wir kennen diesen Schlich allmählich. Es läßt uns darum kühl, wenn irgend eine Person oder Partei oder Sittlichkeit oder Religion ihre prinzipielle Verschiedenheit von „der Welt" in donnerndem Pathos verkündigt. Das Bewußtsein der Erhabenheit über alles andere ist nur eine der vielen Formen, in denen eine Entscheidung innerhalb irgend eines Umkreises ihren Sieg antezipiert.

Für eine neutrale Betrachtung der Dinge liegen also alle Religionen, Moralen, Anschauungen über Sinn und Ziel des Daseins mit allen anderen antezipierten Entscheidungen kleinen

191

und kleinsten Umfanges auf derselben Fläche. Wenn die unendliche Stufenreihe von Erscheinungen vor uns auftaucht, die von
den kleinsten Entschlüssen des Alltags hinaufführt bis zu den
primitiven Religionen, von da bis zu den vollkommensten Universalreligionen, so geht es uns wie beim Anblick der Tierwelt. Wir
glauben eine verwirrende Masse völlig heterogener Gebilde vor
uns zu haben. Nehmen wir aber von der ganzen Stufenreihe
von Tieren, vom Fisch bis zum höchsten Säugetiere, die Weichteile
hinweg und legen die Skelette nebeneinander, so erkennen wir sofort die feste Grundform, die sich von der einfachsten Gestalt an
in immer höheren Differenziationen durch die ganze Reihe hindurchzieht. Genau so ist es mit den Entscheidungsantezipationen.
Die Formen, in denen die kühne Vorausnahme der Zukunft sich
ausdrückt, zeigen eine verwirrende Mannigfaltigkeit. Je nach Ge-
bietsumfang und Umständen hat Phantasie und Gedanke jenen
nackten Herrschaftsanspruch in der verschiedensten Weise mit Fleisch
und Blut umkleidet, ihn mit dem Schleier der Poesie, mit dem
Philosophenmantel, mit dem Königspurpur umhüllt. Sieht man
aber von allen diesen Verschleierungen ab, so erkennt man sofort
die oben skizzierte Entscheidungsantezipation als die gemeinsame
Skelettform, die von embryonalen Anfängen aus sich immer reicher
und reicher gliedert und zuletzt im dogmatischen Knochengerüst der
Weltreligionen in ihrer Vollendung vor uns steht.

Was ergibt sich aus alledem für die Betrachtung von Religionen und Weltanschauungen? Vor allem die scharfe Unterscheidung zwischen ihrer inhaltlichen und ihrer formalen Seite.
Zum Inhalt der Religion gehört 1. das Zukunftsgemälde, das sie
antezipiert; 2. die Bestimmung des Weltumkreises, über den sich
diese Antezipation erstreckt. Alles andere gehört zur bloßen Form
der Antezipation, zur immer wiederkehrenden Skelettstruktur, die
allen Religionen, ja im letzten Grunde allen Willensakten überhaupt gemeinsam ist. Daß man eine Gottheit setzt, d. h. die
Durchführung eines Weltziels allen Widerständen zum Trotz, daß
man diese Widerstände zu einer konzentrierten Gegenmacht zusammenfaßt, die im Prinzip schon überwunden ist, daß man an
eine Sittlichkeit glaubt, d. h. an ein Tun, das dem Weltziel

192

gemäß ist, das alles ist zunächst nur eine Form aus Lehm gebrannt, die des glühenden Gusses harrt, des erfüllenden Inhalts. Dieser kommt erst, wenn ein bestimmtes Zukunftsbild von konkreten Farben auftaucht als Inhalt des weltüberwindenden Gotteswillens, dessen Gegensatz sich zu einem ebenso konkreten Inhalt des Bösen zusammenballt. Erst dieser Inhalt haucht der Gottesidee Leben ein und erfüllt die Sittlichkeit mit konkreten Aufgaben. Aller Streit um jene Formalien der Religion, jene Prolegomena zu jeder möglichen Religion, also der Streit über das Dasein eines Gottes oder einer Moral überhaupt, ist immer nur ein Schulstreit gewesen oder, wo er weiter griff, eine pathologische Erscheinung, die den Übergang von einer Religion zur andern und von einer Moral zur andern begleitete. Das, worum es sich eigentlich handelte, war immer nur die inhaltliche Frage: Was will Gott, was muß ich also tun, daß ich selig werde?

Welches sind nun die inhaltlichen Antezipationen des Welt-ziels, deren Ringen die Weltgeschichte ausmacht? Jeder flüchtige Wunsch ist ja schon eine Religion im Kleinen. Bei Wünschen, die zu Leidenschaften anwachsen, lassen sich schon die schwellenden Triebe einer primitiven religiösen Gedankenbildung beobachten. Z. B. bei der Sehnsucht nach einer Geliebten. Das ganze Weltall soll in ein Nichts versinken vor einer Ewigkeit zusammen mit ihr. Der Kosmos soll in Flammen aufgehen, damit das Paradies des ewigen Umgangs mit ihr leuchtend aus dem Rauch steigt. Höher als diese mystischen Dunstwolken, die aus heißen Menschenwünschen aufsteigen, stehen schon die vergötterten Antezipationen mächtiger Naturereignisse, die den Naturreligionen zugrunde liegen, noch höher steht die Vorausnahme des nationalen Glanzes irgend eines bestimmten Volkes und seines endgültigen Siegs über alle Feinde, aus der die Volksreligionen erwachsen sind. Das ältere Judentum ist ein klassisches Beispiel für eine nationale Antezipation innerhalb eines sich immer mehr erweiternden Welthorizontes, für einen prophetischen Flug nach einem nationalen Zukunftsstaat von berauschender Pracht. Über dem rauchenden Blut der feindlichen Völker, die zu einer einzigen Macht des Bösen zusammengeballt sind, glänzt der feurige Thron des jüdischen Weltherrschers in den Wolken, vor dem alle Gewalten des Kosmos knien.

Aber mächtiger als die universalsten Volksreligionen waren die Religionsgebilde, die weit über die nationalen Schranken übergegriffen haben. Überblicken wir diese ganze Reihe von weltgeschichtlichen Erscheinungen, Buddhismus, Brahmanismus, Parsismus, Islam, späteres Judentum, Christentum, und sehen wir dabei nur auf die eschatologischen Wertinhalte, die in ihnen antezipiert werden, so zeigt sich, daß wir fast durchweg Mischbildungen vor uns haben.

Zunächst klingen überall sinnliche Untertöne mit, die von träumerischem Behagen des menschlichen Organismus reden, am lautesten im Paradies des Islam, leiser im christlichen Himmelreich, am leisesten und süßesten im buddhistischen Nirwana. Starke nationale Klänge tönen im Judentum und Islam dazwischen. Aber über den feuchten Niederungen, in denen noch Motive aus Naturreligion und Volksglaube wie Nebel aus stillen Wassern und Wiesen steigen, erheben sich drei Wertinhalte wie leuchtende Schneegipfel und Wanderziele der Sehnsucht, denen die Gedanken und Gebete dieser höchsten Religionen zueilen. Es sind drei umfassende Antezipationen, die in den höchsten Religionsgebilden miteinander um die Weltherrschaft ringen. Die erste derselben entstand durch Ausdehnung der Nationalreligion auf das Ganze der Menschheit. Wie die Nationalreligion die glänzende Zukunft eines einzelnen Volkes vorausnimmt, so nimmt die Menschheitsreligion eine ideale Vollendung des Menschheitsganzen voraus, eine Entfaltung des Menschentums und aller seiner schlummernden Anlagen und Keime, herbeigeführt durch das immanente Gattungs-Ich der Menschheit, das alles Untermenschliche allmächtig niederringt. Aus dem Kosmopolitismus des späteren Judentums und des Hellenismus geboren geht dieser Menschheitswert mit der Gedankenwelt des werdenden Christentums eine chemische Verbindung ein, ringt sich erst im Zeitalter der Aufklärung wieder aus dieser Vermählung los und erhält in Lessing seinen größten Propheten, der ihn von allen christlichen und pantheistischen Beimischungen reinigt und als eine neue, völlig selbständige Religion verkündigt. Aber weit älter

194

und mächtiger ist eine zweite Antezipation des Weltziels, die mit der ersten überall im Kampf liegt. Für diese ist der höchste Wert der Übergang der Unterschiede in Einheiten, der, wie wir früher sahen, immer die eine Seite des Weltprozesses bildet. Es ist eine Tatsache, die sich zunächst nur konstatieren und nicht erklären läßt, daß gerade diese eine Seite des Weltgeschehens, die Kompensation aller Unterschiede, in so hohem Maß vor der anderen Seite desselben bevorzugt wurde, die ihr an und für sich völlig gleichberechtigt ist, nämlich vor der Entfaltung der Einheiten in Unterschiede, oder der Störung von Gleichgewichtszuständen. Wir wollen diese Bevorzugung der Einheit vor der Vielheit der Kürze halber Henismus nennen. Diese Einheitsreligion, die das Aufgehen aller Unterschiede ins Eine, Unterschiedslose oder, was dasselbe ist, ins Nichts antezipiert, ist noch immer die verbreitetste Weltreligion. Am reinsten haben wir sie in Indien. Aber von dort aus hat sie sich unter hundert verschiedenen Namen und Verkleidungen in alle anderen Religionsgebiete eingeschlichen. Das ganze „Einheitsstreben der Vernunft" ist ein Geheimkult dieser Religion. Fast die ganze indische, orientalische, platonische, neuplatonische, mittelalterliche Mystik ist im Grunde genommen nur eine einzige Religion, ein einziger, übermächtiger Durst nach dem Unterschiedslosen. Die ganze Innigkeit der römisch-katholischen und griechisch-katholischen Andacht beruht nur darauf, daß hinter allen Meßopfern und Heiligenbildern wie eine Flamme hinter einem prachtvollen Transparent das Eine glüht, das selige Zerfließen, das diese ganze geschmacklose Symbolik mit der innigen Glut des Todes übergießt, daß sie in magischem Glanz leuchtet. Der ganze Kultus und die ganze Askese ist, ostasiatisch geredet, nur ein Tao, d. h. ein Weg zum Einen, in dem alles aufgeht. Aber es gibt noch einen dritten Wertinhalt neben den beiden genannten, noch einen dritten Gipfel, nach dem Gedanken und Hoffnungen auf der Wanderschaft sind. Abseits von den anderen ragt er einsam, ein Zeichen, dem widersprochen wird, ein Fels des Ärgernisses. Eine Menschengestalt, deren Wurzeln sich tief hinabsenken in die Vergangenheit und ihre mächtigsten Religionsgebilde und deren Wirkungen weit hinausgehen in die Zukunft wie wandernde Weinranken, dennoch eine einsame Gestalt, unformulierbar, unreduzierbar auf vergangene Religionen oder auf eine Kombination vergangener Religionen, Jesus von Nazareth. Es ist eine Tatsache, die wir, wie die bisherigen, nicht erklären, nur staunend konstatieren können, daß diese Einzelperson zum Inhalt einer religiösen Antezipation größten Stils wurde, die neben den beiden anderen Universalreligionen sich selbständig entwickelte. Das Urchristentum und alle seine reformatorischen Erneuerungen bleiben völlig unverständlich, wenn wir es nur als einen Zweig am Baum der anderen Religionsgebilde ansehen, etwa als Fortschritt in der Entfaltung des wahren Menschentums oder als ein neues Tao, einen neuen Ausgang aus dem Vielen und Untergang im Einen, oder endlich als einen Kompromiß zwischen Menschheitsfortbildung und unio mystica mit dem $\tilde{\epsilon}v$, eine „Harmonie zwischen Sittlichkeit und Religion“, wie man zu sagen pflegt. Unabhängig von Menschheitsreligion und Einheitsverlangen hat vielmehr das Urchristentum gar nichts anderes gewollt, als den Sieg des unformulierbaren Personwillens Jesu über die ganze Welt. Um ihn schwingt das Weltall wie um eine Sonne. Zu ihm hin sind alle Dinge. Wenn man die Menschheit umschlingt, wenn man in die Pracht des Kosmos eintaucht, so geschieht es nicht um der Menschheit willen oder um des Kosmos willen, sondern es ist alles nur Mittel zu dem einen Zweck, alle Mächte der Wirklichkeit wie einen langen Zug von Besiegten vor dem rollenden Triumphwagen der einen Person hinziehen zu lassen. Daß sich aus dem undefinierbaren Reichtum eines einzigen Menschenlebens ein ganzes Weltbild wob, daß der Mann von Nazareth auf den Thron der Zukunft stieg, daß das Vertrauen auf die allmächtige Heraufführung dieser Zukunft Weltreiche zertrümmerte und Kulturen schuf, das alles ist ebenso begreiflich und unbegreiflich, wie der Glaube, eine idealisierte Gattung höherer Organismen sei das Weltziel oder der Traum von der Heimkehr aller Dinge ins Nichts. Jede dieser universalen Konzeptionen der Weltzukunft ist so geheimnisvoll wie die andere, so geheimnisvoll wie alles schöpferische Fußfassen im Lande der Zukunft, also wie alles Weltgeschehen überhaupt.

Mit der Beschreibung der großen Entscheidungsantezipationen

haben wir aber nur eine von den Quellen genannt, aus denen alle Gedanken flossen, die bisher gedacht worden sind. Hätten wir nur diese eine Gedankenquelle, so würde die Welt des Geistes das einfache Schauspiel eines Ringkampfs von Entscheidungen um die Zukunft darbieten. Der Sieg wäre immer eine einfache Machtfrage. Statt dessen haben wir ein Schlachtfeld vor uns, das derart mit Qualm und Rauchwolken erfüllt zu sein scheint, daß ein Überblick über die ringenden Armeen kaum mehr möglich ist. Wie weiße Riesenschlangen umfangen diese langen Wolken die stürmenden Bataillone. Man kann darum die Stellung und Bewegungen des Gegners hinter den wallenden Rauchschleiern kaum erkennen. Fortwährend kommen Täuschungen vor. Feinde hält man für Freunde. Freunde beschießt man als Feinde. Offenbar muß bei diesem Kampf eine Schußwaffe im Gebrauch sein, die neben ihrer tödlichen Wirkung auf den Feind noch einen höchst unangenehmen Nebenerfolg hervorbringt, nämlich die Verbreitung eines für Freund und Feind gleich unwillkommenen Qualms, der eine hoffnungslose Konfusion herbeiführt.

Diese Schußwaffe im Kampf des Geistes ist die Sprache. Die Sprache ist aus den Lauten entstanden, durch die höhere Organismen einander zu gewissen gemeinsamen Funktionen im Kampf ums Dasein, wie Ernährung, Verteidigung, Begattung herbeilockten. Diese Laute dienten also von Anfang an nicht etwa bloß als Notsignale des kämpfenden Einzelorganismus, sondern zugleich als Lärmtrommeln und Sturmglocken, um ganze Herden von Organismen zu gemeinsamen Aktionen zusammenzurufen, die dazu dienen, die Familie, den Stamm, die Gattung im weitesten Sinne, unter Umständen durch Aufopferung von Einzelindividuen, zu erhalten. Damit werden die Laute zu Kommandos, die zur Arbeit für irgend ein engeres oder weiteres Ziel überhaupt entflammen, das über Massen von Einzelorganismen übergreift und das doch Einzelorganismen in seinen Dienst zwingt. Da nach dem Früheren die organische und anorganische Welt keine getrennten Provinzen der Wirklichkeit sind, so ist es keine Überschreitung der ursprünglichen Bestimmung der Lautsprache, sondern eine genuine Fortbildung derselben, wenn diese in den Dienst von Zielen tritt, die unter Umständen eine Aufopferung nicht nur des Einzelorganismus, sondern möglicherweise der ganzen Gattung, ja vielleicht der ganzen organischen Welt überhaupt verlangen, die also über den ganzen Gegensatz zwischen organischer und anorganischer Wirklichkeit übergreifen und kosmischer Natur sind. So kann z. B. der Durst nach Kompensation aller Unterschiede, der sich wie ein mächtiger Drang durch die ganze Wirklichkeit hindurchzieht, sozusagen aus den Tiefen des Kosmos hervor in dunklen Menschenlauten bauchreden. Diese Laute sind dann nur die Erscheinungsform, in der eine kosmische Tendenz innerhalb des kleinen Naturgebiets höherer Organismen zum Ausdruck kommt.

Auf diese Weise werden die Laute zu Schlachtparolen im komplizierten Kampfe der Entscheidungsantezipationen engsten und weitesten Umfangs, zu elektrischen Funken, in denen Energie von Organismus zu Organismus überspringt. Sobald nun der Kampf und die Taktik komplizierter wird, stellt sich ein Bedürfnis ein, das man schon an der Entwickelung der Signalsprache der höheren Tiere, noch deutlicher an der Ausbildung des militärischen Signalsystems studieren kann, das Bedürfnis, die Lautsignale allmählich zu differenzieren, zunächst die wichtigsten Kriegsoperationen durch klar unterscheidbare Lautgruppen zu bezeichnen, nach und nach für alle Aktionen, die überhaupt beim Kampf in Betracht kommen können, besondere Lautzeichen einzuführen. Da die organischen Aktionen, die in Sprachlauten kommandiert werden, immer Reaktionen gegen Wirklichkeiten, z. B. Feinde, Überschwemmungen, Futtergelegenheiten, sind, so tritt mit der Signalisierung derselben nur allzu leicht eine primitive Bezeichnung der Wirklichkeiten ein, von denen sie abhängig sind, und durch die sie sich charakteristisch voneinander unterscheiden. Es bilden sich Signale wie: Feuer! Feinde im Tal! Damit ist aber der Anstoß zu einer ebenso reichen wie verhängnisvollen Weiterentwickelung des Signalsystems gegeben. Das Signalsystem geht nämlich in eine Lautsymbolik über, die nach und nach alle Wirklichkeiten, die beim allgemeinen Kampf überhaupt von Bedeutung sein können, mit Lauten bezeichnet, um eine möglichst vollkommene Signalisierung zu ermöglichen. Hat aber dieses weltumfassende Lautsystem einmal einen gewissen

Umfang erreicht, so löst es sich ganz unmerklich von seiner ursprünglichen Bestimmung als Signalsystem im Selbsterhaltungskampfe los und erscheint wie ein eigenartiges Lebensgebilde, das sich selbständig weiterentwickelt wie ein Kind, das aus Not und Schmerzen geboren, den Mutterschoß verlassen hat und nun selbständig weiterwächst. Es erscheint nun beinahe wie ein selbständiger Zweck, die ganze wogende Wirklichkeit in einer Summe von Tönen darzustellen, alle Unterschiede der Wirklichkeit durch Klangunterschiede auszudrücken. Dieses Unternehmen birgt aber eine unüberwindliche Schwierigkeit in sich. Die Unterschiede der Lautgruppen, mit denen die Sprache arbeitet, sind Proportionen, festliegende Verhältnisse zwischen klingenden Gebilden von verschiedener Stärke, Höhe und Konstellation. Die Wirklichkeit besteht aber, wie wir gesehen haben, nicht bloß aus Proportionen, vielmehr sind ihre letzten Elemente Umtauschverhältnisse, deren geheimnisvolle Lebendigkeit auf dem Grundverhältnis zwischen Unterscheidung und Unterschiedenem beruht. Aus Umtauschverhältnissen bauen sich die Proportionen erst auf, wie Organismen aus Zellen. Will man also die Unterschiede der Wirklichkeit in Lautunterschieden darstellen, so stellt man damit Umtauschverhältnisse und Grundverhältnisse immer durch Proportionen dar.

Man gebraucht also eine tote Schablone, um das Geheimnis des Lebens darzustellen. Man spannt die Wirklichkeit in ein Schema ein, das gerade ihre tiefsten Unterschiede plump verwischt. Solange die Sprache nur Feldgeschrei im primitiven Selbsterhaltungskampfe ist, werden die üblen Folgen ihrer groben Symbolik durch die heilende Macht der Wirklichkeit sofort wieder ausgeglichen. Je mehr aber die Sprache und die Vorstellungswelt, die sie hervorzaubert, ein selbständiges Leben führt, desto fataler wird die Spannung zwischen Sprache und Wirklichkeit, desto mehr treten Vorgänge auf, in denen sich diese Spannung auszulösen sucht. Der gährende Most des Lebens braust in den alten Schläuchen, in die man ihn fassen wollte. Versuchen wir uns diese Spannung und die dadurch entstehenden Auslösungsversuche in einem Gleichnis zu veranschaulichen. Man denke sich einen Krämer, der so schwach im Rechnen ist, daß er ein Abbitionsverhältnis immer für ein Multiplikationsverhältnis hält. Solange er keine eigentliche Buchführung hat, wird er sich infolgedessen zwar gelegentliche Illusionen über seinen Vermögensstand machen, sich bald für einen Krösus, bald für einen Bettler halten. Aber ein ernüchternder Blick in seine Kasse wird die Täuschung von Fall zu Fall immer sofort wieder richtig stellen. Beginnt er nun aber Buch zu führen, so wird das Mißverhältnis zwischen Vermögensschätzung und Vermögensbestand unerträglich sein. Der Mann wird in eine skeptische Verwirrung geraten, bald an seiner Buchführung verzweifeln, bald seinen Augen mißtrauen, die den Kassenbestand immer ganz anders sehen, als er nach seiner Berechnung sein müßte. Er wird tausend Wege einschlagen, um hinter das Geheimnis dieses ewigen Mißverhältnisses zu kommen.

Dies ist ein Bild der Lage, die durch die Entwickelung der Sprache geschaffen ist. Die Verwechselung aller Verhältnisse mit Proportionsverhältnissen führt zu einer merkwürdigen Spannung zwischen der Buchführung der Sprachsymbolik und dem Ringkampf der lebendigen Wirklichkeiten. Die Weltberechnung auf dem Papier will mit den Tatsachen nicht übereinstimmen. Das tägliche Erleben von Umtauschverhältnissen und Grundverhältnissen tritt mit den Proportionsverhältnissen in Konflikt, in denen die korrespondierenden Sprachlaute zueinander stehen. Dieser Konflikt ist eine eigentümliche energetische Spannung, die die Tendenz enthält, sich in einem Kompensationsprozeß auszulösen. Und dieser Kompensationsprozeß ist — die Geschichte der Philosophie. Soweit die Philosophie nicht prophetisches Schauen von Werten ist, soweit sie sich auf einem allen Wertgegensätzen gegenüber neutralen, also rein formalen Gebiet bewegt, ist sie nichts anderes als eine Fülle durcheinandergehender Kompensationsprozesse, in denen sich jener durch die Sprache gegebene Konflikt auszugleichen sucht, eine einzige große Revolution gegen die Sprache. Die in der Sprachsymbolik eingeschlossene Wirklichkeit fängt an zu gähren und zu brausen, tobt gegen die Mauern, schäumt über, macht sich in Explosionen Luft, sprengt alle Fesseln der Worte.

Es vollzieht sich ein großartiger Heilungsprozeß. Unter Schmerzen und Fieberschauern stößt der lebendige Organismus die

200

tötlichen Fremdstoffe aus, die ihm eine falsche Ernährung zugeführt hat.

Fassen wir die Gesichtspunkte zusammen, die wir im Bisherigen für die Auffassung der Geschichte des „geistigen Lebens" gewonnen haben. Drei Grunderscheinungen sind es, aus denen sich die Geschichte des Denkens aufbaut: 1. Das Auftreten prophetischer Antezipationen kommender Weltgestaltungen; die wichtigsten derselben sind: Einheitsreligion, Menschheitsreligion, Jesusreligion; 2. die aus der Sprache entstehenden Versteinerungen der lebendigen Grundverhältnisse und Umtauschverhältnisse, zu denen nach dem Früheren noch die Introjektion der Weltdoublette in den menschlichen Organismus hinzutritt; 3. die Kompensationsprozesse, in denen sich die dadurch entstehenden energetischen Kollisionen auslösen.

Versuchen wir von diesen Gesichtspunkten aus einen Überblick über die bisherige Geschichte des Denkens zu gewinnen.

Die ältesten Urkunden menschlichen Denkens, die wir haben, sind gewisse indische Dichtungen, die man zum Teil bis um 2000 vor Christus hinauf zu datieren wagt, sogenannte Upanishad's aus dem Vedânta. Den Europäer überkommt ein seltsames Schwindelgefühl, wenn er diesen uralten Sätzen lauscht, die waren, ehe alle seine Denkkategorien wurden. Es ist ihm, als würde er plötzlich von seinem guten alten Erdboden weg in ein fernes Sonnensystem geschleudert, dessen Sterne sich noch in Gasform und feurigem Fluß befinden. Rein wie flüssiges Gold quellen diese ältesten Ergüsse des Einheitsglaubens hervor. Gebet und Gedanke ist noch ungeschieden. Alle Erstarrungsgebilde werden wie Schlacken ausgeschieden, indem sie dem niederen exoterischen Wissen (aparâ vidyâ) zugewiesen werden, von dem der reine Fluß der höheren esoterischen Weisheit (parâ vidyâ) ungetrübt bleibt. Zu dem niederen Wissen der uneingeweihten Menge gehört das allermeiste, was wir später in Europa gedacht haben. Der Unwissende lehrt eine Schöpfung der Welt durch das mit einer Vielheit von Kräften ausgestattete Brahman und eine Vielheit individueller Seelen, für deren Handeln und Genießen die Welt der Schauplatz ist. Er lehrt die Seelenwanderung, diese älteste Form der Introjektion einer mythologischen „Innenwelt" in dem menschlichen und tierischen

201

Organismus. Der Wissende aber durchschaut die Identität von Brahman, Natur und Seele.

„Seele nur ist dieses Weltall." Damit fällt auch das starre Subjekt-Objekt-Verhältnis zwischen Ich und Welt der exoterischen Mythologie zu. „Zum Brahman kann man nicht hingehen, denn wo man ist, dahin kann man nicht gehen." „Er, der Ungeborene, ist draußen und ist drinnen." Wir haben für dieses Eine in Europa gar kein Wort mehr, weil es noch jenseits aller unserer Unterscheidungen, jenseits von Gott, Ich und Welt liegt.

Spätere Vedantalehrer nehmen auch auf die Befangenheit ihrer Schüler in starren Unterscheidungen Rücksicht und suchen sie in schonender Weise davon zu erlösen. „Wenn auch das Brahman," heißt es in einer Erklärung, „als frei von räumlichen, zeitlichen und anderen Unterschieden erkannt worden ist, so ist doch das Erkenntnisvermögen der langsamen Geister so geartet, daß es das Seiende als ein mit Unterschieden des Raums usw. behaftetes auffaßt und nicht sofort zum Vorstellen der höchsten Realität gebracht werden kann. . . . . . So muß dasselbe, damit es erkannt werde, in der Lotosblume des Herzens räumlich aufgezeigt werden. (Ausdruck für die Introjektion des „Bewußtseins".)

. . . Wenn auch für die, welche die Einheit des Âtman wissen, kein Hingehender oder Hingehen oder Objekt, zu dem man hinginge (Ausdruck für das starre Subjekt-Objekt-Schema), existiert, und vielmehr die Erlösung nur ein Eingehen in das eigene Selbst ist, vergleichbar dem Blitz im Luftraum, oder dem Winde, der sich erhoben, oder dem Feuer, wenn das Holz verbrannt ist, so ist doch für diejenigen, deren Verständnis von den Vorstellungen des Hingehenden, Hingehens usw. durchtränkt ist, und welche Brahman als räumlich im Herzen und mit Attributen verehren, ein Hingehen zu ihm durch die Kopfader zu lehren. Denn ein vom Raum, Attributen, Hingehen, Belohnung und Verschiedenheit freies, im höchsten Sinne seiendes, zweitloses Brahman scheint den langsamen Geistern so gut wie ein Nichtseiendes zu sein." Diese Einleitung gibt ein Lehrer aus sehr später Zeit zu einem älteren Stück (Chândogya Upanishad 8,1), in dem ein Weiser versucht, seinen Schüler vom Wahn der Bewußtseinsintrojektion zu erlösen.

202

„Hier in dieser Brahmanstadt (dem Leib)," so beginnt er, „ist ein Haus, eine kleine Lotosblume (das Herz), inwendig drinnen ist ein kleiner Raum; was in dem ist, das soll man erforschen." Der Schüler wiederholt seine Worte und fragt: „Was ist denn dort, was man erforschen soll?" Der Meister erwidert: „Wahrlich so groß wie dieser Weltraum, so groß ist dieser Raum inwendig im Herzen, in ihm sind beide, der Himmel und die Erde beschlossen, beide, Feuer und Wind, beide, Sonne und Mond, der Blitz und die Sterne, und was auf dieser Welt ist und was nicht auf ihr ist, das alles ist in ihm beschlossen."

So sprengt hier noch die Überfülle der Wirklichkeit in herrlicher Urkraft das enge innermenschliche Gefängnis, das sie auch hier schon zu umschließen droht. Damit bleibt ihr noch die ganze Not dieser Gefangenschaft erspart, die sich später als „erkenntnistheoretisches Problem" wie eine schleichende Krankheit durch das ganze europäische Denken zog. Was später, als man die Welt in den Menschen einschloß, nur durch mühsame Beweise aufrecht erhalten werden konnte, das ist hier noch selbstverständlich, nämlich die Gewißheit, daß die Flut des Erlebens nie aufhört, daß das Brahman unsterblich ist. „Sein Wesen ist ewige Gegenwart; daher, wenn auch der Leib zu Asche wird, kein Vergang des Selbstes ist, weil sein Wesen die Gegenwart ist." Das ist nur dieselbe Wahrheit auf die Zeit angewendet, die eine andere Stelle aus Chānd. Up. auf den Raum anwendet, wo der Meister den Schüler zu der erlösenden Erkenntnis führt: „Ich bin unten und oben, im Westen und im Osten, im Süden und im Norden, ich bin diese ganze Welt.".... „Also zeigte ihm, dessen Verdunkelung gewichen war, das Ufer jenseits der Finsternis der heilige Sanatkumāra." Da die Unterscheidungen des formalen Denkens zwischen Gott, Ich und Welt hier noch in lebendigem Fluß sind, so trägt auch die prophetische Setzung des Weltzieles noch den Charakter einer souveränen Urentscheidung und schöpferischen Auswahl aus umtauschbaren Möglichkeiten. Ohne Begründung wird das Eingehen ins Unterschiedslose mit Inbrunst als Weltziel umschlungen. „Gleichwie dort im Luftraum ein Falke oder ein Adler, nachdem er umhergeflogen ist, ermüdet seine Fittige zusammenfaltet und sich zur Niederkauerung begibt, also auch eilt der Geist zu jenem Zustand, wo er eingeschlafen, keine Begierde mehr empfindet und kein Traumbild schaut. . . . Das ist die Wesensform desselben, in der er gestillten Verlangens, selbst sein Verlangen, ohne Verlangen ist und vom Kummer geschieden. Dann ist der Vater nicht Vater und die Mutter nicht Mutter, die Welten sind nicht Welten, die Götter sind nicht Götter, die Veden nicht Veden, dann ist der Dieb nicht Dieb, der Mörder nicht Mörder, der Büßer nicht Büßer, dann ist Unberührtheit vom Guten und Unberührtheit vom Bösen, denn er hat überwunden alle Qualen seines Herzens. . . . . Es ist kein zweites außer ihm, kein anderes von ihm Verschiedenes. . . . . Weil er zur Einheit geworden ist, darum sieht er nicht, hört er nicht, riecht er nicht, schmeckt er nicht." Die diesen Weg gehen, „für die ist zu diesem irdischen Strudel keine Wiederkehr, keine Wiederkehr".

Die Entscheidung für die Einheit als Weltziel wird nun durch den Satz ausgedrückt: Die Einheit ist die Wirklichkeit, alles andere ihr Entgegengesetzte, also die bunte Vielheit des Erlebens, ist Traum und Schein. Das Verhältnis zwischen Wirklichkeit und Traum, das nach dem Früheren der alltäglichste Fall einer Entscheidung von Umtauschverhältnissen ist, wird also hier unwillkürlich auf die Entscheidung des höchsten Umtausch- verhältnisses übertragen. Dabei ist in Indien noch die Emp- findung für die eigentümliche Relativität und Umtauschbarkeit des Verhältnisses von Wirklichkeit und Traum lebendig. Der Traum, wird gesagt, ist wahr bis zum Eintritt des Erwachens. So ist auch das Blendwerk der mâyâ, durch das die Einheit wie durch einen Zauber vervielfältigt erscheint, bis zum Eintritt der erlösenden Erkenntnis so gut wahr, wie alle Traumgesichte bis zum Erwachen. Es ist hier noch deutlich, daß der Begriff der Realität im Unterschied vom Schein immer nur eine Form ist, in der sich die schöpferische Entscheidung für einen Inhalt ausdrückt. Ein anderer Ausdruck, der gleichfalls zur selbstverständlichen Form jeder umfassenden Entscheidungsantezipation gehört, ist das mit jeder prophetischen Vorausnahme der Zukunft notwendig ver- bundene Bewußtsein, zeitlich vor dem ganzen Weltumkreis zu stehen, innerhalb dessen der antezipierte Inhalt durchgesetzt werden soll. Dies verbindet sich mit der Gewißheit des Sieges und der Übermacht über den Weltumkreis. Aus dieser Vermählung von Priorität und Übermacht über den Weltumkreis wird der Schöpfungsgedanke geboren, das Bewußtsein, den Weltumkreis hervorgebracht zu haben. So ist dem Hindu die Einheit das prius von allem. „Seiend, o Teurer, war dieses am Anfang, nur eines, ohne ein zweites.“ „Wie eine Spinne (den Faden) ausläßt und zurücknimmt, wie auf der Erde die Kräuter entstehen, wie aus dem lebenden Menschen Haupthaare und Körperhaare, so entsteht aus dem Unvergänglichen dieses Weltall.“ Er, „vor dem die Worte kehren um, und die Gedanken, ohne ihn zu finden,“ ist „der Ozean für alle Gewässer, das Auge für alle Gestalten, das Ohr für alle Töne“. „Die eine Wesensseele wohnt in jedem Wesen, eins und doch vieles, wie der Mond im Wasser.“

Die Reinkultur des Henismus, wie wir sie hier in Indien finden, hat nun eine Nachblüte in Griechenland erlebt, sei es, daß eine Flutwelle des phönizischen Handels Samenkörner indischer Ideen an die griechische Küste spülte, oder daß der Hunger nach dem Unterschiedslosen mit der Ermattung der Volkskraft ganz von selber in Griechenland ausbrach. Wie einer, dem der Durst nach Alkohol in der Kehle brennt, zunächst nach jedem leichten Weine greift, dem wenigstens einige Tropfen Alkohol beigemischt sind, und dann allmählich immer schwerere und reinere Spirituosen braucht, um in den erlösenden Rausch zu versinken, so greift jetzt in Griechenland der irre Trieb nach dem Einen zuerst nach irgend einem besonders häufigen und feinen Stoff, wie Wasser oder Luft, um auf ihn alles andere zurückzuführen, und sich so wenigstens an einigen Tropfen der ersehnten Einheit, wenn auch noch in trübender Vermischung zu berauschen. Denn je häufiger und altgewohnter der Inhalt ist, in dem man alle Weltgegensätze auflöst, desto schwächer werden die Unterschiede empfunden, die jener Inhalt selber noch enthält, desto näher steht er dem Nirwana, dem „Ozean, in den alle Ströme rinnen und, aufgebend Name und Gestalt, verschwinden“. Aber dieses Tasten nach Weltstoffen, in denen alle anderen aufgehen, ist nur eine Vorstufe, die ganz von selbst über sich hinaustreibt. Der Einheitsbrang ruht nicht, bis zuerst das $\check{\alpha}\pi\epsilon\iota\varrho\sigma\nu$ des Anaximander gefunden ist, und dann das $\check{\epsilon}\nu$ $\varkappa\alpha\grave{\iota}$ $\pi\tilde{\alpha}\nu$ des Xenophanes, das eleatische Eine. Ganz wie in Indien findet diese Entscheidung für das Eine in drei Gedanken ihren Ausdruck: 1. Das Eine ist das Göttliche ($\tau\grave{\sigma}$ $\vartheta\epsilon\tilde{\iota}\sigma\nu$); 2. das Eine ist das Seiende, das allein Reale, alles andere, ihm Entgegengesetzte, Vielfältige, ist Traum und Schein; 3. das Eine ist das Erste, der Weltanfang und Welturprung ($\alpha\varrho\chi\acute{\eta}$).

Wäre es bei diesem schlichten Bekenntnis des Einheitsglaubens geblieben, so wäre es wohl nur zu einem einfachen Machtkampf gekommen zwischen diesem lockenden Lied vom Tode, das wie ein weiches Wiegenlied die Menschheit in Schlaf singt, und allen Mächten des Lebens und Erwachens. Statt dessen überzieht sich sofort nach dem Einzug des Henismus in Europa der heitere Himmel Griechenlands mit den grauen Wolken philosophischer Probleme, die zu dem Kampf der Werte, der in ihrem Schatten ausgefochten wird, nur in indirekter Beziehung stehen. Woher kommt das? Offenbar ist mit dem lebendigen Verhältnis zwischen dem eleatischen $\check{\epsilon}\nu$ und der bunten Fülle des Lebens, mit dem es in heißem Kampf steht, unter dem Einfluß der Sprache ein Versteinerungsprozeß vor sich gegangen. Das göttliche Eine, nach dem alle Gedanken suchten, lag plötzlich jenseits der Welt wie eine weltabgeschiedene Insel. Die bunte Welt verhielt sich zu ihm wie Attika zur heiligen Insel Delos, nach der fromme Wallfahrer auf bekränzten Trieren ruderten. Es wurde transzendent. Das bedeutete 1. eine Verwechselung des Umtauschverhältnisses zwischen dem bevorzugten Wert und allen anderen Werten mit einer festliegenden Proportion. Infolge der besonderen Natur des henistischen Wertinhaltes war aber damit gleichzeitig noch eine zweite Verwechselung gegeben. Die Einheit, zu der der Henist betet, steht nämlich nicht nur zu anderen möglichen Weltzielen im Umtauschverhältnis, sondern sie steht nach dem Früheren zugleich im Grundverhältnis zur Vielheit oder Unterscheidung, mit der sie zusammen das Weltgeheimnis konstituiert. Reißt man also die Einheit von der Welt los, so ist damit 2. ein tödlicher Schnitt durch das lebendige Grundverhältnis zwischen Identität und Unterscheidung geführt. Die Hypostasierung der Einheit ergibt also eine doppelte Kollision mit der Erfahrung. Es werden demnach zwei Kompensationsprozesse von ihr ausgehen. Der erste ist derjenige, in dem sich die Vergewaltigung des Umtauschverhältnisses rächt. Es ist der Kampf um die theologischen Probleme. Die Wolkenburg, in die sich der Einheitsgott zurückgezogen hat, wird von andern Göttern bestürmt, die seine Weltherrschaft bestreiten. Der andere Prozeß ist die schmerzliche Reaktion, in der das Grundverhältnis sich des tödlichen Schnittes zu erwehren sucht. Das ist der Kampf um die eigentlich philosophischen Probleme.

Verfolgen wir zuerst den letzteren. Schon das erste Stadium dieses Kampfes, der Streit zwischen den Eleaten und Heraklit, zeigt die charakteristischen Symptome des Kompensationsprozesses, in welchem das Grundverhältnis das proportionale Schema abzuschütteln sucht, in das man es einzwängen will. Das Grundverhältnis besteht ja darin, daß jede Einheit sich als Unterscheidung entfalten und jede Unterscheidung wieder in eine Einheit aufgehen kann. Spannt man dieses Verhältnis in ein proportionales Schema ein, so kann sich der zuckende Herzschlag des vergewaltigten Organismus nur dadurch am Leben erhalten, daß er abwechselnd zwischen zwei entgegengesetzten Positionen hin- und hergeht: 1. Alles ist Einheit, und 2. alles ist Unterscheidung. Die eleatische Partei stellt sich auf die eine Seite der unnatürlichen Proportion und negiert die andere, behauptet die Einheit und leugnet Vielheit und Wechsel. Dies ruft wie eine notwendige Reaktion die heraklitische Position auf den Plan. Heraklit stellt sich auf die andere Seite der Proportion, leugnet die identische Einheit und behauptet den Unterschied, den Wechsel, den Krieg, das Werden.

Der ganze Prozeß hat die Tendenz, diese beiden Extreme, zwischen denen der Pendel des Gedankens ruhelos hin- und herschwingt, zu absoluten Gegensätzen zuzuspitzen. Denn je klarer sie sich als reine Gegensätze gegenüberstehen, desto deutlicher sprechen sie durch ihren Gegensatz das Wesen des Grundverhältnisses aus, desto näher liegt die erlösende Ahnung, sie könnten vielleicht die zwei Seiten einer Wahrheit sein, die sich

207

nur deshalb wie Todfeinde bekämpfen, weil man sie in unnatür-
licher Weise auseinander gerissen hat, wie bei einer gewissen
Schlangenart Kopfende und Schwanzende sich in mörderischem Kampf
aufeinander stürzen, wenn man beide durch einen Messerschnitt getrennt hat. Daß die befreiende Erkenntnis des relativen Verhältnisses zwischen Einheit und Vielheit im eleatisch-heraklitischen Streit
nicht zum reinen Durchbruch kommt, daß der Kompensationsvorgang
also nicht zum vollen Abschluß gelangt, rührt nur daher, daß hier
noch ein anderer Faktor trübend einwirkt, den wir schon früher bei
der Erklärung des Materialismus erwähnt haben. Schon das
eleatische $\xi\nu$ wird kugelgestaltig, also räumlich-körperlich vorgestellt.
Die leere Hinterwelt, die durch die Hypostasierung des $\xi\nu$ entstanden war, hat sich also mit einem blassen Abbild der Erlebnisse
erfüllt, die im Umkreis der Landtiere gerade am häufigsten vorkommen. Sie ist körperlich geworden. Dies wirkt trübend auf die
Versuche ein, den Gegensatz zwischen den Eleaten und Heraklit
durch eine übergreifende Erkenntnis zu überbrücken. Die Auffassung
der Welt als lebendige Verbindung von Einheit und Wechsel, also
als Identität eines Wechselnden und Wechsel eines Identischen
verdichtet sich unter dem Einfluß des Körperglaubens zu dem
plastischen Gedanken: Die Welt ist eine Körpermasse von identischer
Beschaffenheit; sie befindet sich aber im Fluß wechselnder Gestaltung
und Bewegung. In diesem plastisch anschaulichen Weltbild, das
in der $\kappa\iota\nu\eta\sigma\iota\varsigma\ \tau\tilde{\omega}\nu\ \dot{\alpha}\tau\dot{o}\mu\omega\nu$ bei Leukipp zur erstmaligen Darstellung
gelangt, kommt der eleatisch-heraklitische Streit zum vorläufigen
Abschluß. Dieser Abschluß enthält aber den Keim zu zwei neuen
Kompensationsprozessen, in denen seine innere Unhaltbarkeit zum
Ausdruck kommt. 1. Einmal kollidiert das körperliche Weltschema
mit dem Reichtum der Wirklichkeit, die neben den körperlichen eine
Fülle von unkörperlichen, rein zeitlichen Erscheinungen enthält.
Diese Kollision führt zu der schon früher erwähnten, zunehmenden
Verdampfung und Auflösung der massiven Atomvorstellung. Dieser
Kompensationsvorgang kommt erst dann zur Ruhe, wenn vom
Atom nur noch der Begriff des rein mathematischen Punktes übrig
geblieben ist, der sowohl Raumpunkt als Zeitpunkt sein kann, der
also dem ganzen Reichtum der Wirklichkeit gerecht wird. 2. Außer-

dem verführt die Plastik des körperlichen Weltbildes dazu, die identische Beschaffenheit der Stoffmasse einerseits und die wechselnde Gestaltung und Bewegung dieser Masse andererseits wie zwei getrennte Weltgebiete auseinanderzuhalten. Damit entsteht die zäheste und langlebigste Form, in der sich die Erstarrung des Grundverhältnisses durch Jahrtausende konserviert hat, die Trennung der Welt der Form von der Welt des Stoffes, die Trennung der quantitativen Welt von der qualitativen Welt, die Trennung von Raum und Zeit einerseits und dem Geschehen andererseits, das in Raum und Zeit verläuft. Der Unterschied zwischen der formalen und der inhaltlichen Welt wird proportional, d. h. wie das Verhältnis zweier Summen vorgestellt, die man zueinander addieren und voneinander abziehen kann. So konnte man später auf den tollen Einfall kommen, die Qualitäten von der Welt zu subtrahieren, um die rein quantitativen Formen als leere Hülsen übrig zu behalten, oder die Welt aus der Raum- und Zeitform auszuschütten, um die Anschauungsformen als leere Gefäße übrig zu behalten. Aber obwohl das tote Stoff- und -Form-Schema zu so wahnsinnigen Konsequenzen geführt hat, ist der Kompensationsprozeß, in dem es sich erweicht, noch immer in den Anfangsstadien.

Wir können den bisher geschilderten Gedankenprozeß, in welchem der eleatisch-heraklitische Kampf im Atomismus zu einem vorläufigen, wenn auch sehr problematischen Ruhepunkt gelangt, die physikalische Gedankenwelle nennen. Charakteristisch für dieselbe ist, daß sie von der Introjektion der Welt in den Menschen noch völlig unberührt ist. Tritt nun zur Erstarrung des Grundverhältnisses noch die Introjektion der durch die Erstarrung erzeugten Sondergebilde, so entsteht die Frage nach dem Verhältnis dieser Sondergebilde zu der übrigen Welt, also das erkenntnistheoretische Problem. Damit setzt neben der physikalischen eine zweite, erkenntnistheoretische Gedankenwelle ein.

Schon in der exoterischen Vedantalehre und in der Samkhyaphilosophie erwächst aus der Erstarrung des Stoff- und -Form-Schemas der Trieb, die von ihrem Inhalt losgerissenen Grundformen der Wirklichkeit als Sondergebilde zu hypostasieren und in den menschlichen Organismus hineinzuverlegen. Wir sehen hier ben mythologischen Trieb, der später zur Hypostasierung der drei „Seelenvermögen" geführt hat, noch in seiner ersten Frische üppig wuchern. Es gibt fünf Erkenntnisorgane, fünf Tatorgane, ein Überlegungsorgan (Manas), ein Organ, das den Gegenstand zum Ich in Beziehung setzt (Ahamkara), ein Entscheidungsorgan (Buddhi). Besonders in der Samkhyaphilosophie sieht man noch deutlich in den mythologischen Ursprung der Subjektvorstellung hinein. Das Subjekt erscheint hier noch als ein feiner Menschenleib, der im groben Menschenleib wohnt, also als eine Doublette des Menschen, als ein zweiter Mensch, der dem ersten zuschaut.

Die Subjektvorstellung entstand also ursprünglich nach demselben Gesetz der Mythenbildung wie der Atomismus. Legte der Atomismus das häufigste Ereignis im Umkreis des Menschen allen Weltinhalten zugrunde, so nahm der Subjektmythus den häufigsten Ereigniskomplex im Umkreis des Menschen, nämlich die Handlung, die der menschliche oder tierische Organismus mit seinen Gliedern vollzieht, und legte dieses Schema der Menschenhandlung allen Erlebnissen zugrunde, die irgendwie den Charakter der Bewegung und Veränderung zeigten. Der Urmensch introjiziert in alle Bäume und Quellen, in alles, was rauscht, raschelt, donnert, fällt, rollt, ein handelndes Tier oder einen handelnden Menschen. Der Fetischdiener vermag in jedes Holzstück, mit dem er ein auffallendes Ereignis, etwa den Tod eines Kindes in Beziehung bringt, einen unsichtbaren homunculus zu introjizieren. Dieser Hang, in alles Wirkliche das Bild eines höheren Tieres hineinzulegen, die Welt theriomorphistisch und anthropomorphistisch aufzufassen, ist die Quelle jener wundervollen Naturmythologie kindlicher Zeitalter, die z. B. die Wolken für Kühe hält, die weidend über den Himmel ziehen und aus ihren Eutern Regen spenden, das Gewitter für einen Dämon, der gegen einen anderen Dämon blitzende Speere schwingt, um die Wolkenkühe aus dessen Stall zu befreien. Je mehr sich nun aber das Weltbild über den Horizont des organischen Daseinskampfes hinaus erweitert, desto schwerer wird es dem Phänomen des handelnden Menschen, sich in den geheimnisvollen Innenraum aller übrigen Erscheinungen hineinzustehlen. Es erwächst ihm eine immer mächtigere Konkurrenz von anderen

210

Phänomenen, deren Selbsterhaltungstendenz sich in derselben Weise Luft macht. Der fetischistische Introjektionstrieb wird wie ein besiegter Welteroberer durch seine früheren Vasallen von allen Seiten belagert und zurückgedrängt. Zuletzt kann er sich nur noch auf dem engsten Bezirke halten, der seiner Zwingburg am nächsten liegt, auf dem Gebiet, das dem Phänomen des handelnden Menschen unmittelbar benachbart ist, auf dem Gebiet der sogenannten Überlegungs- und Erinnerungsvorgänge, die den menschlichen Handlungen vorangehen und nachfolgen. Diese Zurückdrängung des Fetischismus auf sein Quellgebiet, die zuletzt mit seiner Auflösung endigen muß, vollzieht sich aber in einer langen Entwickelung. Zunächst schrumpft die Fülle der theriomorphen und anthropomorphen Gestaltungen, die das „Innere" aller außermenschlichen Erscheinungen bevölkern, immer mehr zu einem einzigen Wesen von verkümmerter Menschenähnlichkeit zusammen, das der ganzen außermenschlichen Wirklichkeit introjiziert wird, dem $\nu o \tilde{u} \varsigma$, der Weltvernunft, dem Weltgott. Dieses letzte kümmerlichste Erzeugnis des einst so üppig wuchernden Introjektionstriebs, dieser sterbende Weltfetisch kann sein müdes Leben nur dadurch noch um einige Jahrhunderte verlängern, daß er seine Menschenähnlichkeit auf ein Minimum herabsetzt, das eben noch genügt, um sein Dasein damit zu fristen. Wie die letzte Wolke eines abziehenden Gewitters, so liegt der philosophische Theismus, dieser letzte Überrest der prachtvollen mythologischen Gewitterentladung des Geistes, am Welthorizont. Nubicula est, transibit.

Aber gerade weil der Fetischismus nach und nach auch aus seiner letzten außermenschlichen Position hinausgedrängt wird und sich zuletzt auf sein Quellgebiet eingeschränkt sieht, verteidigt er wie ein Löwe seine letzte Festung. Auch wo der Weltfetisch längst der langsamen Auszehrung des „Atheismus" erlegen ist, sieht man noch Jahrhunderte lang die „Überlegungen" und „Erinnerungen", die die menschlichen Handlungen umfluten und die nach dem Früheren in den Menschen hineinverlegt werden, unter dem Bilde des handelnden Menschen. Unter dem Namen „Subjekt des Bewußtseins", „erkennendes Ich" hockt hier der allerletzte Fetisch zu einem Schemen verblaßt und verkümmert im Hintergrund der dunklen innermenschlichen Kammer, die ihm von seinem ehemaligen Weltreich nun allein noch als letzte Zufluchtsstätte geblieben ist. Ein zweiter Mensch im Innern des ersten, haust er im Menschenkörper, um mit der Samkhyaphilosophie zu reden, „wie in einem Palast der im Innern wohnende untätige Herr". Die äußeren Sinne sind die Tore, die alles hineinlassen, was zu ihm hinein will, die inneren Organe die Türhüter, die die Tore öffnen und schließen und die hineingelangenden Eindrücke kontrollieren und ordnen. Die Dorfältesten erheben von den Hausvorständen Steuer, diese liefern sie dem Gouverneur ab, dieser dem obersten Beamten, dieser dem König. So liefern die äußeren Sinne dem innern die Wahrnehmungen, dieser dem Ahamkara, dieser dem Buddhi. So kristallisieren sich um den inneren Menschen wie um einen festen Kern zunächst die introjizierten Grundformen der Wirklichkeit als seine Minister oder Seelenvermögen, um diese weiterhin die ganze durch die Sinne importierte Weltdoublette; so bekommen wir einen inneren Palast mit vielen Bewohnern und Gemächern, der sich deutlich gegen die „Außenwelt" abgrenzt. Damit tritt aber die große Frage auf, wie sich dieser innere Palast zur Außenwelt verhält. Die Kollision zwischen der künstlichen Weltverdoppelung und der faktischen Einfachheit der Welt führt zu einem energetischen Prozeß, in dem das zerteilte Weltbild in seine ursprüngliche Einheit zurückzukehren strebt. Durch die ersten Stadien dieses Prozesses, die ersten Antworten auf die Frage nach dem Verhältnis zwischen Innenwelt und Außenwelt geht noch deutlich die Ahnung von der ursprünglichen Einheit des Weltbildes hindurch. Nach der Samkhyaphilosophie haben die Wahrnehmungsorgane und ihre Objekte denselben Ursprung. Bei der Wahrnehmung wachsen die Sinne aus ihren körperlichen Sitzen hinaus zu den Objekten hin, feiern gewissermaßen wie getrennte Brüder eine Wiedervereinigung. Verwandte Gedanken treten auf griechischem Boden auf. Nach Anaxagoras ist die Innenwelt des Menschen nur ein Teil des alldurchwaltenden νοῦς, d. h. des hypostasierten Formprinzips der Wirklichkeit, das wie ein feiner Stoff durch die ganze Welt verteilt ist. Nach Empedokles wird die Kälte draußen durch die Kälte drinnen, überhaupt immer das Gleiche durch das Gleiche wahrgenommen.

212

Diese älteste Mythologie des Erkenntnisvorgangs, in der er wie eine vorübergehende Verschmelzung der beiden auseinandergerissenen und doch so innig zusammengehörigen Weltgebiete erscheint, ist nur eine Dichtung des Heimwehs nach der verlorenen Welteinheit. Wie nah man dieser noch stand, zeigt die hier noch ganz selbstverständliche Voraussetzung, daß das äußere Weltoriginal mit der inneren Weltkopie übereinstimmt. Wo dies noch als selbstverständlich gilt, haben wir nur einen leichten Grad der erkenntnistheoretischen Erkrankung vor uns. Wo man nicht besonders auf das Erkennen reflektiert, vergißt man auch die Weltverdoppelung und glaubt noch völlig unbefangen an die Identität von Empfindung und Wirklichkeit. Sobald aber der Riß zwischen der Welt und ihrer innermenschlichen Kopie durch die Gewöhnung der Jahrhunderte tief und unheilbar geworden ist, beginnt ein akuter Krankheitsprozeß mit hohem Pulsschlag. Dieser verläuft nach demselben Gesetz, wie die erste, physikalische Gedankenwelle. Denn er ist, im Grunde genommen, nur eine Wiederholung jenes aus der Erstarrung des Grundverhältnisses entstandenen ersten Prozesses, modifiziert durch die inzwischen hinzugetretene Introjektion. Ähnlich wie gegen die starre Trennung von Einheit und Vielheit, so reagiert der lebendige Organismus der Wirklichkeit auch gegen die Zwangsjacke des Subjekt-Objekt-Schemas, indem er gleichzeitig den zwei extremsten Positionen zudrängt, die innerhalb desselben möglich sind, um auf diese Weise zuletzt das Schema selbst zu zerbrechen, wie die sozialistische Tendenz innerhalb des kapitalistischen Staates auf die äußerste Überspannung des im Kapitalismus enthaltenen Gegensatzes zwischen Besitzenden und Besitzlosen hindrängt, um auf diese Weise die kapitalistische Staatsordnung selbst an ihrem inneren Widerstreit zugrunde gehen zu lassen. So drängt die erkenntnistheoretische Entwickelung auf der einen Seite zu dem Gedanken: Alles ist subjektiv, auf der andern Seite zu dem Gedanken: Alles ist objektiv. Auf der einen Seite entsteht der subjektivistische Phänomenalismus, der die Welt auf das menschliche Bewußtsein reduziert. Dieser tritt auf griechischem Boden zum erstenmal in der Zeit der Sophisten auf. Auf der andern Seite entsteht die objektive Gegenposition, die in Griechenland unter dem Einfluß der atomistischen Physik, für die Objektivität immer gleich Körperlichkeit ist, im Gewand des Atomismus auftritt. Hatte der Subjektivismus die Körperwelt auf Bewußtseinsphänomene zurückgeführt, so führt der atomistische Objektivismus umgekehrt die Bewußtseinsphänomene auf Körperbewegungen zurück. Nach Demokrit besteht die Wahrnehmung in dem Aufstoßen grober Bildchen auf die Organe, das Denken in der Berührung der im Leib zerstreuten Feueratome mit feinen Bildchen. So verschlingt auf der einen Seite die subjektive Welt ihr objektives Gegenbild, auf der andern Seite verschlingt die objektive Welt ihr subjektives Gegenbild. Es ist derselbe Drang nach der verlorenen Welteinheit, der von beiden Seiten des Doppelschemas her sozusagen sich selbst entgegenarbeitet. Solange die Weltverdoppelung selbst noch nicht aufgehoben ist, gibt es gar keinen andern Weg zur Welteinheit als den Versuch jeder der beiden Welten, die andere zu vernichten und sich allein zu behaupten. Je radikaler aber diese gegenseitige Vernichtung der beiden Welten durchgeführt wird, je höher das Pendel des Gedankens nach den beiden entgegengesetzten Seiten hinaufschwingt, desto näher ist der Augenblick, da es schwingend überschlägt und die beiden entgegengesetzten Gedankenbewegungen in eine einzige verschmelzen. Diese erlösende Wendung kündigt sich in dem sokratischen Gedanken an, daß das logisch-ethische Grundprinzip der subjektiven Welt zugleich das Prinzip der objektiven Welt sei.

Neben den beiden bisher geschilderten Prozessen, der physikalischen und der erkenntnistheoretischen Gedankenwelle, gibt es aber noch einen dritten Prozeß, der gleichfalls von der Erstarrung des Grundverhältnisses ausgeht. Im ersten Prozeß war das Verhältnis von Unterscheidung und Einheit noch unabhängig von der Introjektion zum Austrag gekommen. Im zweiten Prozeß war es die Introjektion selbst und die aus ihr entstandene Weltverdoppelung, was die Gedankenbewegung auslöste. Steht nun aber infolge der Introjektion das Schema der zwei Welten einmal fest, so tritt damit auch das Resultat der ersten physikalischen Gedankenwelle in das Zwielicht der Weltverdoppelung. Der Atomismus erscheint dann als Lösung des Problems der Einheit und Vielheit nur innerhalb der einen objektiven Seite des zweigliedrigen Weltgebäudes. Es entsteht also noch die Aufgabe, dasselbe Problem innerhalb des andern subjektiven Weltgebiets zu lösen. Die Introjektion hat so das Problem des Grundverhältnisses in zwei Teilprobleme zerspalten, in zwei Variationen eines und desselben energetischen Prozesses. Das Problem der Unterscheidung und des Unterschiedenen, das bei Heraklit und den Eleaten in objektiver Form aufgetreten war, tritt nun noch einmal in subjektiver Variation auf als die Frage, wie sich die Unterscheidungsfunktion des Subjekts zu den unterschiedenen Inhalten verhält, die ihm durch die Sinne zugeführt werden; damit tritt zu den zwei ersten Gedankenwellen noch eine dritte, die rationalistisch-empiristische Gedankenwelle. Das Bild des kämpfenden Menschen, aus dem der Subjektmythus entstand, verführt nämlich unwillkürlich dazu, sich die beiden Seiten des Grundverhältnisses durch die beiden Seiten des organischen Selbsterhaltungskampfes zu veranschaulichen, die Unterscheidung sich als eine Aktion vorzustellen, als ein aggressives Eingreifen in die Welt und Bearbeiten derselben mit den Händen, das Unterschiedene dagegen als eine Passion, als ein Berührtwerden und Überschüttetwerden mit Material. So entsteht die Frage: Wie verhält sich das aktive Element des Bewußtseins zum passiven? Wie verhält sich Vernunft und Erfahrung? Auf griechischem Boden sehen wir nur die ersten Anfänge des damit gegebenen Prozesses. Aber schon aus diesen läßt sich erkennen, daß das Grundverhältnis auch gegen diese dritte Form seiner Erstarrung in derselben Weise reagiert, wie gegen die beiden ersten. Auf der einen Seite entsteht die Tendenz, die ganze Welt aus Vernunftbegriffen abzuleiten; auf der andern Seite die entgegengesetzte Tendenz, die ganze Welt aus sinnlicher Erfahrung entstehen zu lassen. Aber schon bei Plato und noch deutlicher bei Aristoteles dämmert der übergreifende Gedanke, der beide Extreme in eine höhere Einheit aufzulösen sucht, daß der Vernunftbegriff und sein empirischer Einzelinhalt in relativem Wechselverhältnis stehen. Nach Aristoteles hat der Gattungsbegriff sein Dasein nur in den Einzelerscheinungen, die Einzelerscheinungen aber existieren nur, indem der Gattungsbegriff in ihnen zur Erscheinung kommt.

Damit haben wir die drei Gedankenwellen beschrieben, durch

deren mannigfaltige Komplikation, Kreuzung und Verschlingung die ganze formale Philosophie entsteht. Sie erschienen uns als drei Variationen eines und desselben von der Erstarrung des Grundverhältnisses ausgehenden Prozesses. Nur das Dazwischentreten der Introjektion war daran schuld, daß der eine Prozeß sich in der Geschichte des Denkens in drei verschiedenen Verkleidungen wiederholte und in drei scheinbar ganz verschiedene Problemstellungen auseinandertrat. Aus dieser geschichtlichen Auseinanderfaltung eines in Wahrheit identischen Prozesses folgt dann die weitere Kalamität, daß die eine Relation, um die es sich in allen drei Prozessen immer allein handelt, in drei verschiedenen Masken auftritt, so daß man ihre faktische Identität nicht mehr merkt. Die weltkonstituierende Unterscheidungsrelation nennt sich innerhalb der physikalischen Gedankenwelle zeitliches Nacheinander und räumliches Nebeneinander, innerhalb der erkenntnistheoretischen Gedankenwelle erkennendes Subjekt oder erkenntnistheoretisches Ich, innerhalb der rationalistisch-empiristischen Gedankenwelle logische Unterscheidung. Kein Mensch kann sich eine raumzeitliche Unterscheidung vorstellen, die nicht zugleich eine logische Unterscheidung des Inhalts wäre, und zugleich das, was man einen Erkenntnisakt des Subjekts nennt. Kein Mensch kann also irgend eine von diesen drei Relationen gegen die beiden andern isolieren und auf diese Weise feststellen, worin der Unterschied zwischen den dreien bestehen soll, der uns das Recht gibt, sie mit drei so verschiedenen Namen zu benennen. Es ist lediglich die Macht der Geschichte, die den Kampf um die eine Relation in drei verschiedenen Formen ausgeprägt hat und uns nun durch den Zwang der Tradition nötigt, eine und dieselbe Sache uns immer unter drei verschiedenen historisch gewordenen Namen und Maskierungen zu vergegenwärtigen. Einst kommt die Zeit, da werden alle drei Gedankenwellen zur Ruhe kommen. Dann wird das Meer wieder still liegen und die drei Prozesse werden identisch sein.

Alle philosophischen Systeme, die wir seit dem Auseinandertreten der drei Gedankenprozesse bekommen haben, sind Welten, die sich zunächst durch die Antezipation eines umfassenden Weltziels gegen das Unendliche abgegrenzt haben, durch die aber die

216

drei Gedankenprozesse wie drei Flüsse hindurchströmen, die sich in verschiedenen Stadien ihres Laufes befinden, der eine vielleicht noch nahe seiner Quelle, der andere im Mittellauf, der dritte nahe der Mündung. Der Lauf dieser drei Flüsse höhlt die Täler und schafft die Berge des Gedankens, formt die ganze Bodengestalt der Systeme.

In Plato flammt noch einmal die Sehnsucht der Griechen nach der Sonne Indiens auf, nach dem ἕν, in dessen Glut alle starren Unterschiede wie Wachsgebilde zerschmelzen. Ganz wie dem Hindu ist ihm das ἕν „das Gute", der Weltgrund, aus dem sich das ταὐτόν und θάτερον erst entfaltet. Je näher etwas dem Unterschiedslosen steht, je mehr es Identität in sich enthält, desto näher steht es der Realität, d. h. dem Inhalt, den der Einheitsglaube als die alleinige Wirklichkeit mystisch umschlingt. Diese Entscheidung für die Einheit als das ens realissimum ist die Quelle der Ideenlehre. Schon in der Vedanta-Philosophie findet sich der Gedanke: Die Spezies (âkriti) sind ewig, wenn auch die Individuen entstehen und vergehen, sie sind die Formen und Kräfte, aus denen die Welt immer wieder hervorgeht. Die Begriffsinhalte, losgelöst von ihren individuellen Anwendungen, in denen sich nach dem Früheren ihr identischer Inhalt in unterschiedene Zusammenhänge auseinanderfaltet, stehen der Einheit näher als ihre individuelleren Entfaltungen. Sie sind Tempelstufen; auf ihnen geht es empor in immer höhere und hellere Allgemeinheiten, dem ἕν entgegen, der Weltsonne entgegen, von deren Glanz geblendet man nichts mehr sieht, nichts mehr hört, nichts mehr empfindet. Geht man dagegen diese Stufen hinab ins Individuellere, so sinkt man immer tiefer in den Nebelschleier des Vielen und Wechselnden, in den vom fernen Urlicht nur gebrochene Strahlen hinableuchten, also in die Atmosphäre des Traums und Scheins. Dieser indische Gedanke ringt nun bei Plato mit dem Geröll von Erstarrungsgebilden, das jene drei durch seine Welt hindurchgehenden Gedankenströme abgelagert haben. Wohl hört er das Zauberlied von der Auflösung aller harten Dissonanzen des Gedankens wie ein fernes Meerrauschen. Seine „Ideen" haben die Tendenz, den Hiatus zu

217

durchbrechen, in dem sie zu den wirklichen Dingen stehen, als apriorische Erfahrungsprinzipien,*) in ein flüssiges Verhältnis des Ineinander, der μέϑεξις, der παρουσία, der Immanenz zur Wirklichkeit zu treten. Aber einmal machte die materialistische Verkörperlichung der ganzen Wirklichkeit, die als Schuttablagerung der physikalischen Gedankenwelle auf Platos Denken lag, eine solche Verbindung unmöglich, wenn die Ideen nicht zu Bewegungsgesetzen herabsinken sollten. Außerdem war unter dem Einfluß der Subjekt-Introjektion der rationalistisch-empiristische Riß zwischen Vernunftbegriffen und Sinnesempfindungen (νοῦς und αἴσϑησις) schon zu tief eingedrungen, als daß er mit einemmal hätte überbrückt werden können. So wird das mystische Band zwischen Begriffen und Wirklichkeiten immer wieder durch eine kalte Hand zerrissen und die Ideen schweben wieder in ihre mythologische Oberwelt empor, wo sie wie strahlende Marmorgötter und kalte Sterne auf den trüben Strom der Scheinwirklichkeit herniederlächeln, der tief unter ihnen dahinrauscht. Endlich ist unter dem Einfluß der erkenntnistheoretischen Gedankenwelle, die „Seele" Indiens, die einst eins mit dem Weltall war, in den Kerker des Menschenleibes introjiziert. Sie hat nur noch eine wehmütige Erinnerung (ἀνάμνησις) daran, daß sie einst in inniger Einheit mit dem ἕν stand, und die Ideen schaute, die Strahlen der Weltsonne. Die Unsterblichkeitsgedanken im Phädo sind Palmen Indiens, in ein nördliches Klima verpflanzt, denen man die Sehnsucht nach ihrer tropischen Heimat an allen Blättern ansieht. Der indischen Seele, die in allem aufging, die in allen Räumen und Zeiten war, war ihre Ewigkeit selbstverständlich. War sie doch eins mit dem Brahman, folglich unteilbar. Im Munde eines Sondergebildes, das in einen sterbenden Menschen eingeschlossen ist, klingen alle diese Gedanken wie

---

*) Anm. Nach Natorps Darstellung der platonischen Ideenlehre entspricht diese immanentistische Auffassung derselben allein der eigentlichen Meinung Platos, die metaphysische Scheidung zwischen Ideen und Erscheinungen, wie sie besonders im Timäus hervortritt, ist dagegen eine mythologische Einkleidung seines Gedankens.

mühsame „Beweise" für einen Traum, von dem man nicht lassen und den man doch nicht glauben kann.

So gleicht der „göttliche" Plato, dieser letzte große Geist der Griechen, einem Kranich, der dem Süden zuflog, dem Land der Sonne, dem aber im Kampf mit kalten Stürmen die Flügel ermatteten, so daß er mitten in seinem Fluge ins Meer sank, das Land der Sonne in der Ferne schauend. Und so steht am Ende der Geschichte des griechischen Denkens das aristotelische System, ein imposantes Monument auf dem Grab einer toten Gedankenwelt. Wenn wir durch die Labyrinthgänge dieses monumentalen Systems gehen, so ist uns, als ob wir in einer toten Stadt wanderten, auf die einst an einem Sommerabend, während auf Markt und Straßen das Leben flutete, plötzlich ein Lavaregen niederging, so daß die Menschengruppen auf dem Markte und der Opferzug auf den Tempelstufen und der tanzende Chor im Theater mitten in ihren augenblicklichen Stellungen und Bewegungen, von der Glutmasse verschüttet, zu Bildsäulen erstarrten. Alle lebendigen Prozesse des griechischen Denkens sind hier in einem bestimmten Stadium ihres Verlaufs wie in glühender Lava erstickt. Der eleatisch-heraklitische Prozeß steht in der Vorstellung der räumlichen Substanzen still, aus denen sich alles Wirkliche zusammensetzt. Die Introjektion der zu Sondergebilden hypostasierten Formen der Wirklichkeit kommt in dem Stadium zum Stillstand, das sie vor Aristoteles erreicht hatte: die introjizierten Mythologeme der außermenschlichen Welt sind in ein einziges Gebilde zusammengeschmolzen, das als *νόησις νοήσεως*, als transzendentes Wesen von blasser Menschenähnlichkeit hinter der Welt ruht und doch zur Welt in ein geheimnisvolles Kausalverhältnis tritt (*κινεῖ ὡς ἐρώμενον, οὐ κινούμενον*). Auf dem innermenschlichen Gebiet aber herrscht das introjizierte Subjektgebilde noch unbestritten inmitten der Weltdoublette des Bewußtseins. Der erkenntnistheoretische Prozeß, der damit eingeleitet ist, steht schon in seinem ersten Stadium still, in welchem die beiden Welten sich noch wie Urbild und übereinstimmendes Abbild gegenüberstehen. Nur auf einem Gebiet wogt noch das Leben inmitten dieser Totenstarre. Es ist das Verhältnis von Begriff und Einzelerscheinung, das Aristoteles im Kampf gegen die platonische

219

Diffonanz zwischen Ideen und Wirklichkeit*) in das flüssige Verhältnis von Form und Stoff aufzulösen sucht, nach welchem alles, was Form ist, relativ zu einer höheren Form wieder Stoff werden kann und umgekehrt. Die Erkenntnis der geheimnisvollen Lebendigkeit des Grundverhältnisses, einmal auf diesem engen Gebiete intuitiv gewonnen, drohte wie gärender Most auch auf andere Gebiete überzuschäumen. Die Seele, die Aristoteles als introjizierten Innenmenschen überkam, begann sich von hier aus auf einmal aufzulösen in eine „Entelechie des Leibes", eine gestaltende Form des Körpers. Die der außermenschlichen Welt introjizierte νόησις νοήσεως drohte gleichfalls in eine reine Form aufzugehen, das πρῶτον κινοῦν drohte seine transzendente Sonderexistenz einzubüßen und sich in das rein formale Gestaltungsprinzip der Wirklichkeit zu verwandeln. Die einmal auf diesem einen Gebiete ausgebrochene Auflösung des erstarrten Grundverhältnisses drohte das ganze System zu sprengen. Die geschmolzenen Eismassen dieses einen Flusses traten in mächtigen Wogen über die Ufer. Aber die Erstarrungsbildungen, die die beiden anderen Gedankenprozesse abgelagert hatten, waren noch hart genug, um den schäumenden Anprall auszuhalten. So wurde die Tendenz, alles in eine Relationsreihe von flüssiger Lebendigkeit aufzulösen, auf der einen Seite durch die Ablagerung der physikalischen Gedankenwelle eingedämmt, durch die πρώτη ὕλη, den reinen Stoff, der nicht mehr Form werden kann, der also die Stufenreihe nach unten abschließt, auf der anderen Seite durch das Residuum der Welt-Introjektion, das göttliche Wesen, das nicht mehr Stoff, nur noch hypostasierte Form ist, actus purus, das also die Stufenreihe nach oben abschließt.

Man kann sich nicht ohne Bewunderung in die wogende Gedankenmasse dieses letzten griechischen Systems versenken, in dem die Gedankenwelt Griechenlands mit dem Tode ringt. Alle drei Gedankenprozesse des bisherigen Denkens standen fortan in dem Stadium still, das sie bei Aristoteles erreicht hatten. Und so steht dieses System am Ende der ersten Denkperiode der Menschheit wie

---

*) Anm. Nach Natorp hat Aristoteles den eigentlichen Sinn der platonischen Ideenlehre mißverstanden und kämpft hier nur gegen deren mythologische Einkleidung.

die marmorne Laokoongruppe mit den drei sterbenden Gestalten. Jede der Figuren ist in dem bewegtesten Moment festgehalten, in dem Mienenspiel, Muskelspannung und schlangenumwundene Glieder am deutlichsten von der bisherigen Qual und dem kommenden Todeskampf reden. Über anderthalb Jahrtausende hin ragt dieses Marmorbild der aristotelischen Gedankenwelt. Da es als ein rein formales Gebilde dem Kampf entgegengesetzter Werte gegenüber neutral war und eine Antwort auf die Fragen gab, die von jedem Weltziel aus nach Erstarrung des Grundverhältnisses entstehen mußten, so überdauerte es den heißen Religionskampf, der die nächsten zwei Jahrtausende der europäischen Geschichte ausfüllte. Zwar hat jedes Hervorbrechen neuer überstarker Werte eine vorübergehende Auflösung aller Erstarrungsgebilde zur Folge gehabt. Wie in der Glut des indischen Henismus vorübergehend alle Mythologeme der Introjektion zerschmolzen, um dem Gebete Bahn zu brechen: „Ich bin du, o heilige Gottheit, und du bist ich", so beginnt bei dem elementaren Ausbruch der Jesusreligion im Neuen Testament aufs neue für einen Augenblick Erde und Himmel und alles ineinander aufzugehen, um Bahn frei zu machen für die Gewißheit: „So lebe nun nicht ich, sondern Christus lebt in mir". Alle Mauern, die die Introjektion zwischen den eingekerkerten Einzelseelen aufgerichtet hatte, wurden zertrümmert, um diese Verschmelzung mit der einen Person zu ermöglichen, in der Vergangenheit und Gegenwart ineinander aufging, in der die ganze weithin zerstreute Gemeinde von Lebenden und Toten zu Einem Leib mit Einem Ich zusammengefaßt wurde. Die Weltvernunft zerbrach ihren transzendenten Palast und fuhr in einen Personwillen verwandelt wie ein Sturm durch die Geschichte (ὁ λόγος σάρξ ἐγένετο). Alle Trümmer der griechischen und der orientalischen Gedankenwelt wurden bei diesem Erdbeben des Geistes in prachtvoller Verwirrung durcheinander geworfen. Die Felsen zerrissen und die Gräber taten sich auf. Alle Täler wurden voll und alle Hügel erniedrigt. Aber das alles war nur eine vorübergehende Erschütterung des Aristotelismus. Von den Folgen derselben erholte er sich ebenso schnell wie von den gelegentlichen Ausbrüchen des indischen Einheitsverlangens, die mit dem Neuplatonismus beginnen und

221

sich in Gestalten wie Eckhart, Suso, Tauler, in eigentümlich christlicher Verkleidung durch das ganze Mittelalter hindurchziehen, und wie von dem zweiten Ausbruch des Urchristentums im Reformationszeitalter, das gleichfalls im ersten Ungestüm das aristotelische Gedankengebäude zerschlug. Alle diese Erscheinungen, in denen immer aufs neue alle Introjektionsgebilde aufgelöst wurden, wußte das herrschende System auf eine sehr einfache Weise unschädlich zu machen. Es verfuhr mit ihnen, wie ein starker Organismus mit einem in ihn eingedrungenen Fremdkörper verfährt, den er nicht ausstoßen kann, den er darum einkapselt und in diesem unschädlichen Zustande konserviert. Es erfand eine besondere Erkenntnisart, dem es diese gefährlichen Produktionen zuwies, die mystische Intuition, eine Art sechsten Sinn, der gegenüber den festen Grenzen zwischen Subjekt und Objekt, Immanenz und Transzendenz mit einer glücklichen Blindheit geschlagen ist und sozusagen durch die Wände hindurchsieht. So waren diese revolutionären Erscheinungen, die jeden Augenblick tötlich für das ganze System werden konnten, als harmlose Fremdkörper in den Organismus desselben aufgenommen. Sie bekamen ihre Rubrik neben den vielen anderen Abnormitäten des Seelenlebens, Verzückungen und Berauschungen, angewiesen, die ja psychologisch interessant sein mochten, die aber niemand in Weltanschauungsfragen mitreden ließ, der in Sachen des Geistes auf Reinlichkeit hielt. Und so lag nach jeder revolutionären Erschütterung die scholastische Gedankenwelt immer wieder aufs neue in ihrer eisigen Unbeweglichkeit da, ein Gedankenstrom, den eine eiskalte Nacht mitten in seinem Lauf in einen Gletscher verwandelt hatte, und der nun in fahler Leichenstarre Jahrtausende dalag, vom Mondlicht der katholischen Andacht übergossen. Nur ein Prozeß konnte auch inmitten dieser scholastischen Erstarrung noch nicht völlig zur Ruhe kommen. Es ist der feurigflüssige Kern des aristotelischen Systems, der die erkaltete Erdrinde, die ihn umschließt, in immer neuen vulkanischen Eruptionen zu durchbrechen sucht, das lebendige Verhältnis zwischen Begriffen und Einzelerscheinungen. Das geheimnisvolle Leben dieser Grundrelation zittert noch nach Jahrhunderten im Universalienstreit nach, sucht die schematische Unterscheidung von universalia und res, Begriffen und

222

Dingen zu sprengen, indem es auf der einen Seite der alleinigen Realität der Begriffe zudrängt (extremer Realismus), auf der anderen Seite der alleinigen Realität der Einzelerscheinungen (extremer Nominalismus mit sensualistischen Konsequenzen). Aber noch ehe die erlösende Ahnung aufdämmern konnte, daß sich diese Extreme berühren, starb das Leben des Gedankenprozesses an einer Kompromißformel (universalia ante rem, in re, post rem).

So tritt das aristotelische Weltbild mit seinen räumlichen Substanzen, seinem Subjekt-Objekt-Schema und seinem Theismus in fast ungebrochener Kraft über die Schwelle der Neuzeit und bildet den Kanon, nach welchem alle Entdeckungen der beginnenden Naturwissenschaft ausgelegt werden.

Auch beim besten Willen, alles Unbewiesene zu bezweifeln, ließ Cartesius mit seinem cogito, ergo sum gerade das Unbewiesenste unbezweifelt, nämlich den Subjektglauben, die Auffassung des Bewußtseins nach dem Schema eines handelnden Menschen, also als Handlung, die ein handelndes Subjekt voraussetzt. Wie die Götter den Arion, nachdem er sich freiwillig ins Meer gestürzt, auf einem Delphin wieder heimreiten ließen, so führte die Maria von Loreto, zu der Cartesius zur Lösung seiner Zweifel gepilgert war, den berühmten Zweifler aus dem Meer der Skepsis, in das er sich so kühn gestürzt, auf dem Zauberkahn der verbalen Sprachform des cogitare, die ein existierendes Subjekt zu fordern schien, im Fluge wieder zurück in die aristotelische Heimat seiner Gedanken. War aber die Subjektvorstellung als Grundstein gelegt, so baute sich im Nu der ganze Quaderbau der Substanzen wieder auf. Die Seelen konnten ihre Gemächer wieder beziehen. Und der göttliche Hausherr zog wieder in sein oberes Stockwerk. Hatte so schon die Subjekt-Introjektion eine solche Zähigkeit bewiesen, daß sie im Notfall den ganzen Aristotelismus aus den Fluten des Zweifels zu retten vermochte, so zeigte der seitherige Ertrag des physikalischen Gedankenprozesses, der Atomismus, den skeptischen Anstürmen der Neuzeit gegenüber eine noch größere Widerstandskraft. Für Hobbes ist die ganze Philosophie eine Wissenschaft von Körpern. So liegen beim Wiedererwachen des Denkens im 17. Jahrhundert zunächst die beiden ersten Gedankenwellen der griechischen

228

Philosophie, die physikalische und die erkenntnistheoretische, in dem Stadium, in dem sie vor zwei Jahrtausenden stehen geblieben waren, wie zwei gefrorene Ströme nebeneinander. Auf der einen Seite die verkörperlichte Außenwelt der extensio (res extensae, modi extensionis), auf der anderen Seite die introjizierte Innenwelt der cogitatio (res cogitantes, modi cogitationis). Zwischen diesen beiden vereisten Strömen klaffte ein Gletscherspalt, über den die fallenden Flocken immer neue Schneebrücken bauten, die immer wieder aufs neue hinunterbrachen. Die Einheit der Wirklichkeit reagierte gegen die dualistische Vergewaltigung in immer neuen monistischen Welterklärungsversuchen. Geulinx verglich die Welt mit zwei korrespondierenden Uhren, die neben einander ablaufen. Spinoza, der letzte Philosoph, auf den noch ein Strahl indischer Sonne fiel, der nach dem göttlichen $\hat{\varepsilon}\nu$ dürstete, wie nur irgend ein Hindu, sah die unendliche Welteinheit zwei parallele Determinationsketten ausstrahlen, die als Emanationen Eines Wesens im letzten Grunde identisch waren, aber eben nur im letzten Grunde. Noch weiter drang Leibniz vor auf dem Wege der Vereinheitlichung von cogitatio und extensio. Es kam ihm dabei zu statten, daß die physikalische Gedankenwelle in seinem Systeme bereits das atomistische Stadium überschritten hatte, daß die Atome bei ihm auf dem Wege sind, mathematische Punkte zu werden. So kommt er auf den merkwürdigen Begriff der Monade, die Wirklichkeit und Vorstellung (petit perception) zugleich ist, in der sich also extensio und cogitatio vermählen. Nur noch ein Schritt, und aus der Vermählung wäre vollends die einfache Identität geworden und der starre Unterschied zwischen Erleben und Wirklichkeit wäre gefallen. Aber diesen Schritt hat Leibniz nicht gewagt. Darum bleiben seine Monaden Zwittergebilde, fensterlose Bewußtseinskämmerchen, die die göttliche Vorsehung nötig haben, um mit übereinstimmenden Vorstellungen versorgt zu werden (prästabilierte Harmonie). Aber alle diese Dichtungen des Heimwehs nach der verlorenen Welteinheit sind auch hier, wie einst in Griechenland, nur das Präludium für jene gewaltigen Pendelschwingungen des Gedankens, in denen das lebendige Grundverhältnis das Subjekt-Objekt-Schema abzuschütteln sucht. Nach mancherlei Kompromiß-

224

versuchen zwischen Subjektivismus und Objektivismus, in denen z. B. bei Locke das Quantitative dem Objekt, das Qualitative dem Subjekt zugewiesen wird, drängt hier die erkenntnistheoretische Diskussion noch klarer als einst in Griechenland zwei extremen Gegenpositionen zu. Auf der einen Seite verzehrt das subjektive Bewußtsein sein objektives Korrelat, die räumlichen Substanzen. Die Welt wird zu einer Summe korrespondierender Perzeptionskomplexe vorstellender Geister (Berceley). Auf der anderen Seite verzehrt die objektive Welt des atomistischen Mechanismus sein subjektives Korrelat, das menschliche Bewußtsein. Dieses wird auf Berührung der Nerven durch Stoffteilchen zurückgeführt, die von den Gegenständen ausgehen. Aber noch höher, als die erkenntnistheoretische, steigt die rationalistisch-empiristische Gedankenwelle, die ja auch im Mittelalter nie ganz zur Ruhe gekommen war. Das lebendige Verhältnis zwischen Unterscheidung und unterschiedenem Inhalt machte hier seine gewaltigste Anstrengung, um das Joch des proportionalen Schemas zu zerbrechen, in das man es eingezwängt hatte. Nie haben sich die beiden absoluten Gegenpositionen, zu denen die Schematisierung des Grundverhältnisses notwendig führt, schroffer herausgebildet.

Auf der einen Seite drängte die rationalistische Wertschätzung der die begrifflichen Unterscheidungen vollziehenden Vernunft mit elementarer Gewalt über den Wolff'schen Kompromiß zwischen Vernunft und Erfahrung hinaus und erreichte schließlich ihren Gipfel in der Hegelschen Weltschöpfung aus dem Begriff. Auf der anderen Seite verfolgte der englische Empirismus die inhaltliche Seite des Grundverhältnisses ins Extrem und suchte die Welt als ein Kaleidoskop durcheinanderfallender Inhalte zu begreifen, um die begriffliche Unterscheidungsfunktion der Vernunft völlig auszuschalten. Diese Tendenz führt Hume darauf, alles aus dem Kausalverhältnis zu eliminieren, was über die regelmäßige Aufeinanderfolge von Impressionen hinausführt, was die begriffliche Funktion der Vernunft in dasselbe hineingetragen hat. Diese Tendenz reinigt den Begriff der reflexion, die mit der sensation zusammen das Bewußtsein bildet, immer völliger von allem, was eine besondere Unterscheidungsfunktion der Vernunft voraussetzen würde, und sieht in der „Reflexion" nur einerseits Impressionen, die unter dem Einfluß der Introjektion als „innere" von den „äußeren" unterschieden werden, deren Kopien sie sind, andererseits Assoziationsgesetze, nach denen diese Impressionen aufeinanderfolgen. Am klarsten zeigt sich das Ziel dieser Gedankenbewegung in der Auflösung der abstrakten Begriffe in Anhäufungen von Eindrücken, wie sie Berceley durchgeführt hat.

Nichts zeigt das Wesen des Grundverhältnisses deutlicher als die Tatsache, daß diese beiden total entgegengesetzten Weltauslegungen von ihm aus genau gleich möglich und notwendig waren, die Auffassung der Welt als Schöpfung der begrifflichen Unterscheidungsfunktion und die Auffassung der Welt als Mosaik von Inhaltseindrücken. Beide Positionen sagen durch ihren kontradiktorischen Gegensatz zusammen das Wesen des Grundverhältnisses aus. Es sind zwei Linien, die nach zwei absolut entgegengesetzten Richtungen hinausschießen. In unendlicher Entfernung treffen sie sich, einen Kreis mit unendlichem Radius beschreibend, und drücken damit zusammen das Geheimnis des Raumes aus. Jeder Kompromißversuch, der den beiden Linien eine leise Neigung gegeneinander geben möchte, um ein Parallelogramm der Kräfte zwischen ihnen zustande zu bringen und der Vereinigung nachzuhelfen, verhindert die Vollendung des unendlichen Kreises. Alle ängstlichen Vermittelungen zwischen Rationalismus und Empirismus, nach denen man in beiden Richtungen nicht zu weit gehen soll, da die Wahrheit in der Mitte liege und ein Zusammenwirken zwischen Vernunft und Erfahrung anzunehmen sei, haben in bester Absicht den Flug des Gedankens aufgehalten, der leidenschaftlich nach den Extremen strebt, um sie in übergreifender Intuition zusammenzuschauen. Nur das proportionale Schema, das noch auf dem Grundverhältnis lastet, läßt den radikalen Rationalismus und den radikalen Empirismus als zwei sich ausschließende Parteistandpunkte erscheinen und nicht vielmehr als zwei gleich notwendige Formulierungen Einer Wahrheit. Aber nie lag es näher, den Nebel zu zerreißen, den Sprache und Tradition um das Weltgeheimnis gewoben hatten und die höhere Einheit zu schauen, die jenseits der auseinanderstrebenden Gedankenbewegungen lag, als am Ende des

18. Jahrhunderts. Denn nie drängte der Wille zur Konsequenz auf beiden Seiten mit einer so unbändigen Kraft zum Äußersten wie damals, als auf der einen Seite die in Hegel gipfelnde rationalistische Denkerreihe erstand, auf der anderen Seite die stolze Reihe der englischen Empiristen. Das Seil, an dem auf beiden Seiten so starke Arme zogen, war gespannt bis zum Reißen. Die Frage drängte sich unwillkürlich auf, wie zwei so entgegengesetzte Denkrichtungen überhaupt möglich seien, wie es zu erklären sei, daß zwei gleich gute Rechner bei derselben Rechenaufgabe immer das entgegengesetzte Resultat herausbringen, ob der Fehler vielleicht nicht bei den Rechnern zu suchen sei, sondern in der Rechenaufgabe. Kurz, die Fragestellung, die eine so entgegengesetzte Beantwortung gefunden hatte, wurde nun selbst zum Problem. Kant war der übergreifende Geist, der diese Wendung der Problemstellung herbeiführte. Seine beiden Vernunftkritiken sind der erste grandiose Versuch, die drei Gedankenprozesse, in denen das bisherige Denken verlaufen war, zum erlösenden Abschluß zu bringen, indem auf die Quelle alles Denkens überhaupt zurückgegangen wird. Das Verhältnis zwischen dem apriori und aposteriori, aus dem Kant die Welt entstehen läßt, ist, sobald wir es von allen metaphysischen und physiologischen Vorstellungen ablösen, nur ein anderer Ausdruck für das, was wir Grundverhältnis genannt haben. Kant entdeckte, daß der ganze rationalistisch-empiristische Streit auf einer künstlichen Trennung von Denkformen und Erfahrungsinhalten beruht. Er sah, daß die Unterscheidungsform und der unterschiedene Inhalt ohne einander undenkbar sind. Die formalen Relationen machen den Erfahrungsinhalt allererst möglich. Die transzendentale Ästhetik ist die Auflösung des physikalischen Gedankenprozesses von diesem Gesichtspunkt aus. Die Relationsformen der Wirklichkeit, die man innerhalb dieses Prozesses Raum und Zeit nennt, stehen nicht als metaphysische Gebilde oder physiologische Gehirnanlagen einem raum- und zeitlosen Wirklichkeitsmaterial gegenüber, sondern sie machen jeden Erfahrungsinhalt allererst möglich; dieser Inhalt ist ohne sie undenkbar, wie sie ohne ihn undenkbar sind. Die transzendentale Logik löst in derselben Weise das rationalistisch-empiristische Problem durch Rückgang auf seine Voraussetzungen.

Die Kategorien, die eine scholastische Explikation der logischen Unterscheidungsfunktion sind, stehen nicht als metaphysische Gebilde oder angeborene Vernunftideen dem Chaos einer kategorienlosen Masse von Erfahrungseindrücken gegenüber, sondern ohne Kategorien ist überhaupt gar keine Erfahrung denkbar. Im primitivsten Eindruck sind sie immer schon enthalten, wenn er überhaupt zustande kommt. Woher kommt es nun, daß trotz dieses einfachen Grundgedankens von Kants Ästhetik und Logik das mächtige Gebirge seines Systems sich mit immer mehr und immer dunkleren Wolken umzieht, je mehr wir seinen Gipfeln entgegensteigen? Woher kommt die berühmte Dunkelheit Kants, die ganze Schulen von Kommentatoren hervorgerufen hat? Sie kommt von einer eigentümlichen Disharmonie innerhalb des Kantischen Denkens. Die drei Gedankenprozesse, die bei Kant ihrem Abschluß zudrängen, haben nicht gleichen Schritt gehalten. Während die physikalische und die rationalistisch-empiristische Gedankenwelle sich schon im letzten Stadium ihrer Entwickelung befinden, ist die erkenntnistheoretische in einem viel früheren Stadium zurückgeblieben. Die Auflösung des starren Subjekt-Objekt-Schemas ist bei Kant noch in den ersten Anfängen. Sie ist zwar eine unvermeidliche Konsequenz seiner Erkenntnistheorie. Denn wenn sowohl das Ding an sich als auch das Ich an sich bewußtseins-transzendent, also unerkennbar ist, so kann natürlich auch kein Unterschied zwischen dem Ding an sich und dem Ich an sich erkennbar sein, der es ermöglichte, beide als zwei verschiedene Objekte auseinanderhalten. Subjekt an sich und Objekt an sich fällt also zusammen. Aber Kant wollte diese Konsequenz nicht ziehen. Er zerstörte zwar in der transzendentalen Dialektik den dialektischen Schein, durch den sich die rationale Psychologie verführen läßt, eine abgesonderte Existenz des denkenden Selbst zu behaupten. Dieser Schein beruht auf einer Verwechselung von Grundverhältnis und Proportionsverhältnis, Kantisch ausgedrückt, auf einer Verwechselung von Abstraktion und abgesonderter Existenz. Aber er folgert daraus nur, man könne nicht wissen, ob das Bewußtsein des Ich von sich selbst auch ohne Objekte außer ihm möglich sei, ob das Ich also auch ohne Körper existieren könnte. Er wagt nicht die Spitze dieses

228

erkenntniskritischen Arguments gegen den Subjektsbegriff selbst zu wenden. Daß ich meine Existenz als eines denkenden Wesens von anderen Dingen außer mir unterscheide, erklärt er, ist ein analytischer Satz. Er untersucht aber ebensowenig wie Cartesius, ob die sprachlichen Selbstaussagen des erkennenden Subjekts, deren Analyse allerdings auf den Dualismus von Ich und Außenwelt führt, reine Darstellungen des Bewußtseins sind oder unter dem Einfluß der mythologisierenden Sprachsymbolik stehen. Während Kant alle anderen metaphysischen Begriffe erkenntniskritisch zersetzt, läßt er den metaphysischen Subjektbegriff kritiklos stehen. Und das ist es, was die klare Herausarbeitung des Grundverhältnisses auch innerhalb des physikalischen und rationalistisch-empiristischen Gedankenprozesses aufhält. Die gewaltige Gedankenmasse des Kantischen Systems gleicht dem mächtigen Fall des deutschen Stroms bei Schaffhausen. Inmitten der donnernden Wassermasse ragt ein Fels, ein Rest des Urgebirges, durch das der Strom hier hindurchbrach. An ihm stauen sich die Eisschollen, die den Strom hinuntertreiben. An ihm schäumen die Wassermassen empor, wühlen in seinen Rissen. Aber vergeblich. Immer wieder werden sie durch ihn wider ihren Willen in zwei Ströme auseinandergedrängt. Betrachtet man das apriorische Verhältnis der Anschauungsformen und Kategorien zu den Erfahrungsinhalten, wie es in der transzendentalen Ästhetik und Logik hervortritt, im Zwielicht des starren Subjekt-Objekt-Schemas, so schleicht sich durch diese Hintertür sofort alles das wieder ein, was Kant im Prinzip überwunden hat. Anschauungsformen und Kategorien bekommen ihren Aufenthaltsort im introjizierten Ich angewiesen, werden also wieder loslösbar von der Wirklichkeit, die durch sie doch allererst möglich wird. Sie werden entweder zu metaphysischen Sondergebilden, die irgendwo in einem metaphysischen Subjekt wohnen oder zu physiologischen Anlagen und „Vermögen", die „im Gemüte", schließlich im Kopf des Menschen bereit liegen, während draußen die Dinge ohne Raum- und Zeitordnung und ohne Einheit und Unterschied, also in einem unbeschreiblichen Zustande herumschwimmen. Die Art, wie das Subjekt sich mit diesen farbigen Brillen in der Welt umschaut und aus der Tiefe seiner apriorischen Anschauungs- und Denkformen synthetische

Säße über die objektive Welt hervorholt, erscheint, in anbetracht der unüberbrückbaren Kluft zwischen Subjekt und Objekt, als ein sinnloser salto mortale, mit welchem das Ich über seinen eigenen Schatten springt. Ebensogut könnte man sich in einem deutschen Studierzimmer eine geographische Beschreibung einer terra incognita in Innerafrika aus den Fingern saugen. Daß man eine solche Erkenntnistheorie aus Kant herauslesen konnte, die sein System zu einer stümperhaften Abart des älteren Rationalismus machte, wenn sie wirklich seine Meinung gewesen wäre, das hat seinen Grund nur in der Trübung, die sein aprioristischer Grundgedanke durch das unaufgelöste Subjekt-Objekt-Schema erfährt. Die ganze Kantauslegung der letzten Jahrzehnte drehte sich um die Frage, wie groß der Einfluß dieses rückständigen Elements auf Kants Denken gewesen ist, ob das Kantische apriori noch metaphysisch oder physiologisch zu verstehen ist, oder ob seine eigentliche Meinung zuletzt doch von seiner erkenntnistheoretischen Rückständigkeit ungetrübt war, und er sich zu dem reinen Begriff der logischen und mathematischen Grundformen aller Erlebniswirklichkeit erhob, die jenseits des Unterschiedes von Subjekt und Objekt liegen, aus denen darum apriorische Säße über jede mögliche Wirklichkeit entnommen werden können. Aber im Kampf der Kommentatoren spiegelt sich nur das unausgeglichene Ringen, das durch Kants eigene Gedankenwelt hindurchgeht.

Dieselbe Hemmung des gewaltigen Gedankenstroms durch das uralte Sondergebilde des introjizierten Subjekts, die die Kritik der reinen Vernunft so dunkel und vieldeutig macht, trübt auch Kants praktische Philosophie. Groß und bleibend sind seine Grundgedanken über das Verhältnis von theoretischer und praktischer Philosophie, über das Wesen von Denken und Wollen, wie er sie am deutlichsten in dem Abschnitt über die Antinomien ausspricht. Schälen wir den Kern derselben aus seiner vergänglichen Schale, so erhalten wir folgenden Gedanken: Es gibt zwei logisch gleichberechtigte und gleich notwendige Betrachtungen aller Wirklichkeit, die miteinander im Widerstreit sind. Die eine betrachtet die Grundverhältnisse und Umtauschverhältnisse als unentschieden, ihr ist alles relativ, also anfangs- und endlos, unendlich teilbar, durch Vorausgehendes determiniert. Die Wirklichkeit, das Ding an sich, zerfließt somit in einen unendlichen Prozeß, das Ding an sich ist also der unendlich ferne Punkt einer endlosen Linie, somit nie erreichbar, nie erkennbar. Zu diesen Ergebnissen kommt man, wenn man sich die weltkonstituierenden Verhältnisse im Stadium ihrer Unentschiedenheit vergegenwärtigt. Entscheidet man nun aber Grundverhältnis und Umtauschverhältnis, so ist damit ein Kleinstes und Größtes gesetzt. Die Welt hat also kleinste Teile. Es wird ferner ein Weltumkreis räumlich und zeitlich abgegrenzt, innerhalb dessen ein Inhalt als der höchste, also als der göttliche Wille gilt, der sich allmächtig durchsetzt. Mit dem Dasein eines unabhängigen Willens ist indeterminiertes Handeln, also Freiheit als möglich gesetzt. Da ferner die Entscheidung umtauschbarer Verhältnisse auch Setzung von Realität genannt wird, so ist mit alledem ein schöpferisches Ergreifen der Wirklichkeit gegeben. Das Ding an sich, das auf theoretischem Wege unerkennbar blieb, wird also auf praktischem Weg erkennbar.

In dieser Loslösung von allen erkenntnistheoretischen und metaphysischen Trübungen sind die beiden Kantischen Gedankenreihen nichts anderes als eine Darstellung des Wesens der weltkonstituierenden Verhältnisse, die im Stadium der Unentschiedenheit notwendig in ihrem relativen Verhältnischarakter erkannt werden müssen, die aber ebenso notwendig entschieden werden müssen, wenn Wirklichkeit zustande kommen soll. Daraus ergibt sich dann als Weltprinzip das Prinzip der praktischen Entscheidung des theoretisch Unentschiedenen, oder das Prinzip der Autonomie des Willens. Aber nie ist in der Kunstgeschichte des Denkens ein herrlicherer Wurf kläglicher an dem Mangel technischer Voraussetzungen gescheitert, als der Aufbau der Kantischen Ethik auf dem Autonomieprinzip. Rein wie ein Wasserstrahl steigt in den ersten Kapiteln der Grundlegung zur Metaphysik der Sitten die abstrakte Gedankenreihe empor, in der sich der reine Begriff der Autonomie immer kristallklarer entwickelt. Alles Konkrete, alles Menschliche fällt von ihm ab. Eine reine Abstraktion steht vor uns, das Prinzip der Selbstbestimmung, die reine Form jeder möglichen Moral, ja jedes möglichen Wollens, ja schließlich jeder Wirklichkeit überhaupt.

281

Denn die früher besprochene Selbsterhaltungstendenz jedes Phänomens, der Drang, sich durch alle Zeiten und Räume zu erhalten, lautet, auf eine imperativische Form gebracht: Fülle die ganze Welt mit dem Inhalt aus, für den deine Entscheidung fiel, wolle ihn als allgemeines Weltgesetz. Dies gehört, so gut wie die Unterscheidungsrelation, zu den apriorischen Formen, in denen jede mögliche Erfahrung verläuft. Zweierlei war es, was diese kosmische Wendung des Gedankens, die nur eine Konsequenz seiner Loslösung vom spezifisch menschlichen Gebiet gewesen wäre, im Keim erstickt hat.

1. Der abstrakte Begriff der Autonomie, die allgemeine Form, die allen möglichen Inhalten gemeinsam ist, wird durch eine Verwechselung von Abstraktion mit Sonderexistenz, also durch eine Erstarrung des Grundverhältnisses zu einem konkreten Sondergebilde. Das blutleere Schemen der reinen Gesetzmäßigkeit, das auf diese Weise entsteht, wird eben damit von allen konkreten Inhalten des Wollens und Werdens, die ihm seinen Inhalt geben könnten, losgerissen. Das natürliche Verhältnis, in dem der Allgemeinbegriff zu den konkreten Einzelexemplaren steht, deren gemeinsame Form er darstellt, wird durch die konkrete Hypostasierung des Abstraktums zu dem künstlichen Verhältnis der Geschiedenheit, der Absonderung, der gegenseitigen Exklusivität. So schließt die Kantische Moral den lebendigen Inhalt, das Gefühl der Befriedigung, das ja eine primitive Erscheinungsform jedes wirklichen Wollens ist, als unsittlich von sich aus. Der innere Widerstreit, der dadurch entsteht, spiegelt sich in dem pathologischen Begriff der Achtung vor dem Sittengesetz, die ein Mittelding zwischen Fühlen und Nichtfühlen, Wollen und Nichtwollen, also ein Widerspruch in sich selber ist.

2. Durch die Subjektintrojektion wird das Weltprinzip der Autonomie in den Menschen als dessen Sondereigentum verlegt. Damit wird ebenso wie durch die Introjektion der Anschauungsformen und Kategorien aus einer apriorischen Form jeder möglichen Erfahrung ein Vermögen, das der Mensch durch einen Blick in sein Inneres, also auf empirischem Wege in sich vorfindet, und

282

das einen Teil der menschlichen Vernunftanlage ausmacht. Auch hier wird Kant wieder durch die Subjektvorstellung in den Rationalismus zurückgeworfen, den er überwinden wollte. Vergeblich sucht er das Sittengesetz vom empirischen Phänomen des Menschen loszulösen, indem er es auf alle „vernünftigen Wesen" ausdehnt. In dem Ausdruck: „vernünftiges Wesen" liegt schon die ganze Vorstellung eines von einem Subjekt bewohnten Organismus, der andern ähnlichen Organismen selbständig gegenübersteht und sich mit ihnen im Wechselverkehr befindet, also eine ganze Menge von empirischem Vorstellungsmaterial, das dem Zusammenleben der höheren Organismen entnommen ist. Ist aber einmal auf dem Wege der Introjektion das Sittengesetz zum Monopol der Menschen und etwaiger anderer menschenähnlicher Wesen geworden, so schleicht sich in die reine Abstraktion des Autonomieprinzips, das vorher alles Erfahrungsinhalts bis auf den letzten Rest entleert worden war, durch diese Hintertür wieder ein ganz konkreter Inhalt ein, nämlich die Menschheit als Selbstzweck. Aus dem abstrakten Allgemeinbegriff des Gesetzes, das auf jede Moral gleichermaßen anwendbar schien, wird mit Hilfe der Introjektion wie durch ein Taschenspielerkunststück plötzlich eine ganz konkrete Einzelmoral hervorgezaubert. Das Autonomieprinzip, das sich zum Weltprinzip der Selbsterhaltungstendenz alles Wirklichen auszuweiten schien, verengt sich zu einer Regel für das Zusammenleben einer Klasse höherer Organismen: Jedes Exemplar dieser Gattung handle so, daß es wollen kann, daß die andern Exemplare ebenso handeln. Das Resultat der weltumwälzenden Gedankenarbeit ist also die Gründung eines kleinen internationalen Vereins von Menschen, die einander achten und bemitleiden wollen.

Es ist tragisch, daß dieser letzte und größte Versuch, das Weltproblem zu lösen, infolge einer einzigen Inkonsequenz ein Torso blieb. Auch so gewaltige Wassermassen konnten den Fels aus Urgestein nicht unterwühlen, der wie ein grauer Rest des mythologischen Zeitalters inmitten des modernen Denkens aufragt, geheiligt durch Jahrtausendelange Denkgewohnheit, den Glauben an das innermenschliche Ichgebilde. An ihm brachen sich die Gedanken dieses konsequentesten Geistes, den wir gehabt haben, so daß

288

er uns nur ein gebrochenes Weltbild hinterließ. Wie ein Monumentalbau von gespenstischer Größe, der Ruine blieb, weil sein Schöpfer starb, so überragt dieses Kantische Weltbild das 19. Jahrhundert. Aus Pietät gegen den toten Baumeister wagten die Epigonen nicht, weiterzubauen. Sie fürchteten mit Recht, sein Werk zu verpfuschen. Was wir seitdem in der Philosophie gehabt haben, waren entweder Rückfälle hinter Kant, oder Flickwerk an Kant, oder Neubauten neben Kant, außer Zusammenhang mit dem Mutterboden unserer modernen Gedankenwelt und darum unfruchtbar. Die Aufgabe der Zukunft ist, Kants Werk zu vollenden, unser Denken vollends aus allen Ketten erstarrter Verhältnisse zu erlösen und es zurückzuführen zu einem hellen ungebrochenen Weltbild, über dem keine skeptischen Schatten mehr liegen.

Das Problem der religiösen Gewißheit.

Seit Kant die Unhaltbarkeit aller Gottesbeweise aufdeckte, ist die religiöse Gewißheit ein Problem geworden. Wie kann eine Seele, auf die sich die Erkenntnis der absoluten Unbeweisbarkeit des Daseins Gottes in ihrer ganzen bleiernen Schwere legt, sich noch im Ernst auf Gott verlassen?

So lautet seitdem die Frage. So lautet die Frage für uns alle, die irgend eine Familientradition oder starke Persönlichkeit oder Verzweiflung dazu getrieben hat, sich in den Abgrund des Gottesglaubens zu stürzen, und die zerschellte Existenzen sind, sobald sich dieser Glaube als Illusion herausstellt. Die Angst dieser Frage treibt uns zu den Theologen. Wir kommen zu ihnen nicht, um uns mit ihnen zu zanken, sondern als angstvolle Frager, wie Lungenleidende zum Arzt kommen mit der Frage, ob noch Hoffnung für sie sei. In solcher Notlage hat man scharfe Augen für das Mienenspiel des Gefragten, feine Ohren für jedes leise Zittern seiner Stimme, während er antwortet. Was antwortet die Theologie auf unsere Frage, nachdem sie ein Jahrhundert Zeit gehabt hat, über sie nachzudenken? Sie macht zunächst eine einleitende Vorbemerkung. Sie sagt, mit der Religion habe es eine besondere Bewandtnis. Sie dürfe nicht mit der Elle der landläufigen Logik gemessen werden. Es gebe vier Arten, wie ein im Körper wohnendes Ich einer objektiven Wirklichkeit inne werden könne: 1. Das einfache Erleben von Tatsachen der Erfahrung, 2. den mathematisch-logischen Schluß, dem die absolute Denknotwendigkeit mathematischer Sätze innewohnt, 3. den Wahrscheinlichkeitsschluß, der auf Grund vieler bekannter Fälle Vermutungen über unbekannte Fälle aufstellt, endlich 4. den religiösen Glauben, der etwas Unsichtbares und Unbeweisbares als wirklich setzt, nämlich das Dasein eines Wesens, das die Welt in seiner Gewalt hat und nach seiner Absicht lenkt. Schon diese Vorbemerkung, die auf dem consensus der meisten Theologen beruht, macht uns bange.

Das Konto dessen, was wir ohne Beweis hinnehmen müssen, wird dadurch nicht verringert, sondern durch einen neuen Posten noch mehr belastet, nämlich durch den Glauben an eine besondere Seelenfunktion, mit der wir in die Nacht des Weltalls hinaustasten nach dem unbekannten Gott. Doch wir wollen gern ein neues „Seelenvermögen" in Kauf nehmen, wenn es uns nur einen Heimweg zur verlorenen Gewißheit zeigt. Aber je mehr uns die Theologen über diese spezifisch religiöse Seelenfunktion und Gewißheitsquelle erzählen, desto mehr sinkt uns die Hoffnung. Wir werden den peinlichen Eindruck nicht los, daß diese angeblich so überreiche und unabhängige Seelenfunktion in Wahrheit bei allen anderen Erkenntnisquellen um Gewißheit betteln geht. Sie scheint ihrer Sache doch nicht so ganz sicher zu sein, diese Priesterin des Überirdischen. Denn sie ist so dankbar, wenn sie von den irdischen Erkenntnismethoden etwas profane aber zuverlässige Gewißheit oder wenigstens Wahrscheinlichkeit borgen kann, um sich damit das Rückgrat zu stärken.

Leider ist es ihr seit Kant versagt, bei der unerschöpflichen Sicherheit des logischen Schlusses und seiner mathematischen Notwendigkeit eine Anleihe zu machen, wie sie es einst in der Zeit der großen Gottesbeweise tat. So bleiben ihr nur noch zwei Hilfsquellen übrig, der Wahrscheinlichkeitsschluß und das Erleben. Und sie ist nicht zu stolz, um nicht auch das geringste Almosen von Wahrscheinlichkeit dankbar aufzuheben, das ihr die Weisheit dieser Welt hinwirft. Wie innig klammert sie sich an den Wahrscheinlichkeitsschluß, mit dem auf Grund von ein paar bekannten Fällen aus einer äußerst lückenhaften Zweckmäßigkeit der Welt auf ein zwecksetzendes Wesen geschlossen wird. Aber noch wichtiger als Wahrscheinlichkeitsschlüsse ist ihr das, was man religiöses Erleben, Erfahren Gottes, testimonium spiritus sancti internum nennt. Was mag wohl damit gemeint sein? Zwei Möglichkeiten sind denkbar. Die erste ist die: Es wird eine Befreiung vom Druck des Elends oder der Schuld erlebt. Diese ist so herrlich, so überwältigend, daß man es nicht übers Herz bringt, sie aus den eigenen Kräften der Seele oder den Einflüssen der übrigen Welt zu erklären. Man bringt sie daher mit der Vorstellung des über-

252

weltlichen Gottes in Verbindung, die man aus der Tradition überkam und die das ganze Befreiungserlebnis mit ihrem transzendenten Glanz übergoß. Aber was gibt uns das Recht, dieses Ereignis ein Erleben Gottes zu nennen? Solange die Geschichte der Welt und der Menschenseele noch nicht abgeschlossen ist, kann kein Mensch wissen, wozu die Welt und die Menschheit aus eigenen Kräften fähig ist, wo die Grenzen ihrer Kraft liegen, wie schwer eine Last sein muß, um uns das Recht zu geben, aus ihrer Überwindung auf überirdische Mächte zu schließen. Wir mögen also eine noch so große Beglückung und Befreiung erlebt haben, die Behauptung, daß diese von einer transzendenten Macht bewirkt sei, ist einfach aus der Luft gegriffen. Wird diese transzendente Macht nun gar vollends mit Gott identifiziert, wird ihr also schrankenlose Weltherrschaft zugeschrieben, so ist das ein Leichtsinn im Schließen und Behaupten, der einem Forscher auch auf dem profansten Gebiet von keinem ernsten Menschen verziehen würde. Jede Fliege könnte nach dieser Logik die Kreuzspinne, die sie mit ihrem Netz überwältigt, für die allmächtige Weltregentin halten. Das Erlebnis des Subjekts mag so gewaltig sein, als es will, immer ist es doch nur von begrenztem Umfang und begrenzter Intensität, immer wird dabei nur ein endlicher Widerstand überwunden. Es kann also immer nur ein begrenzter Kraftzufluß erlebt worden sein. Die Behauptung, dieser fließe aus einer unendlichen Kraftquelle, die zugleich die ganze übrige Welt mit Energie versorge, ist ein phantastischer Sprung, für den es gar keinen Anhaltspunkt gibt. Nun gibt es aber noch ein zweites Phänomen, das man als „Erleben Gottes" bezeichnen kann. Im Bewußtsein des Ich tritt irgend ein Ereignis auf, das sich selbst als eine Offenbarung Gottes ausgibt. Dieses Ereignis kann ein lebender Mensch sein oder ein Buch, aus dem gestorbene Menschen reden, oder irgend ein anderes Dokument über ein geschichtliches Ereignis im weiteren Sinne. Woher nehme ich nun das Recht, es zu glauben, wenn ein solches Ereignis behauptet, das Organ des allmächtigen Weltregenten zu sein? Daß diese Behauptung überhaupt aufgetreten ist und bei vielen Leuten Glauben fand, ist keine Entschuldigung für mich. Denn es wird ja viel in der Welt gelogen. Daß ich herrliche innere Befreiungen und Erlösungen erfuhr, sobald ich an jene Behauptungen glaubte, macht meine Leichtgläubigkeit nicht verzeihlicher. Denn damit greife ich wieder auf das alte Argument der inneren Erlebnisse zurück, das sich ja schon vorhin als eine morsche Stütze des Gottesglaubens erwies. Was ich sonst noch zu meiner Entschuldigung sagen kann, das geht immer von der Anschauung aus, man könne nachweisen, daß die betreffende geschichtliche Erscheinung die Grenzen des Menschenmöglichen überschreitet, folglich den Stempel des Überweltlichen an sich trägt. Dieser Nachweis mag noch so gut und geistvoll erfunden sein, er ist unter allen Umständen falsch. Denn ehe der letzte Mensch dem Eis der kommenden Erdkatastrophe erlegen ist, läßt sich nichts über die Grenzen des Menschenmöglichen ausmachen. Sagt man z. B., es sei psychologisch unmöglich, daß ein Mensch die fixe Idee habe, Gottes Sohn zu sein, und dabei einen ganz nüchternen Eindruck mache, der Anspruch auf Gottessohnschaft müsse daher auf Wahrheit beruhen, so ist die Logik dieser Beweisführung zum Erbarmen. Was gibt uns ein Recht, auf Grund der dürftigen psychologischen Erfahrung, die uns zur Verfügung steht, die komplizierte psychologische Frage zu entscheiden, wieviel Nüchternheit und Verstand bei einem Menschen vorhanden sein kann, der bis zu seinem Tode von einer fixen Idee verfolgt wird? Wir haben eben erst seit einigen Jahrzehnten angefangen, exaktere psychologische Untersuchungen anzustellen. Da diktieren wir schon auf Grund unserer ersten dürftigen Beobachtungen dem unermeßlichen Reich alles Menschlichen Gesetze und stecken ihm seine Grenzen ab. Wir wohnen erst seit einigen Tagen am Meer und haben noch nie einen Haifisch gesehen. Folglich kann es im ganzen Ozean keinen Haifisch geben.

Wir sehen aus alledem, daß es aussichtslos ist, dem spezifisch religiösen Innewerden der Wahrheit, von dem die Theologen sprechen, durch profane Erkenntnismethoden aufzuhelfen. Der logisch exakte Beweis versagt. Der Wahrscheinlichkeitsschluß liefert nur ein Minimum von Wahrscheinlichkeit. Die Erfahrung läßt uns erst recht im Stich.

Wir verstehen jetzt, warum den Theologen soviel daran ge-

288

legen ist, der Religion eine Ausnahmestellung innerhalb des geistigen Lebens zu wahren. Dies ist das einzige Mittel, sie von der Logik der profanen Erkenntnismethoden zu dispensieren. Man reserviert den Glaubensaussagen ein Sondergebiet, auf dem eine Art des Behauptens und Schließens zu Recht besteht, die man auf jedem anderen Gebiet keinem wissenschaftlichen Forscher verzeihen würde. Um der Religion ihre Sonderstellung zu sichern, die ihr das Privilegium auf eine eigene Logik verschafft, haben die Theologen verschiedene Methoden befolgt. Ich nenne nur die beiden wichtigsten. Die eine geht vom Unterschied zwischen Aktivität und Passivität, Freiheitsgefühl und Abhängigkeitsgefühl innerhalb des menschlichen Bewußtseins aus. Die andere vom Unterschied zwischen Seinsurteil und Werturteil. Die erste hat sich in verschiedenen Variationen entwickelt. Schleiermacher fand im Menschen neben dem begrenzten Abhängigkeitsverhältnis und begrenzten Freiheitsverhältnis, in dem das Ich zu anderen endlichen Erscheinungen steht, ein Bewußtsein schlechthiniger Abhängigkeit. „Das unsere gesamte Selbsttätigkeit, also auch, weil diese niemals Null ist, unser ganzes Dasein begleitende, schlechthinige Freiheit verneinende Selbstbewußtsein ist schon an und für sich ein Bewußtsein schlechthiniger Abhängigkeit, denn es ist das Bewußtsein, daß unsere ganze Selbsttätigkeit ebenso von anderwärtsher ist, wie dasjenige ganz von uns her sein müßte, in bezug worauf wir ein schlechthiniges Freiheitsgefühl haben müßten." (Glaubenslehre, 1. Kapitel § 4.) Das Korrelat dieses schlechthinigen Abhängigkeitsgefühls, das somit nicht aus der Wechselwirkung zwischen Ich und endlichen Welterscheinungen erklärlich ist, in dem das Ich sich vielmehr mit der ganzen Welt zusammenfaßt, nennen wir Gott. R. Seeberg sagt (Grundwahrheiten der christl. Rel. S. 8 f.): „Der Mensch . . . ist passiv, absolut abhängig von der ihn umgebenden kompakten Masse des Weltsystems. Aber wiederum, er steht aktiv der Welt gegenüber, er selbst setzt sich Zwecke und wandelt alles, was ihm begegnet, zu Mitteln, diese Zwecke zu verwirklichen . . . . Aber nun, die Seele, die sich abhängig fühlt von dem, was doch tief unter ihr ist, schreit nach Abhängigkeit von etwas, was über ihr ist." Führt hier das Abhängigkeitsgefühl oder Abhängigkeitsbedürfnis zu dem Schluß auf ein überweltliches Korrelat, so ist es nach M. Kähler (Wissenschaft der christl. Lehre I, S. 116f.) die eigentümliche Verschlungenheit von Freiheits- und Abhängigkeitsbewußtsein (Selbst- und Weltbezogenheit), die Tatsache, daß das religiöse Freiheitsbewußtsein gegenüber der Welt gerade einen Zug von Abhängigkeitsbewußtsein an sich trägt, das religiöse Abhängigkeitsbewußtsein hinwiederum ein Freiheitsbewußtsein gegenüber der Welt stützt, was zu ihrer Erklärung noch eine andere Beziehung fordert, als diejenige auf das eigene Ich (Feuerbach) oder auf das Nicht-Ich (Universum, Schleiermacher), was also dem religiösen Bewußtsein ein Recht gibt, sich als ein Drittes zu dem Selbstbewußtsein und dem Weltbewußtsein zu stellen, sich also in der Gottesahnung zu vergegenständlichen. Wir wollen nun gern zugeben, daß der Schluß aus dem Abhängigkeitsgefühl und Abhängigkeitsbedürfnis und aus dem eigentümlichen Verschlungensein von Freiheits- und Abhängigkeitsbewußtsein auf ein außermenschliches Korrelat einige Wahrscheinlichkeit für sich hat. Aber dürfen wir das außermenschliche x, auf das uns dieser Schluß führt, mit dem allmächtigen Gott identifizieren? Wir dürfen nicht vergessen, daß die Welt, die wir kennen, der wir uns als „einer kompakten Masse" gegenüberstellen können, immer nur ein Teil, vielleicht nur ein verschwindend kleiner Ausschnitt aus der Gesamtwirklichkeit ist. Stehe ich nun samt meiner ganzen „Welt" zu etwas anderem im schlechthinigen Abhängigkeitsverhältnis, so genügt dazu vollständig, daß das andere stärker ist, als ich und meine Welt. Es braucht darum noch lange nicht unendlich stark zu sein. Um eine Maus in ein schlechthiniges Abhängigkeitsverhältnis zu bringen, genügt es, sie den Krallen einer Katze zu überliefern. Sie braucht dazu noch lange nicht in die Hände des allmächtigen Gottes zu fallen. Wenn ich ferner der ganzen mir bekannten Welt gegenüber ein Bewußtsein absoluter Freiheit habe, so genügt dazu, daß etwas in mir oder mit mir ist, was stärker ist. als diese kleine Welt. Ich brauche dazu noch lange nicht mit einem allmächtigen Gott im Bunde zu sein. Um 1 Pfund spielend zu heben, genügen 2 Pfund auf der anderen Wagschale. Es braucht dazu keine Kraft in Bewegung gesetzt zu werden, die imstande wäre, das Weltall aus den Angeln zu heben. Das schlechthinige Abhängigkeitsgefühl und das absolute Freiheitsbewußtsein mag also noch so intensiv auftreten und noch so merkwürdig miteinander verschlungen sein, immer läßt sich daraus nur ein Schluß auf eine relativ stärkere Macht ziehen, von der das Ich und sein jeweiliger Weltumkreis abhängig ist, oder mit der das Ich gegen seinen jeweiligen Weltumkreis im Bunde steht. Aber wir haben kein Recht, diese einem kleinen Weltausschnitt überlegene Macht mit einem allmächtigen Wesen zu identifizieren. Wenn uns aber weder das absolute Freiheitsbewußtsein noch das schlechthinige Abhängigkeitsgefühl über das Gebiet der relativen Kraftunterschiede hinausführt, so dürfen wir diese Erlebnisse auch nicht vom übrigen geistigen Leben absondern und sie einem Spezialgebiet zuweisen, das logische Sonderrechte genießt.

Damit kommen wir an die zweite Methode, die man angewandt hat, um der Religion ihre Selbständigkeit zu wahren. Diese geht vom Unterschied zwischen Seinsurteil und Werturteil aus. Nach A. Ritschl gibt es eine „doppelte Art, in welcher der Geist seine in ihm erregten Empfindungen weiterhin sich aneignet. Dieselben werden in dem Gefühl von Lust oder von Unlust nach ihrem Wert für das Ich bestimmt." Im Gefühl stellt das Ich fest, „ob eine Empfindung zur Verstärkung oder Hemmung" des Selbstgefühls dient. Daneben „wird die Empfindung in der Vorstellung auf ihre Ursache, deren Art, deren Verknüpfung mit anderen Ursachen beurteilt. Die beiden Funktionen des Geistes sind immer gleichzeitig in Bewegung und ... aufeinander bezogen." Neben den „begleitenden Werturteilen", die mit jedem Erkennen verbunden sind, gibt es nun auch „selbständige Werturteile". Eine Klasse derselben bilden die Erkenntnisse sittlicher Zwecke oder Zweckwidrigkeiten. „Eine andere Klasse von selbständigen Werturteilen bildet das religiöse Erkennen. ... Das religiöse Erkennen bewegt sich in selbständigen Werturteilen, welche sich auf die Stellung des Menschen zur Welt beziehen und Gefühle von Lust oder Unlust hervorrufen, in denen der Mensch entweder seine durch Gottes Hilfe bewirkte Herrschaft über die Welt genießt oder die Hilfe Gottes zu jenem Zweck schmerzlich entbehrt."

Heim, Weltbild der Zukunft.

241   16

Ist dies das Wesen der Religion, so ist der kosmologische, teleologische und ontologische Gottesbeweis abzulehnen. Und es hat
„nur ein solcher Beweis für das Dasein Gottes den richtigen Ansatz, welcher jene Selbstunterscheidung der Menschen von der Natur
und das Streben, sich gegen sie oder über ihr zu behaupten, als
gegeben annimmt".

Wenn es Kant von denselben Voraussetzungen aus nicht zur
theoretischen Gewißheit über Gott, sondern nur zu einem praktischen
Vernunftglauben gebracht hat, so hängt das daran, daß er „hinter
der notwendigen Wertschätzung" der praktischen Vernunft „zurückgeblieben ist. Wenn die Betätigung des moralischen Willens eine
Realität ist, so ist auch die praktische Vernunft ein Zweig des
theoretischen Erkennens. Diese beiden Sätze hat Kant nicht erreicht." „Das theoretische Erkennen" muß „neben der Realität
der Natur die Realität des Geisteslebens als gegeben und die
gleiche Verbindlichkeit der eigentümlichen Gesetze des einen und
des anderen Gebietes" anerkennen. Daraus folgt aber entweder,
„daß die Wertschätzung seiner selbst, in welcher der Geist als die
Macht über die Natur verfährt, insbesondere die Wertschätzung
der sittlichen Gemeinschaft, welche über die Natur geht, eine falsche
Einbildung ist, oder der Geist verfährt so der Wahrheit gemäß,
in Übereinstimmung mit dem obersten Gesetz, welches auch für
die Natur gilt. Dann kann der Grund davon nur in einem göttlichen Willen erkannt werden, der die Welt auf den Endzweck des
Geisteslebens hin schafft." Wer diese Ausführungen A. Ritschls
in der Lehre von der Rechtfertigung und Versöhnung III, S. 190 ff.
nicht als Theologe sondern als angstvoller Gottsucher liest, dem
geht es dabei wie einem Seemannskind, dem auf schonende Weise
beigebracht wird, daß sein Vater wahrscheinlich im letzten Sturm
untergegangen sei. Er hört von allem nur den letzten Satz mit
seinem schrecklichen: Entweder — Oder. Entweder sind wir die
Opfer einer „falschen Einbildung", und Gott ist tot, oder unser
Geist schätzt sich „der Wahrheit gemäß" so hoch ein, dann lebt
ein Gott. Und wie wenig Wahrscheinlichkeitsgründe für das
letztere! Vergegenwärtigen wir uns A. Ritschls Weltbild. „Es
mag zugestanden werden, daß die Naturwissenschaft die mechanische

242

Gesetzmäßigkeit aller sinnenfälligen Dinge aus der mannigfaltigen Bewegung der einfachen begrenzten Kräfte, der Atome, richtig und widerspruchslos begreift. Allein innerhalb dieses gesamten Daseins, welches nach dem Maßstabe der wirkenden Ursache erklärt wird, stellt die Beobachtung das engere Gebiet der organischen Wesen fest, deren Erklärung durch die Gesetze des Mechanismus nicht erschöpft ist, sondern zugleich auf die Anwendung des Zweckbegriffs angewiesen ist. Von den organischen Wesen aber ist wieder ein Teil in mannigfacher Abstufung beseelt, d. h. mit einer Fähigkeit zu freier Bewegung ausgestattet. Endlich ist ein kleinerer Teil der beseelten Wesen darauf angelegt, durch die Vorstellung von Zwecken frei zu wirken, die Gesetze der Dinge zu erkennen, die Dinge als ein Ganzes und sich selbst in geordneter Wechselwirkung mit denselben vorzustellen, außerdem aber alle diese Tätigkeiten durch die mannigfachen Affektionen des Gefühles dem eigenen Ich einzugliedern."

Und nun sollen wir den Gefühlen glauben, welche diese paar Ausnahmsorganismen dem Wirbel der Atome gegenüber hegen, der sie von allen Seiten umstürmt und umdrängt. Stellen wir uns einen Augenblick auf den Standpunkt der Sonne und schauen dem Lichtreigen der tanzenden Welten zu. Mitten im wirbelnden Kugelregen von Millionen Feuerbällen irrt weit draußen ein kleiner Planet, goldene Kurven um die Sonne ziehend. Seine ersterbende Glutmasse bringt in einem gewissen Stadium des Abkühlungsprozesses im Bunde mit Wasserdampf und Sonnenglut eine Brut winziger Miasmen hervor, die seine Oberfläche beleben, wie Würmchen die Haut einer faulenden Melone. Unter diesen Tierchen, die einander wie Ameisen bekriegen und auffressen, tragen einige den Kopf hoch und behaupten, sie seien der Zweck aller Dinge, träumen, Sonne, Mond und Sterne neigten sich vor ihnen, das Ziel aller Sonnenbahnen und Kometenkatastrophen sei ein Reich von ihresgleichen. Wenn dieser Anspruch wenigstens originell wäre. Aber die Sonne hat schon so oft auf kämpfende Tierherden geschienen, von denen jede voraussetzte, der ganze Weidegrund sei nur für sie da, alle Tiere und Bäume und Bäche bis hinaus zum Horizont seien nur Mittel für ihren Zweck. Die Siegeshoffnung jeder ringenden Selbsterhaltungs-

teudenz kleidet sich irgendwie in die Behauptung, sie sei allein Selbstzweck und unterscheide sich von der ganzen übrigen Natur, die ihr
als Mittel untergeordnet sei. Natürlich verbitten es sich die
Menschen aufs lebhafteste, ihr Selbstbewußtsein mit dem Lebens-
mut der Tiere im Kampf ums Dasein zu verwechseln. „Wenn
wir solche Ansprüche machen", sagen sie, „so ist das ganz was
anderes. Bei uns handelt es sich nicht um natürliches Leben,
sondern um geistige Werte. Es ist eine völlige Verkennung des
Wesens der Persönlichkeit, wenn man unsere Selbstunterscheidung
von der Natur mit dem naturhaften Vorgang des Selbsterhaltungskampfes auf eine Linie stellt. Andere Wesen kämpfen um natürliche Güter, wir kämpfen um ein ethisches Ideal." Aber das ist
ja gerade die Frage, woher wir Menschen das Recht nehmen, den
Inhalt, der uns gerade wertvoll ist, mit dem Weltziel zu identifizieren, oder, was dasselbe ist, ihn als einen geistigen und persönlichen Wert zu bezeichnen, d. h. als einen solchen, der nicht
bloß nach unserem Wunsch, sondern in der Tat der ganzen Welt-
wirklichkeit überlegen ist und sie als Mittel in seinen Dienst zwingt,
oder ihn als ethisches Ideal anzusehen, d. h. als etwas, das nicht
bloß nach unserem Wunsch, sondern in der Tat mit dem letzten
Sinn und Ziel der Weltentwickelung übereinstimmt. Denn daß
ein Wunsch in uns sagt: „Ich möchte das Weltziel sein," das
zeichnet ihn noch nicht im mindesten vor den tausend anderen
Erdenwünschen aus, über die das Weltall täglich zur Tagesordnung
übergeht. Ja nicht einmal das ist originell, daß dieser Wunsch
es sich verbittet, mit anderen Wünschen auf eine Stufe gestellt zu
werden, daß er sich eine höhere Weihe gibt, daß er eine Ausnahme sein will, ein Glied der höchsten Kaste. Das ist die bekannte Kriegslist aller starken Wünsche, das bekannte Mittel, sich
von vornherein einen Vorsprung zu verschaffen, den Gegner schon
vor dem Kampf durch eine überlegene Goliathprahlerei in Verwirrung zu bringen.

Wenn man also den Anspruch der Religion auf Sonderrechte auf
das Selbstbewußtsein der ethischen Persönlichkeit gründet, so geht man
damit nur auf eine andere Form zurück, in der derselbe Anspruch auftritt. Sobald die Weltentwickelung den Inhalt im Innern des Menschen,

den wir als Kern einer ethischen Persönlichkeit ansehen, erbarmungslos niedertritt und ihn samt seinen Ewigkeitsansprüchen bis auf den letzten Rest austilgt, so hat sich eben gezeigt, daß der Anspruch jenes Inhaltes auf ethisch-persönlichen Wert eine Illusion war, und daß dieser Anspruch mit allen anderen Machtansprüchen auf eine Stufe zu stellen ist, die auf dem Gebiet des naturhaften Selbsterhaltungskampfes auftreten. Daß der Strom der Ereignisse, der schon so viele glühende Hoffnungen in seinen Fluten begraben hat, gerade unsere menschlichen Wünsche erfüllen wird, weil wir es sind, dafür gibt uns aber weder die Erfahrung noch der Wahrscheinlichkeitsschluß irgendwelchen Anhaltspunkt. Wir sind also auch nach A. Ritschl genau so weit, wie vor ihm, in der brennenden Frage, was der Religion das Recht gibt, Gewißheit für Behauptungen in Anspruch zu nehmen, denen auf jedem anderen Gebiet nur ein Minimum von Wahrscheinlichkeit zugeschrieben werden dürfte.

Die ganze Debatte über Werturteile, in die besonders Gottfried Sperl, Max Scheibe, Otto Ritschl und Max Reischle eingegriffen haben, hat diese Notlage nur grell beleuchtet. Es wurde in dieser Debatte viel darüber reflektiert, in welchem Verhältnis die Werturteile zu den Behauptungen stehen, in denen sie sich niederschlagen. Es wurden vier verschiedene Wege eingeschlagen, die von Wünschen des Ich zu Behauptungen über das Weltall führen. Der erste Weg ist der, den Scheibe in seiner Schrift über die Bedeutung der Werturteile gelegentlich andeutet. Die im Werturteil ausgedrückten religiösen Bedürfnisse gehören zu den religiösen Erfahrungen, aus denen ein Schluß auf den verursachenden Grund zu gewissen objektiven Voraussetzungen führt. Wie wenig ein solcher Schluß auch aus den intensivsten Erfahrungen auf einen allmächtigen Weltherrscher logisch berechtigt ist, haben wir oben gesehen. Scheibe schlägt darum sofort einen zweiten Weg ein, der vom Wunsch zum Glaubenssatz führt. Die Erkenntnis des Daseins Gottes wird gewonnen, indem die Seele „mit der kühnen Zuversicht des verlangenden Herzens diesen Gott fordert, weil sie ihn bedarf und wie sie ihn bedarf". Also ich wünsche etwas. Folglich glaube ich, daß es existiert. Das Objekt des Wollens wird zum Gegenstand eines Seinsurteils. Wie ist es aber auch nur psychologisch denkbar, daß ein Mensch, dem das Leben schon viele Wünsche versagt hat, zur Gewißheit kommt, sein verwegenster Herzenswunsch müsse erfüllt sein, bloß, weil er ihn hegt? Nun kann noch ein dritter Weg eingeschlagen werden, um den Wunsch zum Vater des Gedankens werden zu lassen. Dieser wird durch den von Kant geprägten Begriff des „Postulats" bezeichnet. Nicht das Objekt des Wollens kristalliert sich zum Glaubensgegenstand, sondern das Wollen selbst, sobald es nur autonom und weltumfassend auftritt, „entfaltet sich" in der „Glaubensaussage", daß das Gewollte die Macht über das Wirkliche ist. „Die sittliche Tat ... enthält einen ... Gedanken, der auf allen Stufen des sittlichen Wachstums die gleiche Klarheit und Bestimmtheit hat. In dem Moment des sittlichen Entschlusses denkt der Mensch das Gute als die Macht über das Wirkliche" (W. Herrmann, Ethik, S. 65 f.). Nun versteht sich ganz von selbst, daß ein Wille, der von dem Bewußtsein begleitet ist, ein sittlich guter Wille zu sein, eben damit den Glauben enthält, daß sein Inhalt die Macht über das Wirkliche ist. Denn sittlich gut nennt man immer nur das, was man mit dem Endzweck alles Weltgeschehens zu identifizieren wagt.

Aber wie soll ein Ich, das sich in einem sterbenden Organismus auf der Oberfläche eines kleinen Planeten eingeschlossen weiß, zu dem ungeheuren Wagnis kommen, seinen höchsten Wunsch dem Kosmos als Gesetz zu diktieren? Hier tritt nach Reischle und Herrmann die geschichtliche Person Jesu ein, um dem ringenden Glauben über den toten Punkt hinüberzuhelfen. Und damit kommen wir auf einen vierten Weg, der vom Willen zu Glaubenssätzen führt. Nach Reischle genügt es nicht, die Glaubenssätze als „Postulate" im Sinne von Scheibe aus dem religiösen Bedürfnisse oder als Postulate im Sinne von Kant aus dem sittlichen Willen abzuleiten: „Denn wir urteilen in ihnen nicht, Gottes heilige Liebe müsse wirklich sein, weil sie für uns so wertvoll ist, daß wir sie nicht missen möchten und könnten, vielmehr gibt sich uns Gottes Liebe ihrerseits als Wirklichkeit kund: Die Erscheinung Jesu Christi macht unwillkürlich den Gewissenseindruck göttlicher Hoheit und

Liebe, und nur auf dieser Grundlage erhebt sich unsererseits jene Wertung Christi und das thymetische Urteil, daß Gott in ihm wirksam ist. In ihm deuten wir nur wertend die gegebene geschichtliche Erscheinung als göttliche Offenbarung" (M. Reischle, Werturteile und Glaubensurteile S. 102f.). „Die christlichen Glaubenssätze sind thymetische Urteile, d. h. Urteile, deren Geltung auf einer Wertung beruht, und zwar, wenn wir die sich verengenden Kreise überblicken, ideale, personelle, religiöse Urteile des Vertrauens . . ., also in Summa: sittlich geartete Vertrauensurteile" (eb. S. 105). Aber kann uns Jesus aus dieser Not helfen? Wie ein Meteor taucht sein glänzendes Bild vor uns aus der Nacht auf, um wieder in der Nacht zu verschwinden. Wer gibt uns ein Recht, den Eindruck, den dieser einzigartige Mensch auf uns macht, einen Gewissenseindruck zu nennen, der von dem allmächtigen Gott stammt? Nach der Ethik Nietzsches hat er die Moral vergiftet und ein jahrtausendelanges Siechtum über die Menschheit gebracht. Nach der Ethik Indiens ist er vom Schleier der Maja umfangen geblieben und hat das allverschlingende Eine und Gute umflorten Auges nur von ferne geschaut. Was sich also ohne ethische Voreingenommenheit über ihn sagen läßt, ist nur: Er ist dem Guten treu geblieben, so wie er es verstand. Und er hat eine gewaltige Überzeugung gehabt von der auf ihn gerichteten Liebe Gottes, so wie er ihn auffaßte. Das ist alles, was von dem „zweifellosen Faktum" des inneren Lebens Jesu, von dem Herrmann ausgeht (z. B. Ethik, S. 93), übrig bleibt, sobald wir nicht von vornherein die Lebensgrundsätze Jesu mit dem Weltziel identifizieren, seine Worte also als „eine Auslegung des sittlichen Gesetzes", seinen Eindruck als einen „Gewissenseindruck" deuten. Wie wir aber zu dieser verwegenen Deutung kommen, die eine Aussage über den ganzen Kosmos enthält, das ist eben gerade die Frage. Auch die überwältigendsten Erlebnisse einer ganzen Planetenbevölkerung geben nach dem Früheren zu einer so ungeheuren Behauptung über das Weltall noch nicht den geringsten Anhaltspunkt. Auch die unfehlbarsten Dokumente können sie nicht rechtfertigen. Dieser von Reischle u. a. eingeschlagene vierte Weg, um Glaubenssätze aus dem Wollen abzuleiten, reduziert

247

das Problem also in Wahrheit nur auf die schon früher berührte Frage, was uns berechtigt, Aussagen über das Weltziel auf Grund einer Erfahrung zu machen, in der sich die Selbstaussage einer geschichtlichen Erscheinung mit einer inneren Befreiung verbindet, die wir ihr verdanken.

Fassen wir das Resultat des Bisherigen zusammen. Die Antworten der Theologen auf unsere Frage haben uns das Herz nur schwerer gemacht. Daß sie Beweise für die Wahrheit ihrer Sätze in der Tasche hätten, das haben wir ja nicht von ihnen erwartet. Daß es solche Beweise nicht gibt, das hat uns ja gerade zu ihnen getrieben. Aber wir hofften, daß sie uns wenigstens die rätselhafte Tatsache erklären können, daß sie von gewissen Dingen sagen, sie seien absolut gewiß, während sich doch nach ihren eigenen Voraussetzungen nur einige dürftige Wahrscheinlichkeitsgründe dafür beibringen lassen. Diese Lizenz der Ausdrucksweise wird sonst nur Dichtern zugestanden. Daß es ein Separatgebiet gibt, auf dem man sich von der Regel dispensieren darf, nur das Gewisse gewiß und das Wahrscheinliche wahrscheinlich zu nennen, das haben die Theologen zwar behauptet, aber nicht bewiesen. Denn nicht nur das schlechthinige Abhängigkeitsgefühl und das absolute Freiheitsbewußtsein haben eine verdächtige Ähnlichkeit mit den Empfindungen, die sich im alltäglichen Kampf ums Dasein überall einstellen, wo eine starke Macht und eine schwache Kraft einander gegenüberstehen. Auch der verwegene Anspruch auf Weltherrschaft, der sich in den „selbständigen Werturteilen" ausspricht, ist schon allzuoft im Ringen um Futterplätze und Königsthrone mit prahlerischer Stimme erhoben worden. Daß sich aber diese Gefühle und Ansprüche zur Vorstellung „überweltlicher", „transzendenter" Mächte verdichten, darf uns erst recht nicht täuschen. Denn „überweltlich", „erhaben über die Welt" ist doch nur ein phantasievollerer Ausdruck für „stärker als die Welt", genauer gesagt, „stärker als die mir bekannte Welt". Die Vorstellung der überweltlichen Macht ist also die Form, in die sich entweder das Bewußtsein kleidet: „Ich habe eine Kraft zur Verfügung, die stärker ist als alle meine Gegner," oder das andere Bewußtsein: „Ich fürchte mich vor einer Macht, die stärker ist als alle meine Bundesgenossen." Schon mancher stolze Wunsch und manche lähmende Furcht hat sich in der Vorstellung von etwas „Übernatürlichem", „Überweltlichem" niedergeschlagen. Sind somit die Versuche mißlungen, die Religion künstlich zu isolieren, so müssen alle ihre Glaubensaussagen vor dasselbe unerbittliche Forum der Erkenntniskritik gezogen werden, vor dem die mathematischen, naturwissenschaftlichen und geschichtlichen Behauptungen erscheinen müssen. Subjektive Wünsche finden vor diesem Forum kein Gehör. Der Angeklagte mag seine Verteidigungsrede mit den stärksten Beteuerungen begleiten, ein Apologet wie E. Tröltsch mag z. B., nachdem er alles gesagt hat, was er gegen Feuerbach zu sagen weiß, sich zu der Behauptung verteigen, ein „so allgemeines, so unaustilgbares und mit dem Wesenskern des Menschen so eng verbundenes Bedürfnis" müsse „etwas Normales" sein und ein objektives Korrelat haben, „wenn wir uns nicht überhaupt der trostlosen Ansicht von der Sinnlosigkeit der Welt anschließen wollen" (Tröltsch, D. Selbständigkeit der Rel., Zeitschr. f. Theol. u. Kirche V, S. 403), derartige Beteuerungen machen auf jenen kalten Gerichtshof keinen Eindruck. Denn: „Die ganze Welt ist sinnlos, wenn mein Herzensbedürfnis nicht gestillt wird," das haben schon viele Verliebte gesagt, als ein anderer ihre Geliebte nahm, das haben auch die Juden in Jerusalem im Jahre 70 n. Chr. gesagt, als ihr Blut die Tempelstufen herabfloß, ohne daß Jahwe dazwischenfuhr; wieviel untergegangene Menschen, Völker und Tierklassen mögen vor ihrem Ende den Schmerzensschrei ausgestoßen haben, die Welt sei sinnlos, oder wenn sie bescheidener von sich dachten, sie hätten den Sinn der Welt mißverstanden. Von solchen Gefühlsausbrüchen nimmt das erkenntniskritische Tribunal überhaupt keine Notiz. Es berücksichtigt nur, was die Theologen an Beweisgründen vorgebracht haben. Diese sind aber nach allem Bisherigen so schwach, daß auch den grundlegendsten Glaubenssätzen nicht die Gewißheit mathematischer Sätze, nicht einmal die Wahrscheinlichkeit von Naturgesetzen, sondern nur der Wert phantastischer Hypothesen zuerkannt werden kann.

Nun ist es schon auf ganz gleichgültigen Gebieten bedenklich, wenn jemand Sätze für gesicherte Wahrheiten ausgibt, die er nach seinen eigenen Voraussetzungen nur als gewagte Hypothesen ansehen kann. Verhängnisvoll aber wird diese Verwechselung von Möglichkeit und Gewißheit, wenn es sich nicht um relativ gleichgültige Gebiete, wie Marskanäle und Sonnenflecken, sondern um Leben und Seligkeit handelt. Denn es ist geradezu unsittlich, durch Behauptung der Gewißheit zweifelhafter Sätze Menschen zu verführen, so zu leben, wie man leben müßte, wenn diese Sätze gewiß wären. Das ist dasselbe, wie wenn jemand in eine Lotterie setzt und in dem Glauben, daß er das große Los gewinnen werde, nicht nur selber weit über seine Verhältnisse lebt, sondern auch noch alle seine Freunde verführt, auf diese Aussicht hin Schulden zu machen.

Man sagt vielleicht, das ernste, persönliche Interesse an der religiösen Wahrheit führe zu dem gefährlichen Wagnis, sich und anderen Gewißheit zu suggerieren, wo man mit gutem Gewissen nur von einer schwankenden Möglichkeit sprechen könnte. Aber müßte das ernstliche Interesse an der Religion nicht gerade die entgegengesetzte Folge haben? Führt nicht gerade die glühende Hingabe an eine große Hoffnung zu einer ängstlichen Sorgfalt im Abwägen aller Umstände, die für oder wider ihre Erfüllung sprechen. Die sorglosesten Menschen werden, wenn sie sich verliebt haben, plötzlich von der eigentümlichen Sorge gequält, irgend ein Zwischenfall, irgend ein Blitz aus heiterem Himmel könnte noch in letzter Stunde die Erfüllung ihres heißesten Wunsches vereiteln. Je mehr einem Kranken an seinem Leben liegt, desto skeptischer ist er den Aussagen des Arztes gegenüber, desto weniger will er durch optimistische Versicherungen belogen sein. Wenn ein voller Personenzug sich einem alten Viadukt nähert, den einige Sachverständige für haltbar, andere dagegen für morsch erklärt haben, wird dann ein Maschinist, dem an seinem und seiner Mitmenschen Geschick etwas gelegen ist, alle Zweifel und Warnungen übertäuben und tollkühn drauflos dampfen? Fordert nicht gerade die ungeheure Verantwortung für so viele Menschenleben, lieber zu skeptisch als zu leichtgläubig zu sein und jeden Balken und jede Schraube der Brücke zu untersuchen, die die kostbare Last über den Strom tragen soll?

250

Auf einen Menschen, den nicht das theoretische Interesse, sondern die Not einer großen Ungewißheit zu den Theologen treibt, macht nach allem Bisherigen die Methode unserer systematischen Theologie den Eindruck einer tollen Fahrt über eine unsichere Brücke. Die imposante Eisenkonstruktion ihrer Systeme überredet uns mit dämonischer Gewalt, auf ihnen hinauszufahren, immer schneller und kühner, immer stärkere Behauptungen über das Weltall zu wagen, die Ufer alles Beweisbaren immer weiter hinter uns im Nebel verschwinden zu lassen. Unheimliche Stimmen flüstern uns ins Ohr, wir sollen vertrauensvoll vorwärtsblicken und ja nicht hinab, sonst könnte uns ein Schwindel überfallen, der schon manchem bei dieser Fahrt das Leben gekostet.

Und zwar ist es nicht etwa nur irgend eine bestimmte Theologie, die den Eindruck der systematischen Verführung zu einem halsbrecherischen Abenteuer macht. Dies gilt vielmehr von allen dogmatischen Richtungen im selben Maße. Denn diese unterscheiden sich, wenn man allein auf die Methode der Beweisführung sieht, nur dadurch, daß es bei jeder Richtung wieder ein anderes Erfahrungsdatum ist, von dem aus der Sprung ins Unbewiesene gemacht wird. Aber es ist für unsere Frage ganz gleichgültig, ob man uns zumutet, einen ganzen Bibeltext in Bausch und Bogen als Organ Gottes zu deuten, oder nur irgend einen kleinen Ausschnitt daraus, oder nur eine in diesem Ausschnitt bezeugte Tatsache, oder ob man Bibel und Geschichte beiseite läßt und uns überreden will, in irgend einem Imperativ unseres Bewußtseins oder in irgend einer Empfindung unserer Seele die Stimme des allmächtigen Gottes zu hören. Der Sprung in den schwindelnden Abgrund ist immer gleich gefährlich, ob man ihn von einer weiten Hochwiese voll Blumen und Quellen aus macht, oder von einem schmalen Felsgrat aus, auf dem kaum ein Menschenfuß gehen kann. Es macht auch gar keinen Unterschied, ob man, wie Frank bei der Darstellung der Dogmatik das Bewußtsein des Gerechtfertigten immer schon voraussetzt, den Sprung also schon vor der dogmatischen Überlegung gemacht hat, so daß nur noch die Konsequenzen desselben zu ziehen sind, oder ob man wie die von Ritschl beeinflußten Theologen die Dogmatik mit Reflexionen über Werturteile und Glaubenssätze beginnt, den Sprung also während der dogmatischen Überlegung selbst mit vollem Bewußtsein ausführt.

Was ist der Ertrag unseres ganzen seitherigen Überblicks über die Versuche der Theologen, ihre Glaubensposition zu begründen? Eine Tatsache ist uns dadurch zu einem wunderbaren Rätsel geworden, dessen Last uns wie das Wunderkind den Christophorus immer schwerer und schwerer drückte, je tiefer wir in den Strom des Zweifels hinabstiegen, der alle theoretischen Stützen des Glaubens rettungslos mit fortnimmt. Das ist die Tatsache, daß es religiöse Gewißheit gibt, obwohl es nach den erkenntnistheoretischen Voraussetzungen aller Theologen absolut unmöglich, ja geradezu abenteuerlich und unsittlich ist, eine solche Gewißheit zu behaupten. Daß diese Gewißheit sogar bei Menschen vorkommt, die die Unhaltbarkeit derselben nach ihren eigenen Voraussetzungen durchschauen. Ja daß diese tausendmal widerlegte, völlig in der Luft schwebende Gewißheit sogar noch die Impertinenz hat, mit dem besten Gewissen von der Welt Propaganda für ihre verwegenen Behauptungen zu machen. Wir stehen hier vor einem absoluten Wunder, vor einer schreienden Dissonanz in unserem Weltbild. Die erkenntnistheoretischen Voraussetzungen aller Theologen einerseits und der Anspruch aller Theologen auf religiöse Gewißheit andererseits stehen in einem grellen Widerspruch, den ein denkender Mensch keinen Augenblick ertragen kann. Es gibt nur zwei Auswege. Entweder jene erkenntnistheoretischen Voraussetzungen sind richtig. Dann haben die Glaubenssätze nur den Wert vager Hypothesen und die Behauptung ihrer Gewißheit ist ein Wahnsinn, den man versuchen muß, mit allen Mitteln zu heilen. Oder der Anspruch auf religiöse Gewißheit hat ein Recht. Dann sind die erkenntnistheoretischen Voraussetzungen falsch, die ihn widerlegen. Bei der Entscheidung dieses Dilemmas darf natürlich das persönliche Interesse an der Religion kein Wort mitreden. Denn ob die Selbstzeugnisse der Religion Aussagen eines zurechnungsfähigen Zeugen sind, also bei Weltanschauungsfragen mitreden dürfen, das steht ja gerade in Frage. Jene Alternative kann also nur durch eine Untersuchung entschieden werden, die

252

sich ohne ethische Vorurteile und religiöse Hintergedanken in die Grundverhältnisse der Wirklichkeit vertieft. Eine solche Untersuchung ist in allen seitherigen Kapiteln versucht worden. Und sie hat das Dilemma zugunsten der religiösen Gewißheit und gegen die traditionelle Erkenntnistheorie entschieden. Nach allem Früheren ist der souveräne Gewißheitsanspruch der Religion ein letzter Überrest der ursprünglichen Gesundheit des Denkens inmitten einer erkenntnistheoretisch erkrankten Weltanschauung, eine grüne Oase innerhalb des traditionellen Weltbilds, auf welcher allein noch die geheimnisvolle Lebendigkeit alles Wirklichen empfunden wird, während alles übrige unter dem Gluthauch eines langen Erstarrungsprozesses vertrocknet und versandet ist. Und die künstliche Absperrung der Religion vom Zugwind der Wissenschaft, die die heutige Apologetik charakterisiert, ist nicht in der Natur der Sache begründet, sondern ist eine durch die augenblickliche Krisis gebotene hygienische Sicherheitsmaßregel, um einen gesunden Organismus vor der Ansteckung durch eine kranke Umgebung zu schützen.

Suchen wir uns diese Sachlage zunächst nach ihrer negativen und dann nach ihrer positiven Seite hin klar zu machen. Auch die positivste Theologie, die es heutzutage gibt, stellt ihren Marmordom auf einen vulkanischen Erdboden, baut ihr dogmatisches System auf ein Naturbild und eine Erkenntnistheorie, deren notwendige Konsequenz der Feuerbach'sche Atheismus ist und die auch überall zu dieser Konsequenz geführt haben, wo nicht die Übermacht der Religion und eine gewisse glückliche Blindheit gegen logische Kosequenzen ein gebrochenes Weltbild ertragen half. Die beiden Fundamente der traditionellen Weltanschauung, die Ich-Introjektion und die alte Kausalitätstheorie sind mit dem Gottesglauben unvereinbar.

Unterscheide ich von der Wirklichkeit das „Bewußtsein" als ihre Doublette, beziehe diese auf ein durch eine ähnliche mythologische Verdoppelung entstandenes Ichgebilde und introjiziere endlich alles zusammen in ein Menschengehirn, so folgt daraus:

1. Ich finde mich mit allem, was ich denke und erlebe, rettungslos in eine innermenschliche Subjektivität eingeschlossen,

alle Gedanken über Gott, so einleuchtend sie auch sein mögen, bleiben also immer zweifelhafte Schlüsse einer subjektiven Logik auf eine transsubjektive terra incognita.

2. Die einzigen Erlebnisse, auf die man den Gottesglauben apologetisch begründen kann, sind Gefühle und Willensakte. Alle Gefühle und Willensakte erscheinen aber infolge der Introjektion als Beziehungen zwischen dem innermenschlichen Ich und der Wirklichkeit, als psychische Funktionen, in denen das Ich den Strom des Geschehens, der es von allen Seiten umrauscht, vielleicht in seiner nächsten Umgebung ein wenig alteriert, im übrigen aber nur nach seiner Bedeutung für sein subjektives Dasein beurteilt. Unter diesen Voraussetzungen ist jeder Versuch, aus den Freiheits- und Abhängigkeitsgefühlen oder aus den Werturteilen eines innermenschlichen Ich theologische Sätze über den Kosmos abzuleiten, eine Projektion subjektiver Gefühle an die Wolken, die folgerichtig zum Feuerbach'schen Illusionismus führen muß. Dies hat man mit Recht sowohl gegen die Schleiermacher'sche, wie gegen die Ritschl'sche Begründung des Gottesglaubens eingewandt.

3. Infolge der Introjektion des Ichgebildes ins Gehirn erhält dieses das Monopol auf „Bewußtsein". Wo kein Gehirn ist, herrscht also „Bewußtlosigkeit", wenn sich auch bei diesem Wort noch nie jemand etwas gedacht hat. Will man also Gott nicht ein Gehirn zuschreiben, ihn also zu einem „gasförmigen Wirbeltier" werden lassen, so kann man sich ihn nur bewußtlos denken, also als „blindes Fatum". Will man trotzdem am lebendigen Gott und an der Unsterblichkeit der Seele festhalten, so bleibt nur übrig, für diesen besonderen Fall eine Ausnahme von der allgemeinen Beschränkung des Bewußtseins aufs Gehirn zu statuieren. Das ist aber eine Notannahme, der man die theologische Herkunft und das schlechte wissenschaftliche Gewissen schon von weitem ansieht.

4. Die Lokalisation des „Bewußtseins" im Gehirn macht die Ichumkreise der einzelnen Menschen zu Welten, die exklusiv gegeneinander abgegrenzt sind. Ein Bewußtsein kann wohl auf sein Nachbarbewußtsein schließen, sich „vorstellen", wie es in diesem aussehen mag, auch von außen auf dasselbe einwirken, aber von

einem Übergreifen eines Bewußtseins über ein anderes oder mehrere andere kann keine Rede sein. Bewußtseinsumkreise können sich nicht verhalten wie zwei Kreise, die sich schneiden und sie können nicht ineinander enthalten sein, wie der Teil im Ganzen. Die Orte, an denen sie sich befinden, liegen ja auseinander. Sobald man aber dieses starre Ichverhältnis konsequent durchführt, erfriert die Religion. Denn das religiöse Subjekt behauptet immer ein „Innewohnen" Gottes in seiner Seele, will ein „Gedanke Gottes" sein, wendet auf seine Beziehung zu Gott eine eigentümlich flüssige Vorstellung vom Verhältnis zwischen Ich und Ich an, die auf dem profanen Gebiet verboten ist. Unter der Herrschaft der alten Ich-Auffassung tut man am besten, über dieses „mystische Element" in der Religion, in dem eine ganz unerlaubte Ich-Auffassung ihr Wesen treibt, den schützenden Schleier des Geheimnisses zu decken. Denn sobald man darüber nachdenkt, muß man es entweder als grobe Selbsttäuschung eliminieren, oder es muß für diesen besonderen Fall eine Ausnahme von den allgemeinen Gesetzen des Ichverkehrs angenommen worden. Das ist aber wieder eine der theologischen Nothypothesen, bei denen man die Absicht merkt.

Die vier atheistischen Konsequenzen der traditionellen Weltanschauung, die wir bisher erwähnt haben, ergaben sich aus der Ich-Introjektion. Dazu kommt nun noch eine fünfte, die der alten Kausalitätstheorie entstammt.

5. Nach der herrschenden Anschauung ist die Kausalität nicht bloß, wie früher gezeigt wurde, die Anordnung des Empfindungsverlaufes nach übereinstimmenden Aufeinanderfolgen, die nur eine erweiterte Anwendung der einen Seite des weltkonstituierenden Urverhältnisses ist, sondern ein gewisses unsichtbares x in oder hinter den Erscheinungen, das sie zwingt, so aufeinander zu folgen, wie sie aufeinanderfolgen. Dieser Kausalitätsfetisch ist aber, auch wenn er nur noch in der verdünnten Form einer hypostasierten Notwendigkeit oder Berechenbarkeit aller Erscheinungen auftritt, ein gefährlicher Konkurrent des persönlichen Gottes. Da nämlich das kausale Ordnungsprinzip in dem allkonstituierenden Urverhältnis begründet ist, eine Ausnahme von ihm also nicht einmal

denkbar ist, so verlangt auch die mythologische Hypostasierung desselben die schrankenlose Herrschaft über die ganze Wirklichkeit. Ist aber die ganze Welt von diesem zwingenden x durchwaltet, so ist jedes kleinste Ereignis des Weltlaufes exakt berechenbar, sobald nur die für immer feststehenden Formeln bekannt sind, nach denen jenes zwingende x wirkt. Nun wäre es ja an und für sich nicht undenkbar, daß es einem persönlichen Gott gefallen hätte, seinen persönlichen Charakter zu verhüllen und sich in mathematischen Formeln zu offenbaren. Aber der Glaube, daß der persönliche Gott auf die Individualität des religiösen Subjekts eingeht, daß die Wirklichkeit das Medium eines persönlichen Wechselverkehrs zwischen Gott und dem Subjekt ist, wird von dem Augenblick an psychologisch unmöglich, da das Subjekt überzeugt ist, daß alles, was ihm in der nächsten Stunde begegnen wird, bei genauer Kenntnis der Wirklichkeit schon vor tausend Jahren hätte exakt vorausberechnet werden können. Nur wenn der Weltlauf nicht bloß infolge unserer Ignoranz, sondern seinem tiefsten Wesen nach unberechenbar ist, kann er als Ausfluß eines persönlichen Willens betrachtet werden. Auch in diesem Punkt suchen sich die Theologen vor den gottlosen Konsequenzen ihres Naturbildes durch dasselbe Mittel zu retten, das sie in allen bisher erwähnten Verlegenheiten angewandt haben. Sie statuieren eine Ausnahme von den Gesetzen der profanen Wirklichkeit. Sie geben den Naturlauf im großen und ganzen dem Kausalitätsfetisch preis. Aber sie wollen ihn durch dieses großmütige Zugeständnis nur mild gegen sich stimmen und ihn bewegen, ihnen mitten in seinem Weltreich einen Landstrich abzutreten, auf dem sie sich nach Herzenslust tummeln können, ohne daß er ihnen dreinredet. Dabei ist es ganz gleichgültig, wie weit oder wie eng man diese Provinz des unberechenbaren Geschehens innerhalb des Weltreichs der mathematischen Formel abzäunt. Die Scholastiker haben Gott das Recht reserviert, überall, wo er es für gut hielt, eine Insel voll unberechenbarer göttlicher Tat aus dem wogenden Meer der kausalen Zusammenhänge emportauchen zu lassen, die Kausalität für eine Zeitstrecke zu suspendieren, um sie nach Ablauf derselben wieder in Gang zu setzen. Moderne Theologen wie E. Tröltsch bekämpfen diese supranaturalistische Isolierungsmethode, „die das heilige vom profanen Geschehen trennen muß und mit ihren Beweisen für diese Trennung in immer größere Atemnot gerät, je mehr sie die Luft der modernen Historie atmet" (Die Absolutheit des Christentums, S. 21). Was aber an die Stelle der scholastischen Isolierung der Wunder gesetzt wird, das ist nur eine erweiterte Anwendung der bekämpften Isoliermethode. An die Stelle der Wunder tritt nämlich die Abgrenzung des menschlichen Geisteslebens von der übrigen Natur.

Im Anschluß an theologisierende Philosophen, wie Rickert, Eucken, Dilthey wird das geistige Leben als eine besondere Provinz des Geschehens isoliert, in welcher nicht die „phänomenale Kausalität" des Naturgeschehens herrscht, sondern die „ideelle Motivation" des persönlichen Lebens (Tröltsch, Die Selbständigkeit der Religion, Zeitschr. f. Theol. u. Kirche, Jahrg. V, S. 392). Damit ist der Damm nur etwas weiter hinausgerückt, der die Insel der Religion vor der hereinbrechenden Hochflut der Kausalität schützen soll. Aber hinter den philosophischen Reflexionen über die Eigenart des geistigen Lebens lauert doch immer nur die theologische Absicht, sich ein Gebiet der chaotischen Unberechenbarkeit zu reservieren, auf dem alles möglich ist, auf dem darum vielleicht sogar die Wunderflamme der überirdischen Offenbarung, vom Eiswind der mathematischen Formel unbehelligt, noch irgendwo im verborgenen glüht. Es ist ein Glück für die Theologen, daß unsere psychologischen Experimentierapparate augenblicklich noch zu unvollkommen sind, um dem sogenannten Vorstellungsleben in exakter Weise beizukommen. Solange dieser komplizierte Teil des Weltgeschehens nur von einem spärlichen Strahl der exakten Methode erhellt wird, können in seinem wohligen Dunkel allerlei lichtscheue Dogmen ihr Wesen treiben.

Aber mag der Vorstellungsverlauf sich seiner ganzen Form nach noch so grundlegend von allem anderen Geschehen unterscheiden*)

---

*) Nach den früheren Ausführungen über den Überlegungsvorgang ist dieser grundlegende Unterschied zwischen Vorstellungsverlauf und Naturgeschehen nicht einmal vorhanden.

Heim, Weltbild der Zukunft.

und noch so undurchsichtig sein, in einer Hinsicht steht er jedenfalls mit allem übrigen Geschehen auf derselben Linie. Er ist wie alle Wirklichkeit restlos der kausalen Betrachtung unterworfen. Denn die kausale Betrachtung ist die notwendige Form jeder möglichen Erfahrung. Läßt man diese ewig lebendige immanente Form alles Erlebens den Tod der metaphysischen Hypostasierung sterben und als Begriffsmumie in transzendente Grabkammern wandern, so muß man der toten Formel, in die man die lebendige Form aller Wirklichkeit verwandelt hat, wohl oder übel die Weltherrschaft einräumen. Wenn man, um den atheistischen Konsequenzen dieses Denkfehlers zu entgehen, noch einen zweiten Denkfehler hinzubegeht und eine Ausnahme von der Kausalität behauptet, so heißt das den Teufel durch Beelzebub austreiben.

Damit sind die fünf Hauptpunkte genannt, an denen die heutige Theologie mit ihren eigenen erkenntnistheoretischen und naturphilosophischen Voraussetzungen im Kampf auf Leben und Tod steht. Durch diese fünf Lecke am Schiff der Theologie strömen die Wogen des Atheismus unaufhörlich in ihre unteren Schiffsräume, und das Todesgurgeln der eindringenden Wassermassen steigt jede Minute höher herauf, während die Schiffsmannschaft in anscheinend sorgloser Stimmung sich auf Deck tummelt und bald blutige Händel über den einzuschlagenden Fahrkurs ausficht, bald erhebende Versöhnungsfeste feiert.

Aber das ist nur die negative Seite der heutigen theologischen Situation. Die Art, wie die Theologie sich an allen fünf Kollisionspunkten der atheistischen Konsequenzen ihrer eigenen Voraussetzungen erwehrt, zeigt uns den Weg zum Verständnis der positiven Wahrheit, die hier mit inadäquaten Anschauungen ringt. Die Theologie läuft von allen Seiten Sturm gegen das alte Denkschema, legt überall Bresche in seine Mauern. Sie durchbricht das starre Subjekt-Objekt-Verhältnis, indem sie eine Gewißheit über das tiefste Wesen der Wirklichkeit behauptet, die bei jeder Auffassung des Erkennens als Beziehung eines Subjekts auf ein transsubjektives Objekt ein für allemal ausgeschlossen ist. Sie durchbricht die Anschauung, als wären Gefühle und Willensakte Funktionen eines innermenschlichen Ich, indem sie Entfaltungen einer kosmischen

Macht in ihnen sieht. Sie durchbricht die Introjektion des Bewußtseins ins Gehirn, indem sie an ein gehirnloses göttliches Bewußtsein glaubt. Sie durchbricht das exklusive Verhältnis der Bewußtseinszentren zueinander, indem sie ein Innewohnen Gottes in Seelen für möglich hält. Sie durchbricht endlich die fetischistische Kausalitätstheorie, indem sie die Welt als Selbstdarstellung einer unberechenbaren Persönlichkeit auffaßt. Die Theologie ist also in allen Beziehungen ein neuer Lappen auf dem alten Kleid des traditionellen Weltbildes, junger Most in alten Schläuchen.

Wir haben also gar nichts anderes zu tun, als die atheistischen Formen zu sprengen, in die die Religion schon so lange eingezwängt war, an denen sie sich noch immer unter tausend schmerzlichen Kollisionen wund reibt, an denen gerade die tiefsten Geister unter den heutigen Religiösen am elendesten zugrunde gehen. Noch steht das religiöse Denken mit seiner eigentümlichen Erkenntnistheorie und Naturphilosophie mitten in der Welt der Wissenschaften wie ein weltscheuer Frembling, der mit tiefen, seelenvollen Augen in alle Menschen und Dinge hineinsieht. Einst wird es „das Erdreich besitzen". Es wird wieder über die ganze Wirklichkeit ausgedehnt sein, wie es einst über sie ausgedehnt war. Jener erkenntnistheoretische Sündenfall wird abgebüßt sein, durch den wir die Unschuld des Blickes verloren, der uns eine so lange Kette von Bußübungen und Höllenstrafen eintrug, von denen Kant die letzte und schwerste war. Wie wird man dann über Religion denken? Versetzen wir uns, um ein Bild davon zu bekommen, in die Zeit nach der jetzigen erkenntnistheoretischen und naturphilosophischen Krisis. Der mythologische Trieb ist zur Ruhe gekommen, der einst in Weltdoubletten schwelgte und zur klingenden und farbigen Wirklichkeit noch eine innermenschliche Vorderwelt und eine transzendente Hinterwelt hinzulog. Die erkenntnistheoretische Frage ist nicht mehr. Sie hat nur noch psychiatrisches Interesse. Alles Denken geht in der Analyse der einen großen Wirklichkeit auf. Die letzten Elemente aber, auf die diese Analyse immer wieder zurückführt, sind die schöpferischen Entscheidungen, in denen die werdende Wirklichkeit wie mit Göttertritt über die wallenden Wasserwogen unendlicher Möglichkeiten hinschreitet. Die Kausalität

ist nur die Ordnung, nach welcher der so entstehende Wirklichkeitsverlauf seine eigenen Inhalte nach dem Prinzip der Identifikation
des Identischen zusammenfaßt. Alle Vorausberechnung der Zukunft aus Gesetzen der Vergangenheit, ja die ganze Idee der
strengen Naturgesetzmäßigkeit ist nur eine der Formen, in denen die
Selbsterhaltungstendenz gewisser Ereignisfolgen der Vergangenheit
ihre Netze ins dunkle Meer der Zukunft hinauswirft. Es gibt
somit keine theoretische Basis mehr, von der aus man auch nur
den Versuch machen könnte, die Selbstgewißheit einer weltkonstituierenden Urentscheidung zu widerlegen. Es kann nur
Entscheidung gegen Entscheidung gesetzt werden. Wie aber eine
solche Entscheidung zustande kommt, bleibt notwendig unerklärlich.
Denn alles Erklären ist ja nur ein Zurückführen auf Gesetze, die
einen aus Entscheidungen gewobenen Ereignisverlauf immer
schon voraussetzen, um aus ihm induktiv abgeleitet werden zu
können. Wie denkt man unter diesen Voraussetzungen über die
Religion?

In jeder höher entwickelten Religion tritt mit königlicher
Selbstgewißheit eine Behauptung über den Sinn alles Seins auf
den Plan. Die Gesamtwirklichkeit, so lautet diese Behauptung,
wird von einem Willen regiert, der der ganzen Wirklichkeit überlegen ist und sie im Kampf mit allen Widerständen einem bestimmten Ziel entgegenführt. Dabei wird unterschieden zwischen
Gott und Seele, d. h. zwischen dem Willen, der die Gesamtwelt
allmächtig durchwaltet und dem Willen, der den Ausschnitt aus
der Gesamtwirklichkeit beherrscht, der von einem bestimmten
Orientierungspunkt aus in den Gesichtskreis fällt, und der in diesem
engeren Umkreis den Weltzweck des allbeherrschenden Wollens
gegen alle Widerstände durchzusetzen sucht. Das Verhältnis zwischen
beiden Willen aber wird als Ich- und -Du-Verhältnis, als „persönliches Vertrauensverhältnis" beschrieben, es wird also mit
dem Verhältnis zwischen koordinierten Ichumkreisen in Parallele
gesetzt.

Das selbstherrliche Auftreten dieser Gewißheit, in einem
lebendigen Übereinstimmungsverhältnis mit dem die Gesamtwirklichkeit beherrschenden Willen zu stehen, steht nun nach dem Früheren

260

formal betrachtet in durchgängiger Analogie zu der geheimnisvollen Souveränität, mit der alle übrigen Wirklichkeitsentscheidungen auf kleinerem und kleinstem Gebiet aus dem Chaos der Möglichkeiten hervorbrechen wie Blitze aus der dunklen Wolke. Die traditionelle Anschauung wehrt sich verzweifelt gegen diesen Versuch, die Religion auch nur der Form nach mit dem profanen Wollen und Entscheiden auf eine Linie zu stellen, weil dies nach ihren Voraussetzungen allerdings der Religion die Lebensader durchschneidet. Man weist auf zwei Eigentümlichkeiten hin, durch die sich die Religion spezifisch von allen anderen Willensphänomenen unterscheiden soll. 1. Bei der Religion heben sich deutlich Gott und die Seele, also ein weiterer und ein engerer Persönlichkeitsumkreis voneinander ab. Bei gewöhnlichen Willensakten haben wir es nur mit Einem Ich zu tun. 2. Der Gott der Religion hat eine unendliche Übermacht über ein unendliches Gebiet. Jeder andere Wille herrscht nur über einen endlichen Umkreis. Wir wenden uns zunächst zur ersten von diesen beiden „Eigentümlichkeiten" der Religion. Was läßt sich rein wissenschaftlich über das persönliche Vertrauensverhältnis zwischen Ich und Du sagen, in das sich alle höhere Religion auseinanderfaltet, über dieses vielbesungene Verhältnis, das vom grünen Gerank der mythologischen Dichtung so üppig umwuchert und so innig umschlungen wird? Sobald wir den Willen nicht mehr mythologisch lokalisieren, ihm also keine Zentralstelle und kein Kontor mehr im Gehirn oder anderswo zuweisen, wo er am Telephon steht und der Außenwelt seine Bestellungen von innenher zuraunt, dann ist der einzige Unterschied, der zwischen zwei Willen denkbar ist und dazu berechtigt, sie als zwei Willen und nicht als einen einzigen zu bezeichnen, der Unterschied der Inhalte, die sie wollen. Willen sind identisch, wenn sie dasselbe wollen, verschieden, wenn sie verschiedenes wollen. Diese Wahrheit ist aber nicht so einfach, wie sie klingt. Vielmehr wird damit auf das Verhältnis zwischen zwei Willen gerade die komplizierteste Wechselrelation angewandt, deren erstaunlicher Anblick zur Erfindung immer neuer Zauberkräfte des Gehirns reizte, nämlich die Relation zwischen Verschiedenheit, Gleichheit und Identität. Ziehen wir aus dem, was früher über diese

eigentümlich lebendige Relation gesagt werden mußte, die Konsequenzen für die Willensverhältnisse. Sind zwei Willen gegeben,
die auf verschiedenen Gebieten dasselbe Ziel zu verwirklichen
streben, so ist es genau gleich möglich, nur auf den identischen
Zielgehalt zu reflektieren und beide Willen infolgedessen in einen
identischen Willen verschmelzen zu lassen, und andererseits auf
den verschiedenen Zusammenhang zu sehen, auf den beidemal
derselbe Wille angewandt und dadurch inhaltlich spezialisiert
wird, und demgemäß nicht von einem identischen, sondern
von zwei gleichen Willen zu sprechen, die sich in Übereinstimmung miteinander befinden. Und das lebendige Oszillieren
zwischen diesen beiden gleich möglichen Auffassungen der Sache
macht gerade das Wesen des Verhältnisses aus, das man persönliche Wechselbeziehung, gegenseitiges Vertrauensverhältnis
zwischen gleichgesinnten Subjekten nennt. Als in Clermont jener
fanatische Papst auf die Tribüne stieg und sich das tausendstimmige
„Deus lo volt", wie das langanhaltende Donnergeroll einer immer
höher und unheilvoller anschwellenden Lawine durch die Menschen-
massen wälzte, war es da ein Wille, der wie ein Dämon in die
Menschenherde fuhr und sich in diesem schauerlichen unisono Luft
machte, oder waren es viele Willen, die wie viele Glocken zu-
sammenklangen? Jeder undogmatische Beobachter des Lebens wird
mir Recht geben, wenn ich sage: Das ist gerade das Eigentümliche
eines solchen Vorganges, daß beides der Fall ist. Das Bild des
befreiten Jerusalem wirft seinen magischen Glanz in die Phantasie
dieser wilderregten Massen, wie der Vollmond auf den Wellen
eines aufgeregten Meeres hin- und herzittert, wie die indische
Weisheit sagt, „eins und doch vieles, wie der Mond im Wasser".
Der Herzschlag des Vorganges besteht gerade in diesem Hin- und
Herfluten zwischen der Vielheit zusammenstimmender Willen und
der Einheit eines allbezwingenden Willens. Jede der beiden Auffassungen wird dem Leben nicht gerecht, sobald man sie von der
notwendigen Ergänzung durch die andere losreißt und künstlich
isoliert. Dieses oszillierende Wechselverhältnis zwischen Identität
und gegenseitiger Unterscheidung tritt uns nun am deutlichsten in
der Beziehung zwischen einem engeren und einem übergreifenden

262

Ichumkreis entgegen, die in der Religion erlebt wird. Das lebendige Verhältnis zwischen dem übergreifenden Ich Gottes und dem engeren Ich der ihm hingegebenen Seele drückt sich darin aus, daß zwischen zwei Gedanken hin- und hergegangen wird. Der eine ist: Gott ist in mir, identifiziert sich mit mir, erfüllt mich mit seinem Geist. Der andere Gedanke ist: Ich bin völlig von Gott unterschieden, stehe ihm als gesonderte Persönlichkeit gegenüber.

Jeder der beiden Gedanken, vom anderen losgerissen, läßt das Leben der Religion erstarren. Das Problem der göttlichen Allmacht und menschlichen Freiheit, an dem sich unsere tiefsten Geister zeitlebens wund gerieben haben, ist nur dadurch entstanden, daß die geheimnisvolle Lebendigkeit des Ich- und Du-Verhältnisses von der alten groben Ichvorstellung aus ein der Vernunft unfaßbares Mysterium blieb. Stehen sich nach der Tradition Gott und die Seele als zwei exklusive Wirklichkeitsbezirke oder Bewußtseinsgefäße gegenüber, dann hat man die Wahl zwischen zwei Anschauungen, die beide in den Abgrund führen. Die eine Anschauung ist die: Die Menschenseelen sind frei, d. h. es gibt keine außer ihnen liegende Macht, die ihre Entscheidungen vorausbestimmt. Dann hat sich Gott selbst beschränkt. Sein Machtbereich ist von Enklaven fremder Mächte durchsetzt, die ihre eigene Verwaltung haben. Der Weltlauf ist eine Resultante aus dem Zusammenwirken zweier voneinander unabhängiger Faktoren, des göttlichen und des menschlichen. Man mag nun noch so hoch von der Weisheit Gottes denken, die fortwährend alle Löcher wieder flickt, welche diese Millionen unabhängiger Wesen tagtäglich in das Gewebe des Weltlaufs reißen, das unter seinen Händen aus dem Webstuhl der Zeit wie ein breiter prachtvoller Teppich hervorgeht. Dennoch konnten tiefe Geister wie Luther (vgl. de servo arbitrio) in diesem von ungöttlichen Elementen zerrissenen und wieder geflickten Weltbild keine Ruhe finden. Denn wenn auch in einem noch so engen Gebiet Gott der Welt für einen Augenblick die Zügel schießen läßt, so kann der Glaube nicht mehr sagen: Es kommt alles von Gott. Er sieht sich einem Weltlauf gegenüber, der von außergöttlichen Instanzen durchkreuzt wird. Diese Not treibt der anderen Anschauung in die Arme. Nach dieser ist die Seele nicht frei, sondern unter göttlichem Zwang. Aber damit wird das innerste Wesen der Persönlichkeit verletzt. Die Seele wird von dem außer ihr liegenden göttlichen Geiste vergewaltigt, naturhaft gezwungen. Sie steht unter einer zwingenden Prädestination. Nur wenn wir das Ich- und Du-Verhältnis von seiner tötlichen Exklusivität erlösen und seine flüssige Oszillation zwischen Identität und gegenseitiger Unterscheidung wiederherstellen, zeigt sich ein Ausweg aus dieser unheilvollen Alternative. In der Einheit mit Gott liegt die absolute Freiheit der Entscheidung für seinen Willensgehalt. In der Selbstunterscheidung von ihm entfaltet sich diese freie Entscheidung zu einem Abhängigkeitsverhältnis von ihm. Der persönliche Charakter dieser Abhängigkeit besteht eben gerade darin, daß sie fortwährend in das Einheitsverhältnis mit Gott zurückflutet und wieder aus ihm hervorquillt, wie ein ewiges Einatmen und Ausatmen der Seele.

Die Vertiefung in die fluktuierende Lebendigkeit des Ich- und Du-Verhältnisses bahnt uns auch den Weg zum Verständnis jenes alten Kirchendogmas, für das wir heute infolge einer Jahrtausende langen Versteinerung der Ichvorstellung und barbarischen Verrohung des Denkens nur noch einen Spott auf den Lippen haben, nämlich des Trinitätsdogmas. Dieses ist nicht das Produkt einer vorübergehenden Philosophie. Es gehört seiner allgemeinen Form nach zum notwendigen Gedankenskelett einer höher entwickelten Religion. Wie schon früher berührt, muß eine solche ja immer, um ein Weltziel zu haben, in irgend einem empirischen Weltinhalt die Offenbarung dieses Zieles gefunden haben. Damit schiebt sich aber zwischen Gott und die Seele ein Mittelglied ein. Zwischen den allumfassenden Willen Gottes und den ein kleines Einzelgebiet beherrschenden Willen der Seele tritt der Wille, der den Offenbarungsbezirk beherrscht. Damit legt sich aber das flüssige Personenverhältnis in eine dreifache Mannigfaltigkeit auseinander, in der nun die Oszillation zwischen Identität und gegenseitiger Unterscheidung ihr wundervolles Wellenspiel beginnt. Das übergreifende göttliche Ich ist mit dem Ich seiner Selbstoffenbarung eins und doch wieder nicht eins. Beide sind wieder mit der Auswirkung ihres Willensgehaltes in Einzelsubjekten identisch und wieder nicht identisch. Wie die christliche Dogmengeschichte zeigt, hat der Instinkt der Gemeinde immer aufs neue jeden Versuch als Ketzerei abgestoßen, auf dieses trinitarische Verhältnis irgend ein festliegendes Proportionsverhältnis, irgend eine Spaltung in gegeneinander exklusive Bezirke, etwa in Seelenvermögen oder Offenbarungsepochen anzuwenden. Der Glaube kam immer nur in der herben Antinomie zur Ruhe: Eine Person find drei Personen und drei Personen find eine Person, und in jeder von den dreien ist immer das Ganze. Denn nur diese Antinomie ist der reine Ausdruck für den flüssigen Übergang zwischen Identität und Unterscheidung, der das Geheimnis aller Willensverhältnisse ausmacht, und mögen auch alle Professoren der traditionellen Logik über diese Todsünde gegen den Satz des Widerspruchs die Hände über dem Kopf zusammenschlagen.

Die Frage, die uns in diese ganze Erörterung der Willensverhältnisse hineingeführt hat, war nun die: Gibt uns dieses Wechselverhältnis zwischen engeren und weiteren Ichkreisen, diese Scheidung zwischen Gott und Seele, die der Religion so wesentlich ist, ein Recht, sie von allen anderen Willensphänomenen spezifisch zu unterscheiden, die formale Analogie zwischen der Religion und allen übrigen Entscheidungsakten zu bestreiten?

Nehmen wir irgend einen profanen Willensentschluß, der über einen längeren Zeitraum hin seine Schatten vorauswirft, etwa den Entschluß eines Lebensmüden, sich in der nächsten Nacht im Wald zu erhängen, und sehen ihn darauf an, ob hier wirklich keine Spur von jener Scheidung zwischen engerem und weiterem Willensgebiet vorhanden ist, die uns in der Religion entgegentrat. Je länger der Zeitraum und je umfassender der Erlebniskreis ist, den ein solcher Entschluß in seinen Bann schlägt, desto weniger wird sich der keimartige Ansatz zu dieser Scheidung verkennen laßen. Der Entschluß, der etwa einen ganzen Tag in Beschlag nimmt, objektiviert sich, hängt wie ein Fatum über den einzelnen Stunden und Viertelstunden, die sich innerhalb des Gesamtgebietes abgrenzen, verfolgt mich wie ein Dämon, von dem ich mich abhängig weiß, hypnotisiert meinen Blick auf die kommende Erfüllung wie auf eine Notwendigkeit. Widerstrebende Begierden

265

wühlen meine Seele auf. Aber ich finde keine Ruhe, bis ich wieder ruhe in dem Unabänderlichen, das wie eine düstere Moira alle meine heiteren Götter verschlingt. Diese formale Analogie zwischen Willensakt und Religion, die um so stärker zum Bewußtsein kommt, je umfassender der Herrschaftsbereich eines Willens ist, je vollständiger also sein Vollzug in unseren Gesichtskreis fällt, hat im Zeitalter der Introjektion immer wieder zur Feuerbach'schen Erklärung der Religion aus hypostasierten Menschenwünschen geführt. Die Frommen haben darum alle möglichen Einwände dagegen zusammengesucht, z. B. den, daß wir doch unsere Wünsche nur lieben, unsere Götter dagegen fürchten und lieben; als ob wir nicht unsere unabänderlichen Entschlüsse oft mehr fürchteten als unsere Götter. In uns Kindern einer späten Zeit, die dem Ichmythus entwachsen sind, weckt der Anblick jener unleugbaren Analogie eine ganz andere Stimmung als in unseren Vätern. Statt uns der Religion zu entfremden, stimmt er uns vielmehr im Gegenteil auch unserem sogenannten eigenen Wollen gegenüber religiös, läßt uns über seine geheimnisvollen Wundertiefen erschauern und führt uns unwillkürlich wieder heimwärts in die ferne Gedankenwelt der biblischen Zeit, die in allen starken Eruptionen des Wollens dämonische Mächte ahnte.

Der zweite Unterschied, aus dem man eine differentia specifica zwischen der Religion und den übrigen Willensphänomenen abzuleiten versucht hat, ist der Unterschied des Gebietsumfanges, der in beiden Fällen vom Wollen beherrscht wird. Gottes Gebiet, sagt man, ist unendlich weit, sein Wille von unendlicher Macht, alle anderen Willen sind endlich und von begrenztem Machtbereich. Was meinen wir eigentlich mit dem Wort „Unendlichkeit"? Nach dem Früheren ist es nur ein Ausdruck für das Prinzip der Relativität, also für die eine Seite der Urverhältnisse, durch die alle Wirklichkeit zustandekommt. Es ist ein Wort für die Tatsache, daß bei diesen Verhältnissen immer eine Darbietung von Möglichkeiten stattfindet, aus denen ausgewählt wird, von Möglichkeiten verschiedener Entscheidungen des Grundverhältnisses und des Umtauschverhältnisses. Aber alle Wirklichkeit — dies ist die andere Seite des Weltgeheimnisses — ist die

266

Entscheidung von Grundverhältnissen und Umtauschverhältnissen, also die Konstituierung von Endlichem. Alles Wirkliche ist endlich und entsteht durch Abgrenzung von Endlichem. Also ist auch die Gesamtwirklichkeit, über die Gott die absolute Macht hat, jederzeit endlich. Wenn ich also Gott eine Macht über die Unendlichkeit zuschreibe, so kann ich damit nur meinen, daß er auch jede Erweiterung des endlichen Gebiets beherrschen wird, die etwa eintreten wird, daß also die Erreichung des Weltziels durch keine Gebietserweiterung in Frage gestellt werden kann, sondern auf alle Fälle gesichert ist. Wenn ich im Vergleich mit seiner Unendlichkeit alles andere endlich nenne, so meine ich damit, daß die Entscheidung ein für allemal für ihn fiel und gegen alles andere, so daß alles andere durch seine Übermacht in Schranken gehalten wird. Aber diese prägnante Vorausnahme des Sieges für alle Gebiete und für alle Zeiten bedeutet für jeden möglichen Zeitpunkt einen Sieg über ein endliches Gebiet — und die Wirklichkeit befindet sich immer an irgend einem möglichen Zeitpunkt —, legt sich also in lauter endliche Machtentfaltungen auseinander, in lauter Siegesantezipationen, die sich über endliche Umkreise erstrecken. Wenn man also aus der Unendlichkeit Gottes einen spezifischen Unterschied zwischen der Religion und den anderen Willensphänomenen ableiten will, so beruht das immer nur darauf, daß das lebendige Verhältnis zwischen Unendlichkeit und Endlichkeit erstorben ist, daß sich Unendlichkeit und Endlichkeit als zwei spezifisch verschiedene Bezirke gegenüberstehen, wie zwei Reiche, die durch eine chinesische Mauer voneinander getrennt sind.

Damit hat sich also auch der zweite Weg als ungangbar erwiesen, den man einschlagen könnte, um die religiöse Überzeugung von allen anderen Willensakten spezifisch zu unterscheiden. Rechnen wir also mit der Tatsache, daß die Entscheidung der Religion allen anderen Entscheidungen der Form nach durchaus analog ist. Was folgt daraus?

1. Die Selbstgewißheit, mit der diese Enscheidung höchsten Umfanges die Erreichung ihres Zieles vorausnimmt, ist wissenschaftlich genau so zu beurteilen, wie die analoge Gewißheit anderer Entscheidungsantezipationen. Auf die Frage nach dem

267

Recht dieser Gewißheit verweigert die Theorie die Antwort. Diese Gewißheit ist ein Letztes. Wir stehen hier wie bei jeder Entscheidung vor dem geheimnisvollen Urquell, aus dem alles Wirkliche hervorrauscht. Die Frage nach der Erfüllung einer antezipierten Entscheidung ist eine Machtfrage. Machtfragen aber werden nur durch die Wirklichkeit selbst beantwortet. Die Wirklichkeit aber kommt durch Entscheidungen zustande, fließt also aus derselben Quelle, wie die Gewißheit, nach deren Recht wir fragen. Aber schaudert nicht irgend etwas in uns schon bei dem bloßen Gedanken zusammen, unsere höchste Gewißheit könnte mit der Sicherheit kleinerer Entscheidungen in Analogie stehen? Wir wollen dieser Angst sorgfältig nachgehen. Es soll nichts verheimlicht werden, mag es so schrecklich sein als es will. Diese Bangigkeit kann ein Nachklang des Subjektsmythus sein, der aus jener Analogie den Schluß zieht, Gott sei eine Projektion von subjektiven Wünschen an die Wolken. Aber auch wenn wir der ganzen Introjektionsmythologie samt ihren atheistischen Konsequenzen längst entwachsen sind, bleibt noch immer etwas zurück, was uns im Innersten erbeben macht, wenn wir daran denken. Die Erfahrung zeigt, daß schon viele Wünsche unerfüllt geblieben, viele großen Entschlüsse gescheitert sind. Aber was ist die Erfahrung, die diesen Schatten auf unsere Hoffnungen fallen läßt? Nach dem Früheren ist sie doch nur eine Menge von Schlingen, die die Selbsterhaltungstendenz vergangener Ereignisfolgen dem Entscheidungsakt bei seinem stolzen Gang in die Zukunft um den Fuß wirft. Jeder Wille wird bei seinem kühnen Schritt über das Festland der Gegenwart hinaus von Ereignissen der Vergangenheit, die gegen seine Realisierbarkeit sprechen, wie von Fliegen umschwärmt und belästigt. Der niederschmetternde Gedanke: „Es sind schon viele große Würfe mißglückt" ist nur das verworrene Gebrüll, zu dem sich alle konservativen Stimmen der Vergangenheit vereinigt haben, um in einer Massenpetition an die Zukunft gegen die geplante Reform zu protestieren.

Auch das Wollen, das in der Religion erlebt wird, bleibt von diesem Kampf mit einem ganzen Heer von früheren Erfahrungen nicht verschont, das ihm bei seinem Vormarsch fortwährend in den Rücken fällt. Das große „Dennoch", das es diesen lähmenden überfällen entgegensetzt, kleidet sich notwendig in die Überzeugung: Der Wille, für den die höchste Entscheidung fiel, ist anders als alle Wünsche, die in Gefahr stehen, unerfüllt zu bleiben. Er allein steht nicht in dieser Gefahr.

Alles, was man von der Transzendenz, Überweltlichkeit und Übernatürlichkeit Gottes, von der Erhabenheit des Sittlichen über das Empirische und des Geistes über die Natur sagt, ist nur eine Reihe von mythologisch gefärbten Umschreibungen für dieses „Dennoch", das die Siegesgewißheit des vordringenden Willens seinen Feinden entgegensetzt. Die ganze Metaphysik hat in dieser Kampfsituation ihre tiefste Wurzel. Durch das plastische Symbol der räumlichen Verhältnisse von oben und unten, vorn und hinten, die auch bei den blassesten Formulierungen der „Jenseitigkeit" und „Überzeitlichkeit" noch immer nur allzu verräterisch durch die verschleiernden Abstraktionen hindurchschimmern, bringt der überlegene Wille die Gewißheit seiner Unbesiegbarkeit allen Gegnern gegenüber in einem möglichst drastischen, möglichst monumentalen Gleichnis zum Ausdruck. Sobald man allerdings die Formen, in denen der ältere Supranaturalismus diese Gewißheit zum Ausdruck bringt, nicht mehr als prophetische Bildersprache, sondern als theoretische Aussagen nimmt, bewirken sie das Gegenteil von dem, was man mit ihnen erreichen wollte. Indem sie nämlich innerweltliche Verhältnisse wie Diesseits und Jenseits, „Immanenz" und „Transzendenz", auf Gottes Verhältnis zur Welt anwenden, ziehen sie Gott in die Welt herab, statt ihn der Welt zu entrücken, lassen ihn ein Oberstübchen oder Hinterhaus des Weltgebäudes bewohnen. Der tiefste Sinn des metaphysischen Supranaturalismus kommt nur dann rein zum Ausdruck, wenn die Gewißheit von der absoluten Übermacht des einen Willens über alle anderen ohne irgendeine Anleihe beim räumlichen Veranschaulichungsmaterial oder Verkleidung in irgendeine andere weltliche Verhältnissymbolik in der nackten Wucht des Glaubens der ganzen Welt Trotz bietet.

Mit Recht vermeidet es darum z. B. M. Kähler geflissentlich, auf die Frage, was mit der „Überweltlichkeit" Gottes gemeint sei, irgendeine positive Antwort zu geben. Denn jede positive Beschreibung von Gottes Verhältnis zur Welt würde irdische Verhältniffe auf Gott anwenden. Im Begriff der überweltlichkeit liegt nach M. Kähler „zunächst lediglich die Unterscheidung von allen sonftigen Erfahrungen und ihrem Inhalte." Er ift nur „eine verneinende Umschreibung" der absoluten Unverworrenheit Gottes mit der Welt (M. Kähler, Wissenschaft der christl. Lehre I, S. 119). Diese Verneinung jeder Komplikation des göttlichen Selbft mit der Welt, für die M. Kähler gegenüber jeder Art von Monismus und pantheifierendem Immanentismus von jeher unermüdlich eingetreten ift, ift aber eben nichts anderes als der Glaube, daß der als göttlich erkannte Willensinhalt auf der fiegenden Seite eines kosmischen Umtauschverhältniffes fteht, deffen unterliegende Seite die ganze übrige Wirklichkeit einnimmt. Denn der Begriff der Negation, den M. Kähler unter Ablehnung aller näheren Beftimmungen zulegt allein noch auf das Verhältnis zwischen dem göttlichen Selbft und jeder Art von Verwickelung mit der Welt anwendet, ift eben nur ein Ausdruck für das exkluftve Verhältnis, in dem die eine Seite der allbedingenden Urrelation zur andern fteht. Keiner der räumlichen Kontrafte zwischen oben und unten, diesseits und jenseits, die die alte Metaphysik auf das Verhältnis zwischen Gott und Welt anwandte, um die Kluft zwischen beiden so tief als möglich zu machen, reicht auch nur von ferne an die Abgrundtiefe des absoluten Gegensatzes heran, der innerhalb des allbedingenden Umtauschverhältniffes zwischen dem fiegenden und den unterliegenden Gliedern befteht, dieses Gegensatzes κατ᾽ ἐξοχήν, von dem alle unsere ftärkften Kontraftbegriffe wie „Negation", „Exkluftvität", „Unvereinbarkeit" nur die theoretischen Schattenbilder find.

2. Was folgt aus der formalen Analogie zwischen der religiösen Gewißheit und den anderen Willensentscheidungen für die alte Frage, ob es einen Gott gibt? Daß überhaupt die Gesamtwirklichkeit den Charakter der unberechenbaren Entscheidung hat, also die Form des Geschehens, die wir innerhalb unseres jeweiligen Erlebnishorizonts persönliches Wollen nennen, das ift ein Befund der Analyse jeder möglichen Wirklichkeit. Nur so lange das wollende Bewußtsein in den Menschen verlegt, also als etwas spezifisch Menschliches betrachtet wurde, mußte es als naiver

270

Anthropomorphismus bezeichnet werden, hinter einer über den augenblicklichen Erlebniskreis übergreifenden Wirklichkeit ein dem eigenen Ich analoges Du zu vermuten, „ein Herz wie meins, sich der Bedrängten zu erbarmen." Ist das persönliche Wollen die Grundform aller Wirklichkeit, so kann die Frage nur noch die sein: Gibt es viele konkurrierende Willen, oder ist einer Herr über alle? Gibt es viele Konkurrenzgötter oder gibt es Einen Gott? Diese Frage ist aber nur eine neue Umschreibung der Frage nach der Wahrheit der religiösen Gewißheit selbst. Denn diese kann, so bald sie die Konsequenzen aus ihrem Inhalt zieht, niemals gleichzeitig den Glauben an mehrere verschiedene Götter enthalten, die einander koordiniert sind. Enthielte sie ihn, so wäre sie eine in sich gespaltene Gewißheit, richtiger gesagt ein Kampfplatz mehrerer entgegengesetzter Gewißheiten, deren jede die ganze Welt für Einen Gott in Anspruch nimmt. Ich kann also wohl zwischen mehreren Monotheismen von entgegengesetztem Inhalt hin- und hergehen. Aber in jedem Zeitpunkt kann ich mich nur auf einem Standpunkt befinden und nie auf mehreren zugleich. Die Frage, ob der Weltlauf das Werk konkurrierender Tendenzen ist, oder ob er in der Hand Eines Willens liegt, kann nur durch die Wirklichkeit selbst beantwortet werden. Die Antwort auf sie fließt also aus derselben Quelle, wie die religiöse Gewißheit, die die Einheitlichkeit des Weltregiments behauptet. Wenn also diese Gewißheit vorhanden ist, so gibt es keine außer ihrem eigensten Gebiete liegende Macht, die sie bestreiten könnte, keinen über ihr stehenden Gerichtshof, der das Recht hätte, sie vor seine Schranken zu fordern. Der „Atheismus" ist hiernach, wo er nicht als pathologische Nachwirkung der erkenntnistheoretischen Erkrankung auftritt, nur eine euphemistische Bezeichnung für ein schwankendes Hin- und Hergehen zwischen entgegengesetzten religiösen Gewißheiten und Weltzielen, für eine Art delirium tremens und Seekrankheit des Wollens. Wie man jemand willenlos nennt, der nicht etwa keinen Willen hat, sondern viele Willen, so nennt man denjenigen gottlos, der nicht etwa keinen Gott hat, sondern viele Götter, zwischen denen er hin- und herschwankt.

3. Ist das persönliche Wollen die Grundform aller Wirklich-

keit und der Monotheismus der notwendige Ausdruck jeder höher-entwickelten religiösen Gewißheit, so ist die einzige Frage, um die es sich allein von jeher gehandelt hat: Welches ist der Inhalt des göttlichen Willens? Welches ist der Wille, der alle anderen in der Gewalt hat? Man mag mit noch so großem Pathos den ethischen Monotheismus vertreten und das Dasein eines lebendigen heiligen Gottes predigen, so hat man damit allein zunächst nur eine rein formale Aussage gemacht; es ist wie wenn irgend ein Unbekannter in einer Wählerversammlung auf die Tribüne stürzte und in den Saal hineinriefe: „Meine Herren, wählen Sie einen Kandidaten, Ihr Wohl, des Landes Wohl, der Menschheit Wohl hängt daran, daß Sie einen wählen. Sie richten sich zu Grunde, wenn Sie nicht einen wählen." Die Versammlung würde den Mann für nicht ganz zurechnungsfähig halten. Denn daß man einen Kandidaten wählen will, das versteht sich in einer Wählerver-sammlung von selber. Aber welchen? Das ist die Frage. Daß ein Weltziel in Aussicht genommen werden muß, das versteht sich unter Wollenden von selber. Aber wie sieht diese Zielgestalt aller Dinge aus, die die weltumspannende Urentscheidung in allmächtigem Wurfe über Vergangenheit und Gegenwart hinweg in die Zukunft hinauswarf? Das ist die Frage.

Jede Antwort auf diese Frage, jeder Versuch, den letzten Akt des Weltdramas vorauszusagen, so wie er von Anfang an dem Dichter des Ganzen vor der Seele steht, also sozusagen in der Seele des Dichters zu lesen, kann nur aus der Erfahrung im weitesten Sinne geschöpft sein. Denn wenn irgend etwas über den Inhalt des Weltziels gesagt werden soll, so muß dem Redenden ein Bild von dem, was er sagt, gegenwärtig sein. Es muß also entweder innerhalb der sogenannten Vorstellungswelt oder inner-halb der übrigen Wirklichkeit einen Inhalt geben, der als reine Offenbarung des Weltsinns oder Gotteswillens gilt. Die Frage ist also nicht: Gibt es Offenbarung?, sondern: Wo finden wir sie? Im ὕπνῳ, also im süßen Schlaf, der schon so viel Weltleid gestillt hat? Im Werdegang der Menschheit? Im Germanentum? Im Prachttypus eines Tyrannen? Oder in einem Mann der Schmerzen? Was folgt nun für diese Frage aus der Analogie zwischen der

272

höchsten Entscheidung und allen übrigen weltkonstituierenden Entscheidungen? Nur dies, daß es keine theoretischen Gründe geben kann, um sie zu entscheiden. Denn theoretische Gründe fußen immer auf Gesetzen. Gesetze sind aber immer der Niederschlag einer selbst erst durch Entscheidungen zustandegekommenen Wirklichkeit, und zwar einer vergangenen Wirklichkeit, aus der auf die Zukunft aller Dinge kein einziger sicherer Schluß gezogen werden kann. Also ist schon das bloße Unternehmen einer Apologetik oder theoretischen Begründung des Glaubens verfehlt. Kein Wunder, daß alle apologetischen Begründungen des Christentums, mit denen uns die Theologen bis jetzt beschenkt haben, einen so wehmütigen Eindruck machen. Die Theologie hat zwei Arten von Apologetik hervorgebracht. Die erste „begründet" die christliche Glaubensentscheidung, indem sie dieselbe in anderen Ausdrücken wiederholt, sie in eine andere Sprachform kleidet, in der sie vielleicht wie eine überzuckerte Pille dem Publikum süßer eingeht. Ich nenne sie die tautologische Apologetik. Die zweite geht auf die Machtentfaltungen der christlichen Entscheidung innerhalb der bisherigen Welterfahrung zurück. Nennen wir sie die empiristische Apologetik. Die tautologische Apologetik hat sich einen kleinen Schatz von Synonyma gesammelt, die sich nach Belieben für das einsetzen lassen, was wir weltumfassende Entscheidung genannt haben, weil sie genau dasselbe besagen. Die vier wichtigsten sind: Gewissen, tiefstes Bedürfnis der Seele, Geist, Persönlichkeit. Mit Hilfe dieser Ausdrücke läßt sich nach dem Paradigma: „Die Armut kommt von der pauverté" eine Menge von Sätzen bilden, über deren logische Richtigkeit gar kein Zweifel sein kann. 1. Das Christentum ist wahr. Denn es entspricht dem Gewissen. Was Jesus gelebt und gefordert hat, ist die reinste Darstellung des höchsten Pflichtgebotes. Wer also am vergeblichen Versuch, dieses zu erfüllen, innerlich zusammenbrach, dem wird die Möglichkeit, ans Ziel zu kommen, durch die Tatsache verbürgt, daß hier ein Mensch konsequent nach dem Sittengesetz lebte und davon überzeugt war, der Wille, der hinter diesem Gesetz steht, umschlinge die ganze Welt mit unendlicher Allmacht und Vaterliebe. Vollkommen richtig. Aber alles nur eine Umschreibung für den Satz: Ich entscheide mich für den Willen Jesu. M. a. W.

Heim, Weltbild der Zukunft.

ich halte die Imperative in mir, die mit ihm übereinstimmen, für die Stimme des Gewissens, ein Leben, daß sie rein durchführt, für eine erlösende Offenbarung der Realität des göttlichen Sittengesetzgebers, die mir die Erfüllbarkeit seiner Gebote und den Sieg seines Willens garantiert. 2. Das Christentum ist wahr. Denn es entspricht dem tiefsten Bedürfnis der Seele. Der von Jesus geoffenbarte göttliche Willensgehalt befriedigt und „adelt" das Abhängigkeitsbedürfnis, und das überweltliche Ziel, das uns Jesus setzt, „regelt den Zwecktrieb" (R. Seeberg, Grundwahrheiten der christl. Rel., S. 11). Ganz richtig. Denn das Christentum für wahr halten, heißt eben dasjenige Bedürfnis für das tiefste halten, das der Vater Jesu Christi befriedigt, wenn man sich von ihm abhängig macht und sich von ihm das Ziel setzen läßt. 3. Das Christentum ist wahr. Denn es ist die geistige Religion $\kappa\alpha\tau$' $\dot{\epsilon}\xi o\chi\dot{\eta}\nu$, die einzige, die über die Natur erhebt. Zweifellos. Denn wenn ich Christ bin, also den Willen, der Jesus erfüllte, für den der Welt überlegenen ansehe, so kann ich das, um mit den Worten abzuwechseln, auch einmal so ausdrücken: Ich halte diesen Willen für denjenigen, dessen Zwecken alles übrige untergeordnet ist, dem gegenüber also alles übrige „Natur" ist, der also allein das Prädikat der „Geistigkeit" verdient. 4. Das Christentum ist wahr. Denn der Wille, den es für den göttlichen hält, ist im höchsten Sinne persönlich. Jesus, der ihn geoffenbart hat, ist die Persönlichkeit $\kappa\alpha\tau$' $\dot{\epsilon}\xi o\chi\dot{\eta}\nu$. Jeder, der sich ihm hingibt, erwacht an ihm zur Persönlichkeit. Gewiß ist das der Fall. Aber nur dann, wenn das Christentum wahr ist. Denn nur wenn der Wille, dem sich der Christ unterwirft, der ganzen Welt überlegen ist, ist er eben damit Selbstzweck, alles übrige relativ zu ihm nur Mittel zum Zweck, ist also das Leben, das sich uns in ihm erschließt, nicht bloß im eingebildeten, sondern im wahren Sinne ein „persönliches" Leben.

Diese ganze Art von Apologetik hat das zweifellose Verdienst, zwar nicht das Christentum, aber den Reichtum des deutschen Wortschatzes bewiesen zu haben, der für die geheimnisvolle Gewißheit des Glaubens eine solche Fülle synonymer Ausdrücke darbietet. Aber wenn die Theologen dieses harmlose Tennisspiel mit Worten, bei dem der leichte Ball des Gedankens von einem Rakett zum andern und wieder zurückfliegt, uns als Begründung des Christentums anzubieten wagen, so haben sie damit doch in unerlaubter Weise auf unsere logische Unzurechnungsfähigkeit spekuliert. Denn wenn uns auch die logische Schulung abgeht, so ist doch die Not des Lebens eine gute Lehrmeisterin der Logik und lehrt haarscharf zwischen Gründen und morschen Tautologien unterscheiden. Und der Zusammenbruch aller morschen Stützen, den schon die erste Krisis notwendig bringen muß, ist für den Glauben viel gefährlicher, als die rechtzeitige Erkenntnis, daß es keine theoretischen Stützen für den Glauben gibt.

Die zweite empiristische Art von Apologetik beruft sich auf die Macht, die der von Jesus geoffenbarte Willensinhalt in der bisherigen Geschichte entfaltet hat, auf die Machttaten des Lebens Jesu, den „Beweis des Geistes und der Kraft" in der ersten Märtyrerzeit, die Wolke von Zeugen, die missionarische Expansionskraft dieses Glaubens, seinen Menschheitshorizont, seine Fähigkeit, in jede neue Kultur als Ferment einzugehen. Nun ist es ein taktisches Mittel, das sich bei jedem Kampf von selbst versteht, daß man die Trophäen früherer Siege ausstellt, allen seitherigen Erfolg zum begeisternden Sporn für den Kampf der Zukunft macht. Das ist die natürliche Form, in der die Selbsterhaltungstendenzen der Entscheidungen der seitherigen Geschichte für das Christentum auf die Zukunft wirken. Die Sache wird nur dann gefährlich, wenn diese Tatsachen der Vergangenheit dem werdenden Glauben als tragende Stütze angeboten werden. Denn erstens versagt diese Stütze im entscheidenden Augenblick. Wenn das Christentum eine historische Großmacht ersten Ranges war, so kehrt ja damit die alte Frage nur in verschärfter Form wieder, ob es sich dabei nicht um einen Irrtum von epidemischer Ansteckungskraft und enormer Akklimatisationsfähigkeit handelt. Zweitens verführt jede Apologetik, die den Glauben auf seine früheren Erfolge gründet, zu dem unsittlichen Grundsatz, der stärkeren Partei zu folgen, weil sie die stärkere ist, also den Mantel nach dem Wind zu hängen, und erzieht Menschen, die überlaufen, sobald die Übermacht auf der andern Seite liegt.

Eine interessante Kombination von empiristischer und tautologischer „Begründung" des Christentums enthalten die apologetischen Entwürfe auf religionsgeschichtlicher Grundlage, wie sie
z. B. von Bousset („Das Wesen der Religion") und Tröltsch
(Zeitschr. f. Theol. u. Kirche VI, S. 185 ff., „Die Absolutheit des
Christentums und die Religionsgesch.", S. 73 ff.) versucht worden
sind. Es wird davon ausgegangen, daß das Christentum eine
größere geschichtliche Macht entfaltet hat, als die andern Religionen.
Schon wenn man auf die Ausbildung des rein formalen dogmatischen Gedankenskeletts sieht, das zum Organismus jeder möglichen
Religion gehört, zeigt sich, daß wir im Christentum einen ausge-
wachsenen Organismus, bei den meisten anderen Religionen nur
embryonale Ansätze oder Zwitterbildungen vor uns haben. In
den Polydämonismen fehlt „das moralische Element", d. h. die
Idee eines allem anderen überlegenen Weltzieles noch so gut wie
ganz. Die Nationalreligionen enthalten das Gefühl der unbe-
dingten Verpflichtung nur im Keim. Die Gesetzesreligionen oder
Religionen der Observanz (Judentum, Parsismus, Islam) sind
Zwittererscheinungen. Das Weltziel, das sie vorspiegeln, hat keinen
inneren Zusammenhang mit den Forderungen, an deren Erfüllung
die Erreichung jenes Ziels geknüpft wird. Ein Leben nach den
Prinzipien der kosmopolitischen Menschheitsreligion oder der
henistischen Askese bildet etwa die enge Pforte, durch die man in
ein Paradies voll nationaler Blüte und Sinnesfreuden eingeht.
Eine Gesetzesreligion ist also gar kein einheitlicher Religions-
organismus, sondern eine Art Waffenstillstand und Gebietsteilung
zwischen verschiedenen Religionen, bei der die eine die Ethik, die
andere die Eschatologie für sich in Anspruch nahm. Daher der
gebrochene, starre, statutarische Charakter dieser Religionsgebilde.
Das Christentum gehört zu den wenigen Religionen, deren dog-
matisch-ethische Gesamtanschauung wenigstens den formalen Anforderungen genügt, die man an jede einheitlich entwickelte Religion
stellen kann. In seinem Begriff von Gott, von der Welt, von
der Seele und vom Heilsgut kommt die absolute Weltüberlegenheit,
also der geistige, sittliche, persönliche Charakter Gottes und der
von ihm erlösten Seele zum reinsten Ausdruck. Bis hieher ist der

276

Gedankengang empiristisch. Denn daß in der bisherigen Geschichte das Christentum das zur Form jedes starken Wollens gehörige Bewußtsein der Weltüberlegenheit reiner ausbildete als andere Religionen, ist ein Beweis für die geschichtliche Macht, die es entfaltete. Natürlich beweist diese Machtentfaltung nichts für seine Wahrheit und seinen endgültigen Sieg. Denn veranschaulichen wir uns etwa die bisherige Religionsgeschichte an einer Analogie aus dem Naturleben. Denken wir uns, in einer einsamen Wüstengegend kämpften Löwen, Tiger und Pardel miteinander ums Dasein und machten sich die Jagdbeute streitig. Dabei machte man nun die auffallende Beobachtung, daß Löwen und Tiger nur in kleinen, verkrüppelten Exemplaren zur Welt kommen, sich gegenseitig zerfleischen und meist jung sterben, die Leoparden dagegen zu muskulösen Prachtexemplaren heranwachsen und darum im Übergewicht sind. Dürfte daraus die Folgerung gezogen werden: Der Pardel ist das Tier der Zukunft, das einzige wahre Tier, die anderen Tierarten kommen ihm gegenüber gar nicht in Betracht? Daß Löwen und Tiger in der beobachteten Gegend bis jetzt nicht gedeihen, das kann doch auch am Klima oder an der Ernährung liegen oder irgend einen anderen unbekannten Grund haben. Jedenfalls dürfen wir ihnen deshalb nicht das Daseinsrecht auf der ganzen Welt und für alle Zukunft absprechen.

Aber auch wenn das Resultat des Religionskampfes, der sich seither in der für uns übersehbaren Weltgegend abgespielt hat, nichts für den endgültigen Sieg des Christentums beweist, so wäre es doch von großem Wert, wenn nachgewiesen werden könnte, daß sich das Christentum bis jetzt allen seinen Konkurrenten überlegen zeigte. Allein dieser Nachweis versagt gerade bei der Auseinandersetzung mit dem bedeutendsten Rivalen des Christentums, mit der indischen Erlösungsreligion. Diese ist der Form nach eben so hoch entwickelt wie das Christentum und diesem an Alter und Ausbreitung überlegen. Sobald die religionshistorischen Apologeten auf diese alte Großmacht der Religionsgeschichte zu sprechen kommen, merkt man an ihrem überlegenen Brustton, daß sie mit ihrem Latein am Ende sind. Sie fallen aus der Rolle des neutralen Empiristen und gehen zur tautologischen Apologetik über. Sie machen es mit

277

diesem Gegner, wie man es etwa in einer hohen Kommission mit einem alten und bedeutenden Opponenten macht, dem man nicht geradewegs den Stuhl vor die Türe zu setzen wagt. Man schränkt auf Grund von rein sachlichen Erwägungen die Mitgliedschaft statutarisch auf das Alter von 40—60 Jahren ein und findet dann hinterher zu seinem Erstaunen, daß der unbequeme alte Herr das 60. Lebensjahr eben überschritten hat. So schränken unsere Apologeten die Begriffe des Persönlichen und des Ethischen, die die Grundlagen jeder höheren Religion bilden, statutarisch auf gewisse Bestimmungen ein und finden dann hinterher zu ihrer Verwunderung, daß der sonst so hochentwickelten indischen Religion gerade diese Bestimmungen und damit die unerläßlichen Voraussetzungen eines höheren Religionssystems fehlen, daß es ihr darum statutengemäß nicht gestattet werden kann, sich am internationalen Religionswettbewerb zu beteiligen. Der Begriff des Persönlichen, der neutral betrachtet nach Kant nichts anderes bedeutet, als einen Selbstzweck, relativ zu dem alles andere nur Mittel zum Zweck ist, wird auf einen bestimmten Inhalt eingeschränkt, indem er mit dem Merkmal des Individuellen, Originellen, Eigenartigen, spezifisch Menschlichen verbunden wird. Aber das ist ja eben gerade die große Streitfrage, über der sich Europa mit Asien entzweit hat, ob wir ein Recht haben, das individuelle Sondergebilde, das die populäre Sprache Persönlichkeit nennt, als Endzweck des Kosmos, also als Persönlichkeit im wahren weltüberlegenen Sinne anzusehen, oder ob gerade die Kompensation aller individuellen Unterschiede der einzige Selbstzweck, der Sinn unseres Lebens, also das Endziel aller persönlichen Entscheidungen ist. Unser europäischer Persönlichkeitsbegriff mit seiner Synthese von Selbstzweck und Individualität ist also immer schon ein verstecktes Bekenntnis zu einer der europäischen Hauptreligionen, Menschheitsreligion, Nietzschianismus oder Christentum, die mit der henistischen Kultur Asiens in welthistorischer Fehde liegen. Legt man also diesen europäischen Persönlichkeitsbegriff als kritischen Maßstab an die indische Religion und nennt sie auf Grund desselben den Tod der Persönlichkeit, die Selbstwegwerfung des Ich, die Verwechselung der Gottheit mit der Religion, so empfindet das jeder gebildete Hindu als einen naiven Rückfall des europäischen Religionshistorikers aus der neutralen Höhe der wissenschaftlichen Religionsvergleichung in sein religiöses Privatbekenntnis und den zugehörigen Persönlichkeitsbegriff. Geradezu erheiternd aber muß es auf einen modernen Buddhisten wirken, wenn er aus den theologischen Büchern des Westens erfährt, daß er zwar eine Religion, aber keine Moral habe, daß ihm die europäischen Gelehrten das Gewissen absprechen, weil die Lebensgrundsätze seiner Religion jenseits ihres ethischen Horizonts liegen. Geböte ihm nicht seine buddhistische Ethik, Verleumdungen ein heiteres Schweigen entgegenzusetzen, so würde er diesen Pfeil des Vorwurfs in verschärfter Form zurücksenden und, die Phraseologie der deutschen Theologen nachahmend, spielend beweisen, daß vielmehr die ganze ethische und religiöse Kultur Europas „auf dem Boden der Naturreligion stehen geblieben sei".

Denn was sei die Menschheit und der Übermensch und Jesus und alles andere, was man in Europa als göttliche Offenbarung verehre, anders als ein Stück Wirklichkeit, ein Stück Natur. Nur die Aufhebung aller irdischen Gegensätze, auch der höchsten und bestrickendsten, führe den Geist heim in sich selber und hinaus über die Natur, auch über jene feinste und gefährlichste Form der Naturvergötterung, jenes „Bergafftsein" in das Medium Gottes, in das Transparent des Urlichts, in das Menschliche, Geschichtliche und Individuelle, verbunden mit dem untersittlichen Arbeiten für das sinnliche Herdenglück, Wachstum und Wohlbehagen eines Volkes oder einer Rasse, das man in Europa die höchste Vereinigung von Religion und Sittlichkeit zu nennen wage. Und wir werden einem Buddhisten, der so redet, mindestens soviel zugeben müssen, daß sich auf sein religiöses Grundprinzip der Aufhebung aller Unterschiede genau wie auf unsern höchsten Wert eine vollständige Ethik aufbauen läßt, die für jede Lebenslage das Verhalten vorschreibt, durch das man der vom Buddhismus ersehnten Auflösung aller Gegensätze und Dissonanzen verhältnismäßig am nächsten kommt.

Auch die Vereinigung von tautologischer und empiristischer Apologetik, wie sie von theologischen Kennern der Religionsgeschichte unternommen worden ist, vermag also das Christentum eben-

279

sowenig zu begründen, wie die rein tautologische und die rein empiristische Beweisführung. Das Scheitern aller dieser apologetischen Unternehmungen kann aber den Satz nur bestätigen, der uns in diesen ganzen Überblick über die Methoden der Apologetik hineingeführt hat, den Satz, daß schon das bloße Unternehmen der Apologetik verfehlt ist, weil die Entscheidung eines Umtauschverhältnisses der Natur der Sache nach keiner theoretischen Begründung zugänglich ist.

4. Wir haben noch eine vierte Konsequenz aus der formalen Analogie des in der Religion erlebten Willens mit allen anderen weltkonstituierenden Entscheidungen zu ziehen. Die religiöse Gewißheit muß den Charakter der Entscheidung eines Umtauschverhältnisses an sich tragen. In jeder theoretischen Darstellung derselben muß darum die Antinomie zutage treten, die in der Entscheidung eines Umtauschverhältnisses verborgen liegt. Schon bei den elementaren Umtauschverhältnissen zwischen den Raumdimensionen und zwischen Ruhe und Bewegung setzte uns der Widerstreit in Erstaunen, in den jede theoretische Darstellung derselben hineinführt. Einerseits werden theoretisch gleichberechtigte Möglichkeiten dargeboten. Andererseits ist die absolute Notwendigkeit vorhanden, eine zu bevorzugen, in einer gegen alle andern Stellung zu nehmen. Diesen Widerstreit, der den Theoretiker zur Verzweiflung bringt, in dem nun aber eben einmal das Leben besteht, haben wir bei den kleinen Entscheidungen des täglichen Lebens durch Übung verschmerzen gelernt. Bei der umfassenden Entscheidung der Religion, in der um die ganze Welt gewürfelt wird, wird dieser Widerstreit zum Welträtsel und bekommt eine schauerliche Tiefe. In den schweren Zentralproblemen der Sünde und der Versöhnung ist er aus einem leisen Mißton zu einer ohrenbetäubenden und herzzerreißenden Dissonanz angeschwollen. Gott und Sünde, man darf diese Worte nur zusammen sagen, und die tiefste Wunde wird aufgerissen, und das Welträtsel hebt sein Medusenhaupt. Gott schafft die Welt. In der Welt aber ist die Sünde. Also schafft Gott die Sünde. Also ist Gott schlecht. Wer kann den versteinernden Blick dieses Rätsels aushalten, ohne wahnsinnig zu werden! Der Verstand wehrt sich um sein Leben,

wenn er nach jedem Strohhalm von einer scholastischen Distinktion greift, um diesen unerträglichen Widerspruch zu mildern. Gott tut das Böse nicht, sagt er, er läßt es nur zu. Aber etwas zulassen, was man verhüten könnte, ist doch nur eine indirekte Art, es zu tun. Wenn ich bei Nacht mit vollem Bewußtsein einen Gashahn aufdrehe, daß das Gas ins Schlafzimmer strömt und die Menschen im Schlaf ersticken, so ist das genau so schlimm, wie wenn ich das Gas selbst auf chemischem Wege erzeugt hätte. Es wird mir vor Gericht wenig helfen, wenn ich zu meiner Entschuldigung sage, ich hätte das Gas nicht selbst hergestellt, nur „zugelassen". Ich bin in einem Falle ebenso verantwortlich für das Unglück wie im anderen. Bei einem allgegenwärtigen Gott, der überall unmittelbar ist und wirkt, fallen vollends alle haarspalterischen Distinktionen dahin, die man zu seiner Ehre zwischen Tun und Zulassen, Schaffen und Ermöglichen, direktem Erzeugen und indirektem Entstehenlassen, offenbarem und verborgenem Willen macht. Man mag sich auf den Kopf stellen, der Widerspruch zwischen Gottes Weltregierung und der Sünde bleibt, wenn man ihn auch mit noch so vielen schonenden Wendungen verkleidet.

Und er muß bleiben. Denn er ist nur der grandiose Ausdruck für die Antinomie des Umtauschverhältnisses, in der das Weltgeheimnis beschlossen ist. Sofern sich der Urentscheidung Möglichkeiten zur Auswahl darbieten, liegt in ihrem Vollzug das Ringen mit Mächten, gegen die sie sich entscheidet. Sofern sie aber Entscheidung ist, liegt in ihr der absolute Sieg, also die vollkommene Übermacht über alle Gegner. Die beiden widerstreitenden Gedankenreihen, die entstehen, sobald man die beiden Seiten dieses mysteriösen Tatbestands theoretisch darstellen will, sagen gerade in ihrem Widerspruch zusammen das Wesen dieses lebendigen Verhältnisses aus. Die gläubige Gemeinde bleibt darum von allen Versuchen unbefriedigt, die schauerliche Antinomie zu erweichen und entweder etwas von der Sünde abzuziehen und sie als Unwissenheit oder als das Nochnichtgute erscheinen zu lassen, oder die Heiligkeit Gottes anzutasten und eine Art inneren Widerstreit in Gott selbst hineinzuverlegen. Das Problem der Versöhnung ist nur eine Variation desselben Grundgeheimnisses. Jede Verföhnungslehre, die bloß von einer Offenbarung der göttlichen Sünderliebe durch Jesus redet, berücksichtigt nur die eine Seite des Geheimnisses, den vollendeten Sieg der göttlichen Urentscheidung über alle Gegenmächte und die souveräne Auswirkung dieses Siegs. Die Gemeinde hat darum diese Lehre immer als eine liberale Verflachung empfunden, als eine leichte Gedankenbrücke über den schauerlichen Abgrund der Weltantinomie, der hier gähnt. Sie flüchtete aus der lauen Luft der modernen Ideen immer wieder zurück zu den alten schweren Dogmen, in denen die beiden Seiten des Weltwiderstreits in furchtbarer Umarmung miteinander liegen wie die Ringer im nächtlichen Gotteskampf bei Pniel, zu jenen Dogmen, nach denen Gott litt, Gott ein Opfer brauchte, Gottes Liebe und Gerechtigkeit miteinander rangen.

5. Ist hiernach die religiöse Gewißheit die Entscheidung eines Umtauschverhältnisses, so verstehen wir ohne weiteres, wie nahe gerade bei diesem Umtauschverhältnis größten Stils die Versuchung lag, es mit einer Proportion zu verwechseln. Wenn der Seefahrermut des Glaubens gebrochen ist, mit dem er in Nacht und Sturmgeheul hinausfuhr, wenn sein Wrack auf den Wellen treibt, so schaut er fragend nach den Sternen, ob sie ihm nicht eine goldne Brücke nach dem Land der Zukunft bauen. Der zerbrochene Glaube wird zum Aberglauben an Vogelflug und Opfereingeweide, an Träume, Geisterstimmen und Sternkonstellationen, kurz an irgend etwas, was ihm die Entscheidung abnimmt, was für ihn wählt, was für ihn will, auf das er seine Verantwortung abwälzt, was ihn bevormundet, so daß er nicht mehr zu wollen, nur noch zu folgen braucht. Dies ist das letzte verzweifelte Mittel, durch das ein zerbrochener Wille allein noch imstande ist, sich zu einer Entscheidung zu bringen, sich über den toten Punkt der Unentschiedenheit hinüberzustoßen: Er suggeriert sich, die Alternative sei bereits entschieden, irgend etwas Diktatorisches, Unabänderliches habe ihn bereits auf die eine Seite hinübergerissen. Es fehlt der Mut, seinen Willen wie ein Schwert in die eine Wagschale des Umtauschverhältnisses zu werfen, daß sie mit einem Ruck niedersänke. Es fehlt das Eisengewicht des Wollens, das allein die Wage aus dem Gleichgewicht zu bringen vermöchte. Und doch muß sie aus dem

282

Gleichgewicht gebracht werden. So bleibt nichts anderes übrig, als die Wage zu fälschen, einen Gewichtsunterschied zwischen beiden Wagschalen, also ein Proportionsverhältnis zwischen ihnen zurecht-zufälschen. Moralprediger, Priester und Theologen haben sich von jeher gut auf diesen frommen Betrug aus Not, diese Suggestion aus Schwäche, diese Notzucht des Aberglaubens aus Glaubens-armut verstanden. Der Zweck heiligte das Mittel. Sie suggerierten dem Volk, der Unterschied zwischen Gut und Böse, zwischen Ethischem und Natürlichem, zwischen Göttlichem und Teuflischem sei ein Proportionsverhältnis, das abgesehen von aller Entscheidung em-pirisch vorgefunden werde wie das Verhältnis von Hafer und Gerste, von Rüben und Kartoffeln. Dieser Priesterbetrug hat zunächst den großen Vorteil, daß er auf die bequemste Weise über die Geburts-wehen der persönlichen Entscheidung hinüberhilft. Denn ein Pro-portionsverhältnis ist nach dem Früheren ein Quantitätsunterschied zwischen Konglomeraten von Entscheidungen, die schon getroffen sind, deren Vollzug also bereits der Vergangenheit angehört. Gelingt es also, die Entscheidung des höchsten Umtauschverhältnisses mit der Feststellung des größeren Gliedes einer Proportion auf eine Linie zu stellen, so ist damit die Entscheidung sozusagen in die Vergangenheit zurückdatiert. Die Gegenwart ist derselben durch eine schmerzlose Operation überhoben. Man hat im Schlaf gesiegt. Aber dieser Vorteil wird durch drei schlimme Folgen aufgewogen. Die erste ist die trostlose Skepsis und babylonische Verwirrung, die notwendig eintritt, sobald man dahinter kommt, daß es nicht nur einen Willen und eine Weltauffassung gibt, die sich selbst für gut und göttlich, alle anderen für schlecht und teuflisch erklärt, sondern daß es eine ganze Menge von entgegengesetzten Richtungen und Parteien gibt, die uns durch eine anologe Anwendung des Proportionsverhältnisses unter ihre Suggestion zu bringen suchen. Die zweite Folge ist der Urwald von Mythologie, der auf dem Boden des Proportionsverhältnisses wächst, sobald es auf die höchste Entscheidung angewandt wird. Wie ein Magnet zieht das Proportionsverhältnis zunächst die massivsten Bilder aus dem sinnlichen Anschauungsmaterial an sich, dem es entnommen ist. Es entsteht die räumlich-supranaturale Gottesvorstellung, die örtliche Unterscheidung des Diesseits und Jenseits, die Topographie des Himmels und der Hölle. Der Konflikt dieser Vorstellungen mit dem Naturbild führt zu dem bekannten Kompensationsprozeß, in dem sich die massive Veranschaulichung des höchsten Gegensatzes immer mehr verdünnt, immer „bildlicher", „uneigentlicher", „geistiger" aufgefaßt wird. Die heutige Theologie steht im letzten Stadium dieses Auflösungsprozesses. Woher kommt das Mißtrauen, mit der sie von der Gemeinde betrachtet wird? Nicht daher, daß sie in der liberalen Auflösung der mythologischen Erstarrung des höchsten Gegensatzes zu weit geht. Im Gegenteil. Sie geht nicht weit genug. Sie bleibt in den letzten Stadien des langen Heilungsprozesses stehen, der uns der Gesundheit entgegenführt. Gerade unsere liberalste Theologie hält mit konservativer Pietät an der letzten Verdünnung des massiven Supranaturalismus fest, am „inneren Supranaturalismus" oder dem Glauben, es lasse sich unabhängig von aller Entscheidung durch rein empirische Merkmale eine geistige, ethische und persönliche Innenwelt von der übrigen Wirklichkeit abgrenzen. In moderner Verkleidung geht hier der älteste Aberglaube unter uns um. In raffinierter Verfeinerung versucht hier der alte Priesterbetrug der Proportionalisierung des höchsten Umtauschverhältnisses seine jesuitischen Zauberkünste noch einmal an uns und hängt wie zum Hohn die moderne Gedankenfreiheit als Lockmittel an seine Angel. Auch dieses letzte Stadium des durch jenen alten Priesterbetrug herbeigeführten pathologischen Prozesses stellt noch immer die Weltüberlegenheit des siegenden Wollens in einem toten Proportionsverhältnis dar. Solange aber diese unglückliche Verquickung des lebendigsten Inhalts mit der starrsten Form noch nicht prinzipiell aufgehoben ist, wird es die religiöse Gemeinde immer als Unterwühlung ihres Glaubensfundaments empfinden, wenn die massive Form verflüchtigt wird, in der sie ihre Gewißheit von der Weltüberlegenheit ihres Gottes auszudrücken gewohnt war. Denn die der Raumanschauung entnommenen Bilder der Immanenz und Transzendenz, dessen, was von unten her ist, und dessen, was von oben her ist, waren unabhängig von dem Mißbrauch, den Theoretiker mit ihnen getrieben haben, von alters her der Gemeinde teuer als prophetische Gleichnisse voll unver-

284

gleichlicher Plaftik und heiliger Poefie, in denen fie ihre Gewißheit von der absoluten Übermacht ihres Gottes über die Welt auf einen klaffischen Ausdruck brachte. Werden diese prophetischen Parabeln als nackte Beschreibungen des Tatbestandes mißverstanden, mit theoretischem Maßstab gemessen, als inadäquat erkannt und dann verwässert, verflüchtigt und eingeschränkt, so wird das die Gemeinde immer als ein Attentat auf die Glaubensüberzeugung ansehen, die in jenen Gleichnissen ausgedrückt ist. Und sie hat darin vollkommen Recht. Denn gesetzt, jemand sieht in der Tat in dem Bild der Transzendenz eine unbildliche, rein theoretische Aussage, er kann es mit seinem logischen Gewissen vereinigen, etwas, was jenseits von allem Denkbaren liegt, für denkbar zu halten, etwas, was jenseits der Gesamtwirklichkeit liegt, für wirklich zu halten; so muß er natürlich, wenn sein Glaube nicht ebenso schwach sein soll, wie seine Logik, auch über die der Wirklichkeit „transzendente" Weltsphäre, zu der sich sein Denkfehler verdichtet hat, Gott die Herrschaft einräumen. Sonst wäre ja Gott nicht Herr über alles, es gäbe eine Hinterwelt, die nicht von ihm erfüllt wäre. Wer es also auch nur für logisch möglich hält, das Verhältnis von Immanenz und Transzendenz auf die Gesamtwirklichkeit anzuwenden, der muß strengster Verfechter der metaphysischen Transzendenz Gottes und seiner Offenbarung sein. Ist er es nicht, ist ihm vielmehr das Göttliche nur ein immanenter Faktor innerhalb der geschicht= lichen Entwickelung, so läßt sich bei ihm die Diagnose auf Glaubens= schwäche mit aller Sicherheit stellen. Denn er räumt Gott nur über einen Teil seines Weltbildes die Herrschaft ein. Er entzieht Gott eine Machtvollkommenheit, die ihm nach seinen Voraussetzungen zugeschrieben werden könnte. Er sagt nicht das absolut höchste von Gott aus, was von seinen Voraussetzungen aus über ihn ausgesagt werden könnte. Für diese Gebrochenheit der religiösen Grundüberzeugung, die der Immanentismus verrät, hat die gläubige Gemeinde ein sehr feines Sensorium. Sie empfindet überall da, wo die logischen Voraussetzungen der transzendenten Gottesvorstellung zugegeben werden, nicht nur den Kampf gegen die religiöse Meta= physik als eine Gottlosigkeit, sondern sie wird mit Recht schon dann mißtrauisch, wenn etwa Theologen unter A. Ritschls Einfluß

285

der Frage nach dem transzendenten Wesen Gottes als einer rein philosophischen aus dem Wege gehen.

Damit kommen wir zu einer dritten Folge dieses verhängnisvollen Denkfehlers. Sobald das Verhältnis zwischen Gott und Sünde, Ethischem und Sinnlichem proportionalisiert ist, entsteht damit der Wahn, eine rein theoretische, neutrale Betrachtung der Dinge könne bestimmte empirische Artmerkmale feststellen, die dem Guten und Göttlichen zukommen, während sie dem Sündigen und Schlechten fehlen. Man glaubt deshalb mit den Worten „gut", „göttlich" usw. etwas Inhaltliches gesagt zu haben, ohne daß man sich für einen bestimmten Inhalt derselben entscheidet. Man glaubt schon etwas zu glauben, wenn man an Gott oder an „das Gute" glaubt, ohne irgend etwas über den Inhalt sagen zu können, den man mit diesen hohen Worten verbindet. Und doch hat man mit diesen großen Worten zunächst nur ein großes Fragezeichen auf eine leere Tafel geschrieben, eine weiße Leinwand aufgespannt, auf die das Bild des Kosmos gemalt werden soll. Auf Laien wirkt es beinahe komisch, wenn Theologen eine Reihe rein formaler und daher unbestreitbarer Tautologien mit einer Begeisterung deklamieren, als ob sie damit etwas gesagt hätten. Man höre etwa folgendes theologische Zwiegespräch: Wer ist Gott? Gott ist die Liebe. Was ist Liebe? Die Aufnahme des Selbstzwecks eines anderen in den eigenen Selbstzweck. Was ist der Selbstzweck des anderen, den Gott in seinen Selbstzweck aufnimmt? Der Endzweck der Welt. Was ist der Endzweck der Welt? Ein Reich persönlicher Geister, die in Liebe verbunden sind. M. a. W. eine Summe von Selbstzwecken, deren jeder den anderen in seinen eigenen Selbstzweck aufnimmt.

Bei einem derartigen Zwiegespräch muß der Frager den Eindruck bekommen, der andere wolle ihn nur zum besten haben. Statt ihm den Wertinhalt des schmerzlich gesuchten x anzugeben, führt der Gefragte mit jeder neuen Antwort nur ein neues Buchstabensymbol ein, dessen Verhältnis zu x zwar bekannt ist, das aber selber genau so unbekannt ist wie x. Dem Frager ist dabei zu Mute, als würde er, um ein bekanntes Gleichnis zu gebrauchen, von einem Unbekannten in eine unbekannte Gesellschaft geführt, der Unbekannte stellte ihm den ersten Herrn als seinen Freund vor, dieser den nächsten als seinen Bekannten, dieser den dritten als seinen Vetter usw. Nachher weiß er so wenig wie vorher, mit wem er es zu tun hat. Es soll damit nichts gegen die systematische Aneinanderreihung solcher formaler Aussagen gesagt werden. Diese ist zur reinlichen Herausarbeitung des rein formalen Knochengerüstes jeder möglichen Religion unentbehrlich. Der Eindruck, daß die Theologie die hungrige Gemeinde mit lauter tauben Nüssen und leeren Eierschalen abspeist, kommt nur daher, daß diese formalen Untersuchungen nicht als das behandelt werden, was sie sind, daß man sie vielmehr für inhaltliche Aussagen, ja geradezu für die Quintessenz der christlichen Weltanschauung ausgibt

Die fünf Konsequenzen, die wir im Bisherigen der Reihe nach aus der Analogie zwischen dem religiösen Wollen und den übrigen Entscheidungen gezogen haben, haben uns nur in der Überzeugung befestigt, daß diese Analogie in der Tat vorhanden ist und vielleicht sogar auf manches dogmatische Problem ein überraschendes Licht wirft. Die Tatsache dieser Analogie stellt uns nun noch vor eine letzte Frage, die sich beim Gang der seitherigen Untersuchung zu einer immer dunkleren Wetterwolke über uns zusammenzog. „Wenn es nun also," so lautet diese Frage der Fragen, „keine theoretischen Gründe für oder wider eine bestimmte religiöse Stellungnahme, etwa die christliche gibt, was gibt uns dann überhaupt ein Recht zu dieser Stellungnahme, ist diese dann nicht ein „Abenteurerglaube", um einen Ausdruck von M. Reischle zu gebrauchen? Ist dann nicht der absolute Skeptizismus die einzig mögliche Lebensanschauung?" Es ist gut, daß diese Frage am Schluß unserer Untersuchung auftaucht. Denn sie ist geeignet, noch einmal ein Licht auf das Ganze derselben zu werfen. Das Problem, um das es sich hier handelt, geht augenblicklich in einer eigentümlichen theologischen Vermummung unter uns um, die geeignet ist, seine weittragende Bedeutung zu verhüllen, tritt als das Grenzproblem zwischen Theologie und Geschichtswissenschaft auf, als die Frage nach dem Verhältnis von Dogmatik und Religionsgeschichte. „Die moderne Historie," sagt E. Tröltsch, hat „die ursprüngliche naive Zuversicht jedes herrschenden Kulturtypus und

287

Wertsystems zur Selbstverständlichkeit seiner eigenen Geltung erschüttert" (Die Absolutheit des Christentums, S. 2). Sie ist „die auf kritische Quellenanalyse und psychologische Analogieschlüsse aufgebaute Entwickelungsgeschichte von Völkern, Kulturkreisen und Kulturbestandteilen, die alle jene Dogmen in den Fluß des Geschehens auflöst" (ib. S. 3). Die Relativität aller geschichtlichen Erscheinungen verbietet 1. die supranaturalistische Isolierung eines Offenbarungsbezirkes innerhalb der Geschichte, in welchem Wunderkausalität herrschen soll, 2. die unter Hegels Einfluß entstandene evolutionistische Geschichtskonstruktion, welche den Allgemeinbegriff der Religion zum Normbegriff derselben macht und diesen im Christentum absolut realisiert findet, 3. die unter Ritschls Einfluß entstandene „Anspruchstheologie" (ib. S. 46), die „ohne die abgrenzende Wunderkausalität und ohne die nachgewiesene völlige Erschöpfung des Wesens religiöser Erkenntnis" (ib. S. 47) die historisch-individuelle Entstehungsgeschichte des Christentums durch ein Werturteil als absolute Offenbarung beurteilt. Alle diese bisherigen apologetischen Geschichtskonstruktionen sind nicht aus der Geschichte entstanden, sondern bringen „aus anderen Zusammenhängen eine spekulativ-metaphysische oder dogmatisch-supranaturalistische Normierung" (ib. S. 54) von außen an die Geschichte heran. Statt dessen „muß sich jede Wertung und Abstufung unmittelbar an den historischen Befund selbst anschließen und aus ihm erwachsen". Es gilt, „sich dem tatsächlichen Zug der Ideen anzuvertrauen und das Ziel da zu suchen, wo es sich selbst durch die Macht der Tatsachen, durch die Überlegenheit über die Vorstufen, die innere Kraft der Begeisterungsfähigkeit und durch die Weite seiner Anpassungsfähigkeit bekundet" (Zeitschr. f. Theol. u. Kirche VI, S. 78), „ex ungue leonem, aus dem bisherigen Verlauf den weiteren und das Ziel zu konstruieren" (ib. S. 168). Der tatsächliche Zug der Geschichte zeigt nun aber, daß „das Christentum nicht bloß als der Höhepunkt, sondern auch als der Konvergenzpunkt aller erkennbaren Entwickelungsrichtungen der Religion" also zwar nicht als die absolute, unüberbietbare, aber doch als die bis jetzt höchste Religion gelten darf (Die Absoluth. b. Chr., S. 80f.), daß also die künftige Religionsgeschichte nur eine Fortbildung und Vertiefung dessen bringen wird, was wir im Christentum besitzen.

Die Kritik von M. Reischle (Theologie und Religionsgeschichte, 5 Vorlesungen), L. Ihmels (Die Selbständigkeit der Dogmatik gegenüber der Religionsphilosophie) und anderen gegen diesen Gedankengang setzte vor allem an zwei Punkten ein. 1. Es ist Tröltsch nicht gelungen, die Werte aus der Geschichte „erwachsen" zu lassen, uns von dem Dualismus von Geschichte und übergeschichtlichen Wertgesichtspunkten zu erlösen. Wenn Leute von verschiedener Religion Geschichte schrieben, sagt M. Reischle mit Recht, so würde klar werden, daß sich die bestimmte persönliche Wertbeurteilung und Glaubensbeurteilung bei der Geschichte nicht ausschalten läßt. Die Erkenntnis der Motive, das Ordnen der verschlungenen Fäden geschieht nur am Leitfaden der gegenwärtigen letzten Zwecke. Tröltschs Nachweis, daß das Christentum die relativ höchste Religion ist, gilt, wie Ihmels richtig nachweist, nur unter gewissen dogmatischen Voraussetzungen, die nicht aus der Geschichte erwachsen sein können. Einmal setzt die rückschauende Betrachtung, welche die bisherigen Religionen als Entwickelungsstufen zum Christentum hin ansieht, das Verständnis des Christentums beim Betrachter bereits voraus, das sich aus dieser Rückschau doch erst ergeben sollte. Ferner beruht die Möglichkeit der ganzen entwickelungsgeschichtlichen Konstruktion nach Ihmels auf dem Glauben, daß die Geschichte die Auswirkung einheitlicher teleologischer Zwecke, ja daß sie eine fortschreitende Offenbarungsgeschichte Gottes ist; außerdem auf der Überzeugung von der Normalität unseres Geistes und einer ihr entsprechenden Beschaffenheit der Außendinge. 2. Das Bewußtsein, die bis jetzt höchste Religion zu besitzen, genügt dem Glaubensbedürfnis nicht. Ihmels sucht in Tröltschs Ausführungen einen inneren Widerspruch nachzuweisen. Tröltsch selbst gibt zu, daß der Anspruch auf Absolutheit vom Wesen der positiven Religion unabtrennbar sei. Wie kann aber ein Christ verabsolutierende Reflexionen anstellen, wenn er gleichzeitig einsieht, daß derartige Gedanken ein irreführendes Erbe des alten Supranaturalismus sind? „Kann da, wo die wissenschaftliche Untersuchung aufhört, der ,reine Glaube' wirkliche, in sich selbst beruhende Gewißheit

Heim, Weltbild der Zukunft.

begründen, dann wird dieser Glaube schwerlich auch hinsichtlich des Übrigen seine Gewißheit von der wissenschaftlichen Forschung zu Lehen nehmen wollen. Oder aber kann wirklich nur durch religionswissenschaftliche Forschung ausgemacht werden, was es um das Christentum ist, dann wird der Glaube auch da nicht Gewißheit zu behaupten wagen, wo diese Forschung ihn im Stich läßt". (L. Ihmels ib. S. 16). Ihmels' Polemik faßt sich also in den einfachen Vorwurf zusammen: Tröltsch hat das Problem, über das er redet, nicht in seiner vollen Tiefe verstanden. Es fällt ja Tröltsch nicht ein, die Bedeutung der persönlichen Entscheidung für die Religion zu leugnen. Vielmehr stellt sich bei ihm überall da, wo historisch-apologetische Gründe fehlen, zur rechten Zeit der Gedanke ein: der Maßstab, der sich im freien Kampf der Ideen erzeugt, „ist dann freilich Sache der persönlichen Überzeugung und im letzten Grunde subjektiv" (Die Absoluth. d. Chr. S. 60); wenn die „parteilose Anempfindung" und „gewissenhafte Abwägung" ihr Werk getan haben, so bleibt die „letzte Entscheidung . . die subjektivpersönliche innere Überführung" (ib. S. 61), die „natürlich in letzter Linie auf axiomatischer Stellungnahme" beruht (ib. S. 45). Aber in diesem Übergang von der Anempfindung und Abwägung zur „letzten Entscheidung", den Tröltsch so „natürlich" findet, liegt gerade das Problem. Dieser Übergang ist gerade der Abgrund, über den die Menschen bisher vergeblich versucht haben, eine Brücke des Gedankens zu schlagen. Selbst wenn Tröltsch Recht hat, und eine objektive Abwägung aller historischen Gründe und Gegengründe dem Christentum einige Wahrscheinlichkeit zugestehen muß, so liegt zwischen dieser Wahrscheinlichkeit und der absoluten Gewißheit, die zum Wesen des religiösen Glaubens gehört, noch ein unendlich tiefer Graben. Die Frage ist also, wie Ihmels richtig formuliert, nicht: Supranaturalismus oder religionswissenschaftlicher Ausgangspunkt, sondern: Entsteht die religiöse Gewißheit auf dem Wege religiösen Erlebens oder wissenschaftlicher Untersuchung? Gibt es eine in sich selbst ruhende, unmittelbar religiöse Gewißheit um das Christentum oder nicht? Damit ist die Frage zu der viel allgemeineren Frage erweitert: Wie verhält sich die Tatsache der Relativität aller Erscheinungen zu der anderen Tatsache, daß wir wollen müssen? Wie verhält sich der Verhältnischarakter der Wirklichkeit zur Notwendigkeit der absoluten Stellungnahme? In dieser Verallgemeinerung verliert die Frage den Zauber des Modernen, den ihr Tröltsch in der Einleitung seines Vortrags zu verleihen sucht.

Was ist dieser moderne Streit über die Absolutheit des Christentums, den Religionshistoriker und Dogmatiker miteinander ausfechten? Es ist ein altes Stück, das hier in neuer Ausstattung und Kostümierung wieder einmal über die Bühne geht. Als Zeno sein Buch über Bewegung, Vielheit und Empfindung auf den Panathenäen vorlas, da ging dieses Stück wie eine attische Komödie voll Witz und diabolischer Sophistik zum erstenmal über die Bretter. Kant führte es in seinem Abschnitt über die Antinomien zum zweitenmal auf, aber mit einer so chinesischen Feierlichkeit, daß das 19. Jahrhundert gar nicht einmal merkte, was für ein Mordanschlag gegen seinen „gesunden Menschenverstand" und seinen ganzen Wissenschaftsbetrieb in diesen scholastischen Sätzen gemacht wird. Inzwischen hat die moderne Historie durch ihre religionsgeschichtlichen Forschungen für das alte Stück eine neue reichere Szenerie geschaffen. Und es geht nun als Grenzstreit zwischen Dogmatikern und Religionshistorikern zum drittenmal in Szene. Bei uns Kindern eines späten Zeitalters, die dieses Stück schon öfters gesehen haben, „zieht" es nicht mehr so, wie es bei seiner ersten Aufführung in Athen zog. Wir haben seit Avenarius für derartige Schauspiele auf der Bühne des Geistes den naiven Kinderblick verloren und haben gelernt, sie mit dem Blick des Naturforschers zu betrachten. Uns interessiert das Gesetz, nach dem sie sich vollziehen. Dabei fällt uns auf, daß die drei Variationen desselben Schauspiels bei allen Abweichungen in Kolorit, Stil und Kulturboden doch in einer wichtigen Hinsicht miteinander übereinstimmen. Jedesmal führt die Antinomie zwischen der Relativität aller Verhältnisse und dem Bedürfnis nach Absolutheit zu einem hoffnungslosen Todesringen zwischen zwei gleich starken Gegnern, die zwei Hirschen gleichen, die sich mit ihren Geweihen ineinander verfangen haben. Und jedesmal erscheint im hoffnungslosesten Augenblick durch irgend eine Hintertür ein deus ex machina, der alles zum guten Ende führt. Bei Zeno ist es das eleatische Sein, das von seinem göttlichen Sitze aus zuschaut, wie sich die sinnliche Scheinwelt durch ihren inneren Widerstreit selbst zerfleischt, um sich auf dieser dunklen Folie nun selbst um so leuchtender als die alleinige Wirklichkeit abzuheben. Bei Kant ist es der Gegensatz zwischen der empirischen und der intelligiblen Welt, der als rettender Engel alles wieder in Harmonie auflöst. Bei den heutigen Theologen ist es das „Werturteil" des religiösen Subjekts oder das religiöse Erleben in den Tiefen der Menschenseele, das rechtzeitig mit Übermacht aus dem Hinterhalt hervorbricht, um dem Streit ein Ende zu machen. Jedesmal bringt also die Intervention einer dritten Instanz, an die man gar nicht gedacht hatte, die beiden unglücklich Verliebten, an deren Vereinigung nach den vier ersten Akten kein Mensch mehr denken konnte, im fünften Akt doch noch zusammen. Ob diese Lösung, durch die der Knoten zerhauen wird, aus metaphysischen Wolken herabfällt, oder aus den Tiefen der menschlichen Innerlichkeit wie aus einem Wunderbrunnen herausquillt, bleibt der Sache nach dasselbe. Jedenfalls müssen wir Heutigen gestehen, daß uns diese Lösung des Knotens durch einen deus ex machina etwas zu schnell geht und unserem verwöhnten Kunstgeschmack nicht mehr genügt. Wir verlangen von einer Lösung, daß sie mit innerer Notwendigkeit aus der Kollision hervorwächst, die sie lösen soll. Und wir stellen in diesem Punkt an den Denker dieselben Anforderungen wie an den Dichter. Ohne Bild geredet: Alle die erwähnten Lösungen des Widerstreits zwischen Relativität und Absolutheitsbedürfnis machen sich die Sache etwas zu leicht, indem sie der Antinomie durch irgend eine mythologische Hypostasierung entschlüpfen, sei es durch die Konstruktion einer transzendenten Hinterwelt, in der das in der Vorderwelt unbefriedigte Absolutheitsbedürfnis Ruhe findet, sei es durch die Introjektion einer Innenwelt in den Menschen, welche das Absolute als sicheren Schatz im Busen trägt. Jedesmal wird die Antinomie dadurch erträglich gemacht, daß man die beiden Glieder derselben auf zwei Welten verteilt, nachdem man zu diesem Behuf zur ersten Welt noch eine zweite hinzuerfunden hat. Nun mag es im gewöhnlichen Leben ja ein sehr probates Mittel sein, zwei Streithähne durch ein eifernes Gitter fchieblich friedlich voneinander abzufperren, daß es zu feinen Tätlichkeiten zwifchen ihnen kommen kann. Der höchften Antinomie des Dafeins läßt fich nicht mit fo einfachen Hausmitteln beifommen. Hier muß fich die Löfung ohne gewaltfame Intervention von außen aus dem Kampfe felbft entwickeln. Laffen wir alfo alle Weltboubletten fahren. Laffen wir einmal die eine allerfüllende Wirklichkeit für fich felber reden und fich felber gegen unfere Anflagen verteidigen, ohne ihr mit unferen Hilfskonftruktionen unter die Arme zu greifen. Dabei zeigt fich fehr bald, daß wir die Rolle des fkeptifchen Anklägers der Wirklichkeit mit der des Angeflagten vertaufchen müffen und uns genötigt fehen, das Recht unferer Anflage zu verteidigen. Die Wirklichkeit zeigt uns an der Hand eines geradezu erbrückenden Beweismaterials, daß alles Sein, das wir überhaupt kennen, der Antinomie, an der wir nörgeln, feine Exiftenz verdankt. Wirklichkeit und Vorftellung, Wachen und Traum, Ruhe und Bewegung, Raumverhältniffe und Zeitverhältniffe, kurz alle letzten Elemente des Gefchehens find nach allem Früheren lauter Variationen derfelben Melodie, die uns unmelodifch vorkommt. Wir haben noch nie etwas vorgeftellt, gedacht, geträumt, gedichtet, das fich nicht im Rhythmus diefer Antinomie fortbewegt hätte. Wir können uns alfo fchlechterdings keine Welt denken, die von diefer Antinomie frei wäre. Die Gründe, die wir uns als Stützpunkte für die Entfcheidung der theoretifch unentfcheibbaren Alternativen wünfchen, könnten ja felbft nur aus Gefetzen abgeleitet fein, die von einer Wirklichkeit abftrahiert wären; diefe könnten wir uns aber felbft nur durch Entfcheidungen entftanden denken, die zuletzt nicht mehr weiter begründet werden könnten, die alfo diefelbe Antinomie in fich fchlöffen. Was wir uns alfo etwa als Befeitigung der Antinomie denken können, wäre in Wahrheit nur eine Zurückfchiebung der Antinomie auf irgend ein anderes Wirklichkeitsgebiet über uns oder hinter uns. Es ftellt fich alfo heraus, daß wir mit unferem Wunfch nach Befeitigung der Antinomie des Dafeins überhaupt gar keinen vernünftigen Sinn verbinden. Wir können uns gar kein Bild von dem Weltlauf machen, den wir an die Stelle des jetzigen gefetzt wünfchen.

Damit fällt aber der Vorwurf der Sinnlosigkeit, den wir gegen das Weltall schleuderten, in seiner ganzen Wucht auf uns selbst zurück. Es fragt sich jetzt nicht mehr, ob es Sinn hat, von jemand eine absolute Auswahl aus theoretisch gleichberechtigten Möglichkeiten zu verlangen. Es fragt sich vielmehr, ob es Sinn hat, eine so sinnlose Frage zu stellen. Die skeptische Fragestellung wird selbst zum Problem. Wie mag sie wohl entstanden sein? Gehen wir den Voraussetzungen der skeptischen Fragestellung nach, um ihre Geburtsgeschichte zu erfahren. Wer fragt denn eigentlich nach Gründen für die religiöse Stellungnahme?

„Unser Denken, unser Verstand." Was ist aber „unser Verstand"? Zunächst versteht man darunter die Fähigkeit, Gleiches gleich, Identisches identisch und Verschiedenes verschieden zu finden, die Funktion, welche die eigentümlichen Verschiebungen, Verbindungen und Trennungen des Wirklichkeitsmaterials vornimmt, die das lebendige Verhältnis von Identität und Gleichheit möglich macht. Da es den starren Unterschied zwischen Wirklichkeit und Bewußtsein für uns nicht mehr gibt, das wunderbare Spiel der Kombinationen und Trennungen also nach dem früheren zum Wesen des Wirklichkeitsverlaufes selbst gehört, so fällt das „Vermögen" der Verbindung und Trennung als eine überflüssige mythologische Hypostasierung dahin. Was wir Verstand nennen, ist also nicht ein isolierbarer Mechanismus im Kopf des Menschen, sondern eine bestimmte Seite des Wirklichkeitsablaufs. Dies wird deutlich, sobald wir die andere Seite des Wirklichkeitsverlaufs, das Wollen, als Ergänzung hinzunehmen und auch das letztere von aller mythologischen Isolierung loslösen. Was meinen wir mit dieser Unterscheidung von Denken und Wollen, theoretischer Erwägung und praktischer Entscheidung, die wir bei jedem wirklichen Vorgang machen?

Vergegenwärtigen wir uns den Vorgang der Entscheidung einer Alternative, so bezeichnen wir offenbar mit dem Wort „Denken" dasjenige Stadium dieses Vorganges, in welchem die Entscheidung noch nicht getroffen ist, in welchem also die Darbietung der zur Wahl stehenden Möglichkeiten stattfindet. In dieses Stadium fällt das Kampfspiel der Überlegung, in der die Selbst-

294

erhaltungstendenzen der Vergangenheit als „Gründe" und „Gegengründe" auf den Plan treten. Dieses Stadium des Nochnichtentschiedenseins, des Nochschwankens vor der Entscheidung reflektiert sich in den Begriffen des „objektiven", „uninteressierten" Erkennens, der rein „theoretischen", „unparteiischen" Betrachtung der Dinge.

Der ganze Mythus von dem Gerichtshof der reinen Vernunft, der hoch über allem Erdenhader in neutraler Gerechtigkeit thront, ist nur eine künstliche Isolierung dieses Übergangsstadiums vor der Entscheidung, ein Reflex der Schwankungen zwischen entgegengesetzten Möglichkeiten, die in diesem Stadium einzutreten pflegen. Um sich völlig von dieser Isolierung zu heilen, braucht man sich nur daran zu erinnern, daß nach dem früheren auch die Antezipationen einer möglichen Zukunft, die in diesem Stadium der Unentschiedenheit im „Vorstellungsgebiet" durcheinanderschwirren, für sich allein betrachtet selbst durch Entscheidungen zustande kommen. Sie sind also nur relativ zu der nachfolgenden Hauptentscheidung, um die sie sich bewerben, „theoretische" Erwägungen, relativ zu sich selbst betrachtet praktische Willensakte, die selbst wieder aus „theoretischen" Möglichkeitsangeboten hervorgegangen sind. Es kann also etwas relativ zu sich selbst Wille sein, relativ zu etwas anderem Verstandeserwägung und umgekehrt. Die schöne Schuleinteilung der menschlichen Seele in Verstand und Wille oder in Ministerium des Innern und Ministerium des Äußern, die uns unsere Großväter auf den Lebensweg mitgegeben haben, erweist sich als ein sehr mangelhafter Reiseführer durch das Wunderland der lebendigen Wirklichkeit, mit dem wir schon den einfachsten Erlebnissen gegenüber in Verlegenheit kommen. Der Glaube an das isolierte Dasein eines weltentrückten, rein theoretischen Standpunkts, von dem aus wir uns die ganze Welt behaglich aus der Vogelperspektive besehen können, ist in der Tat unser letztes und ältestes Vorurteil, von dem gerade der „Theoretiker" am schwersten läßt, weil niemand gern den Ast absägt, auf dem er sitzt. Und doch ist die ganze „reine Theorie", in der wir uns z. B. auch in diesen Untersuchungen bewegt haben, immer nur die künstliche Isolierung jenes Moments der Unentschiedenheit, der im Leben niemals isoliert werden kann, weil das Leben diesen Moment immer nur als Übergangspunkt zur Entscheidung durchlaufen kann. Hieraus erklärt sich die ganze Unnatürlichkeit dieses „rein theoretischen" Standpunkts, der Haß aller Wollenden, Vorwärtsstürmenden, Religiösen gegen den Verstand. Ist er doch in seiner Isolierung betrachtet nichts weiter als der Standpunktswechsel aus Grundsatz, die künstliche Züchtung der den Charakter ruinierenden Gewohnheit, zwischen entgegengesetzten Entscheidungsmöglichkeiten möglichst lang hin und her zu vibrieren, der vergebliche und darum eben so klägliche Versuch, dem Drang alles Wirklichen von Entscheidung zu Entscheidung die Lebensader zu unterbinden.

Die Frage des Skeptizismus, von der wir ausgingen, ist also das Produkt der Erstarrung des lebendigen Verhältnisses zwischen dem theoretischen Übergangspunkt der Unentschiedenheit und der praktischen Entscheidung, die darauf folgt. Wäre natürlich ein solches vom Leben unabhängiges Verstandesforum über allen kriegführenden Parteien auch nur denkbar, so wäre dieses die einzige Instanz, die über Wahrheit und Unwahrheit zu entscheiden hätte. Dann wäre es allerdings rein zum Verzweifeln, daß dieses delphische Orakel, das über Sieg oder Tod zu entscheiden hätte, beharrlich auf alle Anfragen schweigt oder mit Orakelsprüchen antwortet, die jede Partei zu ihren Gunsten auslegen kann. Dann wäre es allerdings das Geratenste, der Welt skeptisch den Rücken zu kehren, also den vergeblichen Versuch zu machen, auf Wollen und Entscheiden zu verzichten. Nun können wir aber dem Verstand aus seinem altum silentium, seiner totalen Unentschiedenheit in den höchsten Lebensfragen wirklich keinen Vorwurf machen. Denn er ist ja eben nur die hypostasierte Unentschiedenheit und will nichts anderes sein. Er ist also an der Orakelrolle, die wir ihm aufgedrängt haben, völlig unschuldig.

Was läßt sich von hier aus zur Schlichtung des augenblicklichen Streits zwischen Religionshistorikern und Dogmatikern sagen? Dieser Streit ist selbst eine Art plastischer Veranschaulichung des lebendigen Verhältnisses zwischen Unentschiedenheit und Entscheidung, auf dem alles Werden und Sein beruht. Um diese Erkenntnis reifen zu lassen, müssen sich die Extreme auf beiden Seiten noch viel schärfer

296

herausarbeiten, als es bis jetzt geschehen ist. Auf der einen Seite muß der historische Relativismus zu Ende gedacht werden. Auf Grund von Rickerts ausgezeichneten Untersuchungen über die Grenzen der naturwissenschaftlichen Begriffsbildung muß klar werden, daß die rein theoretische Geschichtsbetrachtung keine „Werturteile" kennt, sondern nur „Wertbeziehungen" (Rickert, Die Grenzen der nat. Begr. I. S. 364), also keine persönliche Stellungnahme zu den in der Geschichte auftretenden Werten, sondern nur Gruppierung des historischen Tatsachenmaterials um Wertgrößen, denen der Forscher neutral gegenübersteht. Der Historiker hat nur den Kampf der Werte zu Protokoll zu nehmen, kann auch aus seinem bisherigen Verlauf Wahrscheinlichkeitsschlüsse auf die Zukunft ableiten. Sobald sich aber diese Wahrscheinlichkeitsschlüsse auf die Zukunft, wie bei Tröltsch, unter der Hand in selbstgewisse Behauptungen über das Stufenverhältnis dieser Werte, in Glaubensaussagen über die bleibende Bedeutung der christlichen Offenbarung für alle Zukunft verwandeln, so redet der Historiker nicht mehr als Historiker, der auf die Zukunft schließt, sondern als Prophet, der in die Zukunft schaut. Auf der anderen Seite muß die Souveränität der dogmatischen Position mit ihrer in sich selbst ruhenden Sicherheit und prophetischen Vollmacht zum radikalsten Ausdruck kommen. Den Kompromiß mit dem Übergangsstadium der Unentschiedenheit, zu dem Tröltsch die Hand bietet, hat sie durchaus nicht nötig. Sie erlaubt sich allen diesen Übergangsschwankungen zum Trotz ihren Offenbarungswert als absolut und für alle Zukunft unüberbietbar zu setzen, also den bestimmten Teil der Geschichte, in dem dieser Wert hervortrat, durch einen grandiosen Wahlakt als Offenbarungsgeschichte zu „isolieren". Und zwar, ohne zu dieser Isolierung irgend eine der morschen metaphysischen oder evolutionistischen Hilfskonstruktionen nötig zu haben, die Tröltsch mit Recht verwirft, ohne also das so isolierte Gebiet auch nur im mindesten der parteilosen historischen Betrachtung und Erforschung aller seiner Zusammenhänge zu entziehen oder sich gar vor einer solchen Durchforschung zu fürchten.

Jene relativistische Betrachtung der Dinge, in der sich das unentschiedene Stadium des Übergangs zur Entscheidung spiegelt, und diese absolute Position, in der die Entscheidung selbst ihre Allmacht dekretiert, stehen miteinander in Spannung. Diese Spannung ist normal. Denn sie ist das Leben. Sie wird um so prachtvoller, je mehr in einer Persönlichkeit die volle Glut des Glaubens und die volle Leidenschaft des Gedankens sich die Wage halten.

Damit ist der Schluß unserer Untersuchung wieder zu seinem Anfang zurückgekehrt, zu der alten Sehnsucht nach Erlösung von der Theorie. Auf dem langen Gedankenwege, den wir hinter uns haben, hat die Philosophie getan, was man von jedem guten Lehrer verlangen kann. Sie hat sich selber überflüssig gemacht. Sie hat dem Leben die Entscheidung über sein Endziel zurückgegeben. Wohl zittert uns, die wir den großen Wurf der Entscheidung zu tun haben, die Hand vor dem Wurfe, wie gerade den besten Ärzten die Hand mit dem Operationsmesser auf dem Weg nach dem kranken Körper zittert, dann aber, sobald es ihn berührt hat, mit unfehlbarer Sicherheit den Schnitt führt — und alle Theorie ist ein solches Zittern vor dem Schnitte. Aber der Anblick alles Wirklichen stählt uns zum Wurfe. Verdankt nicht alles Ruhende im ruhelosen Kosmos demselben Wurfe seine Ruhe und göttliche Sicherheit? Geht nicht die Zeit ihre Bahn in die Zukunft mit demselben Schöpfertritt, der alle „Gründe" verachtet? Trotzt nicht die Sonnenwelt des wachen Lebens dem Mondreich der Träume mit demselben Göttermute? Auf allen diesen elementaren Lebensgebieten machen wir das Wagnis ohne alles Zaudern und Schaudern mit und erklären jeden für krank, der hier nach Gründen fragt.

Nur auf dem höchsten Gebiete hat uns ein langes theoretisches Siechtum das Wollen abgewöhnt. Krankhafte Halluzinationen logen uns Hinterwelten vor, auf die wir alle Entscheidungen abwälzen konnten, oder machten uns durch die Suggestion eines unabänderlichen Naturmechanismus zu scheuen Sklaven der Vergangenheit. Aber einst wird auch auf dem höchsten Gebiet wieder der Mut zur Entscheidung erwachen, der in der lauen Luft dieses philosophischen Zeitalters verweichlichte und erschlaffte. Da werden wir von der Schwermut des Gedankens geheilt sein und von dem Grübeln nach Gründen, das unseren Mut für soviele Jahrhunderte brach. Da werden wir wieder, wie in den Zeiten des Geistes und der Kraft zum großen Wurfe Gottes jauchzend Ja sagen und alle „Gründe" und „Gegengründe" wie Schlangen niedertreten.